O grande livro dos
SUCOS

Tradução de
Bárbara Guimarães
Maria Sylvia Corrêa

Pat Crocker

Copyright de texto © 2000, 2008 Pat Crocker
Copyright de fotografias e ilustrações © 2008 Robert Rose Inc.
Copyright desta edição © 2015 Alaúde Editorial Ltda.

Título original: *The Juicing Bible*, publicado por Robert Rose Inc. em 2000.

Todos os direitos reservados. Nenhuma parte desta edição pode ser utilizada ou reproduzida – em qualquer meio ou forma, seja mecânico ou eletrônico –, nem apropriada ou estocada em sistema de banco de dados sem a expressa autorização da editora.

O texto deste livro foi fixado conforme o acordo ortográfico vigente no Brasil desde 1º de janeiro de 2009.

Este livro visa fornecer informações sobre o preparo e o consumo de sucos que contêm alimentos integrais e ervas medicinais, mas não substitui cuidados médicos profissionais. A editora e a autora não afirmam ou garantem que as receitas ou outras informações contidas neste livro vão necessariamente ajudar na prevenção ou no tratamento de qualquer doença e se eximem de qualquer responsabilidade, dano ou risco, pessoal ou outro, em consequência direta ou indireta do uso e da aplicação do conteúdo deste livro. Os leitores devem assumir total responsabilidade por qualquer dieta, estilo de vida e/ou programa de tratamento que escolherem seguir. Em caso de dúvida quanto ao impacto de uma dieta em sua saúde, o leitor deve consultar um médico.

As receitas deste livro foram cuidadosamente testadas e, até onde é do conhecimento do autor e da editora, são saudáveis e nutritivas para uso geral. Pessoas com alergias ou intolerâncias alimentares, bem como as que têm necessidades alimentares especiais ou problemas de saúde, devem ler com cuidado os ingredientes sugeridos e avaliar se eles podem ou não lhes causar problemas. Todas as receitas são consumidas por conta e risco do leitor.

Em caso de dúvida, as pessoas com necessidades especiais, alergias, condições especiais ou problemas de saúde devem contatar um médico de confiança antes de provar qualquer receita.

EDIÇÃO ORIGINAL: ROBERT ROSE INC.
Design e produção: Joseph Gisini / PageWave
  Graphics Inc.
Edição: Carol Sherman e Sue Sumeraj
Revisão: Karen Campbell-Sheviak
Índice: Gillian Watts
Fotografias: Colin Ericson
Fotografia do Coquetel suco de tomate:
  Mark T. Shapiro
Fotografias das aberturas de capítulo:
  istockphoto.com/arsat
Produção fotográfica: Kathryn Robertson e Kate Bush
Direção de arte: Charlene Ericson
Ilustrações: Kveta/Three In A Box

PRODUÇÃO EDITORIAL: EDITORA ALAÚDE
Preparação: Maria Sylvia Corrêa
Revisão: Mariana Zanini, Raquel Nakasone,
  Rosi Ribeiro Melo
Capa: Rodrigo Frazão
Imagem de capa: Coquetel cajun, ver p. 328.
Impressão e acabamento: Bartira Gráfica

1ª edição, 2015 (1 reimpressão)
Impresso no Brasil

Dados Internacionais de Catalogação na Publicação (CIP)
(Câmara Brasileira do Livro, SP, Brasil)

Crocker, Pat
O grande livro dos sucos / Pat Crocker; tradução de Bárbara Guimarães, Maria Sylvia Corrêa. -- São Paulo : Alaúde Editorial, 2014.

ISBN 978-85-7881-267-6

1. Sucos de frutas 2. Sucos de frutas - Aspectos de saúde 3. Sucos de vegetais 4. Sucos de vegetais - Aspectos de saúde I. Título.

14-13469   CDD-641.875

Índices para catálogo sistemático:
1. Sucos : Receitas culinárias 641.875

2016
Alaúde Editorial Ltda.
Avenida Paulista, 1337
Conjunto 11, Bela Vista
São Paulo, SP, 01311-200
Tel.: (11) 5572-9474
www.alaude.com.br

Sumário

Agradecimentos 5

Introdução. 6

Sistemas corporais saudáveis 11

Sua saúde. 23

Alimentos saudáveis 100

As receitas 169

    Sucos de frutas e hortaliças 173

    Sucos para um corpo saudável. 212

    Purês e vitaminas 305

    Bebidas especiais 326

    Delícias geladas. 361

Apêndice A: Alergias alimentares. 381

Apêndice B: A dieta de eliminação 382

Apêndice C: Ervas a evitar na gravidez 383

Glossário. 384

Bibliografia. 389

Fontes 390

Índice remissivo. 391

Este livro é para Shannon McLaughlin.

Na filosofia taoista, o *shen*, um dos Três Tesouros, significa "espírito" ou "ânimo".
Refere-se ao resplendor que vem de alguém que é verdadeiramente saudável.
Que você possa sempre exibir um *shen* radiante e vibrar com a energia salutar
que advém de uma vida saudável.

Agradecimentos

Meus agradecimentos vão para Susan Eagles, membro do National Institute of Medical Herbalists, que colaborou para as informações do capítulo "Sua saúde"; e Paulina Zettel, doutora em Medicina Natural, especialista em saúde e fundadora do Continuum Wellness (www.continuumwellness.ca), que forneceu informações sobre sistemas corporais para este livro.

Eu criei, fiz e testei inúmeros sucos – literalmente, centenas de combinações diferentes –, a maioria deles usando a poderosa centrífuga Juice Fountains, da Breville. Muito bem projetada, é fácil de usar e lavar, e capaz de manter um fluxo contínuo com frutas ou legumes. Posso dizer, sem reservas, que as máquinas de fazer suco da Breville estão entre as melhores do mercado atual.

Carol Sherman e Sue Sumeraj realmente levaram a sério o seu trabalho de editoras, e isso tornou o meu trabalho mais fácil. Elas e a equipe da editora Robert Rose fazem e comercializam ótimos livros.

Introdução

Com bares de sucos e "elixir cafés" proliferando nas cidades da América do Norte, podemos acabar pensando que os sucos são uma nova tendência. Mas na verdade isso é apenas a manifestação mais recente de uma prática centenária. E nesta nova era de alimentos geneticamente modificados, refinados, repletos de aditivos químicos, tal "redescoberta" dos sucos não poderia ser mais bem-vinda.

As pesquisas constantemente apontam que as pessoas que ingerem uma quantidade alta de frutas e legumes têm metade da chance de desenvolver câncer se comparadas àquelas que comem poucas (ou nenhuma) frutas e legumes frescos. Assim sendo, não surpreende que o Instituto do Câncer dos Estados Unidos recomende a ingestão de 5 porções de legumes frescos e 3 porções de frutas frescas por dia. Na verdade, nos fitoquímicos das frutas e legumes estão as bases para prevenir muitas outras doenças modernas, como os problemas cardíacos, e também para estados debilitantes, como asma, artrite e alergias.

Porém, mesmo a pessoa mais disciplinada pode ter dificuldade em comer todas essas frutas e legumes diariamente. Então, por que não bebê-los? Sucos frescos de ingredientes não processados, bebidas mistas e delícias congeladas feitas em casa são uma forma fácil e gostosa de garantir que adultos e crianças obtenham suas 8 porções/dia.

Benefícios dos sucos

Para fazer sucos, é preciso espremer ou triturar as frutas e os legumes e separar o líquido dos sólidos usando uma centrífuga, um passa-legumes ou uma peneira. Em geral, os sólidos são usados em sopas e ensopados ou descartados.

Fácil assimilação • Em frutas e legumes inteiros (ou mesmo em bebidas que contêm sua polpa), algumas enzimas, fitoquímicos, vitaminas A, C e E – junto com minerais como ferro, cobre, potássio, sódio, iodina e magnésio – ficam presos nas fibras não digestíveis e não podem ser assimilados pelo corpo. Mas, uma vez "liberados" da celulose na polpa, esses nutrientes podem ser transportados para as células do corpo em 15 minutos (comparado à uma hora ou mais que leva para os nutrientes serem assimilados a partir de alimentos ou bebidas com a polpa intacta). Isso economiza a energia necessária para a digestão e permite que o corpo descanse enquanto ocorre o processo de desintoxicação ou limpeza, antes ou depois de atividades físicas ou durante a recuperação de uma doença.

Suprimento de água • As nossas células são feitas basicamente de água, que é essencial para o seu bom funcionamento. Por isso precisamos de ao menos 8 copos de água por dia. Sucos de ingredientes integrais – diferentemente do café, dos refrigerantes e do álcool (que retiram água do corpo para serem metabolizados) – fornecem a água de que precisamos para repor perdas de líquido e proporcionam todos os minerais, vitaminas, enzimas e fitoquímicos necessários. Além disso, os sucos favorecem a alcalinidade dos fluidos corporais, o que é vital para a imunidade e para a melhora de funções metabólicas.

Ação de limpeza • Como as fibras são retiradas na extração, o suco integral tem um efeito laxativo (mais evidente nos sucos de frutas), que ajuda o corpo a se livrar das toxinas. Desintoxicar o sistema e limpar o trato digestivo e o cólon ajuda a desanuviar a mente e equilibrar o estado de espírito. A limpeza também torna o metabolismo mais eficiente e, quando se segue uma dieta com alimentos integrais, o corpo retoma o peso natural.

Centelha de vida • O "poder verde" vivo que está presente em todas as plantas é disponibilizado para o corpo quando se consome sucos frescos integrais. Essa "força de vida" é uma qualidade natural, vital, que é perdida no processamento e quando frutas e legumes são estocados.

Antioxidantes • Ervas, frutas e legumes são ricos em antioxidantes, que combatem os radicais livres que podem causar danos às células, envelhecimento e suscetibilidade a cânceres. Ver pp. 116 e 128 a lista das principais frutas e hortaliças antioxidantes.

Açúcares naturais • O açúcar das frutas e legumes vem junto com as benéficas vitaminas, minerais, enzimas e outros fitoquímicos que não são encontrados no açúcar refinado. Eles fornecem a mesma energia das massas, doces e refrigerantes, mas sem aditivos químicos e gordura.

Clorofila • Encontrada apenas em plantas, a clorofila tem uma estrutura única, que permite o desenvolvimento da habilidade corporal de produzir hemoglobina – o que, por sua vez, melhora o transporte de oxigênio para as células.

Benefícios das polpas

Para transformar os ingredientes em polpa, é preciso um processador de alimentos ou um liquidificador. As frutas ou os legumes inteiros são descaroçados, descascados e cortados em pedaços menores antes de serem misturados a outros

Introdução 7

ingredientes e batidos. As lâminas do liquidificador picam as frutas e os legumes, transformando-os em líquido para serem bebidos.

Abundância de fibras • As frutas e os legumes contêm fibras na forma de celulose, pectina, lignina e hemicelulose – todos essenciais à saúde. Misturados, esse tipo de fibra torna a absorção dos alimentos mais lenta (o que aumenta a assimilação dos nutrientes); ajuda a baixar o colesterol; reduz o risco de doenças cardíacas; ajuda a eliminar toxinas e carcinogênicos; previne hemorroidas, veias varicosas, prisão de ventre, colites (e possivelmente câncer de cólon); e ajuda a prevenir cálculos biliares. Quando as frutas e os legumes são misturados ou transformados em polpa, as suas fibras são conservadas, junto com todas as vitaminas, minerais, enzimas e fitoquímicos.

Gera saciedade • Bater diferentes combinações de frutas e legumes e misturá-las com ervas, oleaginosas, sementes e grãos integrais nutre o corpo. A massa das fibras causa uma sensação de saciedade que dura mais tempo do que a gerada por lanches fast--food, refrigerantes ou café.

Suprimento de água • Ver p. 6.

Mais ação de limpeza • As fibras dos sucos batidos limpam o corpo de uma forma diferente da realizada pelos sucos feitos por extração. As fibras insolúveis ajudam a formar o bolo fecal, facilitando a sua rápida eliminação pelo intestino. Em decorrência disso, não ocorre a multiplicação indevida de bactérias, com produção de toxinas.

Centelha de vida • Ver p. 7.

Antioxidantes • Ver p. 7.

Açúcares naturais • Ver p. 7.

Clorofila • Ver p. 7.

Máquinas de fazer suco

O suco é simplesmente água (até 90%) e nutrientes que foram separados das fibras indigeríveis contidas nas frutas, nos legumes e nas ervas. Para esse processo, é essencial usar uma máquina de fazer suco. Esse processo de feitura gera uma grande quantidade de sólidos, que pode ser usada em outras receitas (ver Purês, pp. 306 a 312.)

Tipos de máquina de suco

Há dois tipos básicos de máquinas que extraem suco. São as seguintes:

Despolpador (ou despolpadeira) • Com esse tipo de máquina, as frutas e os legumes são pressionados por engrenagens que os amassam e fazem passar por um coador fino de aço inoxidável. A polpa é extraída de forma contínua. Esse tipo de máquina costuma proporcionar mais nutrientes no suco; e, uma vez que produz menos calor e atrito, preservam-se mais enzimas.

Centrífuga • Esse tipo de máquina de suco usa uma cesta giratória que pica as frutas e legumes e passa o suco por um coador fino de aço inoxidável por meio de força centrífuga. Dependendo do modelo da máquina, a polpa pode ser extraída de forma contínua ou ficar na cesta. As centrífugas de suco causam uma ligeira oxidação dos nutrientes, pois introduzem ar no suco.

Critérios para escolher uma máquina de fazer suco

Praticidade • Se uma máquina é fácil de usar e de limpar, será usada com mais frequência.

Tamanho da abertura • A maioria das máquinas novas tem uma abertura grande o bastante para caber uma maçã inteira. Quanto mais larga for a abertura, menos pré-preparo será necessário.

Rendimento • A meta é extrair o máximo possível de suco das frutas ou legumes. As máquinas que jogam a polpa para fora rendem menos suco que as que a mantêm na cesta. Entretanto, com a extração contínua é possível fazer uma quantidade maior de suco sem ter de parar para limpar a cesta.

Tipo • Ver acima para comparações entre despolpadeiras e centrífugas.

Confiabilidade • Deve-se procurar por garantias de 5 a 10 anos para o motor e os componentes, e empresas que forneçam reposição de componentes a preços razoáveis.

Máquinas trituradoras

Além da máquina de suco, a maioria das pessoas usa um liquidificador ou um processador para bater alimentos juntos, pois há algumas frutas e legumes mais difíceis de transformar em suco. Também há muitos ingredientes – como linhaça, ervas secas e gérmen de trigo – que são mais fáceis de adicionar a bebidas batidas do que a sucos.

Mais da metade das receitas deste livro pode ser feita sem usar uma máquina de suco. Para processar as frutas e os legumes – sozinhos ou com ervas, oleaginosas, grãos integrais ou outros ingredientes –, basta um liquidificador ou um processador. Chamaremos esse processo de "bater em polpa". Beber a polpa sem coar traz como ganho extra todos os nutrientes, fibras e sementes junto com o suco.

Mesmo as melhores máquinas de suco perderão alguns dos nutrientes da polpa. As máquinas trituradoras picam os alimentos em pedacinhos, tornando possível beber a polpa junto com o suco.

Tipos de máquinas trituradoras

Os liquidificadores são melhores para bater em polpa que os processadores. A maioria das bebidas ou vitaminas batidas pedem um pouco de suco, e o melhor é primeiro passar as frutas e os legumes frescos por um despolpador e depois adicionar a uma máquina trituradora para terminar a receita.

Tanto os sucos feitos por extração como as bebidas misturadas ou batidas em polpa têm o seu lugar em uma dieta de alimentos naturais.

Espremedor de frutas cítricas

Os espremedores de frutas cítricas são máquinas potentes que extraem o suco de frutas como laranja, grapefruit, limão, limão--siciliano e romã de forma fácil e rápida. A fruta deve ser cortada ao meio e colocada sobre a fôrma do espremedor. Quando a alavanca que controla a fôrma é pressionada para baixo, ela gira e extrai o máximo possível de suco da fruta.

Com espremedores desse tipo fica fácil obter uma grande quantidade de suco de frutas cítricas ou de romãs para beber ou usar em receitas.

Observação: As frutas cítricas podem ser descascadas e colocadas inteiras no processador. O resultado será cremoso e com os nutrientes da parte branca.

Limpeza das máquinas

A limpeza dos equipamentos deve ser feita imediatamente depois do uso, com uma escova dura e água corrente quente, limpando muito bem as lâminas e o coador, cuidando para não restar nenhum pedacinho de legumes. Com o tempo, os intensos pigmentos naturais dos alimentos vão manchar as partes de plástico da maioria dos equipamentos para fazer suco ou bater polpa. Para remover as manchas, deve-se deixar de molho em bastante água morna com 2 colheres (sopa) de alvejante. (Alguns fabricantes recomendam não usar alvejantes em seus produtos; é preciso verificar isso no manual de instruções.) A maioria das partes das máquinas pode ser colocada na prateleira superior de uma máquina de lavar louça, e o alvejante do detergente especial para ela removerá a maioria das manchas.

Sistemas corporais saudáveis

Vida saudável 12

Sistema cardiovascular 14
Sistema digestório 14
Sistema endócrino 16
Sistema imunológico 17
Sistema músculo-esquelético 18
Sistema nervoso 20
Sistema respiratório 21

Vida saudável

Atualmente, as principais causas de morte nas sociedades ocidentais são os cânceres, as doenças cardiovasculares, a diabetes e a hipertensão, e a maioria delas pode ser prevenida por meio da dieta. A imunidade e a obesidade têm um papel, seja em minorar, seja em agravar as doenças, e ambas são afetadas pelos alimentos que ingerimos.

Médicos, cientistas, naturopatas, nutricionistas e fitoterapeutas concordam sobre como, para ser saudável e prevenir doenças, é fundamental ter um estilo de vida salutar. Seguir as diretrizes abaixo mantém a boa saúde ou ajuda a recuperá-la:

Diretrizes para uma boa saúde

- Limitar o consumo de álcool – o uso de álcool se relaciona claramente a um leve aumento no risco de ter câncer de mama. Depois da menopausa, as mulheres que tomam mais de uma dose por dia podem aumentar o risco de morte por câncer de mama em até 30%.
- Praticar exercícios – uma atividade física moderada diária pode diminuir o risco de câncer, ativar o sistema imunológico, ajudar a prevenir a obesidade, diminuir taxas altas de estrogênio e insulina, melhorar a saúde como um todo e o bem-estar emocional.
- Não fumar – o tabagismo está relacionado a um terço de todos os tipos de câncer e a 80% do câncer de pulmão.
- Alimentar-se bem – uma dieta saudável é a melhor defesa contra doenças.

Diretrizes para uma boa alimentação

- Comer um mínimo de 5 porções de frutas e legumes por dia.
- Escolher as frutas e os legumes mais coloridos, como pimentão vermelho, as verduras de cor mais escura, laranja, cenoura, damasco, mirtilo.
- Preferir grãos integrais aos muito processados e às farinhas brancas.
- Restringir os carboidratos refinados, como massas, cereais açucarados, refrigerantes, doces, petiscos salgados.
- Cozinhar com azeite de oliva ou óleo de canola.
- Evitar as gorduras trans, encontradas em muitas margarinas, petiscos assados e produtos de lojas de conveniência.
- Limitar a ingestão de gorduras saturadas e colesterol encontrados em carnes e laticínios.

- Acrescentar à dieta: abacate, oleaginosas, sementes, peixes de águas frias (bacalhau, sardinhas, salmão).
- Controlar o tamanho das porções.

O suco como parte de uma dieta saudável

O suco tem importante papel em garantir uma dieta saudável, pois torna mais fácil consumir as recomendadas 5 a 8 porções diárias de frutas e legumes. Um copo grande de suco fresco por dia, puro e integral, vai melhorar o sistema imunológico, aumentar a energia, fortalecer os ossos, limpar a pele e reduzir o risco de doenças. Para obter o máximo de benefício, deve-se consumir uma grande variedade de sucos, feitos com diferentes tipos de ervas, frutas e legumes orgânicos.

Os sucos devem fazer parte de uma dieta balanceada, rica em fibras e com alimentos integrais. Os sucos extraídos não devem substituir completamente as frutas e legumes, pois as suas fibras são importantes para eliminar toxinas e prevenir alguns tipos de câncer.

Corpos saudáveis

O corpo é representado por sete sistemas principais: cardiovascular (o coração e seus componentes); nervoso (o cérebro, a medula espinhal e os nervos); endócrino (glândulas e hormônios); digestório (mucosas, estômago, pâncreas, bexiga, intestino); músculo--esquelético (músculos, ossos, articulações, tecidos conjuntivos); respiratório (nariz, traqueia, brônquios, pulmões); e imunológico (células de proteção). Cada sistema tem um papel a cumprir para manter o corpo livre de doenças. E todos respondem positivamente a alimentos integrais específicos.

Nas páginas a seguir, você encontrará informações sobre cada um dos sistemas, incluindo a sua importância para a saúde, que tipo de problema desenvolvemos quando eles não funcionam bem e as mudanças de dieta e estilo de vida que precisamos fazer para manter os sistemas trabalhando como devem. Como sempre, é preciso consultar um especialista da área médica em caso de problemas de saúde.

Sistema cardiovascular

Sistema cardiovascular saudável

O sistema cardiovascular é composto pelo coração, pelas artérias e veias e pelo sangue que passa por elas. O coração é um órgão muscular responsável por bombear o sangue oxigenado que acaba de sair dos pulmões e levá-lo a todos os tecidos e órgãos do corpo, por meio das artérias. Os tecidos e órgãos dependem do oxigênio e de outros nutrientes para funcionar. O coração também é responsável por trazer de volta para si o sangue desoxigenado do corpo, por meio das veias, para que ele possa ser mandado para os pulmões e receber oxigênio.

Enfermidades cardiovasculares

Arteriosclerose, colesterol alto, pressão sanguínea alta
As doenças cardiovasculares – ou problemas de coração, como se costuma dizer – são enfermidades referentes ao coração e aos vasos sanguíneos. A arteriosclerose comumente é o primeiro aviso de problemas de coração.

Ela acontece quando depósitos de gordura se desenvolvem no interior das artérias, restringindo o fluxo de sangue para os órgãos que elas abastecem. Se esse fluxo sanguíneo reduzido e comprimido acontece nas artérias coronárias, as artérias que abastecem o próprio músculo do coração, surge a doença cardíaca coronariana. Ela apresenta poucos sinais ou sintomas, até as artérias ficarem gravemente obstruídas, resultando em morte de tecidos e ataque do coração.

Ver detalhes sobre os seguintes problemas cardiovasculares:
- Anemia, p. 28
- Colesterol alto, pressão alta, distúrbios cardiovasculares, insuficiência cardíaca e infarto, p. 83

Ver também:
- Tônicos para o coração, p. 214

Sistema digestório

Sistema digestório saudável

O sistema digestório é responsável por misturar os alimentos que ingerimos e quebrá-los em moléculas menores, que o nosso corpo consegue absorver e utilizar. A digestão começa na boca, com a mastigação e a quebra das moléculas de carboidrato, auxiliada pelas enzimas presentes na saliva. A comida então desce pelo esôfago até o estômago, onde o ácido clorídrico (HCl) e as enzimas digestivas quebram as proteínas e possibilitam a absorção de algumas substâncias. A maior parte da digestão e da absorção de nutrientes tem lugar no intestino delgado, com a ajuda do fígado e da vesícula biliar, que fornece a bílis, e do pâncreas, que fornece as enzimas digestivas. As moléculas de alimentos, como os monossacarídeos (unidades de carboidratos), os aminoácidos (unidades de proteína) e os ácidos graxos, assim como as vitaminas, os minerais e a água, são absorvidas pela corrente sanguínea e pelo sistema linfático, ao passo que alimentos não digeríveis (fibras, na maioria) seguem para o intestino grosso e acabam sendo eliminados.

O sistema digestório inteiro é revestido por mucosas. Elas agem como uma barreira e são responsáveis por secreções que ajudam no processo digestivo. Uma camada de músculo liso também se estende por todo o trato digestivo, e é responsável por misturar e quebrar os alimentos, assim como por fazer a comida seguir pelo sistema digestório.

Combinação dos alimentos

A combinação dos alimentos é um método organizado de ingestão de alimentos em uma ordem ou associação específicas. Ela é usada como uma ajuda por tempo limitado em caso de problemas digestivos e, em termos básicos, manda ingerir alimentos com proteínas, carboidratos e frutas em horas diferentes, permitindo assim uma digestão completa e eficiente desses alimentos.

Os alimentos proteicos – carne de boi, aves, peixes, ovos, oleaginosas, sementes, laticínios, produtos à base de soja – necessitam de mais tempo e energia corporal para serem digeridos.

Os carboidratos são os amidos e açúcares encontrados nos alimentos que fornecem a maior parte da energia necessária para as atividades físicas. Abóbora, legumes em geral, cereais e grãos (trigo, aveia, arroz, centeio etc.), macarrão, beterraba, mandioquinha, cenoura, batata-doce e moranga são carboidratos com amido que se quebram com mais rapidez que as proteínas, mas não tão rápido como as frutas. Elas são os alimentos com carboidratos e alto teor de açúcar mais rapidamente digeridas, e por isso são consideradas de forma separada na combinação dos alimentos.

As frutas exigem o menor gasto de tempo e energia para a digestão, e devem ser consumidas antes de uma refeição ou pelo menos 2 horas depois. Dessa forma elas têm uma função de limpeza, favorecendo a função digestiva. Já quando ingeridas durante uma refeição, causam problemas digestivos. Melão e banana devem ser consumidos separadamente de outras frutas.

Os problemas de saúde que podem ser minorados com a combinação dos alimentos são: alergias e intolerâncias alimentares, indigestão, doença inflamatória intestinal, flatulência, fadiga e úlcera péptica.

A melhor combinação de alimentos nas refeições

- Frutas, sozinhas. A melhor forma é comer várias diferentes no café da manhã
- Proteínas junto com vegetais sem amido: abobrinha, aipo, algas, aspargo, brócolis, cebola, pepino, pimentão, repolho, tomate, verduras
- Grãos com legumes sem amido

Sistemas corporais saudáveis

Enfermidades do sistema digestório

Azia, prisão de ventre, síndrome do intestino irritável ou doença inflamatória intestinal, câncer de cólon

A azia é uma das enfermidades digestivas mais comuns. Pode ser um sintoma de refluxo gástrico, hérnia de hiato ou úlcera gástrica ou duodenal. É importante determinar a causa da azia, pois esses problemas podem ser facilmente tratados, mas se tornar sérios quando não cuidados.

A prisão de ventre acontece quando os movimentos do intestino são pouco frequentes ou dificultosos, causando inchaço, dor de cabeça ou hemorroidas, entre outros sintomas. Ela pode ser causada por falta de fibras ou de água na dieta, estresse ou alguma doença.

A prisão de ventre pode ser um indicativo de outros distúrbios do sistema digestório. Se vier alternada com diarreia, por exemplo, pode ser um dos sintomas da síndrome do intestino irritável. Outros sintomas dessa síndrome incluem dor abdominal e cólicas, excesso de gases e inchaço. Ela pode ser causada por sensibilidade a alguns alimentos e frequentemente está associada a estresse emocional – e pode ser muito incapacitante.

A doença inflamatória intestinal abrange duas enfermidades com inflamação crônica no intestino: a doença de Crohn e a colite ulcerativa. Nessas enfermidades, de causa desconhecida, a inflamação no intestino pode acarretar sintomas como diarreia, sangramento, inchaço e sensação de urgência para evacuar. Consulte um médico se estiver sofrendo algum desses sintomas.

O sistema digestório também é suscetível ao câncer. O câncer de cólon é a segunda forma mais comum da doença, mas pode ser facilmente prevenido com um estilo de vida saudável e movimentação intestinal regular. O câncer de cólon é tratável, mas é fundamental que seja detectado no começo. Se a pessoa percebe mudanças no funcionamento do intestino, sangue nas fezes, perda de peso ou fadiga sem causas identificáveis, deve consultar o médico.

Ver detalhes sobre os seguintes problemas digestivos:

- Azia, p. 33
- Diarreia, p. 44
- Doença diverticular, p. 48
- Doença inflamatória intestinal, p. 49
- Indigestão, p. 66
- Prisão de ventre, p. 81
- Síndrome do intestino irritável, p. 94
- Úlceras pépticas, p. 97

Ver também:

- Aperitivos e digestivos, p. 220
- Auxílio natural à digestão, p. 230
- Bitters, p. 231
- Leguminosas e o sistema digestório, p. 229
- Verduras amargas, p. 233

Sistema endócrino

Sistema endócrino saudável

O sistema endócrino compreende as glândulas endócrinas e os hormônios por elas produzidos, que trabalham juntos para servir como um dos principais sistemas de controle do corpo. Os hormônios são substâncias químicas que transportam mensagens através do sangue. Para fazer isso, eles viajam das glândulas endócrinas, onde são produzidos, para as células alvo, onde exercerão a sua função. Por exemplo, a glândula tireoide produz e secreta hormônios tireoidianos (tiroxina, T4, e triiodotironina, T3), que controlam as taxas metabólicas do corpo. O pâncreas, que faz parte do sistema digestório secretando enzimas digestivas, também tem uma função endócrina, liberando a insulina e o glucagon responsáveis por equilibrar o açúcar no sangue.

Os órgãos de reprodução também fazem parte do sistema endócrino. Nas mulheres, os ovários controlam o funcionamento, crescimento e desenvolvimento do sistema reprodutivo feminino, incluindo os seios, por meio de hormônios como o estrogênio e a progesterona. Nos homens, os testículos produzem a testosterona, que é responsável pelo funcionamento, crescimento e desenvolvimento do sistema reprodutivo masculino.

Muitas outras glândulas e órgãos fazem parte do sistema endócrino, incluindo o hipotálamo – no cérebro – e a glândula pituitária, logo abaixo dele. Ambos controlam muitas glândulas por meio dos hormônios que secretam. A retroalimentação hormonal pode sinalizar para essas glândulas a necessidade de produzir mais ou menos hormônios que ajudam a manter as funções corporais equilibradas.

Ver detalhes sobre os seguintes problemas endócrinos:

- Diabetes, p. 42
- Hipoglicemia, p. 64
- Menopausa, p. 75
- Problemas menstruais, p. 86

Ver também:

- Elixires endócrinos, p. 234

Enfermidades endócrinas

Desequilíbrio hormonal, hipertireoidismo, hipotireoidismo, diabetes

A maioria dos problemas endócrinos acontece quando uma glândula produz mais ou menos hormônio do que deveria, quando a resposta da célula-alvo é insuficiente ou, em alguns casos, quando o nosso corpo não consegue eliminar adequadamente o excesso de hormônios.

Sistema imunológico

Sistema imunológico saudável

O sistema imunológico consiste em um conjunto complexo de células espalhadas pelo corpo. Essas células são responsáveis por proteger o corpo de infecções, assim como pela constante vigilância e destruição de células cancerosas.

Ver detalhes sobre os seguintes problemas imunológicos:

- AIDS e HIV, p. 24
- Alergias, p. 25
- Deficiência imunológica, p. 39
- Gripe, p. 62
- Herpes simples, p. 63
- Lúpus, p. 73
- Prevenção de câncer, p. 80
- Resfriado comum, p. 90
- Síndrome da fadiga crônica, p. 93

A pele e as mucosas, junto com substâncias químicas como muco, lágrimas e ácido estomacal, também são parte importante do sistema imunológico, agindo como barreiras que evitam que materiais estranhos e organismos patogênicos entrem no corpo e lhe causem dano.

Quando o sistema imunológico não funciona perfeitamente, o risco de infecções e cânceres aumenta, assim como o do desenvolvimento de alergias e doenças inflamatórias.

Fortalecer e otimizar o sistema imunológico por meio do consumo de alimentos integrais, ingestão adequada de água, exercícios moderados regulares e relaxamento mental pode aumentar a resistência corporal a resfriados, gripe e cânceres, e manter as alergias e inflamações sob controle.

Enfermidades do sistema imunológico

Infecções frequentes e crônicas, câncer, inflamações, alergias

Infecções frequentes e crônicas podem incluir de um resfriado comum, uma infecção de ouvido ou do trato urinário, até doenças mais graves, como infecção por herpes viral, bronquite e pneumonia. Vírus, bactérias, fungos e parasitas podem causar infecções, especialmente quando não encontram a resistência adequada, em um sistema imunológico enfraquecido.

De forma semelhante, o risco de câncer aumenta quando há danos em uma célula de DNA, pois nem o sistema de imunidade a repara nem as células de vigilância contra o câncer funcionam de forma plena. O DNA pode ser lesado por radicais livres produzidos no organismo ou por elementos do ambiente externo, como substâncias químicas, radiação ou viroses.

Ver também:
- O poder do alho, p. 240
- Reforço para imunidade, p. 240

Sistema músculo-esquelético

Sistema músculo-esquelético saudável

Os músculos, os ossos, as articulações e os tecidos conjuntivos formam o sistema músculo-esquelético, responsável pelos movimentos do corpo humano e seus membros. Ele também dá estrutura ao corpo e protege fisicamente os órgãos internos.

A nutrição é muito importante para o bom funcionamento desse sistema. Por exemplo, a contração e o relaxamento musculares dependem de minerais como cálcio e magnésio para a execução dos movimentos e a manutenção de uma postura ereta e equilibrada. Os ossos também precisam de minerais para manter a sua densidade, suportar as forças de tração geradas pelos músculos e o impacto de acidentes e quedas.

Outra parte importante do sistema músculo-esquelético são as articulações, como o quadril, os joelhos e os cotovelos. Dentro das articulações, as pontas dos ossos são cobertas por cartilagem e rodeadas pelo líquido sinovial, um fluido lubrificante que permite movimentos suaves e sem atrito na junção de dois ossos.

Enfermidades músculo-esqueléticas

Artrite, osteoporose, lombalgia, espasmos musculares, câimbras, distensões e luxações

Câimbras e espasmos musculares podem acontecer devido à desidratação e se minerais como cálcio, sódio, potássio e magnésio não estiverem no equilíbrio correto. Isso pode causar de uma simples câimbra no músculo da panturrilha a problemas mais graves, como lombalgia. A lombalgia pode se dever ao desalinhamento da coluna ou de outras partes do esqueleto, a um pinçamento no nervo, lesão ou inflamação crônica.

Na artrite também acontece uma inflamação. Há muitos tipos de artrite, alguns com mais inflamação que outros. Por exemplo, a osteoartrite, o tipo mais comum, é caracterizada por desgaste e dilaceramento nas articulações, destruindo a cartilagem da articulação e causando alterações nos ossos. A osteoartrite implica alguma inflamação na articulação e nos tecidos vizinhos, embora mínima. Os sintomas podem ser rigidez e dor na articulação afetada, e às vezes restrição das funções dessa articulação. Por outro lado, a artrite reumatoide é uma enfermidade autoimune caracterizada por inflamação crônica que pode afetar tanto as articulações como outras partes do corpo. Ela pode causar sintomas de inflamação na articulação afetada, como dor, vermelhidão, inchaço e algumas vezes deformação, mas também sintomas generalizados de fadiga, fraqueza e febre baixa. Indiferentemente da causa e dos vários sintomas e localizações, a nutrição é fundamental para reparar e desenvolver cartilagem e diminuir a inflamação.

Ao contrário da artrite, a osteoporose quase não apresenta sintomas, e por isso as pessoas com maior risco de apresentá-la devem verificar a densidade óssea com regularidade. Na osteoporose a densidade dos ossos diminui e eles se tornam quebradiços, propensos a fraturas. A densidade dos ossos depende de muitos nutrientes, como cálcio, magnésio e zinco, para ter força para suportar traumas, executar movimentos e fornecer sustentação.

Ver detalhes sobre os seguintes problemas músculo-esqueléticos:

- Artrite, p. 30
- Osteoporose, p. 77

Ver também:

- Poder para os músculos, p. 255

Sistema nervoso

Sistema nervoso saudável

O sistema nervoso é altamente complexo e composto por duas partes principais: os sistemas nervosos central e periférico, que juntos nos permitem responder aos ambientes internos e externos. O sistema nervoso central consiste no cérebro e na medula espinhal, ao passo que o periférico é composto por nervos (sensoriais e motores) e conecta o central com outras partes do corpo.

O sistema nervoso periférico é responsável por receber informações, como sabor, som ou níveis hormonais dos ambientes interno e externo e por retransmitir essas informações ao sistema nervoso central por meio dos nervos sensoriais periféricos. A medula espinhal e o cérebro reúnem essas informações no sistema nervoso central e geram uma resposta, que é então enviada a outras partes do corpo por meio dos nervos motores periféricos. Por exemplo, os nervos sensoriais periféricos podem transmitir informação sobre uma música no rádio à medula espinhal e ao cérebro. A resposta então seria enviada pelos nervos motores periféricos para gerar o movimento de aumentar o volume do rádio.

É claro que nem todas as respostas são conscientes. O sistema nervoso periférico também inclui o sistema nervoso autônomo, que controla órgãos internos e glândulas, como o coração ou a tireoide, responsável pelo metabolismo corporal. Por meio desse sistema, baseado nas respostas dos sistemas simpático e parassimpático, o corpo pode manter um equilíbrio interno e reagir a diferentes estímulos com base nas respostas necessárias. Por exemplo, uma resposta simpática do tipo "lute ou fuja" é gerada quando estamos assustados ou estressados. Essa resposta faz os batimentos cardíacos se acelerarem. Por outro lado, uma resposta parassimpática permite que se realizem funções como relaxar ou digerir os alimentos depois de uma refeição. Essas duas partes do sistema nervoso autônomo agem nos mesmos órgãos e glândulas, mas têm efeitos opostos, ajudando a manter o equilíbrio do corpo.

Enfermidades do sistema nervoso

Ansiedade, depressão, depressão sazonal, perda de memória e redução das funções cognitivas

A depressão é um problema que ocorre quando há um desequilíbrio dos neurotransmissores do cérebro. Ela pode ser caracterizada pela perda de interesse ou prazer nas atividades costumeiras e falta de energia. Também pode afetar o apetite, seja aumentando ou diminuindo, e com isso gerar mudanças de peso. A depressão pode ser muito debilitante e despertar sentimentos de falta de valor ou mesmo pensamentos de morte ou suicídio.

Já a depressão sazonal é causada pela deficiência de exposição à luz do sol durante os meses de inverno, mais comum nos países de clima frio. Ela pode causar os sintomas gerais de depressão, e também aumento das horas de sono, do apetite e possivelmente do peso corporal.

A ansiedade é uma enfermidade psiquiátrica devastadora que pode compreender agitação, nervosismo, medo, irritabilidade e timidez. Outros sintomas podem incluir palpitações no coração, rubor das faces, transpiração, respiração deficiente e até desmaios. Tanto a ansiedade como a depressão podem ser causadas por fatores psicológicos, por uma causa física, como trauma ou doença, por carências nutricionais ou por efeitos colaterais de medicamentos.

Como resultado da vida normal e do envelhecimento, o sistema nervoso sofre com a oxidação das suas células, com uma condição insuficiente de nutrientes e com a diminuição da circulação sanguínea. Esses e outros fatores podem causar uma baixa nos níveis de neurotransmissores, assim como no número de conexões entre neurônios e até mesmo a uma diminuição do tamanho do cérebro, levando à redução da função cognitiva e à perda de memória.

> **Ver detalhes sobre os seguintes problemas do sistema nervoso:**
> - Ansiedade, p. 29
> - Depressão, p. 41
> - Doença de Parkinson, p. 46
>
> **Ver também:**
> - Nutrição para os nervos, p. 263
> - Detonadores de estresse, p. 274

Sistema respiratório

Sistema respiratório saudável

O sistema respiratório é responsável pela troca de oxigênio e dióxido de carbono entre o ambiente externo e o sangue. O ar que respiramos entra pelo nariz, passa pela faringe e pela laringe, desce pela traqueia, segue para os brônquios e bronquíolos até finalmente chegar ao seu destino: os pulmões. Neles, a troca dos gases acontece em minúsculas bolsas de ar chamadas alvéolos, onde o oxigênio do ar entra na corrente sanguínea e o dióxido de carbono dessa corrente entra no ar para ser expelido. Por meio da inspiração e da expiração o ar entra e sai dos pulmões, abastecendo todas as células do corpo com o suprimento de oxigênio novo essencial para que elas sobrevivam.

O sistema respiratório também é responsável por proteger o corpo contra micróbios, substâncias químicas tóxicas e corpos estranhos. Isso se dá com a ajuda das células ciliadas, minúsculas estruturas semelhantes a pelos, que eliminam muco e corpos estranhos do sistema. Elas também trabalham junto com o sistema imunológico para produzir muco e realizar a fagocitose (absorvendo patógenos e detritos).

Enfermidades respiratórias

Asma, alergias, infecções do trato respiratório, câncer de pulmão

A asma é a doença mais frequente associada ao sistema respiratório. É uma inflamação dos pulmões e vias aéreas na qual o inchaço, a contração da musculatura lisa e o excesso de produção de muco criam sérias dificuldades respiratórias. Quem sofre de asma pode vivenciar uma sensação de tensão e aperto no peito, com respiração curta, ficando ofegante e tossindo. Acredita-se que a asma, como as alergias, seja um transtorno de hipersensibilidade, portanto, muito relacionado ao sistema imunológico.

O sistema respiratório é o mais sensível a infecções, porque é exposto diretamente ao ambiente externo. Em consequência, as infecções respiratórias, como resfriados, sinusite, bronquite e pneumonia, também se relacionam muito ao sistema imunológico. Nesses casos, ele é responsável por proteger o sistema respiratório produzindo muco, atacando invasores estranhos e fomentando uma resposta apropriada para combater os patógenos depois que eles entram no corpo.

O sistema respiratório também é suscetível ao câncer. O de pulmão é a forma de câncer mais comum atualmente, podendo afetar um ou ambos os pulmões. O tabagismo é o maior fator de risco para o câncer de pulmão, por isso parar de fumar é uma atitude importante em sua prevenção. Outros métodos incluem uma dieta rica em vitaminas, o que pode ajudar a reduzir o risco de câncer e também o de que ele volte depois de tratado.

Ver detalhes sobre os seguintes problemas do sistema respiratório:

- Alergias, p. 25
- Bronquite, p. 35
- Prevenção de câncer, p. 80

Ver também:

- Sucos para a respiração, p. 270

Sua saúde

AIDS e HIV 24
Alergias 25
Alopecia 27
Amamentação 27
Anemia 28
Ansiedade 29
Artrite 30
Azia 33
Baixa libido 34
Bronquite 35
Cálculos biliares. 35
Candidíase 37
DDA e TDAH 38
Deficiência imunológica 39
Depressão 41
Diabetes 42
Diarreia 44
Doença de Alzheimer
    e demência 45
Doença de Parkinson 46
Doença diverticular 48
Doença inflamatória intestinal . .49
Dor de cabeça (não enxaqueca) 50
Endometriose 51
Envelhecimento 52
Enxaqueca 53
Esclerose múltipla 54
Excesso de peso. 55
Fadiga 57
Fibromialgia 58
Gases 59
Gota 60
Gravidez 61
Gripe 62

Herpes simples 63
Hipoglicemia 64
Impotência 65
Indigestão 66
Infecções do trato urinário 69
Infertilidade feminina 70
Infertilidade masculina 71
Insônia 72
Laringite 73
Lúpus 73
Menopausa 75
Miomas uterinos 76
Osteoporose 77
Pedras nos rins
    (cálculos renais) 79
Prevenção de câncer. 80
Prisão de ventre 81
Problemas cardíacos. 83
Problemas de pele. 84
Problemas menstruais 86
Problemas no fígado 87
Problemas oftalmológicos 88
Próstata
    (aumento benigno) 89
Resfriado comum 90
Ressaca 91
Retenção de líquido. 92
Síndrome da fadiga crônica . . .93
Síndrome do intestino
    irritável 94
Sinusite 95
Tabagismo 96
Úlceras pépticas 97
Varizes e hemorroidas 98

A sabedoria tanto do senso comum, como da observação humana e dos estudos científicos aponta para a importância da dieta na prevenção e no controle de doenças. Os princípios gerais de dieta estão descritos na página 12. Nesta parte do livro, você encontrará recomendações para problemas de saúde específicos.

Essas recomendações não têm a intenção de tomar o lugar de uma consulta médica. Para melhores resultados, e especialmente se o problema de saúde enfrentado for sério, entre em contato com um médico, fitoterapeuta ou especialista em medicina natural que possa lhe fornecer uma dieta e orientações para um estilo de vida adequado às suas necessidades. Aqui recomendaremos as melhores frutas, legumes, ervas e outros alimentos para cada problema.

AIDS e HIV

Síndrome de imunodeficiência adquirida e Vírus da imunodeficiência humana

Não há cura conhecida para a AIDS, e quem é portador do HIV deve receber cuidados médicos. Entretanto, uma dieta adequada pode melhorar a função imunológica, auxiliar a resistência às infecções relacionadas à AIDS e reduzir os sintomas ligados ao HIV e à AIDS.

Alimentos de cura

Frutas e hortaliças
abacate, abóbora, aspargo, brócolis, cebola, cenoura, couve-flor, frutas cítricas, morango, pera, pêssego, verduras

Ervas
alcaçuz*, alho, astrágalo, babosa, bardana (folha, raiz e sementes), cúrcuma, ginseng, óleo de prímula

Outros
alga marinha, cereais, grãos integrais, iogurte de soja, sementes (abóbora, germinadas, girassol, linhaça), tofu

* Deve-se evitar o alcaçuz em caso de pressão alta. O uso prolongado de alcaçuz não é recomendado em nenhuma circunstância.

O que fazer

Consumir mais
- Frutas e legumes orgânicos, sem agrotóxicos
- Cogumelos shitake, que estudos apontam como de muito auxílio ao sistema imunológico
- Alho, um antibacteriano, antivirótico e antifúngico que protege o corpo das infecções oportunistas

Consumir menos
- Alimentos doces, incluindo melado e sucos de fruta, que fomentam o crescimento de fungos e germes

Eliminar
- Farinhas refinadas

- Gordura animal em carnes e laticínios, pois prejudicam a imunidade
- Bebida alcoólica, que aumenta a suscetibilidade a infecções
- Alergias e intolerâncias alimentares (ver Apêndice A: Alergias alimentares, p. 381)
- Açúcar

Outras recomendações
- Exercitar-se de acordo com seu condicionamento. Isso ajuda a melhorar a circulação e elimina toxinas pelo suor
- Praticar técnicas de redução de estresse, como ioga, tai chi e meditação, para fortalecer o sistema imunológico

Bebida de cura

(ver também Reforço para imunidade, p. 240; Principais frutas e hortaliças antioxidantes, pp. 116 e 128)

Adicionar 1 colher (chá) de ervas e até 2 colheres (sopa) de outros dos ingredientes recomendados para esse problema às receitas a seguir:

Sucos
- Antioxidante de alho, p. 241
- Brócolis e cenoura, p. 196
- Coquetel de couve-flor, p. 330
- C-Verde, p. 199
- Magia verde (use uma das ervas recomendadas em vez do ginkgo biloba, ver p. 24), p. 203
- Suculento (use uma das ervas recomendadas em vez do ginkgo biloba, ver p. 24), p. 207
- Verduras, p. 211

Vitaminas
- Vitamina energia verde (use uma das ervas recomendadas em vez do ginkgo biloba, ver p. 24), p. 325

Chás
- Antioxidante de tomilho, p. 242

Substitutos do café
- Chá imunorregulador, p. 245
- Mistura de raízes para café, p. 359
- Mix para chá imunizante, p. 252

Alergias

Febre do feno, eczema e asma

Os sintomas de reações alérgicas manifestados com a febre do feno, eczema e asma são causados por inflamações, a reação normal do organismo diante de problemas. As alergias são um exemplo de inflamação crônica, em que fatores como intolerância alimentar, estresse e má digestão permitem que toxinas ativem o sistema imunológico. Isso leva a reações inflamatórias na pele, nos olhos, nariz ou vias respiratórias. Uma nutrição adequada e o uso de ervas podem diminuir a gravidade dessas reações.

Alimentos de cura

Frutas e hortaliças
agrião, aspargo, beterraba, cebola, cenoura, espinafre, framboesa, laranja, maçã, manga, mirtilo, morango, pimentão vermelho e verde, pimentas, uva

Ervas
alcaçuz**, alho, astrágalo, bardana*, calêndula, canela, cúrcuma, folha e raiz de dente-de-leão*, gengibre, mil-folhas*, sabugueiro, salsinha***, tomilho, urtiga

Outros
arroz, cereais integrais, iogurte com lactobacilos vivos, oleaginosas (exceto amendoim), produtos de soja, sementes (abóbora, linhaça)

O que fazer

Consumir mais
- Frutas e legumes que ofereçam flavonoides e antioxidantes, que ajudam a boa resposta imunológica
- Ácidos graxos essenciais (presentes nos peixes gordurosos, linhaça e sementes de girassol, entre outros alimentos) que são anti-inflamatórios e reduzem a gravidade de alergias
- Ervas que melhorem a digestão (raiz de dente-de-leão,

Sua saúde **25**

* Pessoas alérgicas a ambrósia (ou erva-de-santa-maria) podem também ser alérgicas a ervas da mesma família botânica (as *Compositae* ou família das margaridas). Entre as ervas desse grupo estão: bardana, calêndula, camomila, chicória comum, dente-de-leão, equinácea, tanaceto, cardo-mariano e mil-folhas (o mil-folhas deve ser evitado na gravidez).

** Deve-se evitar o alcaçuz em caso de pressão alta. O uso prolongado de alcaçuz não é recomendado em nenhuma circunstância.

*** Grávidas devem limitar o consumo de salsinha a ½ colher (chá) da erva seca ou 1 raminho fresco por dia. Não se deve consumir salsinha em caso de inflamação renal.

se necessário), reforcem a imunidade (astrágalo, alho) e nutram o sistema nervoso (palha de aveia, escutelária)

Eliminar
- Alergias e intolerância alimentar (ver Apêndice A: Alergias alimentares, p. 381)
- Açúcar, inclusive melado e açúcar de frutas. Estudos têm demonstrado que o açúcar reduz a função imunológica ao debilitar a atividade dos glóbulos brancos do sangue. O excesso de açúcar também estimula infecções causadas por fungos, aumentando as reações alérgicas
- Álcool, que prejudica a função imunológica
- Alimentos formadores de muco (laticínios, banana)

Outras recomendações
- Reduzir o estresse. Cansaço e estresse emocional influenciam a queda da imunidade, o que aumenta a suscetibilidade a alergias. O sono e o relaxamento ajudam a produzir substâncias que reforçam a imunidade
- Melhorar a digestão. A má digestão não deixa que o organismo elimine as toxinas, limitando a absorção de nutrientes. Quando o alimento é bem digerido, em geral não ocorrem reações alérgicas
- Consumir boas proteínas. A proteína é fundamental para uma boa função imunológica. As melhores fontes de proteína são o peixe, como atum, salmão, sardinha, truta, bacalhau e arenque

Bebida de cura

(ver também Reforço para imunidade, p. 240; Principais frutas e hortaliças antioxidantes, pp. 116 e 128)

Adicionar 1 colher (chá) de ervas e até 2 colheres (sopa) dos ingredientes recomendados para esse problema às receitas a seguir:

Sucos
- Beterraba, p. 194
- Mirtilos, p. 187
- Coquetel cítrico, p. 328
- Coquetel de frutas vermelhas e laranja, p. 330
- C-Verde, p. 199
- Festa da primavera, p. 201

- Uvas poderosas (substituir o alecrim por uma erva recomendada, ver p. 25), p. 191

Vitaminas
- Mania de manga (substituir ¼ xícara de iogurte por banana), p. 317
- Vitamina energia verde (use uma das ervas recomendadas em vez do ginkgo biloba, ver p. 25), p. 325

Chás
- Chá contra alergias, p. 244
- Chá imunorregulador, p. 245
- Urtiga, p. 303

Alopecia

Alimentos de cura

Frutas e hortaliças
alho, brócolis, cebola, espinafre, repolho

Ervas
alecrim, gengibre, urtiga

Outros
arroz integral, oleaginosas, ovos, produtos de soja, sementes (girassol, linhaça)

Trata-se da perda de cabelo parcial ou total. Pode ser causada por estresse extremo, doenças da pele, excesso de sol, desequilíbrios da tireoide, excesso de hormônios sexuais ou por químicas pesadas, como as usadas em tratamentos de câncer ou do cabelo, que interferem na nutrição dos folículos capilares.

O cabelo consiste principalmente de proteína, oriunda de aminoácidos e minerais, e pode ser muito afetado pela alimentação. O alecrim é tradicionalmente empregado para tratar de problemas do cabelo. O chá de alecrim pode ser ingerido ou aplicado externamente para estimular o fluxo sanguíneo do couro cabeludo.

O que fazer

Incluir na dieta
- Alimentos de alto teor proteico (carne, peixe, aves, ovos, queijo, arroz integral, oleaginosas, sementes, soja)
- Alimentos que contêm enxofre (gema de ovo, couve-flor, repolho, nabo, cebola, alho)
- Alimentos ricos em cálcio (laticínios, folhas verdes, algas marinhas)

Consumir mais
- Frutas e legumes ricos em antioxidantes, em especial brócolis, repolho, alho, cebola e espinafre

Outras recomendações
- Evite o estresse. Técnicas de relaxamento, como a ioga, podem ajudar a aliviar o estresse e as tensões cotidianas

Bebida de cura

Adicionar 1 colher (chá) de ervas e até 2 colheres (sopa) dos ingredientes recomendados (à esquerda) para esse problema às receitas a seguir:

Sucos
- Antioxidante de alho, p. 241
- Coquetel de repolho, p. 332

- Gole divino, p. 202
- Repolho e alecrim, p. 205

Vitaminas
- Vitamina energia verde, 325

Chás
- Chá para a circulação, p. 267

Amamentação

Uma dieta nutritiva e rica em minerais é fundamental para a saúde da mãe que amamenta e o bebê. Acrescentar erva-doce, endro ou anis aos alimentos da mãe ou ao chá ajuda a prevenir as cólicas infantis. Durante o desmame, deve-se beber chá de sálvia para diminuir a produção de leite.

Sua saúde   27

Alimentos de cura

Frutas e hortaliças
abacate, agrião, banana, batata-doce, cenoura, vagem, verduras

Ervas
alfafa, camomila, folhas de framboeseira, folhas e flores da borragem, raiz e folha de dente-de-leão, salsinha*, semente de erva-doce, urtiga

Outros
algas marinhas, amêndoa, cereais integrais, gérmen de trigo, iogurte com lactobacilos vivos, leguminosas, melado, sementes (abóbora, girassol)

* Grávidas devem limitar o consumo de salsinha a ½ colher (chá) da erva seca ou 1 raminho fresco por dia. Não se deve consumir salsinha em caso de inflamação renal.

O que fazer

Consumir mais
- Alimentos integrais
- Alimentos ricos em vitamina B (cereais integrais, verduras, algas marinhas), que estimulam a produção de leite materno
- Alimentos ricos em cálcio (verduras, algas marinhas), para ajudar a formação óssea do bebê
- Chás de ervas ricos em minerais (urtiga, folha de framboeseira, alfafa, trevo vermelho, dente-de-leão)

Consumir menos
- Alho, cebola e pimenta, que podem dar gases ao bebê
- Alimentos refinados (farinha de trigo e açúcar)

Eliminar
- Aditivos químicos, corantes e adoçantes, que podem ser tóxicos para a criança

Bebida de cura

Adicionar 1 colher (chá) de ervas e até 2 colheres (sopa) dos ingredientes recomendados (à esquerda) para esse problema às receitas a seguir:

Sucos
- Fólico extra, p. 202
- Kelp, p. 203
- Surpresa de algas marinhas, p. 207

- Verduras, p. 211

Vitaminas
- Abacate com abacaxi, p. 313

Chás
- Chá da mamãe, p. 293
- Chá de framboesa, p. 277

Outros
- Água digestiva, p. 223

Anemia

A anemia é causada pela falta de hemoglobinas no sangue, resultando em cansaço e palidez. Outros sintomas dependem do tipo de anemia, que pode ser determinado por um exame de sangue. A anemia por deficiência de ferro é o tipo mais comum e pode ser provocada por um fluxo menstrual muito intenso, sangramentos, alimentação pobre em ferro, gravidez ou artrite reumatoide. Para tratar a anemia, é preciso determinar o tipo e depois remediar as causas. Em todos os tipos é recomendável aumentar a capacidade do organismo de absorver nutrientes.

Alimentos de cura

Frutas e hortaliças
agrião, alcachofra-de-
-jerusalém, beterraba e
folha de beterraba, brócolis,
cenoura, erva-doce, ervilha,
frutas cítricas, maçã,
morango, pêssego, uvas,
verduras

Ervas
bardana, folha e raiz de
dente-de-leão, salsinha*,
urtiga

Outros
ameixa, amêndoa, damasco
seco, figo, kelp, melado,
uva-passa

* Grávidas devem limitar o
consumo de salsinha a ½
colher (chá) da erva seca ou
1 raminho fresco por dia. Não
se deve consumir salsinha em
caso de inflamação renal.

O que fazer

Consumir mais
- Alimentos e ervas ricos
  em ferro (algas marinhas,
  beterraba, frutas secas,
  amêndoas, espinafre, urtiga,
  salsinha*, agrião)
- Alimentos ricos em vitamina C
- Ervas amargas, como raiz de
  dente-de-leão, para melhor
  absorção de ferro

Consumir menos
- Pão integral, que impede a
  absorção de ferro

Eliminar
- Alimentos que impedem a
  absorção de ferro (café, chá,
  chocolate, farelo de trigo)

Bebida de cura

Adicionar 1 colher (chá) de
ervas e até 2 colheres (sopa) dos
ingredientes recomendados
(à esquerda) para esse problema
às receitas a seguir:

Sucos
- A força do Popeye, p. 256
- Beterraba verde, p. 195
- Beterraba, p. 194
- Brócolis e alcachofra, p. 196
- Damasco e pêssego, p. 180
- Delícia de ervilhas, p. 199
- Maçã com beterraba e pera,
  p. 185

Vitaminas
- Vitamina com alga marinha,
  p. 322

Chás
- Chá formador de ferro, p. 257
- Urtiga, p. 303

Substitutos do café
- Café de raízes, p. 357

Ansiedade

Ansiedade, estresse e crises de pânico

A ansiedade se caracteriza por um estado de medo e
frequentemente está associada à insônia. As síndromes de pânico
são crises recorrentes de ansiedade extrema. As causas podem ser
cansaço, estresse, distúrbios nervosos, depressão ou desequilíbrio
hormonal.

O que fazer

Consumir mais
- Frutas e legumes frescos
  para melhorar a saúde geral,
  o que ajuda a lidar com o
  estresse
- Alimentos ricos em vitamina B
  (grãos integrais, verduras) para
  proteger o sistema nervoso
- Alimentos ricos em cálcio e
  magnésio (algas kelp e dulse,

Sua saúde **29**

Alimentos de cura

Frutas e hortaliças
agrião, banana, brócolis, cebola, cenoura, damasco, erva-doce, salsão, verduras

Ervas
alfafa, alfazema, alho, borragem, camomila, capim-cidreira, erva-de-são--joão, escutelária, folha de dente-de-leão, kava kava, salsinha*, valeriana**

Outros
cereais integrais (principalmente aveia), dulse, kelp, leite de amêndoa, oleaginosas (principalmente amêndoa), tofu

* Grávidas devem limitar o consumo de salsinha a ½ colher (chá) da erva seca ou 1 raminho fresco por dia. Não se deve consumir salsinha em caso de inflamação renal.

** A valeriana provoca o efeito contrário em algumas pessoas.

produtos derivados da soja, amêndoa, couve, salsinha*), que ajudam a aliviar as tensões nervosas
- Ervas que ajudam a relaxar e a melhorar o sono (camomila, alfazema, escutelária)

Eliminar
- Cafeína (encontrada no café, inclusive no descafeinado, e também nos chás preto e verde, em chocolates e refrigerantes)

Bebida de cura

(ver também Detonadores de estresse, p. 274; Nutrição para os nervos, p. 263)

Adicionar 1 colher (chá) de ervas e até 2 colheres (sopa) dos ingredientes recomendados (à esquerda) para esse problema às receitas a seguir:

Sucos
- C-Verde, p. 199
- Verduras, p. 211
- A força do Popeye, p. 256

- Bebidas alcoólicas
- Açúcar e farinha refinados
- Aditivos químicos
- Alergias e intolerâncias alimentares (ver Apêndice A: Alergias alimentares, p. 381)

Outras recomendações
- Praticar meditação e exercícios de relaxamento para liberar a energia nervosa e conseguir um estado emocional mais equilibrado

Vitaminas
- Leite de amêndoas com banana, p. 316

Chás
- Chá calmante, p. 276
- Chá para a suprarrenal, p. 234
- Lavanda, p. 300

Substitutos do café
- Atídoto contra ansiedade, p. 355

Substitutos do leite
- Frapê de banana, p. 349

Artrite

Artrite reumatoide e osteoartrite

A artrite reumatoide é a mais comum das doenças inflamatórias crônicas das articulações. Pode ser diagnosticada pela presença de anticorpos (denominados "fator reumatoide") no sangue. Como está relacionada ao sangue e não ao desgaste, a artrite reumatoide é uma doença que afeta o corpo inteiro, em geral causando febre, perda de peso, cansaço e um declínio geral da saúde do indivíduo. As articulações (normalmente dos pulsos, cotovelos, tornozelos, joelhos, quadris, mãos e pés) incham e ficam inflamadas e costumam ser simetricamente afetadas. A inflamação na espinha causa dores na nuca e rigidez. As articulações podem às vezes se deformar por causa da geração de um conteúdo líquido no interior do tecido cartilaginoso. A dor e a rigidez costumam ser piores no período matutino, diminuindo ao longo do dia.

Alimentos de cura

Frutas e hortaliças
agrião, alcachofra-de-
-jerusalém, aspargo,
beterraba, brócolis, cebola,
cenoura, cereja, couve-
-flor, maçã, mamão papaia,
manga, nabo, repolho,
salsão, uva

Ervas
alcaçuz*, alecrim, alfafa,
alho, camomila, cúrcuma,
capim-cidreira, erva-doce,
gengibre, raiz e folha de
dente-de-leão, salsinha**,
semente de aipo, ulmária,
urtiga

Outros
azeite de oliva extra virgem,
cereais integrais (cuidado
com alergias a trigo e milho),
dulse, gérmen de trigo,
iogurte com lactobacilos
vivos, kelp, leguminosas,
melado, oleaginosas
(sobretudo amêndoa), óleos
de peixe, produtos de soja,
rama de cereal, sementes
(abóbora, gergelim, girassol,
linhaça)

* Deve-se evitar o alcaçuz em
caso de pressão alta. O uso
prolongado de alcaçuz não é
recomendado em nenhuma
circunstância.

** Grávidas devem limitar
o consumo de salsinha a
½ colher (chá) da erva seca ou
1 raminho fresco por dia. Não
se deve consumir salsinha em
caso de inflamação renal.

A osteoartrite é uma doença causada pelo desgaste das articulações, que em geral aparece depois dos 50 anos. Caracteriza-se pela degeneração da cartilagem das articulações que sustentam peso, como o quadril, joelhos e coluna, e também as mãos. Com essa degeneração, ocorrem alterações nas estruturas ósseas vizinhas, levando à limitação dos movimentos. A inflamação acompanha a degeneração da cartilagem. As dores são provocadas pelos movimentos e desaparecem com repouso, então normalmente pioram ao longo do dia. Como as dores na osteoartrite são causadas pelo peso sobre as articulações, recomenda-se que pessoas com sobrepeso tentem alguma forma de emagrecimento. Essa doença costuma estar relacionada a desequilíbrio de minerais na dieta e/ou a uma incapacidade de absorver minerais. Assim, pode melhorar com mudanças alimentares e/ou cuidados com o sistema digestório. Quem sofre de artrite muitas vezes tem problemas circulatórios (caracterizados por mãos e pés sempre frios), não transpira, sofre de prisão de ventre com frequência e apresenta excesso de peso. Esses fatores contribuem para a retenção de toxinas e podem ser aliviados com algumas das ervas listadas abaixo (ver também Prisão de ventre, p. 81, e Excesso de peso, p. 55). Consulte um médico fitoterapeuta ou outro profissional da medicina natural para mais informações sobre uma situação específica.

O que fazer

Consumir mais
- Frutas e legumes frescos
- Líquidos para diluir e lavar as toxinas; beber pelo menos 8 copos grandes de água, suco e/ou chá de ervas diariamente
- Peixes gordurosos (salmão, atum, arenque, sardinha, truta, bacalhau, cavalinha) que são anti-inflamatórios
- Ervas que ajudem o sistema digestório (capim-cidreira, hortelã-pimenta, camomila) para reforçar a absorção de nutrientes
- Ervas analgésicas (camomila, ulmária) para aliviar a dor
- Ervas anti-inflamatórias (camomila, gengibre, alcaçuz*, ulmária) para aliviar a dor e frear a degeneração das articulações
- Ervas diuréticas (folha de dente-de-leão) e linfáticas (trevo vermelho) para estimular o sistema excretor
- Ervas que ajudem o fígado (raiz de dente-de-leão, alcaçuz*) a eliminar toxinas
- Ervas estimulantes da circulação (gengibre, urtiga) para aumentar o fluxo sanguíneo das articulações afetadas

Consumir menos
- Alimentos processados
- Chá, café e refrigerantes
- Alimentos salgados
- Frutas e legumes ácidos (ameixa, acelga, cranberry, espinafre, folhas de beterraba, ruibarbo)

Sua saúde   31

Eliminar

- Alimentos de má qualidade
- Alergias e intolerâncias alimentares (ver Apêndice A: Alergias alimentares, p. 381). Os alimentos mais problemáticos costumam ser milho, laticínios, trigo, ovos, chocolate, amendoim e espécies da família das solanáceas (pimentas, tomate, batata e berinjela)
- Carne, principalmente a vermelha (boi, porco, carneiro), e carnes processadas (presunto, hambúrguer, linguiças e frios) que podem estimular inflamações
- Margarina, gordura vegetal e óleos processados a calor (substituir por azeite de oliva extra virgem)
- Mariscos. Na digestão da proteína oriunda de mariscos, as toxinas (ureia, ácido úrico e purina) ficam depositadas na gordura e na extremidade dos ossos (articulações), onde lentamente causam inflamações crônicas. As toxinas resultantes da digestão de mariscos costumam causar mais problemas que outras proteínas
- Alimentos processados e refinados
- Açúcar e adoçantes artificiais (substituir por melado, xarope de bordo ou estévia, ver p. 145)
- Frutas cítricas, que sempre causam reações alérgicas em pessoas com artrite reumatoide
- Vinagre e alimentos vinagrados (picles), que lixiviam os minerais do organismo (exceto o vinagre de maçã e o vinagre de arroz integral)
- Bebidas alcoólicas
- Aditivos químicos
- Alimentos contaminados por pesticidas (consumir o máximo de alimentos orgânicos)

Bebida de cura

Adicionar 1 colher (chá) de ervas e até 2 colheres (sopa) dos ingredientes recomendados (ver p. 31) às receitas a seguir:

Sucos
- Antioxidante de alho, p. 241
- Brócolis e alcachofra, p. 196
- Brócolis e cenoura, p. 196
- Cenoura e maçã, p. 197
- Coquetel café da manhã, p. 327
- Coquetel de maçã e especiarias, p. 331
- Coquetel de repolho, p. 332
- Couve-repolho, p. 198
- Suco de limpeza vermelho, p. 289
- Surpresa de algas marinhas, p. 207

Vitaminas
- Leite de amêndoas com banana, p. 316
- Vitamina calmante de camomila, p. 322

Chás
- Chá de camomila com alcaçuz e gengibre, p. 277
- Contra gota, p. 295
- Gengibre, p. 299

Azia

A azia produz uma sensação de queimação na altura do estômago e está relacionada a problemas digestivos. Pode ser causada por uma hérnia de hiato, indigestão ou infecção estomacal. Deve-se consultar um médico para determinar a causa dela. É muito importante, sobretudo, eliminar a possibilidade de doença cardíaca. Ingerir sucos de frutas e legumes terapêuticos com frequência, ervas antiácidas (raiz de dente-de-leão, filipêndula) e ervas calmantes (raiz de alteia, olmo em pó) pode ajudar.

Alimentos de cura

Frutas e hortaliças
banana, beterraba, cenoura, pastinaca, mamão papaia, pepino, repolho, salsão

Ervas
alcaçuz*, calêndula, camomila, cardamomo, endro, erva-doce, filipêndula, gengibre, olmo em pó, raiz de alteia, raiz de dente-de-leão, salsinha**

Outros
linhaça

* Deve-se evitar o alcaçuz em caso de pressão alta. O uso prolongado de alcaçuz não é recomendado em nenhuma circunstância.

** Grávidas devem limitar o consumo de salsinha a ½ colher (chá) da erva seca ou 1 raminho fresco por dia. Não se deve consumir salsinha em caso de inflamação renal.

O que fazer

Consumir mais
- Frutas e legumes frescos
- Água (beber pelo menos 8 copos grandes diariamente, sempre entre as refeições)
- Olmo em pó (sobretudo à noite) para proteger o estômago do excesso de acidez

Consumir menos
- Alimentos que geram acidez (carne, laticínios)

Eliminar
- Café, refrigerantes, bebida alcoólica e chocolate
- Frituras e alimentos gordurosos e picantes
- Frutas ácidas e tomate
- Alimentos em conserva
- Açúcar e farinha refinados
- Consumo de cigarros
- Refeições fartas
- Remédios antiácidos e anti-inflamatórios que podem irritar o estômago

Bebida de cura

Adicionar 1 colher (chá) de ervas recomendadas (ver à esquerda) e até 2 colheres (sopa) de linhaça às receitas a seguir:

Sucos
- Beterraba, p. 194
- Coquetel de repolho (eliminar o alho), p. 332
- Cenoura e maçã, p. 197

Chás
- Chá digestivo e antiestresse, p. 278

Substitutos do café
- Café de raízes, p. 357

Sua saúde

Baixa libido

É possível tratar da libido baixa, falta de interesse ou de energia sexual nutrindo os órgãos reprodutivos e estimulando os níveis de energia como um todo. Uma dieta à base de alimentos integrais, que ofereça vitaminas e minerais essenciais, bem como fitoquímicos, vai estimular a saúde sexual. Frutas e legumes ricos em antioxidantes melhoram a circulação, prevenindo o acúmulo de colesterol nos vasos sanguíneos. Os ácidos graxos essenciais das oleaginosas e sementes são muito importantes para regularizar a reação sexual. Se o estresse for uma das causas, a aveia faz bem para os nervos, assim como o capim-cidreira e a escutelária.

Alimentos de cura

Frutas e hortaliças
agrião, alho-poró, beterraba, cebola, limão-siciliano, maçã, uva vermelha, verduras

Ervas
alecrim, alho, canela, cravo--da-índia, gengibre, ginseng, hortelã-pimenta, mostarda, pétalas de rosa, pimenta--caiena, salsinha*, sementes de erva-doce, urtiga

Outros
amêndoa, aveia, castanha-do-pará, cereais integrais, gérmen de trigo, leguminosas, nozes, óleo de peixe, produtos de soja, rama de cereal, sementes (abóbora, girassol, linhaça)

* Grávidas devem limitar o consumo de salsinha a ½ colher (chá) da erva seca ou 1 raminho fresco por dia. Não se deve consumir salsinha em caso de inflamação renal.

O que fazer

Consumir mais
- Frutas e legumes ricos em antioxidantes
- Oleaginosas e sementes
- Cereais integrais
- Ervas que estimulam a circulação e a energia (pimenta-caiena, canela, cravo-da-índia, alho, gengibre, alecrim)
- Ervas como ginseng, erva--doce, salsinha*, noz-moscada, alfazema, mostarda e rosa, que tradicionalmente são usadas como afrodisíacos

Consumir menos
- Carne

Eliminar
- Bebida alcoólica
- Café
- Laticínios
- Alimentos industrializados e refinados
- Açúcar

Bebida de cura

Adicionar 1 colher (chá) de ervas e até 2 colheres (sopa) dos ingredientes recomendados para esse problema (ver à esquerda) às receitas a seguir:

Sucos
- Antioxidante de alho, p. 241
- Beterraba, p. 194
- Beterrabas ardentes, p. 195
- Maçã refrescante, p. 186
- Verduras, p. 211

Vitaminas
- Vitamina energia verde, p. 325

Chás
- Chá para a circulação, p. 267
- Ginseng, p. 299

Outros
- Purê de maçã, p. 311

34   O grande livro dos sucos

Alimentos de cura

Frutas e hortaliças
abóbora, agrião, aspargo, batata-doce, beterraba, mirtilo, brócolis, cebola, cenoura, cereja, cranberry, damasco, figo, framboesa, frutas cítricas, kiwi, maçã, mamão papaia, manga, melão, morango, pastinaca, pêssego, repolho, tomate, uva, verduras

Ervas
alcaçuz*, alho, alteia, canela, gengibre, hissopo, pimenta-caiena, sabugueiro, salsinha**, sementes de feno--grego, tanchagem, tomilho, urtiga

Outros
iogurte de soja, leguminosas, produtos derivados da soja, sementes (abóbora, gergelim, girassol)

* Deve-se evitar o alcaçuz em caso de pressão alta. O uso prolongado de alcaçuz não é recomendado em nenhuma circunstância.

** Grávidas devem limitar o consumo de salsinha a ½ colher (chá) da erva seca ou 1 raminho fresco por dia. Não se deve consumir salsinha em caso de inflamação renal.

Bronquite

A bronquite é uma inflamação dos brônquios, geralmente caracterizada por congestão no peito e uma tosse insistente. Entre as causas estão bactérias, vírus e exposição à fumaça ou a produtos químicos. Sem tratamento, ela pode se tornar crônica.

O que fazer

Consumir mais
- Frutas e legumes, principalmente aqueles com alto teor de vitamina C e betacaroteno
- Alho cru, devido ao efeito antibiótico para os pulmões

Consumir menos
- Carne
- Sal e alimentos salgados

Eliminar
- Laticínios
- Açúcar
- Farinha refinada
- Bebidas alcoólicas
- Alergias e intolerâncias alimentares (ver Apêndice A: Alergias alimentares, p. 381)

Bebida de cura

(ver também Sucos para a respiração, p. 270)

Adicionar 1 colher (chá) de ervas e até 2 colheres (sopa) dos ingredientes recomendados (à esquerda) para esse problema às receitas a seguir:

Sucos
- Antioxidante de alho, p. 241

- Brócolis com gengibre, p. 196
- Cenoura allium, p. 197
- Coquetel suco de tomate, p. 333
- C-Total, p. 179

Chás
- Chá de auxílio aos pulmões, p. 270

Cálculos biliares

O colesterol oriundo da gordura animal é a causa principal da formação de cálculo biliar (pedra na vesícula). Entre os sintomas da doença, encontram-se indigestão, dor grave do lado direito superior do abdome, prisão de ventre, gases, náusea e vômito. Se um cálculo fica preso no duto biliar, pode ser necessário removê-lo cirurgicamente.

Os vegetarianos têm menor tendência a desenvolver pedras na vesícula do que as pessoas que consomem carne. Alterações na dieta podem diminuir o risco de cálculos biliares.

Sua saúde **35**

Alimentos de cura

Frutas e hortaliças
agrião, amora, aspargo, beterraba, mirtilo, brócolis, cenoura, cereja, framboesa, frutas cítricas, limão--siciliano, maçã, pera, rabanete, salsão, tomate, uva roxa, verdura

Ervas
alho, cardo-mariano, cúrcuma, folha e raiz de dente-de-leão, gengibre, salsinha*

Outros
aveia, azeite de oliva extra virgem, cereais integrais, lecitina, linhaça

* Grávidas devem limitar o consumo de salsinha a ½ colher (chá) da erva seca ou 1 raminho fresco por dia. Não se deve consumir salsinha em caso de inflamação renal.

O que fazer

Consumir mais
- Proteína vegetal
- Frutas, legumes e cereais integrais

Consumir menos
- Carnes gordurosas
- Laticínios

Eliminar
- Açúcar
- Alimentos refinados
- Café
- Alergias e intolerâncias alimentares (ver Apêndice A: Alergias alimentares, p. 381). Em geral, ovos, carne de porco, cebola, café, leite, milho, feijão e oleaginosas afetam quem sofre de pedra na vesícula

Outras recomendações
- Consumir peixes gordurosos (salmão, cavalinha, sardinha, atum), pois ajudam a baixar o nível de colesterol
- Consumir alimentos amargos (folha de dente-de-leão, endívia, radicchio, agrião) para aumentar o fluxo biliar, o que ajuda a prevenir a formação de cálculos
- Consumir mais azeite de oliva extra virgem para desestimular a formação de cálculos

Bebida de cura

Adicionar 1 colher (chá) de ervas e até 2 colheres (sopa) dos ingredientes recomendados para esse problema (ver à esquerda) às receitas a seguir:

Sucos
- Brócolis e cenoura, p. 196
- Cenoura e maçã, p. 197
- Coquetel suco de tomate, p. 333
- C-Total, p. 179
- C-Verde, p. 199
- Dente-de-leão amargo, p. 233
- Festa da primavera, p. 201
- Limões e laranja, p. 184 (use 1 colher (chá) de alguma erva recomendada para substituir o alcaçuz; ver à esquerda)

- Maçã com beterraba e pera, p. 185
- Refresco de outono, p. 188
- Solvente de cálculos, p. 206
- Tomate energético, p. 208

Chás
- Gengibre, p. 299

Substitutos do café
- Café de raízes, p. 357
- Mistura de raízes para café, p. 359

36   O grande livro dos sucos

Candidíase

Alimentos de cura

Frutas e hortaliças
abóbora, batata-doce, brócolis, cebola, cenoura, couve-flor, cranberry, pimentão vermelho, repolho, salsão, verduras

Ervas
alecrim, alho, calêndula, cravo-da-índia, equinácea, capim-cidreira, folha e raiz de dente-de-leão, gengibre, hortelã-pimenta, salsinha*, tomilho, urtiga

Outros
ácido caprílico, azeite de oliva extra virgem, cereais integrais, alga dulse, frutas secas, iogurte sem açúcar com lactobacilos vivos, kelp, leguminosas, produtos de soja, sementes

* Grávidas devem limitar o consumo de salsinha a ½ colher (chá) da erva seca ou 1 raminho fresco por dia. Não se deve consumir salsinha em caso de inflamação renal.

A candidíase é uma infecção por fungos que normalmente ocorre na genitália externa. Nas mulheres, surge como um corrimento, e nos homens como uma vermelhidão. Pode ocorrer na boca, causando uma sensação de ardência, ou no sistema digestório, gerando inchaço. Entre os sintomas gerais estão cansaço, mudanças de humor, depressão, memória prejudicada, dores de cabeça, vontade de comer doce, distúrbios intestinais e problemas nas articulações, nos músculos e na pele.

Deficiência na tireoide, diabetes, gravidez, antibióticos, esteroides, má alimentação e transmissão sexual podem causar candidíase. Desodorantes vaginais e sabonetes perfumados podem agravar os sintomas, pois irritam a mucosa da vagina. Estresse, contraceptivos, hormônios e conservantes nos alimentos podem estimular uma candidíase crônica. Deve-se diminuir o estresse com o uso de ervas nutritivas para os nervos, como a escutelária e a aveia.

O que fazer

Consumir mais
- Legumes ricos em antioxidantes
- Proteína vegetal (produtos de soja, leguminosas com arroz)
- Alho cru (vários dentes por dia) para matar os fungos
- Iogurte com lactobacilos vivos para controlar o aumento de fungos

Consumir menos
- Frutas e sucos de frutas, para reduzir o excesso de açúcar de frutas que estimulam o aumento de fungos
- Vegetais ricos em carboidratos (batata, milho, mandioquinha)

Eliminar
- Alergias e intolerâncias alimentares (ver Apêndice A: Alergias alimentares, p. 381)
- Bananas, frutas cítricas, frutas secas e cogumelos
- Bebidas alcoólicas, café, chocolate e chá
- Laticínios, que contêm açúcar, o que estimula o aumento de fungos (exceto o iogurte sem açúcar com lactobacilos vivos)
- Melado, shoyu, açúcar e adoçantes
- Carne
- Alimentos refinados
- Alimentos em conserva (picles, mostarda, catchup, molhos de salada)
- Fermento (inclusive produtos de confeitaria feitos com fermento)

Sua saúde

Bebida de cura

(ver também Principais frutas e hortaliças antioxidantes, p. 116 e 128)

Adicionar 1 colher (chá) de ervas e até 2 colheres (sopa) dos ingredientes recomendados para esse problema (ver p. 37) às receitas a seguir:

Sucos
- A força do Popeye, p. 256
- Abóbora especial, p. 192
- Coquetel digestivo, p. 226
- C-Mix, p. 178
- C-Verde, p. 199
- Deusa verde, p. 200
- Escudo antiferrugem 1, p. 247

Chás
- Erva-de-são-joão, p. 143
- Ginseng, p. 299

Tônicos
- Grogue antibiótico, p. 250
- Tônico dente-de-leão, p. 208

DDA e TDAH

Distúrbio de Déficit de Atenção e Transtorno de Déficit de Atenção e Hiperatividade

O diagnóstico de DDA pode ser dado a uma criança que se distrai com facilidade, não fixa a atenção por muito tempo e tem dificuldade para se concentrar, passando impulsivamente de uma atividade a outra. No TDAH existem ainda indícios de hiperatividade. Estudos demonstraram que o aumento de consumo de alimentos integrais e ricos em nutrientes melhora a oferta de componentes benéficos ao cérebro, levando a um melhor rendimento cerebral. Outros estudos mostraram que a deficiência em ferro pode causar déficit de atenção. Uma maneira de ajudar a criança a consumir mais frutas e legumes crus é introduzindo sucos e vitaminas frescas em seu cardápio. Algumas ervas também acalmam os nervos da criança enquanto acontece a desintoxicação proporcionada pela dieta.

Alimentos de cura

Frutas e hortaliças
beterraba, brócolis, cenoura, espinafre, maçã, pera

Ervas
camomila, canela, capim-cidreira, erva-de-gato, erva-de-são-joão, salsinha*, urtiga

Outros
amêndoa, aveia, kelp, sementes (abóbora, girassol)

* Grávidas devem limitar o consumo de salsinha a ½ colher (chá) da erva seca ou 1 raminho fresco por dia. Não se deve consumir salsinha em caso de inflamação renal.

O que fazer

Consumir mais
- Alimentos integrais
- Frutas e legumes ricos em antioxidantes
- Alimentos ricos em ferro (beterraba, verduras, amêndoas, algas, agrião, e frutas secas como figo, uva-passa e damasco)
- Oleaginosas e sementes para obter zinco, necessário às funções cerebrais

Consumir menos
- Alimentos que impedem a absorção de ferro (café, chá, chocolate, gema de ovo, farelo de trigo)

Eliminar
- Aditivos químicos, corantes, conservantes e adoçantes que podem ser tóxicos para uma criança
- Açúcar e alimentos e bebidas doces, que esgotam as vitaminas do complexo B, necessárias às funções nervosas
- Alimentos refinados, inclusive farinha branca e açúcar, que esgotam o estoque de zinco do organismo

- Alergias alimentares (ver Apêndice A: Alergias alimentares, p. 381). Com frequência estão relacionadas à DDA e alguns dos produtos alergênicos mais comuns são os laticínios (ver pp. 346-7 para informações sobre substitutos do leite), ovos, farinha de trigo e laranja

Bebida de cura

(ver também Reforço para imunidade, p. 240; Principais frutas e hortaliças antioxidantes, pp. 116 e 128)

Adicionar 1 colher (chá) de ervas e até 2 colheres (sopa) dos ingredientes recomendados (ver p. 38) para esse problema às receitas a seguir:

Sucos
- Brócolis e cenoura, p. 196
- Pera e abacaxi, p. 187
- Refresco de outono, p. 188
- Verduras, p. 211

Vitaminas
- Leite de amêndoas com banana, p. 316
- Vitamina energia verde (tirar o ginkgo biloba), p. 325

Chás
- Lavanda, p. 300

Substitutos do leite
- Frapê de banana, p. 349
- Shake de nozes, p. 351
- Shake de pera e amêndoas, p. 351

Deficiência imunológica

Alimentos de cura

Frutas e hortaliças
frutas e hortaliças de cores fortes, como cenoura, brócolis, damasco, melão e verduras de cor verde-escura

Um sistema imunológico saudável é a chave para a resistência a infecções, alergias e doenças crônicas. Ele protege e defende o organismo de vírus, bactérias, parasitas e fungos. Se ele não estiver em boas condições, não conseguirá combater os agentes causadores de doenças. O equilíbrio, todos os aspectos da vida – alimentação, atividade física, perspectivas, atividades sociais e espiritualidade –, ajuda a proteger o sistema imunológico e a melhorar o seu funcionamento.

Sua saúde

Alimentos de cura

Ervas
alcaçuz*, alecrim, alho, astrágalo, bardana (folha, raiz e sementes), chá verde, cravo-da-índia, cúrcuma, equinácea, erva-de-são-joão, ginseng, mil-folhas**, pimenta-caiena, sabugueiro e bagos do sabugueiro, salsinha***, sálvia, tomilho, trevo vermelho

Outros
cereais integrais, cogumelos, iogurte com lactobacilos vivos, leguminosas, oleaginosas, rama de cereal, sementes

* Deve-se evitar o alcaçuz em caso de pressão alta. O uso prolongado de alcaçuz não é recomendado em nenhuma circunstância.

** Deve-se evitar o consumo de mil-folhas durante a gravidez.

*** Grávidas devem limitar o consumo de salsinha a ½ colher (chá) da erva seca ou 1 raminho fresco por dia. Não se deve consumir salsinha em caso de inflamação renal.

O que fazer

Consumir mais
- Alimentos integrais
- Frutas e legumes frescos, orgânicos e crus, pois oferecem vitaminas, minerais, enzimas digestivas e antioxidantes necessários a um sistema imunológico saudável
- Cereais integrais
- Ácidos graxos essenciais (encontrados em leguminosas, oleaginosas, sementes e peixes gordurosos, como salmão, cavalinha, sardinha e atum), que são necessários ao crescimento e à conservação das células
- Líquidos (beber pelo menos 8 copos grandes de água, suco e chás de erva diariamente)

Consumir menos
- Carne não orgânica, pois provavelmente contém antibiótico e hormônios esteroides, que afetam o sistema imunológico
- Gordura de origem animal, que afeta a imunidade
- Antibióticos e corticosteroides. Embora esses medicamentos salvem vidas, o uso abusivo deles exaure o sistema imunológico, levando a problemas graves de saúde

Eliminar
- Açúcar, que gera perda de vitaminas e minerais, prejudicando o sistema imunológico e estimulando infecções de fungos
- Alimentos refinados, industrializados ou em conserva e refrigerantes, que reduzem os níveis de minerais, gerando um metabolismo pobre em ácidos graxos essenciais
- Aditivos químicos e pesticidas, mais comuns em alimentos não orgânicos
- Bebidas alcoólicas, que afetam as funções imunológicas
- Margarina, temperos de salada e óleos de cozinha (exceto o azeite de oliva extra virgem e alguns outros óleos de pressão a frio)
- Nitratos em bacon e linguiças, que são convertidos em substâncias tóxicas pelo organismo
- Alergias e intolerâncias alimentares (ver Apêndice A: Alergias alimentares, p. 381). Laticínios, glúten, produtos à base de milho, ovos, laranja, morango, carne de porco, tomate, café, amendoim e chocolate, que frequentemente afetam o sistema imunológico

Outras recomendações
- Consumir proteínas o bastante para ajudar a formar anticorpos e tecidos e órgãos saudáveis
- Cuidar da digestão para melhorar a absorção de nutrientes (ver Indigestão, p. 66)
- O estresse afeta o sistema imunológico. Praticar técnicas de redução de estresse, como ioga, meditação e tai chi
- Fazer uso de ervas que regulam o sistema imunológico (astrágalo, equinácea, alho, alcaçuz*, tomilho)
- Fazer uso de ervas antibióticas (folha, raiz e sementes de bardana, pimenta-caiena, cravo-da-índia, equinácea, alho, trevo vermelho, tomilho)

O grande livro dos sucos

- Fazer uso de ervas antiviróticas (folha, raiz e sementes de bardana, flor e frutos do sabugueiro, alho, gengibre, capim-cidreira, alcaçuz*, manjerona, erva-de-são-joão, mil-folhas**)
- Fazer uso de ervas antioxidantes (astrágalo, ginkgo biloba, chá verde, crataegus, cardo-mariano, alecrim, sálvia, cúrcuma)

Bebida de cura

(ver também Reforço para imunidade, p. 240; Principais frutas e hortaliças antioxidantes, pp. 116 e 128)

Adicionar 1 colher (chá) de ervas e até 2 colheres (sopa) dos ingredientes recomendados para esse problema (ver p. 40) às receitas a seguir:

Sucos
- Abacaxi avermelhado, p. 174
- Alcachofra e cenoura, p. 193
- Antibiótico ardente, p. 194
- Antioxidante de alho, p. 241
- Beterrabas ardentes, p. 195

- Coquetel de frutas vermelhas e laranja, p. 330
- Coquetel matinal de melão, p. 333
- C-Verde, p. 199
- Despertador, p. 181
- Escudo antiferrugem 1, p. 247
- Imunidade, p. 202
- Lanche líquido, p. 203

Chás
- Antigripal, p. 291
- Antioxidante de tomilho, p. 242
- Chá imunorregulador, p. 245
- El diablo verde, p. 247

Depressão

A depressão, um estado melancólico persistente, em geral apresenta também dores de cabeça, insônia ou entorpecimento, incapacidade de se concentrar e baixa imunidade. Embora seja necessária uma consulta para um tratamento a longo prazo, uma boa nutrição estimula a cura, pois auxilia a restaurar as funções do sistema nervoso.

Alimentos de cura

Frutas e hortaliças
agrião, brócolis, cenoura, espinafre, feijão-preto, manga, soja

Ervas
alecrim, alho, bardana, borragem, camomila, canela, cardamomo, cravo-da-índia, capim-cidreira, erva-de-são-joão, escutelária, gengibre, ginkgo biloba, pimenta-caiena, raiz de dente-de-leão, salsinha**, semente de aveia

O que fazer

Consumir mais
- Uma alimentação saudável
- Alimentos ricos em vitaminas B (cereais integrais, verduras) para melhorar o sistema nervoso
- Ervas que estimulem o relaxamento e o sono e que combatam o estresse

e a ansiedade (borragem, escutelária, erva-de-são-joão, camomila, capim-cidreira)
- Oleaginosas e sementes

Eliminar
- Aditivos químicos, que podem contribuir com a depressão

Sua saúde **41**

Alimentos de cura

Outros
aveia (inclusive o farelo), capim de cereais, cereais integrais, frutas secas, kelp, óleo de prímula, sementes (abóbora, girassol, linhaça)

* Grávidas devem limitar o consumo de salsinha a ½ colher (chá) da erva seca ou 1 raminho fresco por dia. Não se deve consumir salsinha em caso de inflamação renal.

Bebida de cura

(ver também Nutrição para os nervos, p. 263, Detonadores de estresse, p. 274)

Adicionar 1 colher (chá) de ervas e até 2 colheres (sopa) dos ingredientes recomendados para esse problema (ver p. 41 e à esquerda) às receitas a seguir:

Sucos
- Brócolis e cenoura, p. 196
- C-Verde, p. 199
- Verduras, p. 211

Vitaminas
- Vitamina energia verde, p. 325
- Vitamina esperta, p. 325

Chás
- Chá levanta-moral, p. 266
- Para boa memória, p. 301

Substitutos do café
- Café de sementes, p. 357

Diabetes

A *Diabetes mellitus* é uma doença causada pela deficiência de insulina, resultando em uma alta taxa de açúcar no sangue. Essa deficiência afeta a capacidade do organismo de metabolizar carboidratos, proteínas e gordura, o que leva com frequência ao aumento da incidência de infecções. É importante que o paciente com diabetes seja monitorado por um especialista. Se a diabetes não é controlada, as alterações nos vasos sanguíneos podem gerar pressão alta e deterioração da circulação, causando problemas nos rins, nos nervos e de visão.

A diabetes tipo 1 surge na infância, quando o pâncreas não consegue produzir insulina o suficiente, sendo necessário controlar a doença com aplicações diárias de insulina.

A diabetes tipo 2 em geral aparece em adultos, e a obesidade é um importante fator de risco. O pâncreas muitas vezes produz insulina o suficiente, mas o organismo não consegue usá-la com eficiência. A taxa alta de açúcar no sangue pode ser combatida com dieta e perda de peso. Na diabetes tipo 2, dieta e ervas podem ajudar a regular o nível de açúcar no sangue, melhorando a digestão e a absorção de nutrientes pelo intestino, a circulação sanguínea e aumentando a imunidade.

Alimentos de cura

Frutas e hortaliças
abacate, alcachofra-de-
-jerusalém, mirtilo, brócolis, cebola, grapefruit, limão-
-siciliano, limão, maçã, pera, verduras

Ervas
alho, canela, coentro, cravo-
-da-índia, cúrcuma, estévia, flor de tília, folha e raiz de dente-de-leão, gengibre, ginkgo biloba, mil-folhas*, óleo de prímula, sementes de feno-grego

Outros
aveia, azeite de oliva extra virgem, cereais integrais, iogurte com lactobacilos vivos (sem açúcar), leguminosas, óleo de peixe, sementes (abóbora, linhaça), spirulina, tofu

* Deve-se evitar o consumo de mil-folhas durante a gravidez.

O que fazer

Consumir mais
- Uma dieta, sobretudo vegetariana, de frutas, legumes e hortaliças frescas e orgânicas e grãos integrais, que ajuda a regular o nível de açúcar no sangue e eleva a capacidade do sistema imunológico de combater infecções
- Ácidos graxos ômega-3 (encontrados em peixes gordurosos e óleo de peixe, óleo de cânhamo, sementes de linhaça, sementes de abóbora e produtos de soja), que são benéficos para a circulação sanguínea

Consumir menos
- Gordura animal de carne e laticínios (substituir alguns pratos de carne por peixe e proteína vegetal; substituir laticínios pelas alternativas de soja)

Eliminar
- Alergias e intolerâncias alimentares (ver Apêndice A: Alergias alimentares, p. 381)
- Laticínios
- Batatas
- Frutas secas, açúcar e adoçantes (exceto estévia e pequenas quantidades de melado)
- Gorduras e óleos (exceto azeite de oliva extra virgem)
- Alimentos industrializados
- Alimentos refinados
- Cafeína (encontrada no café, inclusive no descafeinado, e também nos chás preto e verde, em chocolates e refrigerantes)

Outras recomendações
- O estresse crônico afeta os níveis de açúcar. Escutelária e aveia podem ajudar a acalmar o sistema nervoso
- A atividade física diária é importante para regular os níveis de açúcar do sangue

Bebida de cura

(ver também Elixires endócrinos, p. 234)

Adicionar 1 colher (chá) de ervas e até 2 colheres (sopa) dos ingredientes recomendados para esse problema (ver p. 42) às receitas a seguir:

Sucos
- Antioxidante de alho, p. 241
- Brócolis e alcachofra, p. 196
- Explosão beta, p. 181
- Maçã com beterraba e pera, p. 185

Vitaminas
- Cereja azul, p. 315
- Vitamina energia verde, p. 325
- Spa especial, p. 320

Chás
- Chá para a circulação, p. 267
- Chá imunorregulador, p. 245

Substitutos do café
- Café de raízes, p. 357
- Café de sementes, p. 357

Diarreia

Alimentos de cura

Frutas e hortaliças
maçã cozida, banana, batata, cenoura, limão-siciliano, limão

Ervas
camomila, cardamomo, capim-cidreira, folha de framboeseira, gengibre, noz-moscada, olmo em pó, sementes de erva-doce, ulmária

Outros
arroz, cereais integrais, iogurte com lactobacilos vivos, óleo de prímula, sementes (abóbora, girassol, linhaça)

A diarreia pode ser uma infecção intestinal causada por bactérias ou vírus, alergias ou intolerâncias alimentares ou mau funcionamento do sistema digestório. Se a diarreia durar mais do que uma semana, é preciso consultar um médico, pois causa desidratação, o que pode significar risco de vida em crianças pequenas. Nesse caso, um médico deve ser consultado imediatamente.

O que fazer

Consumir mais
- Água (por segurança, deve-se ferver a água para combater qualquer bactéria, e depois deixá-la esfriar até chegar à temperatura certa para beber)
- Chás de ervas
- Alimentos ricos em amido (batata, cenoura, arroz)

Consumir menos
- Frutas cruas (exceto banana), que podem provocar diarreia
- Legumes crus, pois a fibra pode irritar o intestino infeccionado
- Frutas secas

Eliminar
- Bebidas alcoólicas, cafeína (encontrada no café, inclusive no descafeinado, e também nos chás preto e verde, em chocolates e refrigerantes)
- Laticínios (exceto iogurte com lactobacilos vivos)
- Açúcar e adoçantes
- Alergias e intolerâncias alimentares (ver Apêndice A: Alergias alimentares, p. 381)

Bebida de cura

Adicionar 1 colher (chá) de ervas e até 2 colheres (sopa) dos ingredientes recomendados para esse problema (ver à esquerda) às receitas a seguir:

Vitaminas
- Vitamina de frutas vermelhas, p. 324

Chás
- Framboesas e gengibre, p. 298

Substitutos do leite
- Frapê de banana, p. 349

Outros
- Arroz-doce com maçã, p. 307
- Purê de maçã, p. 311

44   O grande livro dos sucos

Doença de Alzheimer e demência

A demência se caracteriza por uma deterioração da memória, da capacidade de julgamento e do pensamento abstrato. Pode ser causada pelo estresse, por circulação deficiente devida ao acúmulo de gordura nos vasos que irrigam o cérebro ou por alguma doença degenerativa, como a doença de Alzheimer. Entre os fatores de risco já reconhecidos para a doença de Alzheimer estão deficiência de acetilcolina, efeitos danosos dos radicais livres e inflamações dos tecidos cerebrais. A alimentação pode desempenhar um papel importante na prevenção da doença de Alzheimer, pois nutre o cérebro, baixa o colesterol, que gera acúmulo de gordura nos vasos cerebrais, e oferece proteção contra os radicais livres. Alimentos ricos em colina, estrutura formadora da acetilcolina (enzima que desempenha um papel importante na cognição e no raciocínio), podem ajudar na prevenção desse mal.

Alimentos de cura

Frutas e hortaliças
agrião, aspargo, batata-doce, beterraba e folhas da beterraba, mirtilo, brócolis, cebola, cenoura, couve, espinafre, frutas cítricas, inhame, pimentão verde, quiabo, uvas

Ervas
alcaçuz*, alecrim, alho, camomila, cúrcuma, capim-cidreira, escutelária, folhas e flores de dente-de-leão, gengibre, ginkgo biloba, ginseng, manjericão, salsinha**, sálvia, trevo vermelho, urtiga

Outros
algas marinhas, arroz integral, aveia, azeite de oliva extra virgem, castanha-do-pará, gema de ovo, gérmen de trigo, lecitina, leguminosas, lentilhas, oleaginosas, produtos de soja, sementes (abóbora, linhaça), vinagre de maçã

* Deve-se evitar o alcaçuz em caso de pressão alta. O uso prolongado de alcaçuz não é recomendado em nenhuma circunstância.

** Grávidas devem limitar o consumo de salsinha a ½ colher (chá) da erva seca ou 1 raminho fresco por dia. Não se deve consumir salsinha em caso de inflamação renal.

O que fazer

Consumir mais
- Frutas e legumes frescos, que fornecem vitaminas e minerais aos tecidos cerebrais e antioxidantes para eliminar os radicais livres
- Alimentos ricos em colina, estrutura formadora da acetilcolina (castanha-do-pará, lecitina, flores de dente-de-leão, feijão-mungo, lentilha, favas)
- Oleaginosas e sementes, que fornecem ácidos graxos essenciais à nutrição do cérebro

Consumir menos
- Carne e laticínios
- Toxinas ambientais

Eliminar
- Alimentos processados e refinados
- Bebida alcoólica
- Alimentos gordurosos, fritos e óleos (exceto azeite de oliva extra virgem)
- Alumínio dos utensílios de cozinha, do papel-alumínio, dos desodorantes e antiácidos. Existe uma relação suspeita entre o alumínio e a doença de Alzheimer. Deve-se evitar o preparo de alimentos em utensílios de alumínio. Embora não tenham sido estabelecidas relações entre o Alzheimer e essa substância, foram encontradas altas concentrações de alumínio em autópsias de pacientes com esse mal. Talvez seja melhor prevenir, não usando utensílios de alumínio e produtos como desodorantes e alguns alimentos industrializados

Sua saúde   45

Outras recomendações

- Consumir peixes gordurosos (salmão, sardinha, cavalinha, arenque), que oferecem ácidos graxos essenciais à nutrição dos tecidos nervosos e cerebrais
- O alecrim e a sálvia são tradicionalmente usados para melhorar a memória, e são ambos ricos em antioxidantes. Os estudos também demonstram que contêm substâncias que conservam a acetilcolina
- O ginkgo biloba melhora o fluxo sanguíneo cerebral, comprovado em casos em que foi diagnosticada insuficiência desse fluxo sanguíneo como causa de demência. Se a causa da demência não for esta, não se deve usar ginkgo biloba, pois ele pode causar outros problemas
- Ervas anti-inflamatórias (camomila, ginseng, alcaçuz e cúrcuma) podem reduzir inflamações nos tecidos cerebrais associadas à doença de Alzheimer

Bebida de cura

(ver também Reforço para imunidade, p. 240; Principais frutas e hortaliças antioxidantes, pp. 116 e 128)

Adicionar 1 colher (chá) de ervas e até 2 colheres (sopa) dos ingredientes recomendados (ver p. 45) para esse problema às receitas a seguir:

Sucos
- Abacaxi avermelhado, p. 174
- Beterraba, p. 194
- Mirtilos, p. 187
- Brócolis e cenoura, p. 196
- C-Mix, p. 178
- Festa da primavera, p. 201
- Surpresa de algas marinhas, p. 207
- Uvas poderosas, p. 191
- Verduras, p. 211

Vitaminas
- Vitamina com alga marinha, p. 322
- Vitamina esperta, p. 325

Chás
- Para boa memória, p. 301

Doença de Parkinson

Entre os sintomas da doença de Parkinson estão rigidez muscular, perda dos reflexos, lentidão de movimentos, tremedeira. Esse mal é causado pela degeneração das células nervosas do cérebro, o que gera uma deficiência de dopamina, um neurotransmissor. Embora não exista cura para a doença de Parkinson, uma dieta terapêutica pode auxiliar a impedir o avanço dessa degeneração pelas neurotoxinas. Devem-se privilegiar alimentos ricos em antioxidantes, frescos e orgânicos, a fim de evitar poluentes.

Alimentos de cura

Frutas e hortaliças
alface, banana, batata, beterraba, blueberry, cenoura, morango, verduras

Ervas
alfafa, erva-de-são-joão, gengibre, ginkgo biloba, óleo de prímula, passiflora, sementes de cardo-mariano

Outros
amendoim, aveia, azeite de oliva extra virgem, cereais integrais (exceto farinha de trigo), farinha de espelta, lecitina de soja, leguminosas, oleaginosas, sementes (abóbora, gergelim, girassol, linhaça)

O que fazer

Consumir mais
- Frutas e legumes crus ricos em antioxidantes, para melhorar o consumo de vitaminas e minerais e obter enzimas para uma boa digestão (ver pp. 116 e 128)
- Leguminosas, oleaginosas e sementes (sobretudo sementes de girassol) para obter vitamina E, que pode diminuir o avanço da doença

Consumir menos
- Proteína animal de carne e laticínios, que agravam os sintomas

Eliminar
- Alimentos refinados e industrializados
- Açúcar e adoçantes artificiais
- Bebidas alcoólicas
- Trigo e fígado, fontes de manganês, que podem agravar a doença
- Alimentos gordurosos, frituras, margarinas e óleos (exceto azeite de oliva extra virgem)

Outras recomendações
- Consumir favas, fonte de levodopa, que se converte em dopamina. Consumir ½ xícara (chá) diariamente pode diminuir a quantidade de medicamentos necessários. Um médico deve ser consultado sobre o assunto, a fim de evitar doses excessivas
- Passiflora pode ajudar a diminuir os tremores
- Ginkgo biloba ativa a circulação sanguínea cerebral, trazendo mais nutrientes, que ajudam a prevenir danos celulares
- Evitar antiácidos, utensílios de cozinha e água que contenham alumínio, pois ele pode ter efeitos adversos em pacientes com Parkinson
- Sementes de linhaça moída ajudam a evitar a prisão de ventre e oferecem os ácidos graxos necessários para o cérebro e o tecido nervoso
- Peixes gordurosos (salmão, sardinha, cavalinha e atum) oferecem os ácidos graxos que nutrem o cérebro e os tecidos nervosos

Bebida de cura

(ver também Nutrição para os nervos, p. 263)

Adicione 1 colher (chá) de ervas e até 2 colheres (sopa) dos ingredientes recomendados para esse problema (ver à esquerda) às receitas a seguir:

Sucos
- Beterraba, p. 194
- C-Verde, p. 199
- Despertador, p. 181

Vitaminas
- Bomba de energia (usar sementes de linhaça em vez de suplemento de proteína), p. 257
- Spa especial, p. 320
- Vitamina esperta, p. 325

Chás
- Antioxidante de tomilho, p. 242
- Chá para a circulação, p. 267
- Gengibre, p. 299

Doença diverticular

Diverticulite e diverticulose

A diverticulose se caracteriza pela presença de pequenos divertículos (saliências) no intestino grosso. A diverticulite ocorre quando esses divertículos se infeccionam. Em geral, isso está relacionado à prisão de ventre e é causado por uma dieta pobre em fibras. Os sintomas costumam ser uma dor constante do lado esquerdo do abdome, gases e, às vezes, diarreia.

Alimentos de cura

Frutas e hortaliças
agrião, ameixa seca, banana, brócolis, cenoura, maçã, manga, pera, repolho, salsão, uva, verduras

Ervas
alcaçuz*, alho, camomila, canela, folha e raiz de alteia, gengibre, hortelã-pimenta, olmo em pó, sementes (feno-grego, psyllium) valeriana**

Outros
aveia, cereais integrais, farelo de trigo, iogurte com lactobacilos vivos, leguminosas, sementes de linhaça, spirulina

* Deve-se evitar o alcaçuz em caso de pressão alta. O uso prolongado de alcaçuz não é recomendado em nenhuma circunstância.

** A valeriana provoca o efeito contrário em algumas pessoas.

O que fazer

Consumir mais
- Frutas e legumes
- Cereais integrais e leguminosas
- Água (beber pelo menos 8 copos grandes diariamente)

Consumir menos
- Proteína animal da carne e laticínios

Eliminar
- Cafeína (encontrada no café, inclusive no descafeinado, e também nos chás preto e verde, em chocolates e refrigerantes)
- Bebida alcoólica
- Frituras
- Alimentos em conserva
- Presunto, bacon e carnes gordas
- Alimentos picantes
- Açúcar
- Laticínios (exceto iogurte com lactobacilos vivos)
- Prisão de ventre, se houver (ver Prisão de ventre, p. 81)

Outras recomendações
- Dar início gradualmente a uma dieta rica em fibras para evitar problemas digestivos
- Durante os períodos de inflamação, devem-se evitar alimentos ricos em fibra (legumes crus, farelos), que podem irritar os intestinos
- Ingerir muitos sucos de cura de legumes (espinafre, repolho, beterraba, alho, cenoura) com o acréscimo do calmante olmo em pó

Bebida de cura

Adicionar 1 colher (chá) de ervas e até 2 colheres (sopa) dos ingredientes recomendados para esse problema (ver à esquerda) às receitas a seguir:

Sucos
- A força do Popeye, p. 256
- Beterraba com olmo, p. 194
- Brócolis com gengibre, p. 196
- Coquetel de repolho, p. 332
- Maçã e pera, p. 186
- Verduras, p. 211

Vitaminas
- Mania de manga, p. 317
- Vitamina de ameixas secas, p. 323

Chás
- Chá digestivo de sementes, p. 225
- Chá digestivo e antiestresse, p. 278

Doença inflamatória intestinal

A doença de Crohn e a colite ulcerativa são doenças graves. É necessário ler todas as informações sobre essas doenças e consultar um médico especialista.

Alimentos de cura

Frutas e hortaliças
sucos de beterraba e de folhas de beterraba, suco de cenoura e cenoura cozida, suco de espinafre

Ervas
alho, alteia, camomila, olmo em pó, valeriana*

Outros
arroz, kelp, linhaça moída, sementes de psyllium

* A valeriana provoca o efeito contrário em algumas pessoas.

O que fazer

Consumir mais
- Arroz e tubérculos cozidos
- Suco de beterraba, que nutre, purifica o sangue e ajuda na desintoxicação do fígado
- Alho cru diariamente, para limpar as toxinas intestinais
- Água e chá de ervas entre as refeições
- Praticar a Combinação dos alimentos (ver p. 15) para melhor nutrição e absorção de nutrientes

Eliminar
- Carne vermelha, que contribui com a inflamação. Substituir por peixes oleosos (salmão, sardinha, atum) e um pouco de carne branca de frango
- Todos os alimentos que normalmente são irritantes para o intestino: café, chocolate, cogumelos, bebida alcoólica, refrigerantes, alimentos de má qualidade, todos os corantes e flavorizantes, frituras, sal
- Alimentos que provocam alergias e intolerâncias, em geral: laticínios, produtos com trigo, centeio, aveia e milho; frutas cítricas, ovos, hortaliças crucíferas (brócolis, repolho, couve-flor, couve-de-bruxelas), tomate, fermento (ver Apêndice A: Alergias alimentares, p. 381)
- Açúcar e derivados
- Cigarro

Bebida de cura

Adicionar 1 colher (chá) de ervas e até 2 colheres (sopa) dos ingredientes recomendados para esse problema (ver à esquerda) às receitas a seguir:

Sucos
- A força do Popeye, p. 256
- Beterraba, p. 194
- Verduras, p. 211

Chás
- Chá digestivo e antiestresse, p. 278

Sua saúde   49

Dor de cabeça

(não enxaqueca)

A dor de cabeça, ao contrário da enxaqueca, pode ser causada por muitos fatores, inclusive tensão muscular e nervosa, problemas digestivos, alterações na pressão sanguínea, baixo teor de açúcar no sangue, cafeína, abstinência de bebida alcoólica ou drogas, vista cansada, alergias alimentares, cômodos abafados, mudanças climáticas ou postura ruim. Evitando alimentos que costumam provocar dores de cabeça (ver "Eliminar", abaixo) é possível reduzir a incidência delas.

Alimentos de cura

Frutas e hortaliças
agrião, banana, brócolis, maçã, verduras

Ervas
alecrim, alfazema, camomila, capim-cidreira, escutelária, flor de tília, óleo de prímula, passiflora, pimenta-caiena, tomilho, valeriana*

Outros
amêndoas, aveia, cereais integrais, gérmen de trigo, iogurte com lactobacilos vivos, leguminosas, nozes, sementes de girassol, tofu

* A valeriana provoca o efeito contrário em algumas pessoas.

O que fazer

Consumir mais
- Alimentos ricos em magnésio (cereais integrais, leguminosas, algas, gérmen de trigo, banana, oleaginosas, sementes, peixe), que relaxam os músculos e ajudam a diminuir os espasmos

Consumir menos
- Sal e alimentos salgados
- Alimentos gordurosos

Eliminar
- Aditivos químicos, em especial glutamato monossódico
- Alergias e intolerâncias alimentares (ver Apêndice A: Alergias alimentares, p. 381)
- Laticínios, trigo, milho, laranja e ovos normalmente provocam dor de cabeça
- Carnes conservadas com nitrato (bacon, presunto e hambúrguer)

- Aspartame e alimentos adoçados com aspartame
- Cafeína (encontrada no café, inclusive no descafeinado, e também nos chás preto e verde, em chocolates e refrigerantes)
- Queijo e vinho tinto

Outras recomendações
- Chás de capim-cidreira e filipêndula ajudam a aliviar dores de cabeça causadas por má digestão
- Chás de escutelária e valeriana* ajudam em dores de cabeça relacionadas a estresse
- Ervas antiespasmódicas (pimenta-caiena, camomila, capim-cidreira, tília, passiflora, escutelária, tomilho, valeriana*) ajudam quando a dor de cabeça é resultado de tensão muscular

Bebida de cura

Adicionar 1 colher (chá) de ervas e até 2 colheres (sopa) dos ingredientes recomendados para esse problema (ver à esquerda) às receitas a seguir:

Sucos
- Brócolis e cenoura, p. 196
- C-Verde, p. 199
- Repolho e alecrim, p. 205
- Verduras, p. 211

Chás
• Lavanda, p. 300

Vitaminas
• Vitamina energia verde (substituir a escutelária por ginkgo biloba), p. 325

Endometriose

Na endometriose, a membrana que normalmente reveste a parede uterina – o endométrio – é encontrada em órgãos fora do útero, como na bexiga, no intestino ou nas trompas. Essa membrana reage ao ciclo hormonal feminino, derramando sangue nesses órgãos. Os sintomas incluem dor, sangramento irregular, depressão e problemas intestinais.

Alimentos de cura

Frutas e hortaliças
abóbora, batata-doce, beterraba, brócolis, cereja, damasco, ervilhas, grapefruit, maçã, morango, pimentão verde e vermelho, repolho, verduras

Ervas
alecrim, calêndula, camomila, cúrcuma, folha e raiz de dente-de-leão, óleo de prímula, passiflora, ulmária, valeriana*, vitex

Outros
aveia, azeite de oliva extra virgem, cereais integrais, cevada, iogurte com lactobacilos vivos, leguminosas, oleaginosas, óleo de peixe, sementes, tofu

* A valeriana provoca o efeito contrário em algumas pessoas.

O que fazer

Consumir mais
• Antioxidantes (principalmente de fontes vegetais) para auxiliar o sistema imunológico na eliminação de tecidos defeituosos ou fora de lugar
• Ácidos graxos essenciais (encontrados nas oleaginosas, sementes e grãos), pois têm poder curativo

Consumir menos
• Proteína animal da carne e laticínios. Se possível, consumir carnes orgânicas, que certamente não contêm hormônios
• Frutas, que podem contribuir com problemas de açúcar no sangue
• A candidíase (ver p. 37) é frequentemente associada à endometriose

Eliminar
• Açúcar e adoçantes
• Fermento e alimentos feitos com fermento (pão)
• Café
• Bebidas alcoólicas
• Alimentos de má qualidade

• Alergias e intolerâncias alimentares (ver Apêndice A: Alergias alimentares, p. 381). Laticínios e produtos com trigo costumam provocar alergias

Outras recomendações
• Equilibrar os hormônios com Vitex agnus-castus (vitex ou agnocasto)
• Fazer uso de ervas analgésicas (camomila, ulmária, passiflora, alecrim, valeriana) para a dor
• Fazer uso de tônicos do sistema nervoso (passiflora, valeriana)
• Fazer uso de cúrcuma por causa de suas propriedades antimicrobianas, antissépticas e anti-inflamatórias
• Consumir ervas que auxiliam o fígado (calêndula, raiz de dente--de-leão, alecrim)
• Fazer uso de óleo de prímula, um antidepressivo que auxilia o sistema imunológico a eliminar tecidos defeituosos ou fora de lugar

Sua saúde   **51**

Bebida de cura

(ver também Elixires endócrinos, p. 234; Principais frutas e hortaliças antioxidantes, pp. 116 e 128)

Adicionar 1 colher (chá) de ervas e até 2 colheres (sopa) dos ingredientes recomendados para esse problema (ver p. 51) às receitas a seguir:

Sucos
- Abóbora especial, p. 192
- Beterraba, p. 194
- Cereja da aurora, p. 177
- Coquetel de repolho, p. 332
- Delícia de ervilhas, p. 199
- Delícia de pimentões, p. 200

Chás
- Lavanda, p. 300
- Equilíbrio hormonal, p. 235

Substitutos do café
- Café de raízes, p. 357
- Café de sementes, p. 357

Envelhecimento

Muitos estudos científicos demonstram que o consumo de uma dieta rica em nutrientes e pobre em calorias ajuda a reduzir os sinais de envelhecimento e aumenta a expectativa de vida. Estudos recentes também atestam que a oxidação é uma das principais causas do envelhecimento. A oxidação ocorre quando as células são danificadas pelos radicais livres, que são produzidos quando o organismo converte oxigênio em energia. O desenvolvimento da doença de Parkinson e da doença de Alzheimer tem sido atribuído à oxidação. Doenças coronarianas, câncer, artrite e rugas também são indícios de danos nas células, com frequência causados pelos radicais livres. Os antioxidantes, que são encontrados em muitas frutas e vegetais, protegem o organismo desses danos.

Alimentos de cura

Frutas e hortaliças
alecrim, batata-doce, beterraba, mirtilo, brócolis, cebola, cenoura, framboesa, grapefruit, laranja, maçã, moranga, morango, pera, repolho, salsão, sálvia, tomate, verduras

Ervas
alho, camomila, cardo--mariano, chá verde, cúrcuma, capim-cidreira, gengibre, ginkgo biloba, hortelã, orégano, pimenta--caiena, salsinha*, tomilho

Outros
algas, azeite de oliva extra virgem, iogurte com lactobacilos vivos, oleaginosas, produtos derivados da soja, rama de cereal, sementes (abóbora, gergelim, girassol, linhaça)

O que fazer

Consumir mais
- Frutas e verduras ricas em antioxidantes
- Chás de ervas antioxidantes (combinações de orégano, alecrim, capim-cidreira, sálvia, tomilho e hortelã)

Consumir menos
- Gordura animal oriunda de carne e de laticínios. Substituir a carne pelo peixe e pela proteína vegetal, nas refeições

Eliminar
- Calorias desnecessárias

Outras recomendações
- Melhorar a eficiência da digestão. Tratar de problemas digestivos (ver Indigestão, p. 66) vai melhorar a capacidade do corpo de absorver nutrientes

O grande livro dos sucos

> * Grávidas devem limitar o consumo de salsinha a ½ colher (chá) da erva seca ou 1 raminho fresco por dia. Não se deve consumir salsinha em caso de inflamação renal.

Bebida de cura

(ver também Reforço para imunidade, p. 240; Principais frutas e hortaliças antioxidantes, pp. 116 e 128)

Adicionar 1 colher (chá) de ervas e até 2 colheres (sopa) dos ingredientes recomendados para esse problema (ver p. 52) às receitas a seguir:

Sucos
- Abacaxi avermelhado, p. 174
- Antioxidante de alho, p. 241
- Brócolis e cenoura, p. 196
- Coração de uva, p. 216
- Escudo antiferrugem 1, p. 247
- Escudo antiferrugem 2, p. 248
- Magia verde, p. 203
- Mirtilos, p. 187
- Suculento, p. 207

Vitaminas
- Reforço beta, p. 319
- Spa especial, p. 320
- Vitamina esperta, p. 325

Chás
- Antioxidante de tomilho, p. 242
- Chá de framboesa, p. 277
- Verde gigante, p. 303

Substitutos do café
- Café de sementes, p. 357

Enxaqueca

A enxaqueca começa com a contração dos vasos sanguíneos cerebrais, seguida da expansão deles, o que gera a dor. Alguns sintomas – como alterações na visão e no humor – podem acompanhar essa contração. A dor em geral começa em um dos lados da cabeça, mas pode se espalhar para ambos os lados, e pode vir acompanhada de enjoo e tontura. Entre as causas da enxaqueca estão emoções fortes, alterações hormonais, alergias alimentares e alguns medicamentos, inclusive pílulas anticoncepcionais.

Alimentos de cura

Frutas e hortaliças
amora, beterraba, brócolis, cebola, cenoura, melão-cantalupo, salsão, verduras

Ervas
alho, camomila, canela, capim-cidreira, gengibre, pimenta-caiena, raiz e folha de dente-de-leão, salsinha*, tanaceto

Outros
arroz integral e farelo de arroz, cereais integrais, leguminosas, sementes (abóbora, girassol, linhaça)

* Grávidas devem limitar o consumo de salsinha a ½ colher (chá) da erva seca ou 1 raminho fresco por dia. Não se deve consumir salsinha em caso de inflamação renal.

O que fazer

Consumir mais
- Proteína vegetal
- Frutas e legumes frescos

Consumir menos
- Gordura animal de carnes e laticínios
- Açúcar

Eliminar
- Cafeína (encontrada no café, inclusive no descafeinado, e também nos chás preto e verde, em chocolates e refrigerantes)
- Alimentos que podem precipitar crises de enxaqueca, causando contração dos vasos sanguíneos (vinho tinto, queijo, milho, peixe defumado ou em conserva, linguiça, salsichas e todos os embutidos, carne de porco, mariscos, nozes)
- Aditivos químicos
- Bebidas alcoólicas

Sua saúde **53**

- Alergias e intolerâncias alimentares (ver Apêndice A: Alergias alimentares, p. 381), que em geral causam a dor de cabeça das enxaquecas. Quem sofre de enxaqueca normalmente tem intolerância a laticínios, trigo, ovos, laranja e/ou glutamato monossódico. Quando as alergias e intolerâncias alimentares são aliviadas, diminui muito a incidência de enxaqueca, que pode até desaparecer

Outras recomendações
- Consumir peixes oleosos (salmão, cavalinha, sardinha e atum) duas a três vezes por semana para manter estável o fluxo de sangue cerebral
- Consumir 1 ou 2 folhas de tanaceto fresco diariamente
- Usar técnicas de combinação de alimentos (ver Combinação dos alimentos, p. 15)

Bebida de cura

Adicionar 1 colher (chá) de ervas e até 2 colheres (sopa) dos ingredientes recomendados para esse problema (ver p. 53) às receitas a seguir:

Sucos
- Beterraba, p. 194
- Brócolis e cenoura, p. 196
- C-Verde, p. 199
- Lanche líquido, p. 203

Vitaminas
- Vitamina calmante de camomila, p. 322

Chás
- Gengibre, p. 299
- Xô, enxaqueca, p. 304

Esclerose múltipla

Na esclerose múltipla acontece uma ruptura nas camadas protetoras de mielina que envolvem o cérebro e a medula espinhal. Entre os seus sintomas pode ocorrer fraqueza muscular, entorpecimento, visão embaçada, tontura e incontinência urinária. Embora esse mal não tenha cura, alterações na dieta, como as recomendadas abaixo, demonstraram resultados relevantes na diminuição do avanço da doença, pois impedem agressões à bainha de mielina e garantem mais saúde.

O que fazer

Consumir mais
- Alimentos pobres em gordura saturada
- Ácidos graxos essenciais (encontrados no óleo de prímula, sementes de linhaça e óleos de peixe)
- Alimentos ricos em vitamina B (peixe, gérmen de trigo, algas) e magnésio (maçã, abacate,

Alimentos de cura

Frutas e hortaliças
abacate, abacaxi, banana, beterraba, couve-flor, maçã, repolho, uva, verduras

Ervas
astrágalo, escutelária, gengibre, ginseng, óleo de prímula, raiz de dente--de-leão

Outros
algas marinhas, arroz integral, azeite de oliva extra virgem, feijão-mungo, gérmen de trigo, lecitina, leite de soja, óleo de peixe, rama de cereais, sementes de linhaça, tofu

banana, verduras, peixe, oleaginosas, produtos de soja, arroz integral)

Consumir menos
- Gordura animal

Eliminar
- Infecções de cândida (ver Candidíase, p. 37)
- Alergias e intolerâncias alimentares, p. 381
- Café
- Carne vermelha e carne escura de frango ou peru
- Laticínios e ovos

- Glúten
- Gorduras e óleos (exceto óleo prensado a frio, como o azeite de oliva extra virgem)

Outras recomendações
- Imunidade (ver Deficiência imunológica, p. 39)
- Qualidade de vida. Avaliar e reduzir o estresse praticando meditação, ioga, tai chi ou fazendo caminhadas diariamente em ambientes naturais

Bebida de cura

Adicione 1 colher (chá) de ervas e até 2 colheres (sopa) dos ingredientes recomendados para esse problema (ver à esquerda) às receitas a seguir:

Sucos
- Beterraba, p. 194
- Beterraba verde, p. 195
- Couve-repolho, p. 198
- Surpresa de algas marinhas, p. 207
- Verduras, p. 211

Vitaminas
- Vitamina esperta, p. 325

Chás
- Alimento para os nervos, p. 264
- Chá imunorregulador, p. 245
- Mix para chá imunizante, p. 252

Tônicos
- Tônico primaveril, p. 285

Excesso de peso

Com frequência, o excesso de peso é causado pela falta de atividade física em comparação com a quantidade de comida consumida. São poucos os casos em que o ganho de peso pode ser atribuído a desequilíbrios hormonais e a alguns medicamentos (inclusive corticosteroides de pílulas anticoncepcionais). É mais fácil perder peso a longo prazo adotando uma dieta de alimentos integrais e praticando mais atividades físicas.

Alimentos de cura

Frutas e hortaliças
abacaxi, agrião, alcachofra-de-jerusalém, alface, amora, aspargo, brócolis, cereja, erva-doce, frutas cítricas, maçã, melancia, morango, pepino, rabanete, repolho, salsão, uvas, verduras

Ervas
alho, erva-doce, folha e raiz de morugem, óleo de prímula, gengibre, pimenta-caiena, salsinha*, sementes de psyllium

Outros
cereais integrais, kelp, leguminosas, nozes, produtos de soja, sementes de linhaça, vinagre de maçã

* Grávidas devem limitar o consumo de salsinha a ½ colher (chá) da erva seca ou 1 raminho fresco por dia. Não se deve consumir salsinha em caso de inflamação renal.

O que fazer

Consumir mais
- Frutas e legumes frescos, que ajudam a acelerar o metabolismo e a eliminar as toxinas
- Água (beber pelo menos 8 copos grandes diariamente), a fim de diminuir o apetite e eliminar toxinas

Consumir menos
- Produtos de farinha refinada, fast-food e alimentos de má qualidade
- Gordura de carnes, laticínios e óleos de saladas (exceto azeite de oliva extra virgem)
- Alimentos ricos em amido (pães, milho, mandioquinha, batata, abóbora, batata-doce)

Eliminar
- Açúcar e adoçantes artificiais
- Frituras
- Aditivos químicos

- Alergias e intolerâncias alimentares (ver Apêndice A: Alergias alimentares, p. 381). Derivados do leite, ovos, laranja e glúten podem afetar a digestão

Outras recomendações
- Consumir peixes gordurosos (salmão, sardinha, cavalinha e atum) duas a três vezes por semana auxilia o organismo a queimar o excesso de gorduras
- Consumir frutas entre as refeições para uma digestão melhor e para não "beliscar" alimentos não recomendados
- Praticar exercícios diariamente, de acordo com o condicionamento físico
- Substituir as bebidas calóricas e o costume de "beliscar" por vitaminas ricas em nutrientes

Bebida de cura

Adicione 1 colher (chá) de ervas e até 2 colheres (sopa) dos ingredientes recomendados para esse problema (ver à esquerda) às receitas a seguir:

Sucos
- A força do Popeye, p. 256
- Abacaxi avermelhado, p. 174
- Amanhecer supremo, p. 176
- Brócolis e alcachofra, p. 196
- Cereja da aurora, p. 177
- Coquetel cítrico, p. 328
- Coquetel matinal de melão, p. 333

- C-Verde, p. 199
- O refrescante, p. 204
- Suco saladinha, p. 207

Vitaminas
- Vitamina B, p. 321
- Vitamina com alga marinha, p. 322

Chás
- Chá de limpeza, p. 288
- Chá digestivo de sementes, p. 225
- Gengibre, p. 299

Fadiga

A fadiga é o sintoma de muitas doenças – entre elas, anemia, diabetes, hepatite, hipoglicemia e distúrbios da tireoide – e pode ser determinada por exames de sangue e diagnosticada por um médico. Quando não está relacionada a uma doença, em geral tem origem na falta de um estilo de vida equilibrado, o que inclui alimentação, atividade física, trabalho e vida social. Uma alimentação equilibrada oferece as enzimas digestivas que o organismo exige para processar nutrientes e para converter alimento em energia.

Alimentos de cura

Frutas e hortaliças
abacaxi, agrião, banana, brócolis, cebola, cenoura, espinafre, laranja, limão-taiti, manga, morango, uva, verduras

Ervas
alcaçuz*, alfafa, alho, bardana, canela, cardamomo, cravo-da--índia, folha de framboeseira, gengibre, ginseng**, hortelã--pimenta, labaça, pimenta--caiena, raiz e folha de dente-de-leão, fruto da roseira, salsinha***, urtiga

Outros
algas, amêndoas, aveia, cereais integrais, gérmen de trigo, iogurte com lactobacilos vivos, óleo de peixe, rama de cereal, sementes (abóbora, girassol, linhaça), tâmara, tofu

---

* Deve-se evitar o alcaçuz em caso de pressão alta. O uso prolongado de alcaçuz não é recomendado em nenhuma circunstância.

** Deve-se evitar o ginseng em caso de pressão alta ou se há ingestão de café. O ginseng nunca deve ser consumido diariamente por mais de um mês.

*** Grávidas devem limitar o consumo de salsinha a ½ colher (chá) da erva seca ou 1 raminho fresco por dia. Não se deve consumir salsinha em caso de inflamação renal.

O que fazer

Consumir mais
- Frutas e legumes frescos
- Cereais integrais
- Oleaginosas e sementes
- Ácidos graxos essenciais

Consumir menos
- Gordura animal, da carne e de laticínios
- Frituras

Eliminar
- Cafeína e açúcar, que podem causar fadiga
- Produtos de farinha refinada, que roubam os nutrientes do organismo
- Alimentos processados, geralmente pobres em nutrientes e ricos em aditivos químicos

- Margarina, gordura vegetal e óleos de salada (exceto azeite de oliva extra virgem)
- Bebidas alcoólicas

Outras recomendações
- Praticar atividades físicas diariamente, de acordo com o condicionamento físico
- Fazer várias refeições menores, para manter o nível de açúcar no sangue constante
- Praticar técnicas de diminuição do estresse, como ioga, tai chi e meditação. O estresse esgota a vitalidade
- Consumir ervas que auxiliem o fígado (raiz de dente-de--leão, bardana) para estimular o metabolismo e eliminar as toxinas que causam fadiga

Bebida de cura

(ver também Detonadores de estresse, p. 274)

Adicionar 1 colher (chá) de ervas e até 2 colheres (sopa) dos ingredientes recomendados para esse problema (ver à esquerda) às receitas a seguir:

Sucos
- Amanhecer supremo, p. 176

- Brócolis e cenoura, p. 196
- Cenoura picante, p. 198
- Despertador, p. 181
- Maçã refrescante, p. 186
- Suculento (substituir o ginkgo biloba por qualquer erva recomendada, ver à esquerda), p. 207

Vitaminas
- Abacaxi C, p. 314

- Mania de manga, p. 317
- Sabor dos trópicos, p. 320
- Vitamina B, p. 321
- Vitamina energia verde, p. 325

Chás
- Chá da mamãe, p. 293
- Chá formador de ferro, p. 257
- Chá para a suprarrenal, p. 234
- Ginseng, p. 299

Fibromialgia

A fibromialgia se caracteriza por músculos frágeis e doloridos e dores nas articulações semelhantes às da artrite reumatoide, além de fadiga e perturbações no sono. As regiões comumente afetadas são o pescoço, os ombros, a coluna lombar, peito e coxas. É considerada uma espécie de síndrome da fadiga crônica, tendo a dor e não o cansaço como elemento predominante. A depressão com frequência é também uma queixa, devido à falta de sono. As causas podem ser virais ou um acúmulo de toxinas. Má alimentação, drogas, alergias e deficiências nutricionais também podem fazer parte do quadro. Nem a causa nem a cura são de todo compreendidas, mas uma boa alimentação pode ajudar na recuperação.

Alimentos de cura

Frutas e hortaliças
abóbora, agrião, alcachofra-de-jerusalém, batata-doce, beterraba, brócolis, cebola, couve-flor, erva-doce, maçã, repolho, salsão, vagem

Ervas
alcaçuz*, alfafa, alho, astrágalo, calêndula, cardo-mariano, cúrcuma, equinácea, erva-de-são-joão, óleo de prímula, olmo em pó, passiflora, raiz e sementes de bardana, salsinha**

Outros
rama de cevada, cereais integrais (principalmente arroz integral), iogurte com lactobacilos vivos (sem açúcar), leguminosas, óleos de peixe, produtos de soja, sementes (abóbora, girassol, linhaça)

* Deve-se evitar o alcaçuz em caso de pressão alta. O uso prolongado de alcaçuz não é recomendado em nenhuma circunstância.

** Grávidas devem limitar o consumo de salsinha a ½ colher (chá) da erva seca ou 1 raminho fresco por dia. Não se deve consumir salsinha em caso de inflamação renal.

O que fazer

Consumir mais
- Legumes ricos em antioxidantes
- Proteína vegetal
- Oleaginosas e sementes
- Leguminosas

Consumir menos
- Frutas, que podem ajudar a baixar o açúcar do sangue (ver Hipoglicemia, p. 64)

Eliminar
- Açúcar; produtos que contêm açúcar e frutas ricas em açúcar, como as frutas secas, banana e melão
- Farinha refinada
- Aditivos químicos
- Bebidas alcoólicas
- Alergias e intolerâncias alimentares (ver Apêndice A: Alergias alimentares, p. 381). Glúten (nos produtos de trigo) e produtos da família das solanáceas (batata, tomate, berinjela e todas as pimentas) costumam dar problema
- Cafeína (encontrada no café, inclusive no descafeinado, e também nos chás preto e verde, em chocolates e refrigerantes), que diminui a absorção de minerais, contribuindo com o desenvolvimento da fibromialgia
- Laticínios (substituir por alternativas à base de soja ou arroz)
- Alimentos salgados ou em conserva
- Frituras
- Carne de porco, mariscos e carnes gordurosas

Outras recomendações
- Consumir peixes gordurosos (salmão, cavalinha, sardinha,

58   O grande livro dos sucos

atum) duas a três vezes por
semana

- Praticar atividades que
diminuam o estresse, como
tai chi, ioga e meditação

- Praticar atividades físicas
diariamente, de acordo com
o condicionamento físico

Bebida de cura

(ver também Reforço para
imunidade, p. 240)

Adicionar 1 colher (chá) de
ervas e até 2 colheres (sopa)
dos ingredientes recomendados
para esse problema (ver p. 58)
às receitas a seguir:

Sucos
- Beterraba, p. 194
- Brócolis e alcachofra, p. 196
- Coquetel café da manhã, p. 327

- Coquetel de repolho, p. 332
- Couve-repolho, p. 198
- C-Verde, p. 199
- Escudo antiferrugem 2, p. 248

Chás
- Chá imunorregulador, p. 245

Substitutos do café
- Café de sementes, p. 357
- Café de raízes, p. 357

Gases

Alimentos de cura

Frutas e hortaliças
kiwi, maçã, mamão papaia

Ervas
alho, camomila, canela,
cardamomo, coentro,
cominho, cravo-da-índia,
endro, gengibre, hortelã-
-pimenta, manjericão,
pimenta-caiena, sementes
(erva-doce, mostarda),
tomilho

Outros
iogurte com lactobacilos
vivos

Gases são um resultado normal da digestão dos alimentos. Os
alimentos ricos em carboidratos, como o feijão, geram mais gases,
pois não são inteiramente quebrados pelas enzimas digestivas.
Quando as bactérias fermentam os carboidratos não digeridos, os
gases são liberados. Outros alimentos produzem excesso de gases
quando a enzima digestiva de que precisam não está disponível.
O exemplo mais comum é a enzima necessária para digerir a
lactose dos laticínios. Os adoçantes artificiais também podem
causar gases. Alterar a dieta, incluindo mais alimentos ricos em
fibras, como feijão e outras leguminosas, também pode aumentar
a incidência de gases. Consequentemente, o aumento de fibras
na alimentação é um processo que deve ser feito gradualmente,
ao longo de um período de quatro a seis semanas.

Dica: A fim de reduzir o "efeito gasoso" das leguminosas,
elas devem ficar de molho de um dia para o outro, e essa água
deve ser descartada. Também devem ser bem lavadas antes de
qualquer preparo. Deve-se cozinhar o feijão (e outros alimentos)
que provocam gases com as ervas recomendadas, que expulsam
os gases do trato digestivo.

Sua saúde **59**

O que fazer

Consumir mais
- Chás de ervas digestivas, como camomila e erva-doce, entre as refeições
- Técnicas de combinação dos alimentos (ver Combinação dos alimentos, p. 15), tomando o cuidado de comer frutas pelo menos meia hora antes ou duas horas depois das refeições

Eliminar
- Adoçantes artificiais e todos os alimentos que os contêm
- Laticínios

Bebida de cura

(ver também Aperitivos e digestivos, p. 220, e Bitters, p. 231)

Digestivos
- Água digestiva, p. 223
- Chá carminativo de James Duke, p. 224
- Chá de papaia condimentado, p. 224
- Chá de rosa e hortelã, p. 225
- Chá digestivo de sementes, p. 225
- Hortelã pré-jantar, p. 222

Gota

Alimentos de cura

Frutas e hortaliças
abacate, amora, banana, cenoura, cereja, framboesa, morango, salsão

Ervas
alcaçuz*, alho, bardana (raiz e sementes), cúrcuma, folha de dente-de-leão, gengibre, labaça**, mil-folhas, salsinha***, sementes (aipo, erva-doce), urtiga

Outros
sementes de linhaça

A gota é uma doença das articulações caracterizada pelo aumento da produção de ácido úrico, que se deposita nas articulações, em especial os dedos das mãos e dos pés. Pode ser hereditária ou ser causada pelo excesso de consumo de bebida alcoólica, carne ou alimentos com amido, que elevam a produção de ácido úrico.
A gota pode ser controlada com a diminuição da produção de ácido úrico e o aumento de sua eliminação.

O que fazer

Consumir mais
- Água (beber pelo menos 8 copos grandes diariamente) para ajudar na eliminação de ácido úrico
- Uma dieta vegetariana
- Chás de ervas que dissolvam o ácido úrico (sementes de aipo) e ajudem a eliminá-lo (folha de dente-de-leão, urtiga)

Consumir menos
- Proteína (com moderação; frango, peru e peixes de carne branca são aceitáveis)
- Gordura da carne e laticínios
- Sal e alimentos salgados
- Ovos (preferir ovos de galinha caipira)
- Trigo, que forma cálculos (preferir arroz integral e trigo-

60 O grande livro dos sucos

* Deve-se evitar o alcaçuz em caso de pressão alta. O uso prolongado de alcaçuz não é recomendado em nenhuma circunstância.

** Deve-se evitar a labaça na gravidez.

*** Grávidas devem limitar o consumo de salsinha a ½ colher (chá) da erva seca ou 1 raminho fresco por dia. Não se deve consumir salsinha em caso de inflamação renal.

-sarraceno, que não produzem muito ácido)

Eliminar
Alimentos e substâncias que formam ácido no corpo, inclusive:
- carne de porco e de boi;
- embutidos, como salame;
- tomate e espinafre;
- vinagre (exceto o vinagre de maçã);
- açúcar e farinha refinada;
- café e chá;

- queijo;
- aditivos químicos; e
- bebidas alcoólicas

Alimentos ricos em punina, inclusive:
- miúdos de boi (rim, fígado);
- marisco, arenque, sardinha, anchova e cavalinha;
- amendoim;
- aspargo;
- cogumelos; e
- leguminosas (ervilha, feijão, lentilha)

Bebida de cura

Adicionar 1 colher (chá) de ervas e até 2 colheres (sopa) dos ingredientes recomendados para esse problema (ver p. 61) às receitas a seguir:

Sucos
- Aipo, p. 193
- Destruidor de gota, p. 200

- Frutas vermelhas e melão, p. 182
- Imunidade, p. 202

Chás
- Contra gota, p. 295

Substitutos do café
- Café de raízes, p. 357

Gravidez

A nutrição é essencial para a saúde do bebê, desde o pré-natal até o nascimento. O ideal seria que a mulher grávida procurasse obter nutrientes em alimentos e não em suplementos. Os alimentos integrais oferecem nutrientes de boa qualidade, facilmente digeríveis, em formas e proporções mais bem aproveitadas pelo organismo. Na gravidez, deve-se ter uma dieta à base de grãos integrais naturais, não refinados, feijão, frutas, hortaliças, oleaginosas e sementes, e proteína o suficiente na forma de carne magra, peixe e produtos de soja.

Alimentos de cura

Frutas e hortaliças
abacate, agrião, banana, batata-doce, cenoura, ervilhas, frutas cítricas, melão-cantalupo, morango, verduras

Ervas
alfafa, capim-cidreira, folha e raiz de dente-de-leão, fruto da roseira, urtiga

O que fazer

Consumir mais
- Frutas e legumes
- Oleaginosas e sementes
- Ácido fólico (encontrado em gema de ovo, gérmen de

trigo, verduras, soja, aspargo, laranja), que é necessário para o desenvolvimento normal do feto
- Alimentos ricos em ácidos graxos ômega-3 (encontrados

Sua saúde **61**

Alimentos de cura

Outros
azeite de oliva extra virgem, alga dulse, gérmen de trigo, grãos integrais, iogurte com lactobacilos vivos, kelp, mariscos, oleaginosas (principalmente amêndoas), produtos de soja, sementes (especialmente de girassol e linhaça)

Observação: Ver Apêndice C: Ervas a evitar na gravidez, p. 383.

nas sementes de linhaça, nozes e peixes gordurosos, como salmão, atum, cavalinha e sardinha), necessários para manter o equilíbrio hormonal da mãe e o bom desenvolvimento do feto

Consumir menos
Alimentos que acelerem a perda de cálcio (comum durante a gravidez), como:
- açúcar e adoçantes;

- chá, café e refrigerantes;
- gorduras;
- farinha refinada; e
- farelo, tomate, batata, berinjela e todas as pimentas

Eliminar
- Bebida alcoólica
- Aditivos químicos
- Alimentos não orgânicos, que contêm resíduos de pesticidas
- Alimentos de má qualidade

Bebida de cura

Adicione 1 colher (chá) de ervas e até 2 colheres (sopa) dos ingredientes recomendados para esse problema (ver na p. 62 e à esquerda) às receitas a seguir:

Sucos
- Coquetel cítrico, p. 328
- Ervilhas e cenoura, p. 201

- Explosão beta, p. 181
- Fólico extra, p. 202
- Kelp, p. 203
- Verduras, p. 211

Vitaminas
- Abacate com abacaxi, p. 313

Chás
- Chá da mamãe, p. 293

Gripe

Alimentos de cura

Frutas e hortaliças
abacaxi, agrião, alcachofra-de-jerusalém, brócolis, cenoura, espinafre, laranja, limão-siciliano, morango

Ervas
alcaçuz*, alho, canela, equinácea, flor e bagos de sabugueiro, gengibre, hortelã-pimenta, mil-folhas***, pimenta-caiena, salsinha**, tomilho

Outros
arroz bem cozido (empapado), kelp, sementes de psyllium

A gripe é uma infecção viral das vias respiratórias. Os sintomas são calafrios, febre, tosse, dor de cabeça, dores, cansaço e falta de apetite. O tratamento precoce pode acelerar a recuperação e ajudar a prevenir doenças mais graves. A prioridade deve ser descansar, para que a energia do organismo se concentre na recuperação, e beber muito líquido para eliminar as toxinas.

Consumir pequenas refeições, sobretudo de sucos de vegetais, diminui a energia despendida na digestão e permite que mais energia do organismo se volte para a recuperação. Ervas "quentes", como o gengibre e a pimenta-caiena, elevam a temperatura corporal, o que desestimula a multiplicação do vírus da gripe.

O que fazer

Consumir mais
- Frutas frescas e legumes
- Líquidos (beber pelo menos 8 copos grandes de água, suco ou chá de ervas diariamente)

Eliminar
- Bebida alcoólica, açúcar e derivados, que diminuem a imunidade

62   O grande livro dos sucos

* Deve-se evitar o alcaçuz em caso de pressão alta. O uso prolongado de alcaçuz não é recomendado em nenhuma circunstância.

** Grávidas devem limitar o consumo de salsinha a ½ colher (chá) da erva seca ou 1 raminho fresco por dia. Não se deve consumir salsinha em caso de inflamação renal.

*** Deve-se evitar o consumo de mil-folhas durante a gravidez.

Bebida de cura

(ver também Reforço para imunidade, p. 240; Principais frutas e hortaliças antioxidantes, pp. 116 e 128)

Adicionar 1 colher (chá) de ervas e até 2 colheres (sopa) dos ingredientes recomendados para esse problema (ver p. 62) às receitas a seguir:

Sucos
• Abacaxi cítrico, p. 174

• Antibiótico ardente, p. 194
• Brócolis e alcachofra, p. 196
• Brócolis e cenoura, p. 196
• Cenoura allium, p. 197
• Festa da primavera, p. 201

Chás
• Antioxidante de tomilho, p. 242
• Antigripal, p. 291

Sucos quentes
• Grogue antibiótico, p. 250

Herpes simples

Herpes labial e herpes genital

O vírus herpes humano tipo 1 pode causar herpes labial, enquanto a herpes genital é causada pelo vírus tipo 2. O vírus permanece no corpo, podendo ser reativado por baixa imunidade, estresse, ingestão de bebida alcoólica e de alimentos industrializados e ricos em arginina (ver "Eliminar", abaixo). O tratamento médico deve ser complementado por uma dieta sem alimentos que estimulem o vírus. As ervas ajudam o sistema imunológico e nutrem os nervos, onde os vírus se instalam.

Alimentos de cura

Frutas e hortaliças
abóbora, agrião, aspargo, brócolis, cebola, cenoura, damasco, frutas vermelhas, maçã, mamão papaia, pera, repolho, uva, verduras

Ervas
alho, astrágalo, bardana (folha, raiz e sementes), calêndula, cravo-da-índia, equinácea, capim-cidreira, erva-de-são-joão, ginseng, mil-folhas*, pimenta-caiena, raiz de dente-de-leão, sabugueiro, salsinha**

Outros
algas marinhas, favas germinadas, iogurte com lactobacilos vivos, leguminosas (exceto grão-de-bico), leveduras

* Deve-se evitar o consumo de mil-folhas durante a gravidez.

** Grávidas devem limitar o consumo de salsinha a ½ colher (chá) da erva seca ou 1 raminho fresco ao dia. Não se deve consumir salsinha em caso de inflamação renal.

O que fazer

Consumir mais
• Legumes ricos em antioxidantes
• Peixe (salmão, sardinha, atum, linguado), leguminosas e levedura. Esses alimentos são ricos em aminoácidos lisina, que impedem o vírus de se replicar
• Ervas antivírus (astrágalo, calêndula, equinácea, alho, capim-cidreira, erva-de-são-joão)
• Ervas que estimulam a imunidade (astrágalo, equinácea; folha, raiz e sementes de bardana)

• Ervas antiestresse (ginseng, erva-de-são-joão, capim-cidreira)

Consumir menos
• Frutas
• Cereais integrais, sementes e arroz integral. Como esses alimentos são ricos em arginina (ver "Eliminar", abaixo), podem ser contrabalançados com legumes ricos em lisina

Eliminar
• Alimentos ricos em arginina (oleaginosas, trigo, cafeína, chocolate, alfarroba, bacon, café, açúcar, tomate, berinjela,

Sua saúde   63

pimentas, cogumelos). A arginina é um aminoácido que estimula a replicação do vírus
- Bebida alcoólica, alimentos industrializados e refinados, que afetam o sistema imunológico

Outras recomendações
- Praticar técnicas que reduzam o estresse, como meditação, ioga e exercícios respiratórios

Bebida de cura

(ver também Reforço para imunidade, p. 240; Principais frutas e hortaliças antioxidantes, pp. 116 e 128)

Adicionar 1 colher (chá) de ervas e até 2 colheres (sopa) dos ingredientes recomendados para esse problema (ver p. 63) às receitas a seguir:

Sucos
- Antioxidante de alho, p. 241
- Brócolis e cenoura, p. 196
- Coquetel café da manhã, p. 327
- C-Verde, p. 199
- Repolho e alecrim (use 2 colheres (sopa) de capim-cidreira em vez de alecrim), p. 205

Chás
- Alimento para os nervos, p. 264
- Auxílio para os nervos, p. 265
- Chá anti-herpes, p. 243
- Chá de limpeza, p. 288
- Chá imunorregulador, p. 245

Hipoglicemia

A hipoglicemia, ou baixo nível de açúcar no sangue, caracteriza-se por uma produção excessiva de insulina. Entre os sintomas estão dores e incômodos, fome constante, tontura, dor de cabeça, fadiga, insônia, problemas digestivos, palpitação, tremores, suor, enjoo e tensão nervosa. É possível perceber alguns desses sintomas quando deixamos de fazer alguma refeição. Cuidados com a alimentação ajudam a controlar os níveis de açúcar do sangue.

Alimentos de cura

Frutas e hortaliças
alcachofra-de-jerusalém, ameixa, beterraba crua, brócolis, cenoura crua, cereja, couve-flor, grapefruit, maçã, repolho, tomate, verduras

Ervas
alcaçuz*, camomila, ginseng, raiz de dente-de-leão

Outros
rama de cereal, oleaginosas, cereais integrais, iogurte com lactobacilos vivos, kelp, leguminosas, sementes de linhaça, sementes, spirulina

* Deve-se evitar o alcaçuz em caso de pressão alta. O uso prolongado de alcaçuz não é recomendado em nenhuma circunstância.

O que fazer

Consumir mais
- Cereais integrais, hortaliças e leguminosas
- Refeições menores, consumidas com mais frequência
- Crucíferas (brócolis, repolho, couve-flor) para ajudar a controlar o açúcar do sangue
- Proteína em cada refeição

Consumir menos
- Alimentos doces, inclusive frutas (em especial banana, melão e frutas secas)

Eliminar
- Açúcar e farinha refinados
- Chá preto, café, refrigerantes e bebidas alcoólicas
- Consumo de cigarros, que interferem no açúcar

Bebida de cura

(ver também Elixires endócrinos, p. 234)

Adicionar 1 colher (chá) de ervas e até 2 colheres (sopa) dos ingredientes recomendados para esse problema (ver p. 64) às receitas a seguir:

Sucos
- Brócolis e alcachofra, p. 196
- Cereja da aurora, p. 177
- Coquetel de couve-flor, p. 330
- Coquetel de repolho, p. 332
- Crucíferos, p. 199
- Verduras, p. 211

Chás
- Chá de camomila com alcaçuz e gengibre, p. 277
- Decocção de raízes, p. 288

Substitutos do café
- Café de sementes, p. 357

Impotência

A impotência, a incapacidade masculina de ter ereção ou de mantê-la, pode ser causada por estresse, fluxo sanguíneo insuficiente no pênis (devido ao acúmulo de colesterol nos vasos sanguíneos), excesso de bebida alcoólica, drogas, tabagismo, diabetes, aumento da próstata ou baixos níveis de testosterona. Uma dieta de alimentos integrais propicia as vitaminas e os minerais necessários à saúde sexual. Estimulantes da circulação à base de ervas, como o gengibre e a pimenta-caiena, costumam ajudar em casos de impotência causada por circulação deficiente. Ver Ansiedade, p. 29, para sugestões de como aliviar o estresse emocional.

Alimentos de cura

Frutas e hortaliças
todos

Ervas
alho, gengibre, canela, folha de dente-de-leão, ginkgo biloba, ginseng, noz-moscada, óleo de prímula, pimenta-caiena, sabal (saw palmetto), urtiga

Outros
aveia, gérmen de trigo, kelp, leguminosas, oleaginosas, óleo de peixe, produtos de soja, sementes (abóbora, girassol, linhaça)

O que fazer

Consumir mais
- Frutas e legumes frescos, cereais integrais, oleaginosas e sementes
- Alimentos ricos em vitamina E (cereais integrais, arroz integral, oleaginosas, sementes, gérmen de trigo, produtos de soja, kelp, folha de dente-de-leão, azeite de oliva extra virgem) para proteger as artérias do pênis dos danos causados pelos radicais livres. Estudos recentes indicam que os efeitos antioxidantes são melhores quando a fonte de vitamina E são alimentos e não suplementos

Consumir menos
- Proteína de origem animal (com exceção do peixe e frango)

Eliminar
- Frituras e alimentos de má qualidade
- Açúcar
- Cafeína (encontrada no café, inclusive no descafeinado, e também nos chás preto e verde, em chocolates e refrigerantes)
- Farinha refinada
- Bebida alcoólica

Sua saúde **65**

Bebida de cura

Adicionar 1 colher (chá) de ervas e até 2 colheres (sopa) dos ingredientes recomendados para esse problema (ver p. 65) às receitas a seguir:

Sucos
- Antibiótico ardente, p. 194
- Beterrabas ardentes, p. 195
- Coquetel cajun, p. 328
- Imunidade, p. 202

Vitaminas
- Vitamina B, p. 321
- Vitamina energia verde, p. 325

Chás
- Chá para a suprarrenal, p. 234
- Chá para a circulação, p. 267
- Ginseng, p. 299

Substitutos do café
- Café de sementes, p. 357

Indigestão

Alimentos de cura

Frutas e hortaliças
abacaxi, abóbora, alcachofra-de-jerusalém, banana, batata-doce, damasco, limão-siciliano, mamão papaia, manga, melão, verduras

Ervas
camomila, canela, cardamomo, cominho, cúrcuma, endro, capim--cidreira, erva-doce, filipêndula, gengibre, hortelã-pimenta, olmo em pó, pimenta-caiena, raiz de dente-de-leão, sementes de coentro

Outros
amêndoa, arroz, cevada, iogurte com lactobacilos vivos, sementes de linhaça, vinagre de maçã

* Para evitar indigestão, vitaminas de frutas só devem ser consumidas uma hora depois das refeições. Se uma fruta é ingerida logo depois da refeição, podem ocorrer problemas intestinais (ver Combinação dos alimentos, p. 15).

Comer demais, comer de modo irregular, excesso de bebida alcoólica ou tensão nervosa podem causar indigestão. Entre os sintomas estão desconforto abdominal, enjoo ou refluxo gastroesofágico (quando há refluxo de conteúdos do estômago e do intestino para o esôfago). A indigestão crônica pode ser causada pela síndrome da bexiga dolorosa (cistite intersticial), intolerâncias alimentares, úlcera ou doença da vesícula biliar. Os sintomas da indigestão crônica podem ser inchaço, fadiga, diarreia e prisão de ventre.

O que fazer

Consumir mais
- Refeições tranquilas e sem pressa
- Iogurte com lactobacilos vivos (diariamente)
- Frutas* e legumes ricos em antioxidantes
- Chás de ervas digestivas, como camomila, erva--doce, gengibre, capim--cidreira ou hortelã-pimenta regularmente, entre as refeições

Consumir menos
- Bebida alcoólica
- Chá
- Ovos e carnes

Eliminar
- Alergias e intolerâncias alimentares (ver Apêndice A: Alergias alimentares, p. 381)
- Açúcar e adoçantes artificiais
- Refrigerantes, principalmente durante ou depois das refeições
- Sucos de frutas
- Alimentos ricos em gordura e frituras
- Laticínios (exceto iogurte com lactobacilos vivos)
- Alimentos salgados e picantes
- Alimentos refinados
- Refeições pesadas
- Café

Auxílios naturais para a digestão

- Abacaxi (*Ananas comosus*), p. 102. O abacaxi é rico em bromelina, uma enzima bactericida. É também anti-inflamatório e ajuda o processo digestivo. Devido a propriedades digestivas, o abacaxi natural impede que a gelatina endureça, por isso não pode ser usado em saladas moldadas
- Alcaçuz (*Glycyrrhiza glabra*), p.130. Tem efeito calmante sobre a mucosa gástrica e alivia os espasmos do intestino grosso. Deve-se evitar o alcaçuz em caso de pressão alta
- Calêndula (*Calendula officinalis*), p. 135. Ao estimular a produção de bílis, a calêndula auxilia a digestão. Pode ser incluída em vitaminas (use 1 colher de sopa de pétalas frescas) e fica bonita nas bebidas
- Camomila (*Matricaria recutita*), p. 136. A camomila alivia dores de barriga e infecções, além de reduzir gases e cólicas
- Canela (*Cinnamomum zeylanicum*), p. 136. Sendo uma carminativa usada para ajudar a digestão, a canela acrescenta sabor agradável às vitaminas
- Cúrcuma (*Curcuma longa*), p. 140. Aumenta a produção de bílis e o fluxo biliar, melhorando a digestão
- Erva-doce (*Foeniculum vulgare*), pp. 122 e 143. Acrescente um talo fresco de erva-doce ou uma infusão de sementes de erva-doce às vitaminas para ajudar na digestão e aliviar o desconforto da azia e da indigestão
- Fibras, p. 386. As fibras insolúveis das frutas, legumes e cereais integrais ajudam a prevenir prisão de ventre e problemas intestinais, como a diverticulose e o câncer de cólon
- Gengibre (*Zingiber officinale*), p. 146. O gengibre é usado para estimular o fluxo sanguíneo e aumentar a absorção de nutrientes. Ele melhora as funções da vesícula e protege o fígado das toxinas
- Hortelã-pimenta (*Mentha piperita*), p. 149. Como contém flavonoides que estimulam o fígado e a vesícula, a hortelã aumenta o fluxo de bílis. Tem efeito antiespasmódico sobre a musculatura delicada do trato digestivo, o que faz do chá de hortelã uma ótima escolha para se ingerir após o jantar
- Kiwi (*Actinidia chinensis*), p. 109. As enzimas do kiwi promovem a digestão
- Lactobacilos acidófilos (ver Iogurte, p. 164). O *Lactobacillus acidophilus* é uma bactéria "amistosa" que fermenta o leite e o transforma em iogurte. Essa bactéria pode substituir as bactérias intestinais

Sua saúde **67**

necessárias à digestão quando elas tiverem sido destruídas pelos antibióticos

- Mamão papaia (*Carica papaya*), p. 110. O papaia é um remédio tradicional para indigestões. Contém uma enzima chamada "papaína", semelhante à pepsina, enzima que ajuda o organismo a digerir proteínas

- Raiz de dente-de-leão (*Taraxacum officinale*), p. 141. Fácil de achar, é um laxante bastante suave, mas amargo. O dente-de-leão estimula o fígado e a vesícula biliar e aumenta o fluxo de bílis para ajudar a digestão. A folha de dente-de-leão age como diurético

Bebida de cura

Adicionar 1 colher (chá) de ervas e até 2 colheres (sopa) dos ingredientes recomendados para esse problema (ver p. 66) às receitas a seguir:

Sucos
- Abóbora especial, p. 192
- Coquetel café da manhã, p. 327
- Coquetel de abacaxi e kiwi, p. 329
- Verduras, p. 211

Vitaminas
- Mania de manga, p. 317
- Vitamina B, p. 321

Digestivos
- Água digestiva, p. 223
- Chá carminativo de James Duke, p. 224
- Chá de papaia condimentado, p. 224
- Chá de rosa e hortelã, p. 225
- Chá digestivo de sementes, p. 225

Infecções do trato urinário

As infecções do trato urinário podem ser causadas por fungos ou bactérias e podem passar para a bexiga. A cistite, uma infecção da bexiga, costuma ser provocada por fungos ou bactérias nas mucosas irritadas da bexiga. Caracteriza-se por micção frequente e dolorida.

Alimentos de cura

Frutas e hortaliças
aipo, cebola, cenoura, cranberry, erva-doce, limão--siciliano, melancia, mirtilo, nabo

Ervas
alho, buchu, canela, coentro, cominho, equinácea, folha de dente--de-leão, mil-folhas*, olmo em pó, raiz de alteia, sementes de erva-doce, urtiga

Outros
cevada, iogurte com lactobacilos vivos, sementes de abóbora

* Deve-se evitar o consumo de mil-folhas durante a gravidez.

O que fazer

Consumir mais
- Líquido (beber 8 a 10 copos de água, suco de vegetais ou chá de ervas diariamente), para diluir ou eliminar as bactérias
- Suco de mirtilo ou cranberry sem açúcar, para evitar que bactérias fiquem aderentes às paredes da bexiga
- Cebola e alho, pois são antibacterianos. O alho cru é melhor. Deve ser acrescentado aos pratos principais, molhos e vitaminas. Recém-amassado, pode ser adicionado a saladas ou picado em pedacinhos fáceis de engolir
- Ervas antibacterianas (buchu – *Agathosma betulina*; mil--folhas) para aliviar a bexiga e ervas que estimulem a micção (alteia, buchu, folha de dente--de-leão)

Consumir menos
- Carne (substituir por proteína de vegetais, como as encontradas no tofu, ou hortaliças e arroz)
- Bebidas alcoólicas, açúcar e aditivos químicos, que irritam a bexiga infeccionada
- Açúcar e farinha refinada
- Laticínios

Eliminar
- Cafeína (encontrada no café, inclusive no descafeinado, e também nos chás preto e verde, em chocolates e refrigerantes)

Bebida de cura

Adicione 1 colher (chá) de ervas e até 2 colheres (sopa) dos ingredientes recomendados para esse problema (ver à esquerda) às receitas a seguir:

Sucos
- Água azul, p. 175
- Aipo, p. 193
- Gole divino, p. 202
- Groselha mista, p. 182
- Suco de cranberry, p. 190

Vitaminas
- Vitamina de cranberry e laranja, p. 323
- Vitamina de melancia, p. 324

Chá
- Fluir, p. 298

Tônicos
- Água de cevada, p. 283

Infertilidade feminina

Alimentos de cura

Frutas e hortaliças
abacate, aspargo, batata-
-doce, beterraba, brócolis,
cenoura, damasco,
framboesa, laranja,
pêssego, verduras

Ervas
alecrim, flor de trevo
vermelho, folha de
framboeseira, óleo de
prímula, raiz e folha de
dente-de-leão, urtiga

Outros
algas marinhas, amêndoas,
castanha-do-pará, feijão-
-azuqui, feijão, gérmen
de trigo, iogurte com
lactobacilos vivos, produtos
de soja, sementes (abóbora,
gergelim, girassol, linhaça),
trigo bulgur

Os fatores que afetam a fertilidade feminina incluem a idade, infecções vaginais, lubrificantes artificiais, cicatrizes cirúrgicas, cistos ovarianos, endometriose, fibroide uterina, insuficiência da tireoide e dietas pobres em nutrientes necessários a uma gravidez saudável, ao alívio do estresse e do equilíbrio hormonal.

O mais importante para garantir uma gravidez e um parto saudáveis é a saúde da mãe, antes e durante a gravidez. Alimentos integrais, frescos e naturais oferecem as vitaminas e os minerais necessários a uma boa saúde. Para garantir o bem-estar do bebê, vale levar alguns meses melhorar a saúde da mãe antes da gravidez.

Um ciclo menstrual irregular é sinal de desequilíbrio hormonal. A erva vitex, também conhecida como *Vitex agnus--castus* (ver p. 161), e as ervas que auxiliam o fígado, como a raiz de dente-de-leão (ver p. 141), podem ser empregadas para regular a produção de hormônio.

O que fazer

Consumir mais
- Alimentos integrais
- Frutas e legumes ricos em antioxidantes
- Oleaginosas e sementes
- Alimentos que contêm ácido fólico (trigo bulgur ou para quibe, suco de laranja, espinafre, ervilhas, sementes de girassol, gérmen de trigo)

Consumir menos
- Alimentos formadores de ácido (carne, peixe, grãos, queijo, ovos, chá, café, bebida alcoólica, cranberry, ameixa seca, ameixa, lentilha, grão--de-bico, amendoim, nozes), que podem deixar ácido o muco cervical e destruir os espermatozoides

Eliminar
- Farinha refinada
- Tabagismo
- Açúcar
- Aditivos químicos

Outras recomendações
- Tomar chá de ervas boas para os nervos (camomila, escutelária, palha de aveia). Praticar com regularidade atividades relaxantes, como caminhada, meditação, ioga e tai chi, para reduzir o estresse
- Equilibrar a ingestão de proteína de carne e peixe (orgânicos, se possível) com proteína vegetal, como as proteínas dos produtos de soja, ou feijão com arroz

Bebida de cura

Adicionar 1 colher (chá) de ervas e até 2 colheres (sopa) dos ingredientes recomendados para esse problema (ver p. 70) às receitas a seguir:

Sucos
- Beterraba, p. 194
- Brócolis e cenoura, p. 196
- Damasco e pêssego, p. 180
- Escudo antiferrugem 2, p. 248
- Suco de framboesas, p. 191

Vitaminas
- Explosão beta, p. 181
- Vitamina B, p. 321

Chás
- Chá de framboesa, p. 277
- Equilíbrio hormonal, p. 235

Infertilidade masculina

A infertilidade masculina se caracteriza por número baixo de espermatozoides e baixa motilidade espermática (quando o sêmen é espesso demais e não garante essa motilidade). As causas disso podem estar relacionadas a uma dieta pobre em nutrientes, desequilíbrio hormonal ou estresse. Existem indícios de que o estrogênio dos pesticidas e outros poluentes químicos pode ter gerado um declínio no número de espermatozoides ao longo dos últimos cinquenta anos.

Alimentos de cura

Frutas e hortaliças
abacate, aspargo, brócolis, couve-flor, frutas vermelhas, grapefruit, kiwi, laranja, melão-cantalupo, pimentões verde e vermelho, repolho, verduras (principalmente espinafre)

Ervas
astrágalo, folha de framboeseira, gengibre, ginkgo biloba, ginseng, pimenta-caiena

Outros
aveia, cereais integrais, farelos, leguminosas, oleaginosas, óleos de peixe, produtos de soja, sementes (principalmente de abóbora e girassol)

O que fazer

Consumir mais
- Frutas e legumes ricos em antioxidantes, especialmente os que contêm vitamina C. Estudos demonstraram que uma alta motilidade espermática requer a ingestão suficiente de vitamina C
- Alimentos que contêm zinco (algas, leguminosas, cereais integrais, sementes de girassol, sementes de abóbora), necessário à motilidade espermática
- Ervas que melhoram a circulação (pimenta-caiena, gengibre) de todos os fluidos do organismo, inclusive o sêmen

Consumir menos
- Sal iodado. O excesso de iodo baixa o número de espermatozoides
- Alimentos refinados (arroz, farinha, açúcar)
- Gordura animal, da carne e de laticínios

Eliminar
- Bebida alcoólica, café, chá e refrigerantes, que afetam a saúde do esperma

Outras recomendações
- Tomar chá de ervas boas para os nervos (camomila, escutelária, palha de aveia) e praticar atividades relaxantes, como caminhada, meditação, ioga e tai chi, para diminuir o estresse

Sua saúde

Bebida de cura

Adicionar 1 colher (chá) de ervas e até 2 colheres (sopa) dos ingredientes recomendados para esse problema (ver p. 71) às receitas a seguir:

Sucos
- Coquetel cítrico, p. 328
- Coquetel de frutas vermelhas e laranja, p. 330

- Couve-repolho, p. 198
- C-Total, p. 179
- C-Verde, p. 199

Chás
- Chá de framboesa, p. 277
- Chá para a circulação, p. 267
- Ginseng, p. 299

Insônia

A insônia, ou inabilidade para dormir, pode ser causada por níveis baixos de açúcar no sangue (ver Hipoglicemia, p. 64), ansiedade, depressão, temperatura (muito quente ou muito fria) ou ingestão de cafeína. Alimentos ricos em vitamina B, cálcio e magnésio oferecem nutrientes que acalmam as tensões nervosas impeditivas do sono (ver Ansiedade, p. 29 e Depressão, p. 41).

Alimentos de cura

Frutas e hortaliças
alface, banana, maçã, verduras

Ervas
alface-brava, alfazema, camomila, capim-cidreira, erva-de-são-joão, escutelária, lúpulo*, passiflora, valeriana**

Outros
arroz integral, aveia, iogurte com lactobacilos vivos, oleaginosas, sementes de girassol

* Não se deve usar lúpulo em caso de depressão.

** A valeriana provoca o efeito contrário em algumas pessoas.

O que fazer

Consumir mais
- Bebidas calmantes sem cafeína
- Alimentos ricos em vitaminas B (cereais integrais, verduras, brócolis, gérmen de trigo), cálcio (iogurte, tofu, brócolis) e magnésio (maçã, abacate, uva roxa, oleaginosas, arroz integral)

Eliminar
- Aditivos químicos
- Bebida alcoólica
- Cafeína (encontrada no café, inclusive no descafeinado, e também nos chás preto e verde, em chocolates e refrigerantes)

Bebida de cura

(ver também Detonadores de estresse, p. 274)

Adicionar 1 colher (chá) de ervas e até 2 colheres (sopa) dos ingredientes recomendados para esse problema (ver à esquerda) às receitas a seguir:

Sucos
- Verduras, p. 211

Vitaminas
- Leite de amêndoas com banana, p. 316

Chás
- Auxílio para os nervos, p. 265
- Chá calmante, p. 276

Substitutos do café
- Antídoto contra ansiedade, p. 355

Laringite

A laringite é uma inflamação das cordas vocais que pode estar associada a um resfriado ou a alguma outra infecção, ou ser causada pelo uso da voz em excesso. É importante descansar a voz durante alguns dias. Se a laringite for acompanhada de febre e tosse ou se durar mais do que dois dias, deve-se consultar um especialista.

Alimentos de cura

Frutas e hortaliças
todas as frutas, suco de cenoura

Ervas
alho, gengibre, sálvia*, tomilho

* Não se deve consumir sálvia em caso de pressão alta, gravidez ou durante a amamentação.

O que fazer

Consumir mais
- Frutas e sucos de frutas
- Chás de ervas e gargarejos (tomilho e sálvia)

Bebida de cura

Adicionar 1 colher (chá) de ervas e até 2 colheres (sopa) dos ingredientes recomendados para esse problema (ver à esquerda) às receitas a seguir:

Sucos
- C-Mix, p. 178
- Damasco e pêssego, p. 180
- Explosão beta, p. 181

Chás
- Antioxidante de tomilho, p. 242
- Para a garganta, p. 300

Lúpus

Alimentos de cura

Frutas e hortaliças
abacate, abacaxi, abóbora, agrião, amora, mirtilo, brócolis, groselha-preta, cebola, cenoura, cereja, couve-flor, damasco, erva-doce, maçã, melão-
-cantalupo, repolho, uva, verduras

Existem duas formas dessa doença autoimune: o lúpus discoide eritematoso, que afeta apenas a pele, e o lúpus sistêmico, que afeta os tecidos conjuntivos do corpo. No lúpus discoide, a pele fica com lesões vermelhas e escamosas. Os primeiros sintomas do lúpus sistêmico são cansaço, perda de peso, febre e dores nas juntas similares às da artrite. Em estágios avançados, o lúpus sistêmico pode afetar os rins e o coração. Como essa doença ataca o sistema imunológico do organismo, é importante evitar infecções virais, estresse e fadiga. Uma boa alimentação e ervas ajudam a nutrir o sistema imunológico e os órgãos que cuidam de desintoxicações: pele, pulmões, rins, fígado e intestinos. Exercícios de relaxamento e bom sono também auxiliam o sistema imunológico.

Sua saúde 73

Alimentos de cura

Ervas
alcaçuz*, alho, bardana, cúrcuma, equinácea, capim-cidreira, erva-de--são-joão, erva-doce, filipêndula, flor de trevo vermelho, folha e raiz de dente-de-leão, gengibre, óleo de prímula, sabugueiro, salsinha**, tomilho, urtiga

Outros
azeite de oliva extra virgem, cereais integrais, cogumelos shitake, iogurte de soja, leguminosas, óleo de peixe, produtos de soja, rama de cereal, sementes de linhaça

---

* Deve-se evitar o alcaçuz em caso de pressão alta. O uso prolongado de alcaçuz não é recomendado em nenhuma circunstância.

** Grávidas devem limitar o consumo de salsinha a ½ colher (chá) da erva seca ou 1 raminho fresco por dia. Não se deve consumir salsinha em caso de inflamação renal.

O que fazer

Consumir mais
- Frutas e legumes ricos em antioxidantes
- Água (beber pelo menos 8 copos de água diariamente)
- Ácidos graxos essenciais (encontrados em oleaginosas e sementes, sobretudo em sementes de linhaça recém--moídas), para fortalecer o sistema imunológico e melhorar o fluxo sanguíneo

Eliminar
- Proteína de origem animal da carne e dos laticínios, que contribuem para o avanço do lúpus. Substituir a proteína vegetal dos produtos de soja e leguminosas por arroz
- Alergias e intolerâncias alimentares (ver Apêndice A: Alergias alimentares, p. 381). Fazer um diário para anotar as alterações nos sintomas de acordo com os alimentos consumidos
- Óleos (exceto azeite de oliva extra virgem), que estimulam inflamações

- Açúcar e bebida alcoólica, que inibem a função imunológica
- Sementes e broto de alfafa, que podem causar inflamações

Outras recomendações
- Consumir peixes oleosos (salmão, cavalinha, sardinha e atum), que oferecem ácidos graxos ômega-6, três vezes por semana
- Fazer uso de ervas anti--inflamatórias (camomila, sabugueiro, erva-doce, gengibre, filipêndula, cúrcuma)
- Fazer uso de ervas que ajudem a eliminar toxinas (sementes, folha e raiz de bardana; folha e raiz de dente-de-leão, salsinha**)
- Consumir ervas e alimentos que auxiliem o sistema imunológico (equinácea, alho, cogumelos shitake, rama de cereal)
- Praticar exercícios diariamente, de acordo com o condicionamento físico

Bebida de cura

(ver também Reforço para imunidade, p. 240; Principais frutas e hortaliças antioxidantes, pp. 116 e 128)

Adicionar 1 colher (chá) de ervas e até 2 colheres (sopa) dos ingredientes recomendados para esse problema (ver p. 73 e à esquerda) às receitas a seguir:

Sucos
- Abacaxi avermelhado, p. 174
- Abacaxi e frutas vermelhas, p. 174

- Brócolis e cenoura, p. 196
- Couve-repolho, p. 198
- Crucíferos, p. 199
- Damasco e pêssego, p. 180
- Mirtilos, p. 187

Chás
- Alimento para os nervos, p. 264
- Antioxidante de tomilho, p. 242
- Chá imunorregulador, p. 245

Substitutos do café
- Café de raízes, p. 357

Menopausa

Alimentos de cura

Frutas e hortaliças
abacate, agrião, aspargo, banana, cenoura, erva--doce, frutas vermelhas, maçã, pera, pêssego, pimentão verde, salsão, tomate, uvas, verduras

Ervas
agripalma, alcaçuz*, alecrim, alho, capim--cidreira, erva-doce, flor de trevo vermelho, ginseng, raiz de dente-de-leão, sálvia

Outros
algas marinhas, azeite de oliva extra virgem, cereais integrais, frutas secas, gérmen de trigo, iogurte com lactobacilos vivos, lentilha, produtos de soja, sementes (abóbora, girassol, linhaça)

* Deve-se evitar o alcaçuz em caso de pressão alta. O uso prolongado de alcaçuz não é recomendado em nenhuma circunstância.

A menopausa ocorre quando a menstruação cessa. As alterações hormonais no período de transição podem ter como consequência irregularidade na menstruação e outros sintomas, como ondas de calor, mudanças de humor e secura vaginal. O estresse amplia esses sintomas.

Depois da menopausa, há uma queda no nível de estrogênio da mulher, e essa é uma das principais causas do desenvolvimento de osteoporose e de doenças cardíacas. Atividade física diária, relaxamento e uma boa dieta ajudam a fazer uma transição tranquila e diminuir o risco dessas doenças. Uma boa nutrição e ervas auxiliam a equilibrar os níveis hormonais, melhorar a circulação sanguínea, eliminar toxinas e reduzir a tensão nervosa.

No período de transição para a menopausa, além das ervas calmantes listadas à esquerda, use as seguintes ervas para condições e sintomas específicos:

- cimicífuga, para dores nas juntas, ondas de calor ou depressão;
- crataegus, para as mulheres com histórico familiar de doenças cardíacas;
- ginseng, escutelária ou aveia, para a tensão nervosa e o estresse;
- valeriana, para a insônia;
- vitex (*Vitex agnus-castus*), para equilibrar os hormônios.

O que fazer

Consumir mais
- Frutas e hortaliças ricas em antioxidantes (ver pp. 116 e 128)
- Oleaginosas e sementes
- Cereais integrais

Consumir menos
- Gordura animal das carnes e laticínios

Eliminar
- Cafeína (encontrada no café, inclusive no descafeinado, e também nos chás preto e verde, em chocolates e refrigerantes)
- Açúcar
- Cigarro
- Bebida alcoólica

Bebida de cura

(ver também Elixires endócrinos, p. 234)

Adicionar 1 colher (chá) de ervas e até 2 colheres (sopa) dos ingredientes recomendados para esse problema (ver à esquerda) às receitas a seguir:

Sucos
- Construtor ósseo, p. 259
- Coquetel de tomate e pimentão, p. 332
- Festa da primavera, p. 201
- Maçã refrescante, p. 186
- Pera e erva-doce, p. 188

Sua saúde **75**

- Uvas poderosas, p. 191
- Verduras, p. 211

Vitaminas
- Vitamina de frutas vermelhas, p. 324
- Vitamina energia verde (use ginseng em vez de ginkgo biloba), p. 325

Chás
- Chá de limpeza, p. 288
- Para lactantes, p. 302

Miomas uterinos

Alimentos de cura

Frutas e hortaliças
agrião, aipo, bardana, beterraba, canela, cenoura, maçã, verduras

Ervas
alho, canela, folha de framboeseira, folha e raiz de dente-de-leão, gengibre, labaça, mil-folhas*, raiz de bardana, trevo vermelho, urtiga, vitex ou agnocasto

Outros
cereais integrais, kelp, tofu

* Deve-se evitar o consumo de mil-folhas durante a gravidez.

Os miomas são tumores benignos estimulados pelo estrogênio. Podem causar dor, maior sangramento menstrual, anemia e problemas na bexiga. Com a queda no nível de estrogênio devida à menopausa, os miomas costumam encolher. A prática de exercícios para melhorar a circulação pélvica pode ajudar.

O que fazer

Consumir mais
- Algas marinhas, para reduzir o crescimento dos miomas
- Fibras de frutas frescas, hortaliças e cereais integrais, para melhorar a eliminação de toxinas
- Ervas que equilibrem os hormônios (vitex ou agnocasto); ervas que auxiliem o fígado (raiz de dente-de-leão, bardana, cardo-mariano); e legumes (beterraba, cenoura)
- Alimentos orgânicos

Eliminar
- Cafeína (encontrada no café, inclusive no descafeinado, e também nos chás preto e verde, em chocolates e refrigerantes), pois aumenta o nível de estrogênio
- Frituras, margarinas e óleos (exceto azeite de oliva extra virgem)
- Bebida alcoólica
- Aditivos químicos, conservantes e corantes, que contribuem com o acúmulo de toxinas e o desequilíbrio hormonal

Outras recomendações
- Tratar da anemia, se houver (ver Anemia, p. 28)
- Tratar da prisão de ventre, se houver (ver Prisão de ventre, p. 81)

Bebida de cura

Adicione 1 colher (chá) de ervas e até 2 colheres (sopa) dos ingredientes recomendados para esse problema (ver p. 76) às receitas a seguir:

Sucos
- Beterraba (acrescentar pedacinho de 1 cm de gengibre), p. 194
- Cenoura e maçã, p. 197

- Kelp, p. 203
- Verduras, p. 211

Chás
- Chá para a circulação, p. 267
- Chá de limpeza, p. 288
- Equilíbrio hormonal, p. 235
- Chá relaxante, p. 279

Substitutos do café
- Café de raízes, p. 357

Osteoporose

A osteoporose é uma doença que se caracteriza pela perda progressiva de ossos e diminuição da densidade óssea e da força dos ossos por conta da perda de cálcio. O consumo de alimentos ricos em cálcio e nutrientes ajuda a conservar os ossos fortes. Para que o organismo absorva cálcio, ele necessita de níveis adequados de certas vitaminas e minerais, em especial a vitamina D e o magnésio.

Os fatores relacionados a essa perda óssea são:

- idade;
- queda no nível de estrogênio (o estrogênio reforça a absorção de cálcio);
- não fazer exercícios de carregamento de peso, o que diminui a absorção de cálcio (exercícios com peso aumentam a absorção);
- alguns medicamentos, como corticosteroides, anticonvulsivos, diuréticos e antiácidos, pois contêm alumínio, que interfere na absorção de cálcio;
- falta de minerais e vitaminas na alimentação, o que diminui a absorção de cálcio; e
- problemas na tireoide ou nas glândulas suprarrenais.

Alimentos de cura

Frutas e hortaliças
todas as frutas cruas, exceto as formadoras de ácido (cranberry, ameixa, ameixa seca); brócolis, repolho, verduras folhosas e agrião são boas fontes de cálcio

Ervas
alfafa, tanchagem, camomila, folha de dente-de-leão, palha de aveia, salsinha*, urtiga

Outros
cereais integrais, frutas secas, iogurte com lactobacilos vivos, leguminosas, mariscos, oleaginosas, peixe e óleo de peixe, queijo feta, salmão, sardinha, sementes, spirulina, tofu

Algas marinhas são excelentes fontes de cálcio

* Grávidas devem limitar o consumo de salsinha a ½ colher (chá) da erva seca ou 1 raminho fresco por dia. Não se deve consumir salsinha em caso de inflamação renal.

O que fazer

Consumir mais
Alimentos que auxiliam a absorção de cálcio:
- frutas cruas;
- hortaliças verdes;
- oleaginosas e sementes; e
- leguminosas.

Consumir menos
- Alimentos ricos em ácido oxálico (amêndoa, acelga, ruibarbo, espinafre), que inibem a absorção de cálcio
- Alimentos que consomem cálcio durante seu metabolismo (frutas cítricas, vinagre, vinho)
- Fluoreto de sódio (encontrado na água mineral, em refrigerantes, alimentos enlatados, embutidos, cereais industrializados, e em resíduos de inseticidas e fertilizantes da produção comercial). Embora o fluoreto seja necessário para a formação dos ossos, o excesso dele inibe seu desenvolvimento
- Açúcar, sal e cafeína, que fazem o cálcio ser eliminado na urina
- Bebida alcoólica
- Alimentação rica em proteína (carne e laticínios), que leva à perda óssea através da eliminação de cálcio na urina (em parte, isso se deve ao fato de o cálcio ser usado no processo de quebra da proteína). Quantidades moderadas de peixe, aves, ovos e laticínios podem ser incluídas na dieta. Deve-se observar que a falta de

proteína também enfraquece o organismo, inclusive os órgãos e sistemas responsáveis pela formação óssea

Eliminar
- Alimentos ricos em fósforo, sobretudo refrigerantes, que contribuem para a perda óssea. Embora o fósforo seja necessário à saúde dos ossos, o excesso dele inibe o metabolismo do cálcio
- Farinha refinada, que esgota os nutrientes, levando à perda de minerais na dieta
- Hortaliças da família das solanáceas (tomate, batata, berinjela, todos os pimentões), que contém a solanina, uma substância que inibe a absorção de cálcio
- Alimentos industrializados cuja química tem toxinas que esgotam os minerais
- Alimentos cultivados com fertilizantes não orgânicos, o que leva ao esgotamento de seus minerais
- Grãos e farelos, principalmente o farelo cru, com altos teores de ácido fítico, que se compõe com o cálcio, tornando-o indisponível para o organismo. Deve-se deixar os grãos de molho da noite para o dia a fim de neutralizar o ácido fítico, disponibilizando as vitaminas e os minerais para o organismo

Bebida de cura

(ver também Poder para os músculos, p. 255)

Adicione 1 colher (chá) de ervas e até 2 colheres (sopa) dos ingredientes recomendados para esse problema (ver p. 78) às receitas a seguir:

Sucos
- Abacaxi avermelhado, p. 174
- Brócolis e cenoura, p. 196
- Construtor ósseo, p. 259
- Verduras, p. 211

Vitaminas
- Abacate com abacaxi, p. 313
- Vitamina B, p. 321
- Vitamina com alga marinha, p. 322

Chás
- Chá misto para os ossos, p. 258
- Chá de limpeza, p. 288
- Chá digestivo de sementes, p. 225

Pedras nos rins
(cálculos renais)

As pedras nos rins (ou cálculos renais) são 60% menos comuns entre pessoas que seguem uma alimentação vegetariana. A melhor medicina preventiva é uma dieta rica em fibras e em líquidos e de baixa proteína. As dietas ricas em proteína de origem animal estimulam a formação de pedras nos rins, que são em geral compostas de cálcio e ácidos oxálicos.

Para esse tipo de pedra nos rins, deve-se limitar os alimentos ricos em oxalatos de cálcio e grandes quantidades de sal (o sódio pode estimular a eliminação de cálcio). Pedras compostas de ácido úrico e outros minerais são menos comuns. Não consumir mariscos ajuda a evitar pedras de ácido úrico. Deve-se consultar um médico para saber o tipo de pedra e quais são as causas prováveis.

Alimentos de cura

Frutas e hortaliças
alho-poró, aspargo, brócolis, cebola, damasco, erva-doce, manga, melão, milho, pêssego, salsão

Ervas
arnica, tanchagem, folha e raiz de alteia, urtiga

Outros
arroz integral, cereais integrais, sementes (abóbora, gergelim, girassol, linhaça)

O que fazer

Consumir mais
- Água (beber pelo menos 2 copos grandes de água 4 vezes por dia entre as refeições), para lavar as pedras e evitar o acúmulo de bactérias
- Alimentos alcalinos (laranja, limão-siciliano, todas as hortaliças), para as pedras de ácido úrico

Consumir menos
- Proteína de origem animal das carnes e laticínios

Eliminar
- Sal e alimentos ricos em sódio (bacon, alimentos industrializados)
- Açúcar
- Alimentos ricos em oxalatos (verduras, ruibarbo, café, chá,

Sua saúde **79**

chocolate, grapefruit, salsinha, amendoim, morango, tomate) para pedras de ácidos oxálicos
- Algas marinhas, para pedras de ácido úrico
- Bebida alcoólica
- Farinha refinada

Outras recomendações
- Substituir a proteína animal pela proteína de soja e outras hortaliças
- Chá de folha de alteia, que é calmante para o sistema urinário e pode ajudar a quebrar as pedras

Bebida de cura

Adicionar 1 colher (chá) de ervas e até 2 colheres (sopa) dos ingredientes recomendados para esse problema (ver p. 79) às receitas a seguir:

Sucos
- Antioxidante de alho, p. 241
- Damasco e pêssego, p. 180
- Suco ABC, p. 206

Vitaminas
- Mania de manga, p. 317

Chás
- Fluir, p. 298

Substitutos do café
- Café de sementes, p. 357

Prevenção de câncer

Alimentos de cura

Frutas e hortaliças
abóbora, agrião, aspargo, batata-doce, beterraba, mirtilo, brócolis, cebola, cenoura, cereja, cranberry, damasco, figo, framboesa, frutas cítricas, kiwi, maçã, mamão papaia, manga, melão, morango, pastinaca, pêssego, repolho, tomate, uva, verduras

Entre os fatores de risco de câncer encontram-se o tabagismo e o consumo de bebidas alcoólicas, exposição a toxinas dos alimentos e do ambiente e histórico familiar de câncer. Entre os elementos que protegem contra esse mal estão uma dieta composta principalmente de frutas frescas, legumes e outros alimentos integrais; uma vida saudável e ativa e evitar alimentos e toxinas relacionados ao câncer (ver "Eliminar", abaixo).

O que fazer

Consumir mais
- Alimentos orgânicos
- Produtos de soja
- Frutas e legumes ricos em antioxidantes
- Oleaginosas e sementes

Consumir menos
- Proteína de origem animal da carne e laticínios

Eliminar
- Margarina, gordura vegetal e óleos de cozinha (exceto o azeite de oliva extra virgem)
- Bebidas alcoólicas
- Açúcar
- Café
- Sal e alimentos em conserva ou salgados

Alimentos de cura

Ervas
alcaçuz*, alecrim, alho, astrágalo, bardana, calêndula, chá verde, cúrcuma, equinácea, pimenta-caiena, salsinha**, sálvia, trevo vermelho

Outros
azeite de oliva extra virgem, cereais integrais, cogumelos shitake, iogurte com lactobacilos vivos, leguminosas, oleaginosas (exceto amendoim), óleo de peixe, palha de trigo, produtos de soja, sementes (abóbora, girassol, linhaça), spirulina

* Deve-se evitar o alcaçuz em caso de pressão alta. O uso prolongado de alcaçuz não é recomendado em nenhuma circunstância.

** Grávidas devem limitar o consumo de salsinha a ½ colher (chá) da erva seca ou 1 raminho fresco por dia. Não se deve consumir salsinha em caso de inflamação renal.

- Frituras
- Carnes, peixe e aves fritas, grelhadas ou em churrasco
- Carnes defumadas e embutidos (presunto, bacon, frios e hambúrguer)

- Aditivos químicos
- Alimentos refinados

Outras recomendações
- Exercícios diários, de acordo com o condicionamento físico

Bebida de cura

(Ver também Reforço para imunidade, p. 240; Principais frutas e hortaliças antioxidantes, pp. 116 e 128)

Adicionar 1 colher (chá) de ervas e até 2 colheres (sopa) dos ingredientes recomendados para esse problema (ver p. 81 e à esquerda) às receitas a seguir:

Sucos
- Antioxidante de alho, p. 241
- Brócolis e cenoura, p. 196
- Coquetel cítrico, p. 328
- Coquetel de couve-flor, p. 330
- Coquetel de repolho, p. 332
- Coquetel suco de tomate, p. 333
- Escudo antiferrugem 1, p. 247
- Escudo antiferrugem 2, p. 248
- Imunidade, p. 202

Chás
- Antioxidante de tomilho, p. 242
- Gengibre, p. 299

Prisão de ventre

A prisão de ventre pode ser causada por doenças, como a diverticulite (ver Doença diverticular, p. 48) ou anemia (ver Anemia, p. 28), e ambas precisam ser tratadas. Entre causas menos graves encontram-se o estresse, falta de atividade física, falta de fibras ou uso em excesso de laxantes, que deixam o intestino preguiçoso.

Essa condição pode ser aliviada aumentando o consumo de fibras, fazendo exercícios físicos com regularidade e bebendo água em boa quantidade (8 ou mais copos grandes por dia).

Sua saúde   **81**

Alimentos de cura

Frutas e hortaliças
alho-poró, ameixa, cebola, maçã, pera, ruibarbo, verduras

Ervas
alcaçuz*, alfazema, alho, bardana, camomila, canela, capim-cidreira, gengibre, hortelã-pimenta, labaça, raiz de dente-de-leão, sementes de erva-doce

Outros
frutas secas, iogurte com lactobacilos vivos, leguminosas, melado, oleaginosas, sementes (abóbora, gergelim, linhaça, psyllium)

---

* Deve-se evitar o alcaçuz em caso de pressão alta. O uso prolongado de alcaçuz não é recomendado em nenhuma circunstância.

A prisão de ventre pode ser consequência tanto de músculos intestinais muito relaxados quanto muito contraídos. O estímulo com pimenta-caiena ou gengibre pode contribuir com a pessoa calma demais. E um chá calmante de camomila, alfazema ou capim-cidreira pode relaxar alguém muito tenso ou superestimulado. Os laticínios causam prisão de ventre, principalmente em crianças, e para aliviá-las devem-se substituir os laticínios por produtos à base de soja ou arroz.

O que fazer

Consumir mais
- Alimentos integrais
- Fibras (presentes em frutas e legumes frescos e crus, leguminosas, oleaginosas, sementes e cereais integrais)
- Ingestão de líquidos (beber pelo menos 8 copos grandes de água, suco e/ou chá de ervas diariamente)
- Ervas amargas (raiz de dente-de-leão, camomila; folha, raiz ou sementes de bardana; gengibre, erva-doce, labaça), para estimular o intestino

Eliminar
- Alimentos refinados

Bebida de cura

(ver também Aperitivos e digestivos, p. 220 e Bitters, p. 231)

Adicionar 1 colher (chá) de ervas e até 2 colheres (sopa) dos ingredientes recomendados para esse problema (à esquerda) às receitas a seguir:

Sucos
- Cabeça de repolho, p. 223
- Fantasia de erva-doce, p. 221
- Frutas vermelhas e iogurte, p. 181
- Papaia com gengibre, p. 222
- Pera e erva-doce, p. 188
- Ruibarbo, p. 189

Vitaminas
- Vitamina de ameixas secas, p. 323

Chás
- Chá calmante, p. 276
- Chá de camomila com alcaçuz e gengibre, p. 277
- Chá digestivo de sementes, p. 225
- Gengibre, p. 299

Outros
- Delícia de dente-de-leão, p. 232
- Purê de maçã, p. 311

Problemas cardíacos

Colesterol alto, pressão alta, distúrbios cardiovasculares, insuficiência cardíaca e infarto

Histórico familiar, tabagismo, consumo intenso de bebidas alcoólicas e colesterol "ruim" são as principais causas da pressão sanguínea alta, problemas de circulação e distúrbios cardiovasculares. Na maioria das doenças cardiovasculares e nos problemas circulatórios, o acúmulo de colesterol estreita as artérias, restringindo o fluxo sanguíneo. O colesterol é necessário para a sobrevivência, e existem dois tipos no sangue humano: lipoproteína de baixa densidade (LDL, ou colesterol "ruim"), que aumenta o risco de pressão alta, doenças cardíacas e cálculos renais; e lipoproteína de alta densidade (HDL, ou colesterol "bom"), que reduz esses riscos. Para uma saúde melhor, deve-se ter uma dieta que baixe os níveis de LDL e aumente os de HDL.

Alimentos de cura

Frutas e hortaliças
abacate, abacaxi, abóbora, agrião, alface, amora, aspargo, mirtilo, brócolis, cebola, cenoura, pastinaca, cranberry, damasco, ervilha, grapefruit*, kiwi, laranja, maçã, mamão papaia, manga, melão, morango, pimentas, salsão, uva, verduras

Ervas
alecrim, alho, cúrcuma, folha e raiz de dente-de--leão, gengibre, pimenta--caiena, salsinha**, sementes de feno-grego, tília, urtiga

Outros
amêndoas, aveia, azeite de oliva extra virgem, cereais integrais, cevada, iogurte com lactobacilos vivos, kelp, lecitina, leguminosas, nozes, óleo de peixe, produtos de soja, sementes (abóbora, gergelim, girassol, linhaça), sementes germinadas e favas

* Deve-se evitar o consumo de grapefruit junto com medicamentos para pressão alta.

** Grávidas devem limitar o consumo de salsinha a ½ colher (chá) da erva seca ou 1 raminho fresco por dia. Não se deve consumir salsinha em caso de inflamação renal.

O que fazer

Consumir mais
- Frutas e legumes frescos, cereais integrais, oleaginosas e sementes, que ajudam a controlar a pressão sanguínea, reduzir o LDL e aumentar o HDL
- Alho e cebola, para reduzir a pressão sanguínea e o colesterol
- Frutas e legumes ricos em antioxidantes, para a prevenção de acúmulos de colesterol nos vasos sanguíneos
- Suco de uva, para prevenir a formação de coágulos

Consumir menos
- Bebidas alcoólicas
- Café
- Ovos
- Sal e alimentos salgados (industrializados)
- Açúcar e produtos que contenham açúcar

Eliminar
- Carnes ricas em gordura (como bacon, carne de porco, carne de boi) e laticínios (exceto leite desnatado)
- Margarina e óleos de salada (exceto azeite de oliva extra virgem)
- Frituras
- Massas
- Achocolatados
- Bebidas alcoólicas
- Açúcar e farinha refinados
- Coco

Outras recomendações
- Fazer terapia de apoio aos pacientes cardíacos, incluindo atividade física diária (como caminhar 30 minutos, dependendo do condicionamento físico) e técnicas de redução de estresse, como ioga, tai chi e meditação

- Consumo de peixes gordurosos (salmão, cavalinha, sardinha, atum), duas a três vezes por semana
- Substituir a carne por proteína vegetal em algumas refeições
- Fazer uso de ervas (ver p. 83) para ajudar a diminuir o colesterol e melhorar a circulação

Bebida de cura

(ver também Reforço para imunidade, p. 240; Principais frutas e hortaliças antioxidantes, pp. 116 e 128)

Adicionar 1 colher (chá) de ervas e até 2 colheres (sopa) dos ingredientes recomendados para esse problema (ver p. 83) às receitas a seguir:

Sucos
- Abacaxi avermelhado, p. 174
- Antioxidante de alho, p. 241
- Brócolis e cenoura, p. 196
- C-Mix, p. 178
- Coquetel cítrico, p. 328
- Coquetel matinal de melão, p. 333
- Coração de uva, p. 216
- C-Total, p. 179
- Despertador, p. 181
- Ervilhas e cenoura, p. 201
- Festa da primavera, p. 201
- Maçã refrescante (use alecrim no lugar do ginseng), p. 186
- Uvas poderosas (com uva roxa), p. 191

Chás
- Chá para a circulação, p. 267

Substitutos do café
- Café de raízes, p. 357
- Mistura de raízes para café, p. 359

Problemas de pele
Acne, pele seca, psoríase e rosácea

Acne: Caracterizado por espinhas avermelhadas, este problema geralmente reage bem a alterações na dieta e às ervas purificadoras listadas na p. 85. Quando a acne está relacionada ao ciclo menstrual, deve-se incluir a erva vitex (*Vitex agnus-castus* ou agnocasto), que equilibra os hormônios.

Pele seca: Incluir ácidos graxos essenciais na alimentação ajuda a nutrir a pele seca. Entre as fontes alimentares estão o azeite de oliva extra virgem, sementes de linhaça recém-moídas, nozes e avelãs frescas e peixes gordurosos (cavalinha, sardinha, salmão, atum).

Psoríase: Este problema é causado pelo aumento de produção de células da pele, gerando lesões avermelhadas e descamantes. Em geral, afeta os cotovelos e os joelhos. A causa é desconhecida,

Alimentos de cura

Frutas e hortaliças
abóbora, agrião, beterraba e folhas de beterraba, cenoura, damasco, frutas e legumes, frutas vermelhas, maçã, mamão papaia, manga, melão-cantalupo, moranga, pepino, pera, uva, verduras

Ervas
alcaçuz*, bardana (folha, raiz e sementes), calêndula, equinácea, flor de trevo vermelho, folha e raiz de dente-de-leão, labaça, óleo de prímula, sementes de erva-doce, urtiga

Outros
algas marinhas, aveia, azeite de oliva extra virgem, cereais integrais, iogurte com lactobacilos vivos, lentilha, produtos de soja, sementes (abóbora, girassol, linhaça), spirulina

* Deve-se evitar o alcaçuz em caso de pressão alta. O uso prolongado de alcaçuz não é recomendado em nenhuma circunstância.

mas com frequência está relacionada ao estresse e a estados emocionais. Ervas como a camomila, a escutelária e o capim-cidreira podem ajudar a acalmar e relaxar. Expor as lesões a banhos de sol e de mar também ajuda. Técnicas de relaxamento, como meditação, ioga e tai chi, ajudam a equilibrar a vida. Devem-se evitar oleaginosas, frutas cítricas e tomate, que agravam a psoríase.

Rosácea: A rosácea é uma doença de pele inflamatória crônica na qual as glândulas produzem óleo em excesso na pele. Costuma estar associada a problemas gastrointestinais, e as sugestões de alimentação e as ervas purificadoras (à esquerda) costumam ser eficientes para aliviar o problema.

O que fazer

Consumir mais
- Frutas e legumes frescos
- Alimentos ricos em betacaroteno (cenoura, brócolis, verduras, damasco, mamão papaia)
- Ervas que purificam o sangue (raiz de dente-de-leão, bardana, labaça)
- Ervas que acalmam os nervos (camomila, escutelária, capim-cidreira, aveia em sementes)

Consumir menos
- Sal e alimentos salgados
- Proteína animal (substituir por proteína vegetal)

Eliminar
- Carne vermelha e mariscos
- Açúcar

- Frituras
- Laranja
- Chocolate
- Farinha refinada
- Café e chá preto
- Laticínios
- Refrigerantes
- Aditivos químicos, inclusive adoçantes
- Bebidas alcoólicas

Outras recomendações
- Beber pelo menos 8 copos de água, suco ou chá de ervas diariamente para eliminar as toxinas
- Consumir peixes gordurosos (salmão, sardinha, cavalinha, atum), duas a três vezes por semana

Bebida de cura

Adicione 1 colher (chá) de ervas e até 2 colheres (sopa) dos ingredientes recomendados para esse problema (ver à esquerda) às receitas a seguir:

Sucos
- A força do Popeye, p. 256
- Beterraba, p. 194

- Cenoura e maçã, p. 197
- Coquetel café da manhã, p. 327
- Explosão beta, p. 181
- Pera e erva-doce, p. 188
- Suco de limpeza vermelho, p. 289
- Verduras, p. 211

Chás
- Chá de limpeza, p. 288

Sua saúde **85**

Problemas menstruais

A amenorreia (falta de menstruação), a dismenorreia (menstruação dolorida) e a tensão pré-menstrual (TPM) são com frequência resultado de desequilíbrios hormonais, que às vezes estão relacionados a estresse em demasia, exercícios ou dieta com produtos de origem animal. Entre outros fatores estão circulação deficiente e insuficiência de circulação sanguínea ou linfática. A abordagem natural consiste em:

- equilibrar os hormônios;
- auxiliar a circulação sanguínea (e linfática) dos órgãos genitais;
- estimular o relaxamento, atividades físicas moderadas e uma boa nutrição; e
- melhorar a digestão e a excreção, a fim de promover a absorção de nutrientes e de regular os hormônios.

Alimentos de cura

Frutas e hortaliças
amora, beterraba e folhas de beterraba, mirtilo, brócolis, cenoura, damasco, frutas cítricas, morango, uva, verduras

Ervas
alho, escutelária, gengibre, mil-folhas*, óleo de prímula, raiz e folha de dente-de--leão, salsinha**, urtiga, vitex (agnocasto)

Outros
amêndoa, cereais integrais, alga dulse, kelp, lecitina, leguminosas, oleaginosas, óleo de peixe, produtos de soja, sementes (abóbora, girassol, linhaça)

* Deve-se evitar o consumo de mil-folhas durante a gravidez.

** Grávidas devem limitar o consumo de salsinha a ½ colher (chá) da erva seca ou 1 raminho fresco por dia. Não se deve consumir salsinha em caso de inflamação renal.

O que fazer

Consumir mais
- Frutas e legumes, especialmente os do quadro à esquerda

Consumir menos
- Sal e alimentos salgados
- Bebidas alcoólicas

Eliminar
- Alimentos refinados, que são pobres em minerais e vitaminas e contêm aditivos potencialmente prejudiciais
- Cafeína, pois "rouba" o cálcio e outros minerais
- Açúcar e adoçantes

- Carnes não orgânicas e laticínios, que podem conter hormônios artificiais e toxinas

Outras recomendações
- Equilibrar o consumo de proteína de carne magra e peixe com proteína vegetal
- Obter cálcio suficiente na alimentação através do consumo de iogurte, brócolis e tofu
- Praticar atividades físicas diariamente

Bebida de cura

(ver também Elixires endócrinos, p. 234)

Adicionar 1 colher (chá) de ervas e até 2 colheres (sopa) dos ingredientes recomendados para esse problema (ver à esquerda) às receitas a seguir:

Sucos
- A força do Popeye, p. 256
- Amanhecer supremo, p. 176
- Beterraba, p. 194
- Brócolis e cenoura, p. 196
- C-Verde, p. 199

- Despertador (use mirtilo, amora ou morango), p. 181
- Verduras, p. 211

Vitaminas
- Bomba de energia, p. 257
- Vitamina de frutas vermelhas, p. 324

Chás
- Equilíbrio hormonal, p. 235
- Gengibre, p. 299

Problemas no fígado

O fígado é responsável por eliminar as toxinas do sangue que podem interferir nas funções cardíacas e dos sistemas nervoso, digestório e circulatório. O excesso de gorduras, químicas e alimentos intoxicantes, refinados e industrializados atrapalha o fígado. Raiva, tensão nervosa, alterações de humor, depressão, problemas de pele, distúrbios na vesícula, dificuldades menstruais e na menopausa e candidíase podem ser consequência de um fígado fragilizado. Ele pode melhorar com alimentação, e as sugestões alimentares a seguir podem complementar os tratamentos tradicionais de doenças do fígado, como a hepatite, que deve ser tratada por um médico.

Alimentos de cura

Frutas e hortaliças
agrião, aipo, ameixa, amora, beterraba, cebola, cenoura, framboesa, maçã, tomate, uva roxa, verduras

Ervas
alcaçuz*, alecrim, alfafa, alho, astrágalo, bardana, camomila, cardo-mariano, cúrcuma, capim-cidreira, erva-doce, feno-grego, folha e raiz de dente-de-leão, gengibre, labaça, pimenta-caiena, salsinha**, urtiga

Outros
algas marinhas, azeite de oliva extra virgem, cereais integrais, lecitina, leguminosas, rama de cereal, sementes de linhaça, spirulina

* Deve-se evitar o alcaçuz em caso de pressão alta. O uso prolongado de alcaçuz não é recomendado em nenhuma circunstância.

** Grávidas devem limitar o consumo de salsinha a ½ colher (chá) da erva seca ou 1 raminho fresco por dia. Não se deve consumir salsinha em caso de inflamação renal.

O que fazer

Consumir mais
- Frutas e legumes
- Leguminosas e cereais integrais
- Alimentos amargos e ervas (aspargos, casca de frutas cítricas; folha, raiz e flor de dente-de-leão; sementes de cardo-mariano; flor de camomila) para estimular as funções do fígado
- Água (beber pelo menos 8 copos de água grandes diariamente)
- Chá de dente-de-leão

Consumir menos
- Proteína de origem animal (substituir por pequenas quantias de peixe e proteína vegetal)

Eliminar
- Alimentos que interferem nas funções do fígado (gordura de origem animal, laticínios, ovos, alimentos refinados, margarina, gordura vegetal, óleos – exceto azeite extra virgem –, bebidas alcoólicas, alimentos processados)
- Frituras
- Todos os produtos com tabaco
- Açúcar, doces e alimentos de má qualidade
- Alimentos não orgânicos, que podem conter resíduos e toxinas

Sua saúde **87**

Bebida de cura

Adicionar 1 colher (chá) de ervas e até 2 colheres (sopa) dos ingredientes recomendados para esse problema (ver p. 87) às receitas a seguir:

Sucos
- A força do Popeye, p. 256
- Amanhecer supremo (use amora em vez de morango), p. 176
- Beterraba, p. 194
- Maçã com beterraba e pera, p. 185

- Maçã e pera, p. 186
- Maçã refrescante, p. 186
- Suco para as células, p. 289
- Tomate azedinho, p. 208

Chás
- Chá de limpeza, p. 288
- Chá imunorregulador, p. 245

Substitutos do café
- Café de raízes, p. 357

Problemas oftalmológicos

Catarata, glaucoma e degeneração macular

Estudos demonstram que o risco de catarata, glaucoma e degeneração macular diminui com uma dieta rica em antioxidantes.

Alimentos de cura

Frutas e hortaliças
abacate, abóbora, agrião, amora, aspargo, batata-doce, brócolis, cenoura, cranberry, damasco, framboesa, frutas cítricas, manga, melão, mirtilo, moranga, morango, pêssego, pimentões verde e vermelho, repolho, tomate, uva, verduras

Ervas
alecrim, alho, cúrcuma, folha de dente-de-leão, gengibre, ginkgo biloba, salsinha*

Outros
azeite de oliva extra virgem, gérmen de trigo, iogurte com lactobacilos vivos, oleaginosas, sementes de abóbora

* Grávidas devem limitar o consumo de salsinha a ½ colher (chá) da erva seca ou 1 raminho fresco por dia. Não se deve consumir salsinha em caso de inflamação renal.

O que fazer

Consumir mais
- Frutas e hortaliças ricas em antioxidantes (ver pp. 116 e 128) para proteger a visão dos danos dos radicais livres. Suco de cenoura, espinafre e mirtilo são especialmente eficazes
- Alho fresco, um poderoso antioxidante

Consumir menos
- Gordura animal, da carne e de laticínios

Eliminar
- Alimentos refinados
- Frituras
- Açúcar e adoçantes

Bebida de cura

Adicionar 1 colher (chá) de ervas e até 2 colheres (sopa) dos ingredientes recomendados para esse problema (ver à esquerda) às receitas a seguir:

Sucos
- Abacaxi avermelhado, p. 174

- Abóbora especial, p. 192
- Água azul, p. 175
- Amanhecer supremo, p. 176
- Betacaroteno, p. 176
- Mirtilos, p. 187
- C-Mix, p. 178
- Coquetel cítrico, p. 328

- Coquetel de repolho, p. 332
- Coquetel suco de tomate, p. 333
- C-Total, p. 179
- Uvas poderosas, p. 191

Vitaminas
- Mania de manga, p. 317
- Ouro líquido, p. 318

Chás
- Antioxidante de tomilho, p. 242
- El diablo verde, p. 247

Próstata

(aumento benigno)

O aumento da próstata ocorre em 50% dos homens com 50 anos, em 60% dos de 60, e assim por diante, até 100% de homens com 100 anos. A próstata aumentada comprime a bexiga e a uretra, obstruindo o fluxo urinário.

O que fazer

Consumir mais
- Frutas e hortaliças ricas em antioxidantes (ver p. 116 e 128)
- Tomate, que reduz o risco de câncer de próstata
- Produtos de soja, que protegem a próstata contra doenças
- Alimentos ricos em zinco (mariscos, arroz integral, leguminosas, verduras, frutas secas, cebola, sementes de girassol, sementes de abóbora, gema de ovo), para reduzir o tamanho da próstata
- Alimentos que contenham vitamina C (frutas cítricas, frutas vermelhas, verduras, salsinha, todas as pimentas), para auxiliar na absorção de zinco
- Alimentos ricos em vitamina B6 (banana, repolho, gema de ovo, verdura, leguminosas, ameixas secas, uvas, soja, sementes de girassol), para aprimorar o efeito do zinco

Consumir menos
- Gordura animal da carne e de laticínios

Eliminar
- Cafeína (encontrada no café, inclusive no descafeinado, e também nos chás preto e verde, em chocolates e refrigerantes), que limita a absorção de cálcio
- Bebidas alcoólicas, que "lavam" o zinco do organismo
- Alimentos com aditivos químicos, pesticidas ou hormônios
- Margarina e óleos de cozinha (exceto o azeite de oliva extra virgem)
- Frituras
- Açúcar e derivados

Outras recomendações
- Consumir peixes gordurosos (salmão, cavalinha, sardinha, atum) duas a três vezes por semana
- Garantir proteína suficiente para ajudar na absorção de zinco

---

Alimentos de cura

Frutas e hortaliças
agrião, aspargo, banana, beterraba, brócolis, cebola, cereja, couve-flor, frutas cítricas, maçã, pera, pimentões verde e vermelho, repolho, tomate, verduras

Ervas
alho, arnica, chá verde, cúrcuma, frutas vermelhas, gengibre, raiz de urtiga, sabal (saw palmetto), salsinha*, tanchagem

Outros
amêndoas, castanha de caju, castanha-do-pará, kelp, noz-pecã, produtos de soja, sementes (abóbora, girassol, linhaça)

* Grávidas devem limitar o consumo de salsinha a ½ colher (chá) da erva seca ou 1 raminho fresco por dia. Não se deve consumir salsinha em caso de inflamação renal.

Sua saúde **89**

Bebida de cura

Adicione 1 colher (chá) de ervas e até 2 colheres (sopa) dos ingredientes recomendados para esse problema (ver. p. 89) às receitas a seguir:

Sucos
- Antioxidante de alho, p. 241
- Beterraba, p. 194
- C-Mix, p. 178
- Coquetel suco de tomate, p. 333
- Crucíferos, p. 199
- C-Verde, p. 199
- Festa da primavera, p. 201
- Kelp, p. 203
- Limonada com morango e laranja, p. 185
- Suco ABC, p. 206
- Suco de framboesas, p. 191
- Verduras, p. 211

Vitaminas
- Vitamina B, p. 321

Chás
- Bagas de sabal, p. 292
- Fluir, p. 298
- Gengibre, p. 299

Resfriado comum

Alimentos de cura

Frutas e hortaliças
cebola, cenoura, frutas cítricas, limão-siciliano

Ervas
alcaçuz*, alho, astrágalo, equinácea, gengibre, hortelã-pimenta, pimenta-caiena, sabugueiro e bagos de sabugueiro

* Deve-se evitar o alcaçuz em caso de pressão alta. O uso prolongado de alcaçuz não é recomendado em nenhuma circunstância.

** Não se deve consumir sálvia em caso de pressão alta, gravidez ou durante a amamentação.

O resfriado comum é uma infecção viral das vias respiratórias. Nas épocas mais propensas a resfriados, uma dieta rica em frutas frescas, legumes e alho é uma medida preventiva excelente. A gravidade e a duração de qualquer resfriado podem ser aliviadas através da pele (com o suor) ou pelo intestino (consumindo frutas frescas em abundância e evitando carnes de digestão lenta e laticínios).

Ajuda para resfriado comum

- Enjoo: chá de hortelã-pimenta, camomila, gengibre ou canela
- Garganta irritada: gargarejo ou chá de sálvia**
- Tosse: chá de tomilho, alcaçuz*, hissopo, tanchagem ou raiz de alteia

---

O que fazer

Consumir mais
- Frutas e legumes frescos e seus sucos
- Ervas picantes (pimenta-caiena, gengibre) para esquentar o corpo e desestimular o vírus
- Ingestão de líquido (beber pelo menos 8 copos grandes de água, suco ou chá de ervas diariamente)

Eliminar
- Proteína animal. É melhor aplicar na cura a imensa energia que o organismo demanda para digerir carne e laticínios

Bebida de cura

(ver também Reforço para imunidade, p. 240; Principais frutas e hortaliças antioxidantes, pp. 116 e 128)

Adicionar 1 colher (chá) de ervas e até 2 colheres (sopa) dos ingredientes recomendados para esse problema (ver p. 90) às receitas a seguir:

Sucos
- Antibiótico ardente, p. 194
- Antioxidante de alho, p. 241
- Cenoura allium, p. 197
- C-Mix, p. 178
- Coquetel suco de tomate, p. 333
- C-Total, p. 179
- Imunidade, p. 202
- Limões e laranja, p. 184

Chás
- Antigripal, p. 291
- Para a garganta, p. 300

Ressaca

Ingerir bebidas alcoólicas em demasia pode dar dor de cabeça, cansaço, enjoo, tontura e depressão, o que costuma ser denominado de "ressaca".

A ressaca acontece porque o álcool desidrata o organismo, aumenta a acidez do sistema digestório, leva à perda de potássio e de vitaminas, e afeta o fígado e o sistema nervoso. É possível conseguir um alívio mais rápido da ressaca ao seguir essas recomendações, de preferência antes de ir dormir.

Alimentos de cura

Frutas e hortaliças
banana, limão-siciliano, limão, maçã

Ervas
alfazema, camomila, cominho, filipêndula, gengibre, óleo de prímula, olmo em pó

Outros
alimentos ricos em vitamina B (cereais integrais, verduras)

O que fazer

Consumir mais
- Água, para hidratar o organismo antes, durante e depois de beber
- Sucos ricos em vitamina C
- Chás de ervas que acalmem o estômago (camomila)
- Olmo em pó, para proteger o estômago da acidez excessiva

Bebida de cura

Adicionar 1 colher (chá) de ervas e até 2 colheres (sopa) dos ingredientes recomendados para esse problema (ver à esquerda) às receitas a seguir:

Sucos
- Alivia-ressaca, p. 175
- Cura-ressaca, p. 180

Vitaminas
- Vitamina calmante de camomila, p. 322

Chás
- Cura-ressaca, p. 296

Sua saúde **91**

Retenção de líquido

Edema

Alimentos de cura

Frutas e hortaliças
abóbora, agrião, aipo, asparго, beterraba, brócolis, cenoura, melancia, melão-cantalupo, milho, mirtilo, morango, pepino, repolho, uva, verduras

Ervas
alho, bardana (folha e raiz), dente-de-leão (folha e raiz), salsinha*, urtiga

Outros
cereais integrais, feijão-azuqui e outras leguminosas, óleos de peixe

* Grávidas devem limitar o consumo de salsinha a ½ colher (chá) da erva seca ou 1 raminho fresco por dia. Não se deve consumir salsinha em caso de inflamação renal.

A retenção de líquido pode ser um sintoma de problemas sérios, como pressão alta, doenças cardíacas, problemas no fígado ou nos rins. Ou pode ser apenas efeito de medicamentos, circulação ruim, alergias, anemia ou deficiência proteica. Uma consulta ao médico é aconselhável para determinar a sua causa.

No final da gravidez, casos de retenção de líquido sempre devem ser relatados ao médico. Diuréticos fortes e dietas que fazem perder água podem diminuir a retenção de líquido a curto prazo, mas tendem a gerar problemas no fígado a longo prazo. A retenção de líquido pode ser consequência de uma dieta muito (ou pouco) rica em proteína, consumo insuficiente de água ou um efeito colateral da TPM (tensão pré-menstrual) ou menopausa. Um médico sempre deve ser consultado.

O que fazer

Consumir mais
- Água (beber pelo menos 8 copos grandes diariamente)
- Frutas cruas e hortaliças

Consumir menos
- Sal de mesa, sal marinho, shoyu e aperitivos salgados, que possam causar retenção de água
- Chá e café, que são fortes diuréticos e podem enfraquecer os rins devido ao consumo em excesso

Eliminar
- Alergias e intolerâncias alimentares (ver Apêndice A: Alergias alimentares, p. 381). Laticínios e trigo podem causar retenção de água

- Açúcar
- Farinha refinada

Outras recomendações
- Praticar atividade física diariamente, de acordo com o condicionamento físico, para melhorar a circulação e reduzir a retenção de líquido
- Usar diuréticos mais fortes (salsinha*, aipo) apenas de vez em quando
- Incluir diuréticos tônicos (raiz de dente-de-leão, urtiga, asparго, milho, uva, melão--cantalupo, pepino, melancia) na alimentação regularmente. Consumir chás dessas ervas, que podem ser a base de vitaminas

Bebida de cura

Adicione 1 colher (chá) de ervas e até 2 colheres (sopa) dos ingredientes recomendados para esse problema (ver à esquerda) às receitas a seguir:

Sucos
- A força do Popeye, p. 256
- Água azul, p. 175
- Brócolis e cenoura, p. 196
- Lanche líquido, p. 203

92   O grande livro dos sucos

Bebida de cura

- Coquetel de repolho, p. 332
- C-Verde, p. 199
- Deusa verde, p. 200
- Frutas vermelhas e melão, p. 182
- Suco ABC, p. 206
- Verduras, p. 211

Chás
- Chá de limpeza, p. 288
- Urtiga, p. 303

Substitutos do café
- Café de raízes, p. 357
- Mistura de raízes para café, p. 359

Síndrome da fadiga crônica

A Síndrome da fadiga crônica não é bem compreendida. Caracteriza-se por cansaço extremo, falta de energia, perturbações do sono e depressão, e com frequência dores de cabeça, de garganta ou glândulas inflamadas. Costuma surgir depois de alguma infecção viral que tenha enfraquecido o sistema imunológico. Outras causas possíveis são alergias alimentares, má digestão ou má absorção de nutrientes, uso de antibióticos e estresse prolongado.

Alimentos de cura

Frutas e hortaliças
abóbora, agrião, banana, batata-doce, brócolis, cenoura, frutas cítricas, maçã, pimentões verde e vermelho, tomate, vagem, verduras

Ervas
alcaçuz**, alfafa, alho, cardo-mariano, equinácea, capim-cidreira, erva-de-são--joão, folha e raiz de dente--de-leão, gengibre, ginseng*, óleo de prímula, pimenta-caiena, salsinha***, urtiga

* Deve-se evitar o ginseng em caso de pressão alta ou se há ingestão de café. O ginseng nunca deve ser consumido diariamente por mais de um mês.

** Deve-se evitar o alcaçuz em caso de pressão alta. O uso prolongado de alcaçuz não é recomendado em nenhuma circunstância.

*** Grávidas devem limitar o consumo de salsinha a ½ colher (chá) da erva seca ou 1 raminho fresco por dia. Não se deve consumir salsinha em caso de inflamação renal.

O que fazer

Melhorar a imunidade e ter uma digestão adequada (ver Deficiência imunológica, p. 39 e Indigestão, p. 66)

Consumir mais
- Frutas e legumes ricos em antioxidantes
- Oleaginosas e sementes

Consumir menos
- Proteína animal de carnes e de laticínios

Outras recomendações
- Exercitar-se diariamente, de acordo com o condicionamento físico

Eliminar
- Alimentos industrializados e refinados
- Cafeína (encontrada no café, inclusive no descafeinado, e também nos chás preto e verde, em chocolates e refrigerantes)
- Açúcar, bebida alcoólica, fermento (ou alimentos fermentados), que podem estimular a candidíase (ver Candidíase, p. 37), bastante comum nessa síndrome
- Alergias e intolerâncias alimentares (ver Apêndice A: Alergias alimentares, p. 381). Laticínios, trigo e milho são agentes comuns
- Aditivos químicos

Alimentos de cura

Outros
arroz integral, aveia, azeite de oliva extra virgem, capim de cereais, cereais integrais, cogumelos (maitake, shitake), alga dulse, iogurte com lactobacilos vivos, kelp, leguminosas, óleo de peixe, sementes (abóbora, gergelim, linhaça)

Bebida de cura

(ver também Reforço para imunidade, p. 240; Principais frutas e hortaliças antioxidantes, pp. 116 e 128)

Adicionar 1 colher (chá) de ervas e até 2 colheres (sopa) dos ingredientes recomendados para esse problema (ver p. 93 e à esquerda) às receitas a seguir:

Sucos
- A força do Popeye, p. 256
- Abóbora especial, p. 192

- C-Mix, p. 178
- Coquetel digestivo, p. 226
- C-Verde, p. 199
- Deusa verde, p. 200
- Escudo antiferrugem 1, p. 247
- Laranja picante, p. 184
- Limões e laranja, p. 184

Chás
- Chá digestivo e antiestresse, p. 278
- Chá imunorregulador, p. 245

Síndrome do intestino irritável

A síndrome do intestino irritável é um distúrbio funcional sem causa anatômica. Caracteriza-se por inchaço, dores abdominais, diarreia e prisão de ventre. Entre os elementos de cura estão dieta, redução do estresse e eliminação de alergênicos. As ervas podem ser empregadas para acalmar os intestinos e ajudar a curá-los, reduzir inflamações, melhorar a digestão e acalmar os nervos.

Alimentos de cura

Frutas e hortaliças
abacaxi, brócolis, cenoura, damasco, espinafre, kiwi, limão-siciliano, maçã, mamão papaia, repolho, tomate

Ervas
alcaçuz*, camomila, canela, dente-de-leão (raiz, folhas e flores), capim-cidreira, erva-doce, gengibre, hortelã-pimenta, olmo em pó, salsinha**

* Deve-se evitar o alcaçuz em caso de pressão alta. O uso prolongado de alcaçuz não é recomendado em nenhuma circunstância.

** Grávidas devem limitar o consumo de salsinha a ½ colher (chá) da erva seca ou 1 raminho fresco por dia. Não se deve consumir salsinha em caso de inflamação renal.

O que fazer

Consumir mais
- Peixe e proteínas vegetais (oleaginosas, sementes, tofu, feijões, leguminosas)
- Frutas cruas e hortaliças para obter vitaminas C e E, estimulantes da imunidade, melhorar as funções do intestino e eliminar toxinas
- Linhaça e óleo de linhaça, que são calmantes e anti-inflamatórios, ajudando a curar o intestino e melhorar suas funções

Eliminar
- Bebidas alcoólicas
- Café
- Carne vermelha
- Açúcar refinado e farinha
- Adoçantes artificiais
- Gorduras e óleos (exceto azeite de oliva extra virgem)
- Alergias e intolerâncias alimentares (ver Apêndice A: Alergias alimentares, p. 381). Os responsáveis mais comuns são laticínios e frutas cítricas
- Cafeína, trigo e milho

94 O grande livro dos sucos

Alimentos de cura

Outros
farelo de aveia, iogurte com lactobacilos vivos, oleaginosas, sementes de linhaça, tofu

Bebida de cura

Adicionar 1 colher (chá) de ervas e até 2 colheres (sopa) dos ingredientes recomendados para esse problema (ver p. 94 e à esquerda) às receitas a seguir:

Sucos
- Coquetel de couve-flor, p. 330
- Coquetel de repolho, p. 332

Chás
- Chá digestivo e antiestresse, p. 278
- Gengibre, p. 299

Sinusite

A sinusite é uma inflamação das mucosas dos seios da face, os seios paranasais, causada por resfriados, gripes, alergias ou infecções dentárias. A maneira mais eficaz de prevenir a sinusite e de tratá-la é evitando alimentos que produzam muco, além de identificar e evitar alergias alimentares (ver Apêndice A: Alergias alimentares, p. 381).

Alimentos de cura

Frutas e hortaliças
aspargo, brócolis, cenoura, damasco, frutas cítricas, mamão papaia, manga, melancia, melão-cantalupo, moranga, morango, pimentões verde e vermelho, repolho, vagem, verduras

Ervas
alho, equinácea, gengibre, pimenta-caiena, raiz e folha de dente-de-leão, sabugueiro, salsinha*

Outros
algas marinhas, gérmen de trigo, leguminosas, lentilhas, sementes (abóbora, girassol)

* Grávidas devem limitar o consumo de salsinha a ½ colher (chá) da erva seca ou 1 raminho fresco por dia. Não se deve consumir salsinha em caso de inflamação renal.

O que fazer

Consumir mais
- Alimentos ricos em vitamina C (frutas cítricas, morango, salsinha*)
- Alimentos ricos em vitamina E (gérmen de trigo, oleaginosas, sementes, repolho, lecitina de soja, espinafre, aspargo)
- Alimentos ricos em betacaroteno (cenoura, manga, melão-cantalupo, damasco, melancia, pimentão vermelho, moranga, verduras, salsinha*, mamão papaia)
- Alimentos ricos em zinco (sementes de abóbora, peixe, algas marinhas)
- Líquido (beber pelo menos 8 copos grandes de água diariamente)
- Alho cru, para diminuir e prevenir a congestão nasal (ingerir diariamente)

Consumir menos
- Alimentos com amido

Eliminar
- Bebidas alcoólicas
- Bananas
- Laticínios (exceto iogurte com lactobacilos vivos)
- Ovos
- Alergias e intolerâncias alimentares (ver Apêndice A: Alergias alimentares, p. 381)
- Açúcar e farinha refinados

Sua saúde   95

Bebida de cura

Adicione 1 colher (chá) de ervas e até 2 colheres (sopa) dos ingredientes recomendados para esse problema (ver p. 95) às receitas a seguir:

Sucos
• Antioxidante de alho, p. 241

• Explosão beta, p. 181
• Betacaroteno, p. 176
• Brócolis e cenoura, p. 196
• C-Total, p. 179

Substitutos do café
• Café de sementes, p. 357

Tabagismo

Além de ser a principal causa de doenças cardíacas e pulmonares e de câncer, fumar estimula a perda de cálcio (que leva à osteoporose) e é um fator de risco para a pressão alta e úlceras. O hábito de fumar contrai os vasos sanguíneos, diminuindo a circulação das regiões periféricas do organismo e aumentando o risco de derrame tanto para homens como para mulheres. O fumo também é um fator de risco para a impotência masculina e causa rugas.

Alimentos de cura

Frutas e hortaliças
brócolis, cenoura, frutas cítricas, melão-cantalupo, verduras

Ervas
camomila, escutelária, flor de trevo vermelho

Outros
aveia, farelo de aveia, sementes (abóbora, girassol), tofu

Como reduzir a vontade de fumar

• Manter o nível de açúcar no sangue constante, fazendo seis refeições por dia que consistam principalmente de frutas e legumes frescos, com alguma proteína e cereais integrais
• Diminuir os sintomas de abstinência com uma dieta principalmente vegetariana, que desacelere a eliminação da nicotina do organismo
• Fazer atividades físicas com regularidade. Caminhar e fazer exercícios respiratórios é excelente
• Beliscar sementes de girassol e de abóbora, pois contêm zinco, que pode diminuir a vontade de fumar bloqueando enzimas do paladar
• Consumir muita aveia. Estudos demonstram que a aveia diminui a vontade de fumar
• Beber chás de ervas calmantes para tranquilizar os nervos

Bebida de cura

(ver também Nutrição para os nervos, p. 263)
Adicione 1 colher (chá) de ervas e até 2 colheres (sopa) dos ingredientes recomendados para esse problema (ver à esquerda) às receitas a seguir:

Sucos
• Brócolis e cenoura, p. 196
• C-Mix, p. 178
• Explosão beta, p. 181
• Grapefruit, p. 182
• Laranja picante, p. 184
• Verduras, p. 211

Vitaminas
- Reforço beta, p. 319
- Vitamina calmante de camomila, p. 322
- Vitamina energia verde, p. 325

Bebidas especiais
- Coquetel de melão, p. 331

Chás
- Alimento para os nervos, p. 264
- Chá calmante, p. 276
- Lavanda, p. 300

Úlceras pépticas
Úlceras gástricas e duodenais

As úlceras estomacais e intestinais, denominadas "pépticas", aparecem quando a mucosa protetora do estômago ou do intestino sofre uma erosão. As úlceras podem surgir devido a infecções da bactéria *Heliobacter pylori*; algum problema nas mucosas do intestino causado por esteroides, como a aspirina, ou devido a medicamentos anti-inflamatórios não esteroides, que aumentam a secreção de ácidos prejudiciais a essas mucosas, estresse e alergias alimentares. O tratamento inclui diminuir o consumo de ácidos que corroem as mucosas do estômago e do intestino, e proteger e aliviar a mucosa intestinal, estimulando o sistema imunológico e inibindo o desenvolvimento de bactérias nocivas. Ervas anti-inflamatórias, antibacterianas, calmantes e que protegem as mucosas podem ajudar a curar as úlceras.

Alimentos de cura

Frutas e hortaliças
abacate, agrião, banana, brócolis, cebola, cenoura, cereja, damasco, maçã, mamão papaia, manga, melão-cantalupo, mirtilo, pepino, pera, repolho, uva vermelha (com sementes), verduras

Ervas
alcaçuz*, alho, calêndula, camomila, canela, chá verde, cravo-da-índia, cúrcuma, equinácea, filipêndula, gengibre, olmo em pó, raiz de alteia, raiz de dente-de-leão, salsinha**

Outros
aveia, azeite de oliva extra virgem, cevada, leguminosas, rama de cereal, sementes

* Deve-se evitar o alcaçuz em caso de pressão alta. O uso prolongado de alcaçuz não é recomendado em nenhuma circunstância.

** Grávidas devem limitar o consumo de salsinha a ½ colher (chá) da erva seca ou 1 raminho fresco por dia. Não se deve consumir salsinha em caso de inflamação renal.

O que fazer

Consumir mais
- Frutas e legumes, que oferecem vitaminas curativas, protegendo de infecções. Frutas doces e maduras são mais suaves que frutas azedas
- Olmo em pó (principalmente na hora de dormir), pois reveste o trato intestinal e o protege da acidez
- Líquido (beber pelo menos 8 copos grandes de água, suco ou chá de ervas diariamente, entre as refeições, para garantir o bom funcionamento dos sucos digestivos)

Consumir menos
- Sal

Eliminar
- Cafeína (encontrada no café, inclusive no descafeinado, e também nos chás preto e verde, em chocolates e refrigerantes), que estimula a secreção dos ácidos estomacais
- Laticínios, que geram maior acidez estomacal
- Bebidas alcoólicas, refrigerantes e grãos refinados, que provocam ulceração
- Farinha e açúcar refinados
- Medicamentos que causam úlcera (esteroides, como aspirina, e anti-inflamatórios não esteroides)
- Tabagismo

Sua saúde **97**

- Líquidos muito quentes, que irritam as úlceras
- Frituras e óleos (exceto azeite de oliva extra virgem)

Outras recomendações
- Fazer refeições menores e com mais frequência, e não comer tarde
- Experimentar técnicas que reduzam o estresse, como meditação, ioga e tai chi
- Beber suco de repolho cru (1 xícara 4 vezes ao dia com o estômago vazio, logo depois de preparado, é eficiente para curar úlceras)
- Usar técnicas de combinação de alimentos (ver Combinação dos alimentos, p. 15)

Bebida de cura

Adicione 1 colher (chá) de ervas e até 2 colheres (sopa) dos ingredientes recomendados para esse problema (ver p. 97) às receitas a seguir:

Sucos
- Coquetel de repolho, p. 332
- Frutas vermelhas e melão, p. 182
- Pera e erva-doce, p. 188

Vitaminas
- Bomba de energia, p. 257
- Cereja azul, p. 315

- Mania de manga (usar suco de maçã em vez do de laranja), p. 317
- Vitamina calmante de camomila, p. 322

Chás
- Chá de camomila com alcaçuz e gengibre, p. 277
- Chá digestivo e antiestresse, p. 278
- Chá imunorregulador, p. 245

Substitutos do café
- Café de raízes, p. 357

Varizes e hemorroidas

Alimentos de cura

Frutas e hortaliças
agrião, amora, brócolis, cebola, cereja, framboesa, frutas cítricas, mirtilo, morango, pera, repolho, uva vermelha, verduras

As veias varicosas se desenvolvem nas pernas quando acontece uma restrição ao fluxo sanguíneo para o coração, levando o sangue a coagular e a estender as veias. Idade e predisposição genética são causas comuns, além de disfunção em válvula cardíaca, que altera o fluxo sanguíneo; pressão alta, que causa entupimentos; fluxo sanguíneo restrito (devido a roupas apertadas); excesso de peso; e falta de atividade física. O risco aumenta em mulheres grávidas e com a idade. Deve-se conservar a saúde das veias com uma dieta rica em alimentos naturais.

As hemorroidas são veias varicosas no ânus. Sua causa pode ser prisão de ventre, gravidez, obesidade, falta de atividade física ou por demasiado tempo em pé – tudo isso gera pressão extra sobre a região do períneo.

Alimentos de cura

Ervas
alfafa, alho, bardana (raiz e semente), castanha, folha e raiz de dente-de-leão, gengibre, hamamélis, mil--folhas*, pimenta-caiena, salsinha**

Outros
aveia, azeite de oliva extra virgem, cereais integrais, alga dulse, gérmen de trigo, kelp, leguminosas, oleaginosas, produtos de soja, sementes (abóbora, gergelim, girassol, linhaça), trigo-sarraceno

* Deve-se evitar o consumo de mil-folhas durante a gravidez.

** Grávidas devem limitar o consumo de salsinha a ½ colher (chá) da erva seca ou 1 raminho fresco por dia. Não se deve consumir em caso de inflamação renal.

O que fazer

Consumir mais
- Alimentos ricos em vitamina E (cereais integrais, gérmen de trigo, leguminosas, oleaginosas, sementes, verduras, algas marinhas, produtos de soja) para melhorar a circulação
- Alimentos ricos em vitamina C (frutas cítricas, pimentão verde e vermelho, frutas vermelhas, verduras) para fortalecer os vasos sanguíneos

Outras recomendações
- Tratar da prisão de ventre (ver Prisão de ventre, p. 81), que piora as hemorroidas
- Consumir peixes gordurosos (salmão, sardinha, cavalinha, atum), duas a três vezes por semana, para obter ácidos graxos essenciais, que conservam a elasticidade dos vasos e ajudam a circulação
- Praticar atividades físicas diariamente, de acordo com o condicionamento físico
- Evitar banhos quentes, que relaxam as veias, ou então fortalecer as veias imediatamente depois passando água fria e hamamélis com cuidado
- Não massagear veias varicosas
- Evitar ficar de pé durante muito tempo
- Colocar as pernas para o alto sempre que possível

Bebida de cura

Adicione 1 colher (chá) de ervas e até 2 colheres (sopa) dos ingredientes recomendados para esse problema (ver p. 98 e à esquerda) às receitas a seguir:

Sucos
- Amanhecer supremo, p. 176
- Brócolis com gengibre, p. 196
- C-Mix, p. 178
- Coquetel de frutas vermelhas e laranja, p. 330
- C-Total, p. 179
- C-Verde, p. 199
- Deusa verde, p. 200
- Frutas vermelhas e melão, p. 182
- Laranja picante, p. 184
- Limonada com morango e laranja, p. 185
- Suco de cereja, p. 189
- Suco de framboesas, p. 191
- Verduras, p. 211

Vitaminas
- Cereja azul (usar 3 colheres de sopa de trigo-sarraceno em vez de banana), p. 315
- Spa especial (usar qualquer erva recomendada no lugar do cardo-mariano), p. 320
- Vitamina com alga marinha, p. 322

Chás
- Contra varicose, p. 296
- Chá de limpeza, p. 288
- Chá para a circulação, p. 267

Sua saúde   99

Alimentos saudáveis

Alimentos saudáveis para sucos 101
Frutas 102
Hortaliças 117
Ervas e especiarias 129
Outros ingredientes 163

Alimentos saudáveis para sucos

Alimentos frescos sempre

Ao escolher frutas e hortaliças, é preciso ter certeza de que estão firmes e maduras. As ervas não devem ter nenhum sinal de estarem murchas, amareladas nem queimadas. Devemos comprar apenas o que vamos de fato usar nos dias seguintes, pois estocar destrói as enzimas vivas das plantas. Em termos ideais, deveríamos fazer compras diárias de frutas frescas, hortaliças e ervas necessárias para as receitas deste livro. Se isso não for viável, podemos estocar os produtos na geladeira por 2 dias, no máximo. Como regra geral, 500 g rendem aproximadamente 1 a 1 ½ xícara de suco fresco.

Alimentos orgânicos sempre

De acordo com o Ministério da Agricultura brasileiro, para ser considerado orgânico "o produto tem que ser produzido em um ambiente de produção orgânica, onde se utiliza como base do processo produtivo os princípios agroecológicos que contemplam o uso responsável do solo, da água, do ar e dos demais recursos naturais, respeitando as relações sociais e culturais".

A agricultura orgânica apresenta um método holístico de cultivo baseado em princípios ecológicos cujo objetivo principal é o de criar um sistema agrícola sustentável. Os agricultores orgânicos obedecem a princípios de reciclagem, interdependência e diversidade na estrutura de suas fazendas e de suas práticas. A agricultura orgânica compreende muito mais do que apenas o cultivo sem fertilizantes e pesticidas químicos. Ela faz uso de práticas que, além de benéficas para o nosso organismo, beneficiam o planeta todo.

Como os sucos necessitam quase exclusivamente de frutas, hortaliças e ervas frescas, os produtos orgânicos são obviamente a melhor escolha. Para mais informações, ver www.organicfood.com ou www.portalorganico.com.br.

Bem lavadas

Todas as frutas, hortaliças e ervas – mesmo sendo orgânicas – devem ser lavadas, esfregadas ou devem ficar de molho em água fria com 2 colheres (sopa) de hipoclorito de sódio ou vinagre. Isso ajuda a limpar toda a terra bem como qualquer bactéria que eventualmente possa ter se desenvolvido durante o manejo e transporte. O espinafre e o alho-poró devem ficar de molho para a areia sair. Em geral, os produtos orgânicos podem ser usados com casca. Segue abaixo uma lista das exceções.

Se não for possível encontrar produtos organicamente cultivados, podemos usar as variedades convencionais, mas elas devem ser lavadas de acordo com as orientações acima e devem ser descascadas. No entanto, como a concentração de pesticidas é muito alta sobretudo em maçãs, uvas, pepinos, pêssegos, morangos e damascos não orgânicos, talvez seja melhor não usá-los em sucos.

Frutas

As frutas suprem o organismo de açúcar natural, que ele usa como combustível. Esse açúcar se apresenta na forma de frutose. Usamos algumas frutas nos sucos de hortaliças, como maçãs, uvas e mangas, para que fiquem mais palatáveis. A fibra da fruta crua é importante para a digestão e, sendo assim, é importante consumir tanto as frutas como as hortaliças integralmente, além de fazer sucos com elas.

Cuidados
Em caso de diabetes e de pessoas sujeitas a hipoglicemia e infecções por fungos, é preciso atentar para a quantidade de frutas consumidas, pois elas levam a uma rápida elevação do açúcar do sangue.

Abacate

Persea americana

Ação: Antioxidante.

Uso: O abacate contém mais potássio que outras frutas e legumes (apenas a banana contém um pouco mais). Rico em ácidos graxos essenciais, o abacate também contém 17 vitaminas e minerais, incluindo vitaminas A, C e E, todas as vitaminas B, exceto a B12, incluindo a riboflavina; ferro, cálcio, cobre, fósforo, zinco, niacina e magnésio. Também apresenta o maior conteúdo proteico de todas as frutas. Um abacate batido em uma vitamina oferece a ela uma textura cremosa e um excelente valor nutricional.

Compra e conservação: Escolha abacates maduros, pesados, com casca de um verde- -escuro opaco sem amassados (ou verde vivo e liso, se for abacate manteiga). O abacate maduro cede ligeiramente quando apertado. Em geral, é vendido verde, mas é possível amadurecê-lo embrulhado em papel, em temperatura ambiente e, depois de maduro, conservá-lo na geladeira por mais de 1 semana.

Suco: O abacate contém pouca água e não rende muito suco.

Polpa: Descasque e corte o abacate ao meio, retirando o caroço. Corte a polpa em pedaços e misture com outras frutas. Pingue algumas gotas de limão para que a polpa do abacate não escureça.

Receitas com abacate
- Abacate com abacaxi, p. 313
- Gazpacho de abacate, p. 308
- Shake de abacate, p. 350
- Vitamina de gengibre, p. 273

Abacaxi

Ananas comosus

Ação: Auxilia a digestão.

Uso: O abacaxi é uma boa fonte de potássio e contém alguma vitamina C e ferro.

Compra e conservação: Escolha frutas grandes e firmes (o peso indica que está suculento), e amarelo por inteiro. Corte as folhas e a casca da fruta.

Suco: Corte ao meio e depois em rodelas, sem tirar o miolo duro. Um terço de um abacaxi médio (500 g) rende cerca de ½ xícara (125 ml) de suco.

Polpa: Um gomo fresco de abacaxi equivale a aproximadamente 1 xícara (250 ml) de abacaxi picado. O abacaxi congelado, em lata ou seco pode ser substituído pelo fresco nas vitaminas.

Receitas com abacaxi
- Abacate com abacaxi, p. 313
- Abacaxi avermelhado, p. 174
- Abacaxi cítrico, p. 174
- Abacaxi cremoso, p. 221
- Abacaxi e frutas vermelhas, p. 174
- Batida tropical, p. 221
- Carambola no copo, p. 177
- Coquetel cremoso de laranja, p. 329
- Coquetel de abacaxi e kiwi, p. 329
- Coquetel matinal de melão, p. 333
- Coquetel pós-jantar, p. 226
- Cranberry, p. 179
- Festa das cerejas, p. 316

FRUTAS

- Frapê de abacaxi e sálvia-ananás, p. 364
- Kiwi picante, p. 222
- Quentão de abacaxi e cranberry, p. 337
- Pera e abacaxi, p. 187
- Piña colada diferente, p. 268
- Sabor dos trópicos, p. 320
- Shake tropical, p. 352
- Uvas do bem, p. 229

- Fruta da vida, p. 249
- Relaxante de framboesa, p. 281
- Vitamina de açaí, p. 254
- Vitamina gelada de laranja, p. 273

Açaí

Euterpe oleraceae

Frutinha redonda e arroxeada oriunda de uma palmeira do Amazonas, disponível na forma de polpa congelada em supermercados e quitandas. Essa frutinha tem um sabor incomum, que lembra o chocolate.

Ação: Antioxidante, anticancerígena.

Uso: Devido a uma concentração excepcionalmente alta de pigmentos fenólicos e antocianinas com propriedades antioxidantes, o açaí tem sido estudado por causa de seu papel na prevenção de várias doenças humanas. A fruta tem alto teor de ácidos graxos ômega-6 e 9, fibra, cálcio, cobre, ferro, magnésio, fósforo, potássio e zinco.

Compra e conservação: O açaí é comercializado na forma de polpa congelada ou de creme (para preparo de tigela de açaí) em barras ou potes. No Brasil, é facilmente encontrado. É preciso verificar se é de boa procedência: a embalagem do produto deve trazer o número de registro no Ministério da Agricultura.

Suco: O açaí dá uma consistência cremosa e um tom intenso de roxo aos sucos. Descongele a polpa e adicione ½ a 1 xícara (125 a 250 ml) em sucos.

Polpa: Muito usado em vitaminas, o açaí ajuda a engrossar a mistura e oferece um sabor de fruta fresca. Use ½ xícara para cada 2 xícaras de vitamina.

Receitas com açaí

- Ataque das frutas vermelhas, p. 242
- Batida de iogurte e frutas vermelhas, p. 256
- Combo de açaí, p. 271
- Cranberry e açaí, p. 246

Ameixa

Prunus species

Ação: Antibacteriana, antioxidante.

Uso: Uma boa fonte de vitamina A, a ameixa contém cálcio e uma pequena quantia de vitamina C.

Compra e conservação: Ameixas maduras são firmes, sem partes molengas nem rachaduras. Escolha ameixas de cor viva (amarela, preta ou vermelha), de pele firme, que sejam pesadas para o tamanho e perfumadas. Conserve na gaveta da geladeira por até 4 dias.

Suco: Use ameixas-amarelas, ameixas-pretas ou vermelhas. Tire o caroço e deixe a casca. Cerca de 4 ameixas grandes (500 g) rendem aproximadamente ¾ de suco (175 ml).

Polpa: Use ameixas inteiras ou ameixas secas em vitaminas e em misturas de bebidas. Se utilizar essa fruta contra constipação, use 4 a 6 ameixas para cada xícara (250 ml) de vitamina.

As ameixas secas são ricas em pectina e outras fibras solúveis e têm baixa concentração de açúcar. Funcionam como laxantes naturais, e sua pectina combate o câncer de cólon. Faça uso de ameixas secas suculentas e sem caroço em sucos ou 2 a 3 para cada receita de vitamina.

Receitas com ameixa

- Abacaxi e pimentão, p. 175
- Ameixa para imunidade (ameixas-pretas e ameixas secas), p. 241
- Ameixas com alcaçuz, p. 314
- Chá verde e mirtilos, p. 245
- Coração roxo, p. 217
- Horizonte vermelho, p. 183
- Maçãs condimentadas, p. 336
- Mais romã, p. 218
- Mexerica e linhaça, p. 251
- Morangos e framboesas, p. 252
- Néctar de verão, p. 187
- Poder roxo, p. 261

Alimentos saudáveis

FRUTAS

- Romã romã, p. 189
- Vitamina de ameixas secas, p. 323
- Estrela azul, p. 248

Amora

Rubus species

Ação: Antioxidante.

Uso: A amora é uma fonte excelente de vitamina C e fibras, e tem altos teores de potássio, ferro, cálcio e manganês.

Compra e conservação: Escolha frutos cheios, de colorido rico e polpa firme. São melhores quando usados imediatamente (se necessário, conserve na geladeira por apenas 1 dia). Lave-os antes de usar.

Suco: Use logo depois de colhidos ou comprados. Se necessário, guarde por apenas 1 dia na geladeira. Lave antes de usar. Duas xícaras (250 ml) rendem ¾ xícara (175 ml) de suco.

Polpa: Em vitaminas, use amora fresca ou congelada.

Receitas com amora

- Abacaxi avermelhado, p. 174
- Azedinho, p. 215
- Carambola e frutas vermelhas, p. 176
- Combo de frutas vermelhas, p. 339
- Frutas vermelhas e limão, p. 227
- Frutinhas da juventude, p. 249
- Groselha mista, p. 182
- Mexerica e laranja, p. 236
- Poder roxo, p. 261

Bagas de sabugueiro

Sambucus nigra

Ação: Diurética, laxante, diaforética.

Uso: As bagas do sabugueiro auxiliam a desintoxicação ao estimular o funcionamento intestinal, micção, suor e secreção de muco. São eficazes no combate a vírus, como os que causam resfriados e gripes.

Compra e conservação: O sabugueiro é em geral silvestre (embora seja cultivado comercialmente nos Estados Unidos e Canadá). Em geral, nesses países, as bagas são vendidas no verão. Devem ser escolhidas as bagas de intensa cor arroxeada, de casca firme e brilhante. Elas devem ser usadas de imediato, ou, se necessário, podem ficar 1 dia na geladeira, e devem ser lavadas antes do uso. No Brasil, o sabugueiro é comercializado em casas especializadas, sobretudo na forma de chá.

Precaução: Se fizer uso de sabugueiro silvestre, certifique-se de identificá-lo corretamente. As bagas de sabugueiro cruas podem ser tóxicas. Devem sempre ser cozidas antes de usadas em sucos.

Suco: Use ¼ xícara (50 ml) de bagas de sabugueiro frescas em sucos de frutas doces, como maçã, abacaxi, cereja e uva.

Banana

Musa cavendishii, ou *M. chinensis*

Ação: Antiulcerogênica, antibacteriana, estimulante da imunidade; reduz o nível de colesterol do sangue.

Uso: Devido a sua capacidade de fortalecer as células das mucosas estomacais e de protegê-las da acidez, a banana é recomendada em caso de úlcera ou risco de úlcera. Rica em potássio e vitamina B6, a banana auxilia na prevenção de ataques cardíacos, derrames e outros problemas cardiovasculares.

Compra e conservação: Prefira bananas maduras: são macias, amarelas e têm a casca ligeiramente pintalgada de marrom. Conserve-as em lugar seco, fresco e escuro.

Polpa: Muito usada em vitaminas, as bananas engrossam a mistura e oferecem um sabor de fruta fresca. Use 1 banana para cada 2 xícaras (500 ml) de vitamina.

FRUTAS

Receitas com banana
- Bomba de energia, p. 257
- Frapê de banana, p. 349
- Frozen de banana e laranja, p. 377
- Leite de amêndoas com banana, p. 316
- O reconfortador, p. 260
- Ponche de frutas, p. 344
- Sabor dos trópicos, p. 320
- Vitamina de açaí, p. 254

Carambola
Averrhoa carambola

Fruta tropical que tem o formato de uma estrela, ao ser cortada.

Ação: Antioxidante.

Uso: Rica em vitamina C, potássio, proantocianidinas, catequina e caroteno, a carambola era tradicionalmente empregada para tratar da artrite, tosse, diarreia, ressaca, hemorroida, pedra na vesícula, pedra nos rins e dor de dente.

Cuidado: Quem sofre de gota ou tem problemas nos rins ou outros distúrbios renais e/ou diabetes deve evitar a carambola devido ao ácido oxálico.

Compra e conservação: A carambola é delicada, e suas cinco pontas devem ser manuseadas com cuidado. A casca é fina, macia e cerosa. A fruta madura tem uma cor amarela viva com algum esverdeado às vezes. Conserve na gaveta da geladeira por até 4 dias.

Sucos e polpa: O suco da carambola, com seu sabor ligeiramente ácido e cítrico, é ótimo para matar a sede. Use 1 ou 2 carambolas inteiras, de boa cor amarela em combinação com outras frutas, em sucos e vitaminas.

Receitas com carambola
- Carambola e frutas vermelhas, p. 176
- Carambola no copo, p. 177
- Estrela azul, p. 248
- Estrela dourada, p. 259
- Laranja e carambola, p. 183
- Shake tropical, p. 352

Cereja
Prunus species

Ação: Antibacteriana, antioxidante, anticancerígena.

Uso: A cereja tem alto teor de ácido elágico (um potente agente anticancerígeno), vitaminas A e C, biotina e potássio. O suco da cereja preta previne o enfraquecimento dos dentes.

Compra e conservação: Escolha variedades adocicadas e prefira frutas com tom vermelho-escuro, firmes, cheias e de casca lisa, com os cabinhos. As cerejas maduras devem ser consumidas imediatamente, mas duram até 2 dias na geladeira.

Suco: Não use o caroço. Duas xícaras (500 g) de fruta rendem cerca de ⅔ xícara (150 ml) de suco.

Receitas com cereja
- Abacaxi e frutas vermelhas, p. 174
- Ameixas com alcaçuz, p. 314
- Bomba de energia, p. 257
- Cereja azul, p. 315
- Cereja da aurora, p. 177
- Coração roxo, p. 217
- Festa das cerejas, p. 316
- Frutas vermelhas e melão, p. 182
- Frutinhas da serenidade, p. 280
- Mirtilos, p. 187
- Romã e frutas vermelhas, p. 228
- Roma romã, p. 189
- Suco de cereja, p. 189
- Vitamina de cereja com creme, p. 269

Cranberry
Vaccinium macrocarpum

Ação: Antibacteriana, antiviral, antioxidante, anticancerígena.

Uso: O cranberry é muito empregado para tratar do aparelho urinário e de infecções da bexiga, e funciona como o sabugueiro, impedindo que bactérias se agarrem às células da

Alimentos saudáveis 105

FRUTAS

bexiga ou do trato urinário, e as tornem ineficazes. Indicado para prevenir infecções do trato urinário e da bexiga, o suco de cranberry não substitui os antibióticos, mais eficazes para eliminar bactérias depois que a infecção já se instalou. Rico em vitaminas A e C, iodo e cálcio, o cranberry também previne pedras nos rins e neutraliza a urina.

Compra e conservação: Escolha frutos de vermelho vivo e vigorosos. Conserve-os na gaveta da geladeira por duas a três semanas.

Suco: O suco fresco de cranberry é muito mais eficiente do que o industrializado, que contém muito açúcar. Em seus países de origem, é fruta do outono, mas no Brasil encontramos apenas o suco industrializado e a fruta congelada ou desidratada. Congelada, pode ser acrescentada a vitaminas e sucos. O sabor é azedo, portanto, deve ser misturada a sucos adocicados, como os de maçã, abacaxi, damasco, uva. Para prevenir ou tratar infecções na bexiga, faça pelo menos ½ xícara (125 ml) de suco, misture com outros sucos, como desejar, e beba todos os dias durante pelo menos 3 semanas. Quanto ao rendimento, 500 g de fruta rendem cerca de ¾ xícara (175 ml) de suco.

Polpa: Como o sabor dessa fruta é muito azedo, talvez você prefira prepará-la com açúcar, mel ou estévia e um pouco de água ou suco (ver Suco de cranberry, p. 190), antes de combiná-la com outras frutas (como maçãs ou laranjas) e acrescentá-la a vitaminas.

Receitas com cranberry

- Água azul, p. 175
- Ameixa para imunidade, p. 241
- Ataque das frutas vermelhas, p. 242
- Azedinho, 215
- C-Mix, p. 178
- Combo de frutas vermelhas, p. 339
- Coquetel de frutas vermelhas e laranja, p. 330
- Coração roxo, p. 217
- Coração vermelho, p. 217
- Cranberry, p. 179
- Cranberry e açaí, p. 246
- Cranberry quente, p. 335
- Delícia de laranja, p. 180
- Endo-cran, p. 235
- Espuma de morangos, p. 218
- Maçã e cranberries, p. 185
- Quentão de abacaxi e cranberry, p. 337
- Suco de cranberry, p. 190
- Vitamina de cranberry e laranja, p. 323

Damasco

Prunus armeniaca

Ação: Antioxidante, anticancerígena.

Uso: O damasco é muito rico em betacaroteno, uma das formas de se obter vitamina A, que pode prevenir o acúmulo de colesterol nas artérias, e, portanto, prevenir doenças cardíacas (três pequenos damascos frescos oferecem 2.770 UI de vitamina A; ½ xícara – 250 ml – de damascos secos contém 8.175 UI). É também rico em vitamina B2, potássio, boro, ferro, magnésio e fibras, além de auxiliar a normalizar a pressão arterial e as funções cardíacas e a conservar a normalidade dos fluidos do organismo. Não contém nada de sódio nem gordura, portanto, fresco ou seco o damasco é recomendado sobretudo para as mulheres, pois é boa fonte de cálcio e excelente fonte de vitamina A.

Compra e conservação: Escolha damascos firmes e frescos, cuja cor varie de amarelo-escuro a laranja. Conserve-os em lugar fresco e seco por até uma semana.

Suco: Escolha damascos firmes e frescos, cuja cor varie de amarelo-escuro a laranja. Não descasque se forem orgânicos, mas não use o caroço. O suco de damasco combina bem com suco de frutas vermelhas. Cerca de 4 damascos (500 g) rendem 1 ½ xícara (375 ml) de suco.

Polpa: Damascos secos adoçam mais as vitaminas. Escolha damascos secos sem sulfato, sobretudo em caso de alergia.

Receitas com damasco

- Bardana e melão, p. 243
- Batida betacaroteno, p. 348
- Betacaroteno, p. 176
- Coquetel de verão, p. 179
- Coração alaranjado, p. 215
- Damasco e pêssego, p. 180
- Explosão beta, p. 181
- Iogurte de laranja, p. 236
- Leite de damasco, p. 347
- Morango e cítricos, p. 237
- Néctar de flores, p. 341
- Néctar de verão, p. 187
- Ouro líquido, p. 318
- Reforço beta, p. 319
- Vitamina gelada de laranja, p. 273

106 O grande livro dos sucos

FRUTAS

Figo
Ficus carica

Ação: Antibacteriana, anticancerígena, antiulcerosa, digestiva, demulcente, laxante.

Uso: O figo contém benzaldeído, um agente no combate ao câncer. Também é rico em potássio, vitaminas B, cálcio e magnésio.

Cuidados: Em algumas pessoas, o figo seco pode provocar dor de cabeça.

Compra e conservação: Os figos secos podem ser encontrados em supermercados o ano todo. No final do ano, muitos supermercados e quitandas oferecem o figo fresco. Ao comprá-los, escolha os figos macios, de casca fina e escura.

Suco: Os figos não rendem muito suco, pois são pobres em água.

Polpa: Na compra de figos frescos, escolha os macios, de casca fina e escura. Use figos secos ou frescos ou Leite de figo (ver p. 347) para adoçar e engrossar as vitaminas.

Receitas com figo
- Alfarroba quente, 348
- Leite de figo, p. 347
- Mingau de figo, p. 317

Framboesa
Rubus idaeus

Ação: Fortalece a imunidade.

Uso: A framboesa é rica em potássio e niacina e também contém ferro e alguma vitamina C (ver também Framboeseira, p. 146).

Compra e conservação: Compre ou faça a colheita (se possível), escolhendo frutas inteiras, suculentas e de cor viva. Descarte as frutinhas molengas e machucadas. Conserve na gaveta da geladeira por 1 dia. Lave pouco antes de usar.

Suco: Não guarde por muito tempo. Lave pouco antes de usar. As framboesas combinam com outras frutinhas semelhantes em sucos e seu sabor é realçado com uma pequena quantidade de suco cítrico. Duas xícaras (500 ml) rendem cerca de ½ xícara (125 ml) de suco.

Polpa: Em misturas, substitua a framboesa congelada, seca ou em lata pela fresca. Você também pode acrescentar até ¼ xícara (550 ml) de geleia de framboesa às vitaminas.

Receitas com framboesa
- Abacaxi avermelhado, p. 174
- Ataque das frutas vermelhas, 242
- Chá de framboesa, p. 277
- Coquetel de frutas vermelhas e laranja, p. 330
- Coração vermelho, p. 217
- Cranberry e açaí, p. 246
- Espuma de morangos, p. 218
- Frutas vermelhas e iogurte, p. 181
- Frutinhas da juventude, p. 249
- Frutinhas da serenidade, p. 280
- Groselha mista, p. 182
- Horizonte vermelho, p. 183
- Laranja com uvas, p. 251
- Mexerica e linhaça, p. 251
- Mirtilos, p. 187
- Morangos e framboesas, p. 252
- Ponche de frutas, p. 344
- Relaxante de framboesa, p. 281
- Romã e frutas vermelhas, p. 228
- Suco de framboesas, p. 191

Frutas cítricas
Citrus species

laranjas, limão-siciliano, limão, grapefruit, mexerica

Ação: Antioxidante, anticancerígena.

Uso: Todas as frutas cítricas têm alto teor de vitamina C e limonina, considerada capaz de inibir o câncer de mama. A grapefruit vermelha é rica em licopeno, substância que combate o câncer. As laranjas são boas fontes de colina, nutriente que melhora a função cerebral. A combinação de carotenoides, flavonoides,

Alimentos saudáveis   107

FRUTAS

terpenoides, limonoides e cumarinas transformam as frutas cítricas num pacote anticancerígeno excelente.

Compra e conservação: Compre frutas carnudas, suculentas, pesadas para o seu tamanho, que cedam ligeiramente à pressão do toque. Embora as frutas cítricas se conservem por pelo menos 2 semanas na umidade da geladeira, é melhor serem consumidas em 1 semana. É preferível que sejam orgânicas, pois isso garante que não receberam gás durante o transporte.

Suco: Retire a casca, pois ela contém elementos amargos, mas deixe o máximo da pele branca que envolve a polpa. Ela contém pectina e bioflavonoides, que ajudam na absorção de vitamina C e são antioxidantes poderosos, além de reforçar os capilares do corpo, auxiliando a circulação sanguínea e realçando a pele. Se você tiver uma despolpadora, use as sementes, pois elas contêm limonoides (que protegem contra o câncer), cálcio, magnésio e potássio. O suco cítrico feito num processador fica mais equilibrado, espesso e tem mais da parte branca, fica mais adocicado e saboroso do que o suco feito em espremedor. Cerca de 3 laranjas (500 g) rendem 1 ¼ xícara (300 ml) de suco.

Observação: Se quiser usar a polpa para molhos ou pães, retire o máximo da parte branca amarga antes de fazer o suco.

Polpa: Faça um suco de frutas cítricas com um espremedor ou processador, ou use a fruta inteira em vitaminas. Sucos de laranja e grapefruit industrializados podem ser usados se não for possível usar o fresco.

Receitas com frutas cítricas
- Abacaxi cítrico, p. 174
- Acorde e brilhe, p. 214
- Calda de limão, p. 307
- Cenoura com erva-doce e laranja, p. 177
- Cereja da aurora, p. 177
- C-Mix, p. 178
- Coquetel cítrico, p. 328
- Coquetel cremoso de laranja, p. 329
- Coração de uva, p. 216
- C-Total, p. 179
- Delícia de laranja, p. 180
- Despertador, p. 181
- Endo-cran, p. 235
- Fólico extra, p. 202
- Grapefruit, p. 182
- Iogurte de laranja, p. 236
- Laranja e carambola, p. 183
- Laranja e romã, p. 183

- Laranja picante, p. 184
- Limão restaurador, p. 184
- Limões e laranja, p 184
- Limonada com morango e laranja, p. 185
- Limonada do jardineiro, p. 340
- Mexerica e laranja, p. 236
- Mexerica e linhaça, p. 251
- Morango e cítricos, p. 237
- Para diabéticos, p. 237
- Ponche de maçã e laranja, p. 345
- Sorbet de limão, p. 373
- Vitamina de cranberry e laranja, p. 323

Grapefruit

Ver Frutas cítricas, pp. 107-8

Groselha

Ribes grossularia

Ação: Protege a pele e a gengiva, laxante.

Uso: Alto teor de vitamina C, potássio e pectina, uma fibra natural.

Suco: O azedo da groselha pede que seja adoçada em uma combinação com maçã, uva ou purê de tâmara.

Polpa: Adicione ½ xícara (125 ml) a vitaminas para obter mais benefícios à saúde.

Receitas com groselha
- Groselha mista, p. 182

Groselha-preta (cassis)

Ribes nigrum

Ação: Antioxidante, antibacteriana, antidiarreica, anticancerígena, estimulante da imunidade, ajuda a cicatrização.

Uso: A polpa da groselha é muito rica em vitamina C – 200 mg em 90 g; e a casca e as camadas da polpa mais próximas dela contêm antocianina, que comprovadamente previne o desenvolvimento da bactéria

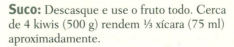

E. coli. A groselha-preta (principalmente as sementes) é rica em ácido gama-linolênico (ácido graxo essencial), importante para a saúde do coração e de muitas funções do organismo. Por isso, a groselha-preta inteira é usada em vitaminas mais do que o seu suco. Embora a groselha vermelha não seja muito comum, ela apresenta propriedades semelhantes e pode ser substituída pela preta.

Compra e conservação: As groselhas (pretas ou vermelhas) frescas não são comuns no Brasil, mas é possível encontrá-las congeladas em seções específicas de alguns supermercados. Embora não sejam tão frágeis como a amora ou a framboesa, as groselhas frescas podem ser guardadas na geladeira, onde ficam até 1 semana, e devem ser lavadas antes do uso.

Suco: Use groselhas pretas ou vermelhas frescas ou congeladas, com sementes. O sabor é azedo, por isso deve ser misturada com sucos mais adoçados, como o de maçã, damasco e banana. Acrescente a polpa a molhos, bolos e biscoitos, patês, saladas e pestos. Duas xícaras (500 ml) rendem ½ xícara de suco.

Polpa: Use as groselhas congeladas ou secas com sementes.

Receitas com groselha-preta
• Abacaxi e frutas vermelhas, p. 174

Kiwi

Actinidia chinensis

Ação: Antioxidante, anticancerígena, auxilia a digestão.

Uso: O kiwi é muito usado em dietas de desintoxicação ou para auxiliar na digestão. Tem alto teor de vitaminas C e E (é uma das poucas frutas que contêm vitamina E), que agem como antioxidantes e protegem as células dos danos dos radicais livres. Também é rico em potássio e contém um pouco de cálcio.

Compra e conservação: Escolha frutas maduras, que cedem ligeiramente à pressão dos dedos. Em saquinho de papel pardo, em temperatura ambiente, o kiwi amadurece depois de 2 ou 3 dias. Conserva-se por pelo menos uma semana na gaveta da geladeira.

Suco: Descasque e use o fruto todo. Cerca de 4 kiwis (500 g) rendem ⅓ xícara (75 ml) aproximadamente.

Polpa: Descasque e corte a fruta fresca ao meio ou em quartos antes de bater no liquidificador.

Receitas com kiwi
• Aurora alaranjada, p. 215
• Azedinho, p. 215
• Coquetel de abacaxi e kiwi, p. 329
• C-Total, p. 179
• Hortelã pré-jantar, p. 222
• Kiwi com sementes, p. 236
• Kiwi picante, p. 222
• Papaia com gengibre, p. 222
• Trópicos, p. 321

Laranja

Ver *Frutas cítricas*, pp. 107-8

Limão

Ver *Frutas cítricas*, pp. 107-8

Limão-siciliano

Ver *Frutas cítricas*, pp. 107-8

Maçã

Malus pumila

Ação: Tonificante, digestiva, diurética, desintoxicante, laxante, antisséptica, antirreumática, reduz o colesterol.

Uso: A maçã fresca ajuda a desintoxicar o organismo, reduz o nível de colesterol do sangue, equilibra o nível de açúcar e auxilia a digestão.
Os franceses usam a casca em preparos para o reumatismo e a gota, bem como em medicamentos

Alimentos saudáveis 109

FRUTAS

para problemas intestinais. A maçã também é muito boa em jejuns para desintoxicar, pois ajuda a eliminar toxinas. É uma boa fonte de vitamina A, além de conter vitamina B e C, riboflavina e apresentar alto teor de dois fitoquímicos importantes: pectina e boro.

Compra e conservação: Procure maçãs sem manchas, firmes, de casca macia. Devido ao intenso uso de pesticidas nas maçãs, prefira as orgânicas sempre que possível ou descasque-a antes de usar. Em lugares frescos, secos e escuros, as maçãs podem durar 1 mês ou mais (ou na gaveta da geladeira).

Suco: A maçã é uma fruta muito versátil, e pode ser misturada em qualquer suco de vegetal para adoçá-lo naturalmente. Quanto mais verde a maçã, mais ácido o suco. Use a polpa e a casca (se orgânica), mas não as sementes. Quatro maçãs médias (500 g) rendem cerca de 1 xícara (250 ml) de suco.

Polpa: Uma maçã, sem casca e sem sementes, picada grosseiramente, rende aproximadamente 1 xícara (250 ml). O suco de maçã caseiro ou comercializado também pode ser usado em vitaminas.

Receitas com maçã
- Alivia-ressaca, p. 175
- Antibiótico ardente, p. 194
- Arroz-doce com maçã, p. 307
- Beterraba, p. 194
- Beterrabas ardentes, p. 195
- Brócolis e cenoura, p. 196
- Cenoura e maçã, p. 197
- Coquetel de maçã e especiarias, p. 331
- Couve-repolho, p. 198
- Cura-ressaca, p. 180
- C-Verde, p. 199
- Imunidade, p. 202
- Maçã com beterraba e pera, p. 185
- Maçã e cranberries, p. 185
- Maçã e pera, p. 186
- Maçã refrescante, p. 186
- Maçãs condimentadas, p. 336
- Pera e erva-doce, p. 188
- Ponche de maçã e laranja, p. 345
- Purê de maçã, p. 311
- Repolho e alecrim, p. 205
- Sopro de outono, p. 273
- Verduras, p. 211

Mamão papaia

Carica papaya

Ação: Antioxidante, anticancerígena, auxilia a digestão.

Uso: Rico em vitaminas A e C, e fonte de potássio.

Compra e conservação: Escolha frutas grandes, firmes, amareladas e sem machucados, que cedam um pouquinho se forem apertadas. Guarde na gaveta da geladeira por 3 a 4 dias.

Suco: Escolha frutas amareladas que cedam ligeiramente ao serem apertadas. Tire a casca, cuidando para não manuseá-las demais. Não é necessário retirar as sementes.

Polpa: O mamão papaia vai muito bem com outras frutas em bebidas e serve para adoçar, acrescentando uma textura cremosa às vitaminas. Use as sementes, pois contêm proteína.

Receitas com mamão papaia
- Aurora alaranjada, p. 215
- Batida tropical, p. 221
- Chá de papaia condimentado, p. 224
- Coquetel dos trópicos, p. 315
- Coquetel pós-jantar, p. 226
- Marinada de mamão, p. 308
- Papaia com gengibre, p. 222
- Sabor dos trópicos, p. 320
- Trópicos, p. 321

Manga

Mangifera indica

Ação: Antioxidante, anticancerígena.

Uso: Com alto teor de vitamina A (uma única manga oferece 8.000 UI de betacaroteno), vitamina C, potássio, niacina e fibra, a manga protege do câncer e da arteriosclerose. Também ajuda o organismo a combater infecções e a regular o intestino.

110   O grande livro dos sucos

FRUTAS

Compra e conservação: Escolha frutas grandes, firmes, sem manchas, em que predominem os tons amarelados ou avermelhados, cuja consistência ceda um pouco quando apertada. Guarde na gaveta da geladeira por 3 a 4 dias.

Suco: Descasque e tire o caroço. Cuidado no manuseio, pois a seiva pode irritar a pele. As mangas dão uma textura cremosa aos sucos.

Polpa: Acrescente uma manga inteira a receitas de vitaminas para obter mais vitamina A.

Receitas com manga
- Abacaxi cremoso, p. 221
- Coquetel dos trópicos, p. 315
- Coração alaranjado, p. 215
- Estrela dourada, p. 259
- Laranja com aveia, p. 271
- Mania de manga, p. 317
- Ouro líquido, p. 318
- Shake tropical, p. 352
- Vitamina de açaí, p. 254

Melancia
Citrullus vulgaris

Ação: Antibacteriana, anticancerígena.

Uso: A melancia contém vitaminas A e C, ferro e potássio. Como apresenta grande quantidade de água, é muito refrescante no verão.

Compra e conservação: A melancia deve ter uma casca verde brilhante e firme (sem amassados nem partes molengas) e ter peso. Deve ser conservada em lugar fresco e escuro ou na geladeira por 2 a 3 dias.

Suco: Tire a casca. Use a polpa e as sementes, que contêm proteína, zinco, vitamina E e ácidos graxos essenciais. O suco de melancia é muito refrescante no calor e mata a sede, sozinho ou misturado com outras frutas. Duas xícaras de pedaços de melancia (500 ml) rendem cerca de 1 xícara (250 ml) de suco.

Polpa: Uma fatia de melancia rende aproximadamente 1 xícara (250 ml) de fruta picada. Use 1 xícara (250 ml) da fruta cortada em sucos de frutas misturadas.

Receitas com melancia
- Água azul, p. 175
- Coquetel de verão, p. 179
- Limão restaurador, p. 184
- Melancia com morangos, p. 186
- Refresco de melancia, p. 188
- Vitamina de melancia, p. 324

Melão
Cucumis melo

cantalupo, amarelo, caipira, charentais, pele de sapo, gália, honey dew

Ação: Antioxidante, anticancerígena, anticoagulante (cantalupo).

Uso: A adenosina é um anticoagulante químico encontrado no melão que diminui o risco de ataques cardíacos e derrames. O melão é uma boa fonte de vitamina A, além de conter vitamina C e cálcio.

Compra e conservação: O melão maduro é pesado e tem um perfume adocicado. Evite a fruta molenga e machucada.

Suco: Escolha melões maduros. Descasque, corte em gomos e faça sucos, com as sementes. Duas xícaras (500 ml) de pedaços de melão rendem cerca de ⅔ xícara (150 ml) de suco.

Polpa: Use 1 ou 2 gomos sem casca para cada receita de vitamina, picando grosseiramente a polpa antes de colocar no liquidificador ou processador.

Receitas com melão
- Bardana e melão, p. 243
- Batida betacaroteno, p. 348
- Carambola no copo, p. 177
- Coquetel cítrico, p. 328
- Coquetel de melão, p. 331
- Coquetel matinal de melão, p. 333
- Coração alaranjado, p. 215
- Explosão beta, p. 181
- Frutas divinas, p. 218
- Frutas vermelhas e melão, p. 182
- Laranja e carambola, p. 183
- Melão-melão, p. 219
- Reforço beta, p. 319
- Sonífero de melão, p. 281
- Vitamina calmante de camomila, p. 322

Alimentos saudáveis   111

FRUTAS

Mexerica

ver *Frutas cítricas*, pp. 107-8

Mirtilo

Vaccinium species

Ação: Antidiarreica, antioxidante, antibacteriana, antiviral.

Uso: O mirtilo apresenta altas concentrações de taninos, que combatem bactérias e vírus e auxiliam a prevenir (ou aliviar) infecções da bexiga. As antocianinas protegem os vasos sanguíneos do acúmulo de colesterol. Com altos teores de pectina, vitamina C, potássio e ácido acetilsalicílico natural, o mirtilo também acrescenta mais fibras às vitaminas.

Compra e conservação: Um certo prateado na casca do mirtilo indica que é fresco. Mas no Brasil ainda não são facilmente encontrados ao natural, pois seu cultivo é recente e se restringe às regiões de clima mais frio. É possível encontrá-los congelados em alguns supermercados.

Suco: Se frescos, devem ser usados imediatamente após a compra, mas, se necessário, conservam-se apenas por 1 dia na geladeira. Seu sabor é azedo, sobretudo nas variedades mais silvestres. Para prevenir ou tratar de infecção na bexiga, utilize pelo menos ½ xícara (125 ml) de suco adicionado a outros ingredientes e consumido diariamente no mínimo por 3 semanas. Duas xícaras (500 ml) da fruta rendem cerca de ½ xícara (125 ml) de suco.

Polpa: Acrescente ¼ a ½ xícara (50 a 125 ml) às vitaminas para obter mais benefícios à saúde.

Receitas com mirtilo

- Abacaxi avermelhado, p. 174
- Abacaxi cremoso, p. 221
- Abacaxi e frutas vermelhas, p. 174
- Água azul, p. 175
- Ameixa para imunidade, p. 241
- Batida de iogurte e frutas vermelhas, p. 256
- Bomba de energia, p. 257
- Carambola e frutas vermelhas, p. 176
- Cereja azul, p. 315
- Chá verde e mirtilos, p. 245
- Combo de açaí, p. 271
- Coração roxo, p. 217
- Estrela azul, p. 248
- Fruta da vida, p. 249
- Frutas vermelhas e iogurte, p. 181
- Frutas vermelhas e limão, p. 227
- Frutas vermelhas e melão, p. 182
- Frutinhas da juventude, p. 249
- Mexerica e linhaça, p. 251
- Mirtilos, p. 187
- Néctar de verão, p. 187
- Vitamina de melancia, p. 324

Morango

Fragaria species

Ação: Antioxidante, antiviral, anticancerígena.

Uso: Eficaz contra pedra nos rins, gota, reumatismo e artrite, o morango é também usado em sucos de limpeza e como um tônico suave para o fígado. Tem alto teor de ácido elágico, que é anticancerígeno, e vitamina C. É também uma boa fonte de vitamina A e potássio, além de conter um pouco de ferro. As folhas e a fruta têm uso medicinal. O chá da folha de morango pode ser usado para tratar a diarreia e a disenteria.

Compra e conservação: Colha ou escolha morangos firmes e de cor viva, com o cabinho. É melhor usá-los imediatamente, mas também podem ser guardados na geladeira por não mais que 2 dias. Lave-os pouco antes de usar.

Suco: Lave os morangos pouco antes de usar. Os morangos oferecem um sabor adocicado e forte aos sucos. Combinam melhor com apenas uma ou duas outras frutas, embora fiquem bem em sucos com outras frutas vermelhas. O sabor é realçado com uma pequena quantidade de suco cítrico. Duas xícaras (500 ml) rendem cerca de ½ xícara (125 ml) de suco.

Polpa: O morango vai bem com banana e outras frutas batidas. A combinação tradicional de vitaminas inclui morango, banana e suco de laranja.

Receitas com morango

- Acorde e brilhe, p. 214
- Amanhecer supremo, p. 176
- Ataque das frutas vermelhas, p. 242

FRUTAS

- Coquetel cítrico, p. 328
- Coração vermelho, p. 217
- Despertador, p. 181
- Espuma de morangos, p. 218
- Frozen de morangos, p. 377
- Frutas divinas, p. 218
- Frutas vermelhas e iogurte, p. 181
- Frutinhas da juventude, p. 249
- Limonada com morango e laranja, p. 185
- Melancia com morangos, p. 186
- Morango e cítricos, p. 237
- Morangos e framboesas, p. 252
- Ponche de frutas, p. 344
- Refresco de melancia, p. 188
- Remédio de repolho, p. 219
- Ruibarbo, p. 189
- Shake de morangos, p. 350
- Vitamina gelada de laranja, p. 273

Nectarina

Prunus persica var. nectarina

Ação: Antioxidante, anticancerígena.

Uso: Boa fonte de vitaminas A e C e potássio, a nectarina é uma fruta antiga e não um híbrido de pêssego com ameixa, como muita gente pensa.

Compra e conservação: Escolha frutas com algumas partes de um vermelho vivo, que sejam macias e firmes, sem áreas molengas. A nectarina deve ter um peso, de acordo com o tamanho (ou seja, estar bem suculenta), e ser firme ao toque mas não dura.

Suco: Escolha frutas macias porém firmes, sem partes moles. Corte-as ao meio, retire o caroço e faça o suco sem descascá-las. A nectarina é mais doce que o pêssego, e pode substituí-lo nas receitas de suco. Cerca de 3 nectarinas (500 g) rendem 1 xícara (250 ml) de suco.

Polpa: Corte a fruta em quartos, retire o caroço e junte aos demais ingredientes no liquidificador ou processador.

Receitas com nectarina

- Néctar de flores, p. 341
- Néctar de verão, p. 187
- Sonífero de melão, p. 281

Pera

Pyrus communis

Ação: Protege o cólon.

Uso: Talvez a fruta de cultivo mais antigo, a pera é uma boa fonte de vitamina C, boro e potássio. É também uma fonte adocicada de fibras.

Compra e conservação: A pera deve ser ligeiramente firme, sem manchas, e ter cheiro agradável. Em geral, são oferecidas antes de estarem completamente maduras, e nesse caso podem amadurecer embrulhadas em papel jornal em temperatura ambiente durante 1 a 3 dias. A pera madura pode ser conservada na gaveta da geladeira por 3 a 4 dias.

Suco: Experimente variedades diferentes de pera. Escolha a fruta firme e sem amassados, e faça suco com a pera inteira. Aproximadamente 3 peras (500 g) rendem cerca de ½ xícara (125 ml) de suco.

Polpa: As peras enlatadas caem bem em vitaminas; basta escorrer o caldo e fatiá-las.

Receitas com pera

- Cenoura na cabeça, p. 197
- Maçã com beterraba e pera, p. 185
- Maçã refrescante, p. 186
- Pera com espinheiro, p. 205
- Pera e abacaxi, p. 187
- Pera e erva-doce, p. 188
- Pera e romã, p. 238
- Pera picante, p. 336
- Refresco de outono, p. 188
- Sopro de outono, p. 273

Pêssego

Prunus persica

Ação: Antioxidante, anticancerígena.

Uso: Rico em vitamina A e potássio, o pêssego contém boro, niacina, vitamina C e um pouco de ferro, auxiliando na proteção contra o câncer, a osteoporose e doenças

Alimentos saudáveis **113**

FRUTAS

cardíacas, além de apresentar baixo teor de açúcar (cerca de 9%).

Compra e conservação: São preferíveis as frutas pesadas e cheias para o tamanho, com uma casca ligeiramente firme e penugem. Guarde na gaveta da geladeira por até 4 dias. As variedades sem caroço são mais fáceis de manusear.

Suco: Escolha frutas firmes e coloridas, que cedam a uma pressão delicada. Corte ao meio, retire e descarte o caroço e faça suco com a casca. Aproximadamente 4 pêssegos (500 g) rendem cerca de ⅔ xícara (150 ml) de suco.

Polpa: Os pêssegos em lata também dão boas vitaminas; basta escorrer e fatiar.

Receitas com pêssego
- Betacaroteno, p. 176
- Coquetel de verão, p. 179
- Damasco e pêssego, p. 180
- Néctar de flores, p. 341
- Néctar de verão, p. 187
- Ouro líquido, p. 318
- Pepino e pêssego, p. 204
- Refresco de outono, p. 188

Romã

Punica granatum

Ação: Antidiarreica, antifebril, adstringente.

Uso: Os níveis altos de taninos e flavonoides ricos em antioxidantes no suco e na casca da romã a tornam benéfica na prevenção de algumas formas de câncer. Tradicionalmente usada para diminuir febres.

Compra e conservação: Escolha frutas firmes, de um vermelho vivo, com peso e sem machucados. Inteiras, as romãs se conservam até 2 meses na gaveta da geladeira. As sementes inteiras podem ser congeladas e conservadas por até 3 meses (descongele um pouco antes de fazer o suco).

Suco: Descasque e retire o máximo da membrana branca antes de fazer o suco. Use as sementes de 1 ou 2 romãs inteiras em combinação com outras frutas.

Polpa: Use o suco.

Receitas com romã
- Acorde e brilhe, p. 214
- Espuma de morangos, p. 218
- Fruta da vida, p. 249
- Horizonte vermelho, p. 183
- Laranja e romã, p. 183
- Mais romã, p. 218
- Pera e romã, p. 238
- Romã e frutas vermelhas, p. 228
- Roma romã, p. 189

Ruibarbo

Rheum species

Ação: Laxante.

Uso: O ruibarbo na verdade é uma verdura que costuma ser usada como se fosse fruta. Tem alto teor de potássio e contém uma boa quantidade de ferro. Uma xícara de ruibarbo cozido (250 ml) contém duas vezes mais cálcio que a mesma quantidade de leite.

Cuidados: As folhas do ruibarbo nunca devem ser usadas, pois não são comestíveis e são tóxicas devido a uma grande concentração de ácido oxálico.

Compra e conservação: Se você não plantar ruibarbo, não é muito fácil de encontrá-lo no Brasil. Escolha talos finos e firmes que sejam pelo menos 90% vermelhos. O ruibarbo deve estalar ao ser dobrado. Conserve em lugar fresco e seco ou na gaveta da geladeira por, no máximo, 2 dias.

Suco: Use o talo e a raiz, mas não as folhas, que contêm concentrações tóxicas de ácido oxálico. O ruibarbo pode ser usado fresco ou congelado. A fim de suavizar sua acidez, combine-o com frutas mais doces ou sucos.

Polpa: Bata pedaços de ruibarbo com frutas adocicadas, ou com açúcar de bordo, estévia ou açúcar, e depois use com outras frutas frescas nas vitaminas.

Receitas com ruibarbo
- Combo de frutas vermelhas, p. 339
- Ruibarbo, p. 189
- Frutas vermelhas e iogurte, p. 181

FRUTAS

Tâmara
Phoenix dactylifera

Ação: Estimula os níveis de estrogênio, laxante.

Uso: A tâmara é fonte de boro, que previne a perda de cálcio, muito importante no combate à osteoporose e ao enfraquecimento ósseo. Contém vitamina A, B1 (tiamina), B2 (riboflavina), C e D, bem como valiosos sais minerais e fibras.

Suco: A tâmara não contém muita água, portanto, não dá muito suco, embora um purê de tâmaras possa ser adicionado a alguns sucos de vegetal para adoçá-los e dar mais sabor.

Polpa: Use 3 a 4 tâmaras para adoçar as vitaminas e deixá-las mais espessas.

Receita com tâmara
- Alfarroba quente, 348
- Leite de oleaginosas, p. 346
- Maçãs condimentadas, p. 336
- Shake de pera e amêndoas, p. 351
- Vitamina com alga marinha, p. 322

Uva
Vitis vinifera

Ação: Antioxidante, antiviral, anticancerígena.

Uso: As uvas são ricas em ácidos elágicos e cafeicos, que desativam agentes cancerígenos, e são também boas fontes de potássio. Os flavonoides do suco de uva protegem o coração, e o resveratrol encontrado no vinho tinto e no suco de uva roxa tem um efeito protetor do sistema cardiovascular. Além disso, as uvas contêm boro, que auxilia os níveis de estrogênio, prevenindo assim a perda de cálcio e a osteoporose.

Compra e conservação: É preferível comprar uvas orgânicas, devido à grande quantidade de pesticidas usada nos cultivos não orgânicos. Ao comprar uvas, prefira as de cor viva, carne firme e lisa. Lave-as em peróxido de hidrogênio (ou outro produto semelhante) e conserve-as na gaveta da geladeira por 3 a 4 dias.

Suco: As variedades sem sementes são melhores. Lave-as bem e faça suco com as uvas inteiras. Duas xícaras (500 ml) rendem cerca de ¾ xícara (175 ml) de suco.

Polpa: Use uvas frescas sem sementes ou uvas-passas em vitaminas e bebidas batidas.

Receitas com uva
- Amanhecer supremo, p. 176
- Coquetel de hortelã, p. 178
- Coquetel de verão, p. 179
- Coração de uva, p. 216
- Coração roxo, p. 217
- Cranberry, p. 179
- Damasco e pêssego, p. 180
- Frutas apimentadas, p. 227
- Frutas vermelhas e limão, p. 227
- Frutas vermelhas e melão, p. 182
- Laranja com uvas, p. 251
- Maçã e pera, p. 186
- Maçã refrescante, p. 186
- Mirtilos, p. 187
- Pera e abacaxi, p. 187
- Poder roxo, p. 261
- Refresco de pepino, p. 205
- Suco de cereja, p. 189
- Uvas do bem, p. 229
- Uvas poderosas, p. 191

Alimentos saudáveis

FRUTAS

Principais frutas antioxidantes

O índice ORAC (do inglês, Oxygen Radical Absorbance Capacity) é um sistema que mensura a capacidade antioxidante das frutas e dos legumes. Um total de 1.607 unidades ORAC corresponderia em média a consumir cinco porções variadas de frutas e legumes por dia. Fazer sucos ou vitaminas com frutas e hortaliças ricas em antioxidantes, ou com uma taxa ORAC alta, significa muito mais proteção contra os prejuízos dos radicais livres.

Frutas	Quantidade	Valor ORAC
Açaí	½ xícara (125 ml)	16.140
Romã	2 frutas inteiras	10.500
Mirtilo	1 xícara (250 ml) de frutas inteiras frescas	9.019
Cranberry	1 xícara (250 ml) de frutas inteiras	8.983
Amora	1 xícara (250 ml) de frutas frescas	7.701
Ameixa seca	½ xícara (125 ml)	7.291
Framboesa	1 xícara (250 ml)	6.059
Morango	1 xícara (250 ml)	5.938
Maçã Red Delicious	1	5.900
Cereja docinha	1 xícara (250 ml)	4.873
Ameixa-preta	1	4.844

* Fonte: Dados sobre alimentos com altos teores de antioxidantes do USDA (Departamento de Agricultura dos Estados Unidos).

Hortaliças

Abóbora

Cucurbita species

abóbora de pescoço, abóbora paulista, abóbora-jacaré, abóbora japonesa, moranga

Ação: Antioxidante, anticancerígena.

Uso: É possível encontrar abóbora o ano todo. É fonte de vitamina A.

Compra e conservação: Conserve a abóbora inteira em um saco plástico ventilado na geladeira. Se bem guardada, ela dura várias semanas. E a abóbora cozida pode ser congelada para ser usada em vitaminas.

Suco: Esfregue e retire o talo. Se não for do tipo muito duro (nem encerado), use a casca e as sementes também no suco (elas são ricas em substâncias anticancerígenas). Cerca de meia abóbora média (500 g) rende ½ xícara (125 ml) de suco, aproximadamente.

Polpa: É muito prático usar sobras de abóbora cozida – e também congelada – em vitaminas.

Receitas com abóbora
- Abóbora especial, p. 192
- Coquetel café da manhã, p. 327
- Coração de abóbora, p. 216
- Magia verde, p. 203
- Pão de abóbora e tomilho, p. 310
- Surpresa de algas marinhas, p. 207

Abobrinha

Cucurbita pepo

abobrinha italiana, abobrinha menina brasileira, abobrinha amarela

Ação: Antioxidante.

Uso: Boa fonte de vitaminas A e C, potássio e niacina, a abobrinha tem sabor suave e combina bem com hortaliças mais fortes.

Compra e conservação: Embora a abobrinha cresça bastante, quanto menor, mais tenra. Procure as de casca fina, sem cortes nem machucados e com os talos intactos, de preferência.

Suco: Escolha abobrinhas firmes e pequenas. Esfregue bem, sem tirar a casca. Cerca de 1 abobrinha média (300 g) rende 1 xícara (250 ml) de suco, aproximadamente.

Polpa: Pique a abobrinha grosseiramente antes de processá-la.

Receitas com abobrinha
- Coquetel suco de tomate, p. 333
- O refrescante, p. 204

Acelga

Ver Verduras, p. 127

Agrião

Rorippa nasturtium--aquaticum

Ação: Antioxidante, diurética, anticancerígena, tônica, antibiótica, desintoxicante.

Uso: Rico em fibras e em vitamina C e boa fonte de vitamina A, o agrião é silvestre e cresce em volta de riachos e em terra bem úmida. Cuidado para não colher agrião de áreas onde os riachos recebem a água que vem diretamente das plantações e pastos, pois ele absorve a química e todos os produtos derivados das fezes dos animais.

Compra e conservação: Se for colher, colha pouco antes de usar. Ao comprar, escolha os maços de ramos bem verdes, firmes e de folhas crocantes. Remova as folhas amareladas ou murchas. O agrião é frágil e deve ser usado de imediato. Enrolado em uma toalha na gaveta da geladeira, pode durar 1 a 2 dias.

Suco: Lave bem e processe junto com outras hortaliças. O agrião oferece um sabor ligeiramente picante aos sucos.

Alimentos saudáveis 117

HORTALIÇAS

Polpa: Use com moderação. Acrescente no máximo 3 raminhos de agrião (folhas e talos) às bebidas batidas.

Receitas com agrião
- Agrião, p. 192
- Coquetel de tomate e pimentão, p. 332
- C-Verde, p. 199
- Festa da primavera, p. 201
- Solvente de cálculos, 206
- Tônico dente-de-leão, p. 208

- Cesta da horta, p. 276
- Coração de beterraba, p. 216
- Couve-repolho, p. 198
- Destruidor de gota, p. 200
- Imunidade, p. 202
- Lanche líquido, p. 203
- Magia verde, p. 203
- O refrescante, p. 204
- Pepino e pêssego, p. 204
- Solvente de cálculos, p. 206
- Suco saladinha, p. 207
- Surpresa de algas marinhas, p. 207
- Verduras amargas, p. 233
- Verduras, p. 211

Aipo (salsão)

Apium graveolens var. dulce e Celeriac Apium graveolens var. rapaceum

Ação: Levemente diurética, anticancerígena.

Uso: Sendo às vezes usado como tratamento para pressão alta (2 a 4 talos por dia), o salsão também ajuda a desintoxicar carcinogênios (ver também Sementes de aipo, p. 157, sobre as propriedades medicinais).

Compra e conservação: O aipo fresco tem folhas verdes crespas e talos firmes e cheios de nervuras. (As folhas são retiradas dos talos mais velhos.) Conserve na geladeira por até 2 semanas em sacos plásticos ventilados.

Suco: Use os talos e as folhas. Um talo rende cerca de ¼ xícara (50 ml) de suco. Pique o salsão para facilitar.

Polpa: Use as folhas e os talos em coquetéis de hortaliças para obter um sabor salgado natural. Corte em pedaços antes de bater.

O aipo-rábano, raiz de uma variedade diferente de salsão, oferece um sabor mais forte às vitaminas. Retire a casca mais dura, fatie e pique antes de colocar no processador.

Receitas com aipo
- A espiral, p. 255
- Aipo, p. 193
- Alcachofra oito, p. 193
- Beterrabas ardentes, p. 195
- Cenoura e maçã, p. 197

Alcachofra-de--jerusalém

Helianthus tuberosus

Ação: Antibacteriana.

Uso: A alcachofra-de--jerusalém é a raiz tuberosa de uma planta da família do girassol (por isso é também conhecida como "girassol batateiro"). Seu sabor adocicado e frutado combina bem com sucos. Os diabéticos digerem facilmente a inulina, um tipo de carboidrato encontrado nessa hortaliça. Ela é também uma fonte de cálcio, ferro e magnésio.

Suco: Esfregue bem e corte as raízes maiores ao meio. Uma xícara (250 ml) da raiz rende ½ xícara (125 ml) de suco, aproximadamente.

Polpa: Escalde em água fervente por 3 minutos, depois deixe esfriar e pique grosseiramente antes de adicionar às bebidas batidas.

Receitas com alcachofra-de-jerusalém
- Alcachofra e cenoura, p. 193
- Alcachofra oito, p. 193
- Brócolis e alcachofra, p. 196

Alface

Ver Verduras, p. 127

HORTALIÇAS

Alho
Ver p. 132

Receitas com alho
- Antibiótico ardente, p. 194
- Antioxidante de alho, p. 241
- Beterraba com olmo, p. 194
- Coquetel cajun, p. 328
- Coquetel de repolho, p. 332
- Coquetel de tomate e pimentão, p. 332
- Coquetel digestivo, p. 226
- Coquetel suco de tomate, p. 333
- Coração de abóbora, p. 216
- Destruidor de gota, p. 200
- Gazpacho de abacate, p. 308
- Imunidade, p. 202
- Repolho com pimentões, p. 228
- Salsa cajun, p. 312
- Suco quente de tomate, p. 312

Alho-poró
Allium ampeloprasum

Ação: Expectorante, diurética, calmante, laxante, antisséptica, digestiva, hipotensiva.

Uso: De fácil digestão, o alho-poró é usado em tônicos, sobretudo durante convalescências. Pode ser misturado a bebidas quentes para aliviar irritações de garganta, graças às suas características quentes, expectorantes e estimulantes.

Compra e conservação: O talo de um verde vivo, sem sinal de estar murcho nem viscoso e a raiz branca e firme intacta significam que o alho-poró é fresco. Sem lavar e em saco plástico ventilado, ele dura de 1 a 2 semanas na geladeira.

Suco: Deixe intactas a raiz e as folhas verde-escuras, separando e lavando bem todas as camadas. Use de meio a 1 alho-poró a cada porção.

Polpa: Apare e lave bem, cortando o alho-poró em pedaços antes de processar.

Receitas com alho-poró
- Alcachofra oito, p. 193
- Suculento, p. 207

Aspargo
Asparagus officinalis

Ação: Antioxidante, anticancerígena, e diurética. Combate a catarata e auxilia a cicatrização.

Uso: O aspargo é uma das únicas quatro hortaliças ricas em vitamina E. Também é fonte das vitaminas A e C, bem como de potássio, niacina e de algum ferro.

Compra e conservação: Escolha pontas firmes e talos verdes e macios meio esbranquiçados na ponta. O aspargo fresco estala no ponto em que o talo macio se une à ponta mais dura. Conserve os talos na geladeira, em pé em 1 cm de água, por até 2 dias.

Suco: Lave os talos (não é necessário aparar) e enfie-os no processador pela ponta dura. Quanto ao rendimento, 500 g de aspargo rendem cerca de ¾ xícara (175 ml) de suco.

Polpa: Corte a ponta dura e cozinhe os aspargos em água fervente por 3 minutos. Escorra, deixe esfriar em temperatura ambiente e pique grosseiramente antes de adicioná-los a vitaminas. Aspargos congelados ou em conserva com seu suco podem substituir os frescos, se estes não estiverem disponíveis.

Receitas com aspargo
- Festa da primavera, p. 201
- Fólico extra, p. 202
- Suco ABC, p. 206

Beterraba
Beta vulgaris

Ação: Antibacteriana, antioxidante, tônica, purificadora, laxante.

Uso: A beterraba (a raiz da planta) tem alto teor de vitamina A e da enzima betaína, que nutre e fortalece o fígado e a vesícula biliar. A beterraba é também uma fonte excelente de potássio e limpa o fígado, os rins e a vesícula.

Alimentos saudáveis 119

HORTALIÇAS

Compra e conservação: As folhas verdes, vivas e crocantes indicam beterrabas frescas (ver Verduras, p. 127, para saber como usar as folhas da beterraba em vitaminas). Compre pequenas beterrabas firmes e sem machucados com as folhas intactas, se possível. Para armazenar, corte e trate como verduras comuns. Conserve as beterrabas sem lavar em saquinhos plásticos na geladeira. Elas duram até 1 semana e meia. Lave pouco antes de preparar.

Suco: Esfregue os bulbos sem tirar a casca. Na máquina de fazer suco, coloque primeiro as folhas e depois a beterraba. Duas beterrabas médias com as folhas (500 g) rendem cerca de 1 xícara (250 ml) de suco.

Polpa: Use beterrabas cozidas, congeladas ou em conserva com o caldo.

Receitas com beterraba
- A força do Popeye, p. 256
- Beterraba, p. 194
- Beterraba calmante, p. 275
- Beterraba com olmo, p. 194
- Beterraba verde, p. 195
- Beterrabas ardentes, p. 195
- Coração de beterraba, p. 216
- Cranberry quente, p. 335
- Diabo vermelho, p. 201
- Festa da primavera, p. 201
- Hora de dormir, p. 280
- Maçã com beterraba e pera, p. 185
- Mix de tubérculos, p. 204
- Ponche de maçã e laranja, p. 345
- Saúde da hipófise, p. 239
- Tomate azedinho, p. 208
- Verduras, p. 211

Brócolis

Brassica oleracea var. italica

Ação: Antioxidante, anticancerígena, auxilia na cicatrização, combate a catarata.

Uso: O brócolis é uma das quatro hortaliças ricas em vitamina E. Também é rico em compostos anticancerígenos (indol e glucosinolato) e tem um bom teor de vitaminas A, B e C.

Compra e conservação: O brócolis amarela ao ficar velho, portanto, os sinais de que é fresco são brotos firmes e de um verde bem escuro. Os talos finos são mais macios que os grossos ou ocos. Conserve o brócolis em sacos plásticos ventilados na gaveta da geladeira por até 3 dias.

Suco: Use os talos grossos e as folhas, bem como os buquês.

Polpa: Use o brócolis fresco cozido, congelado ou em conserva com o caldo.

Receitas com brócolis
- Antioxidante de alho, p. 241
- Brócolis com gengibre, p. 196
- Brócolis e alcachofra, p. 196
- Brócolis e cenoura, p. 196
- Cenoura picante, p. 198
- Construtor ósseo, p. 259
- Coquetel de couve-flor, p. 330
- Crucíferos, p. 199
- Deusa verde, p. 200
- Escudo antiferrugem 1, p. 247
- Fonte da juventude, p. 248
- O melhor da colheita, p. 272
- Pimentão vermelho, p. 253
- Presente verde, p. 253
- Refresco crucífero, p. 238
- Saúde da hipófise, p. 239
- Suco ABC, p. 206
- Vitamina cremosa de brócolis, p. 262

Cebola

Allium species

Ação: Antibacteriana, anticancerígena, antioxidante, estimulante, antisséptica, desintoxicante, reduz o nível de colesterol do sangue, hipotensiva, reduz o nível de açúcar do sangue, diurética, protege o coração.

Uso: A cebola ajuda a prevenir tromboses, reduz a pressão sanguínea, diminui o nível de açúcar do sangue, previne reações inflamatórias e evita o desenvolvimento de células cancerígenas. As echalotas e as cebolas amarelas ou roxas são as mais ricas fontes de quercetina, um poderoso fitoquímico antioxidante e inibidor do câncer.

HORTALIÇAS

Compra e conservação: Observe bem cada cebola, certificando-se de que a casca está seca e firme. Evite cebolas com pescoço fibroso e manchas escurecidas. Se conservadas em um lugar seco e fresco, com boa circulação de ar, elas duram até 2 semanas (1 mês ou mais na geladeira).

Suco: Não tire a casca, corte ao meio para processar. Bata com outros sucos. Uma cebola média rende aproximadamente 2 colheres de sopa (45 ml) de suco.

Polpa: As cebolas mais doces ou as roxas são melhores para vitaminas, pois seu sabor é mais suave. Descasque e corte antes de processar.

Receitas com cebola
- Antioxidante de alho, p. 241
- Coração de beterraba, p. 216
- Couve-repolho, p. 198
- Ervilhas e cenoura, p. 201
- Molho curry, p. 309
- O melhor da colheita, p. 272
- Refresco crucífero, p. 238
- Tomate picante, p. 219
- Vigor, p. 229

Cenoura

Daucus carota ssp. Sativus

Ação: Antioxidante, anticancerígena, protege as artérias, expectorante, antisséptica, diurética, reforça a imunidade, antibacteriana, reduz os níveis de colesterol do sangue, previne a constipação.

Uso: A cenoura é extremamente nutritiva e rica em vitaminas A, B e C; ferro, cálcio, potássio e sódio. Faz uma limpeza do fígado e do sistema digestório, ajuda a evitar a formação de pedras nos rins e alivia a artrite e a gota. Suas propriedades antioxidantes têm origem nos carotenoides (incluindo o betacaroteno), que combatem o risco de câncer, como já foi demonstrado, e protegem das doenças vasculares e cardíacas, além de reduzir o colesterol do sangue. A cenoura reforça as funções cerebrais e diminui o risco de catarata e de degeneração macular.

Compra e conservação: A parte verde continua a "sugar" os nutrientes da cenoura, portanto, escolha cenouras frescas vendidas sem as folhas ou retire-as logo em seguida. Escolha cenouras firmes e bonitas, sem cortes. Se guardadas em lugar fresco e úmido, elas não murcham. Conserve por até 2 semanas em saco plástico ventilado na gaveta da geladeira.

Suco: A cenoura é a mais versátil das hortaliças adocicadas, e pode ser usada em quase todas as receitas de suco. Quanto mais forte a cor, maior a concentração de caroteno. Não use as folhas em sucos. Cerca de 6 cenouras médias (500 g) rendem 1 xícara (250 ml) de suco ou mais, aproximadamente.

Polpa: O cozimento libera o caroteno (precursor da vitamina A), o agente anticancerígeno presente na cenoura. Cozinhe a cenoura só para amolecê-la ou cozinhe no vapor e depois acrescente à mistura de outras frutas ou hortaliças.

Receitas com cenoura
- Alcachofra e cenoura, p. 193
- Betacaroteno, p. 176
- Beterraba, p. 194
- Beterraba calmante, p. 275
- Brócolis e cenoura, p. 196
- Cenoura allium, p. 197
- Cenoura com erva-doce e laranja, p. 177
- Cenoura condimentada, p. 275
- Cenoura e maçã, p. 197
- Cenoura na cabeça, p. 197
- Couve-repolho, p. 198
- Delícia de laranja, p. 180
- Destruidor de gota, p. 200
- Ervilhas e cenoura, p. 201
- Explosão beta, p. 181
- Imunidade, p. 202
- Lanche líquido, p. 203
- Laranja picante, p. 184
- Mix de tubérculos, p. 204
- Repolho e alecrim, p. 205
- Solvente de cálculos, p. 206
- Suculento, p. 207

Couve

Ver Verduras, p. 127

Alimentos saudáveis

HORTALIÇAS

Couve-de-bruxelas
ver Repolho, p. 126

Couve-flor
Brassica oleracea var. botrytis

Ação: Antioxidante, anticancerígena.

Uso: Como todas as hortaliças crucíferas (repolho, couve-de-bruxelas, brócolis, couve, couve-rábano), a couve-flor é rica em compostos anticancerígenos (indol), além de conter vitamina C e potássio, bem como alguma proteína e ferro.

Compra e conservação: A couve-flor fresca tem buquês cheios e bem unidos, e a cabeça é rodeada de folhas verdes e crocantes. Conserve-a na geladeira, em saco plástico com furinhos, sem apertá-la, por no máximo 1 semana.

Suco: Lave e corte em pedaços, deixando o talo e as folhas intactas – 500 g de buquês rendem aproximadamente 1 xícara (250 ml) de suco.

Polpa: Corte a couve-flor em pedaços e cozinhe antes de bater. Use um pouco do talo se ele não for muito duro.

Receitas com couve-flor
- Cenoura na cabeça, p. 197
- Coquetel de couve-flor, p. 330
- Couve-repolho, p. 198
- Crucíferos, p. 199
- O melhor da colheita, p. 272
- Refresco crucífero, p. 238
- Vitamina cremosa de brócolis, p. 262

Erva-doce (funcho)
Foeniculum vulgare

Ação: Antioxidante, as sementes são digestivas.

Uso: Sendo uma hortaliça com bulbo como o aipo, mas com um distinto sabor adocicado de anis, a erva-doce é uma boa fonte de vitamina A.

Compra e conservação: Evite os talos de erva-doce murchos ou escurecidos. O bulbo deve ser firme e de um branco esverdeado. Retire as folhas e conserve a hortaliça na geladeira por até 1 semana.

Suco: Use as folhas se estiverem nos talos. Use apenas um quarto do bulbo (ou menos) por porção de suco. Quantidades maiores deixam o sabor muito acentuado.

Polpa: Use um quarto do bulbo da erva-doce cru, picado, cozido ou congelado em vitaminas.

Receitas com erva-doce
- Aipo, p. 193
- Brócolis e alcachofra, p. 196
- Coquetel digestivo, p. 226
- Ervilhas e cenoura, p. 201
- Fantasia de erva-doce, p. 221
- Frapê de cenoura com erva-doce e laranja, p. 366
- Gole divino, p. 202
- Kelp, p. 203
- Pera e erva-doce, p. 188
- Refresco de melancia, p. 188
- Repolho picante, p. 228
- Suco de cereja, p. 189
- Vigor, p. 229
- Vitamina de gengibre, p. 273

Ervilha
Ver Leguminosas, p. 123

Espinafre
Spinacea oleracea

Ação: Anticancerígena, melhora a memória, antioxidante, reforça a cicatrização, combate a catarata e a anemia.

Uso: Boa fonte de colina, que melhora as funções cerebrais, e de ácido fólico, que protege o coração, o espinafre é uma das quatro hortaliças ricas em vitamina E. É também rico em luteína, que

HORTALIÇAS

combate o câncer, em clorofila e vitaminas A e C. Também é uma boa fonte de cálcio, ferro, proteína e potássio.

Compra e conservação: Prefira o espinafre em maço em vez do espinafre embalado. Mas certifique-se de lavá-lo bem, pois tende a ser arenoso. Escolha folhas bem verdes, largas e crocantes, sem sinal de amarelado, nem murchas nem molengas. O espinafre dura até 3 dias em um saco plástico ventilado na gaveta da geladeira. Retire as folhas amarelas e murchas antes de usar.

Suco: Lave bem. Faça um rolinho em volta do talo e enfie no processador.

Polpa: Em bebidas batidas, use as folhas mais frescas do espinafre ou espinafre congelado. Retire os galhinhos e talos mais duros e pique as folhas grosseiramente antes de bater.

Receitas com espinafre
- A força do Popeye, p. 256
- Alcachofra oito, p. 193
- Beterraba verde, p. 195
- Cenoura allium, p. 197
- Cenoura condimentada, p. 275
- Cenoura picante, p. 198
- C-Verde, p. 199
- Festa da primavera, p. 201
- Fólico extra, p. 202
- Gole amargo, p. 233
- Green peace, p. 280
- Magia verde, p. 203
- Reforço verde, p. 261
- Repolho e alecrim, p. 205
- Saúde hormonal, p. 239
- Vagem, p. 261
- Verduras, p. 211
- Vitamina cremosa de brócolis, p. 262
- Vitamina energia verde, p. 325
- Vitamina esperta, p. 325

Leguminosas

Phaseolus vulgaris

feijões, vagem, ervilha, ervilha-torta

Ação: Melhora a memória, antioxidante.

Uso: Em termos botânicos, as vagens e ervilhas se equivalem ao feijão, pois são plantas leguminosas, ou seja, as sementes se desenvolvem dentro de vagens. No entanto, as vagens frescas têm menos nutrientes que o feijão. Sendo boa fonte de colina, que beneficia as funções mentais, o feijão também contém vitamina A e potássio, bem como alguma proteína, ferro, cálcio e vitaminas B e C. Os aminoácidos presentes no feijão e nas ervilhas tornam esses alimentos muito valiosos para vegetarianos.

Compra e conservação: Compre feijão e ervilha frescos, com vagens firmes sem sinal de estarem murchas. Quanto maior o grão dentro da vagem, mais velha é a leguminosa. As ervilhas e ervilhas-tortas devem ser flexíveis, mas estalar ao serem dobradas. As ervilhas, vagens e favas sem lavar podem ser conservadas em sacos plásticos por 2 a 3 dias na geladeira. Ervilhas e vagens frescas escaldadas podem ser congeladas.

Suco: Ervilhas e vagens frescas podem ser usadas em sucos, mas como contêm pouca água ficam melhor em vitaminas.

Polpa: Ervilhas cruas ou escaldadas engrossam bebidas. Lave, tire das vagens e bata com outras frutas e legumes em quantidades de ¼ xícara (50 ml). Grão-de-bico, lentilha e feijão colocados de molho são excelentes se adicionados a vitaminas, pois oferecem mais proteína e engrossam a bebida.

Receitas com leguminosas
- Delícia de ervilhas, p. 199
- Ervilhas e cenoura, p. 201
- Suco saladinha, p. 207
- Vagem, p. 261

Moranga

Ver Abóbora, p. 117

Mostarda

Ver Verduras, p. 127

Alimentos saudáveis 123

HORTALIÇAS

Nabo
Brassica rapa

Ação: Tônica, descongestionante, antibacteriana, anticancerígena, diurética.

Uso: O nabo tem um efeito benéfico no sistema urinário, purificando o sangue e auxiliando a eliminar toxinas. Sendo assim, combina bem com vitaminas de limpeza. Tanto a raiz quanto a parte verde (ver Verduras, p. 127) são ricas em glucosinolatos, considerados responsáveis por impedir o desenvolvimento de câncer. Boa fonte de cálcio, ferro e proteína, não é difícil encontrar nabos pequenos e macios nos meses de safra.

Compra e conservação: Nabos pequenos e firmes com folhas bem verdes, sem sinal de amassado nem amarelados, são os melhores. Duram até 1 semana em saco plástico na geladeira.

Suco: Escolha nabos frescos, com a ponta intacta. Retire as pontas e lave, esfregando bem os bulbos. Como alternativa de suco, use também a ponta superior.

Polpa: Nabos frescos cozidos combinam bem em vitaminas. Prepare-os do mesmo modo que as pastinacas.

Receita com nabo
- Gole divino, p. 202

Pastinaca
Pastinaca sativa

Ação: Anti-inflamatória, anticancerígena.

Uso: A pastinaca é melhor fresca, depois que o frio transformou o seu carboidrato em açúcar, deixando-a mais doce. Boa fonte de vitaminas C e E e potássio, também contém proteína, ferro e cálcio. A pastinaca, como outras raízes, dura bastante e é excelente em vitaminas para o inverno.

Compra e conservação: Escolha legumes firmes, sem cortes nem pontos moles. A pastinaca deve estalar ao ser partida. As pequenas, com as pontas ainda inteiras, são melhores. Conserve-as em saco plástico na geladeira por até uma semana e meia.

Suco: Escolha as pastinacas firmes e pequenas. Processe o legume inteiro, com as pontas – 500 g rendem 1 xícara (250 ml) de suco, aproximadamente.

Polpa: Junte com maçãs e/ou cenoura em vitaminas. Cozinhe no vapor ou escalde antes de adicionar a vitaminas.

Receitas com pastinaca
- Agrião, p. 192
- Alcachofra oito, p. 193
- Coquetel de repolho, p. 332
- Ervilhas e cenoura, p. 201
- Gole divino, p. 202
- Mix de tubérculos, p. 204

Pepino
Cucumis sativus

Ação: Diurética.

Uso: Fonte moderada de vitamina A, ferro e potássio, o pepino contém muita água, o que o torna muito bom em vitaminas. Contém também esteroides, que auxiliam o coração, pois reduzem o colesterol.

Compra e conservação: Escolha pepinos firmes, brilhantes e de um verde vivo. Evite aqueles com manchas amareladas (embora isso seja um sinal de amadurecimento, as sementes ficam amargas, e a polpa, mole demais) e com cera na casca (que não é recomendável comer e em geral significa que o pepino está velho). Guarde na gaveta da geladeira por 4 a 5 dias.

Suco: Descasque se a pele for encerada. Use o pepino inteiro ou cortado ao meio no sentido do comprimento, com as sementes. Cerca de 1 pepino grande (500 g) rende 1 ¼ xícara (300 ml) de suco, aproximadamente.

Polpa: Corte em cubinhos mas conserve as sementes para usar em vitaminas.

HORTALIÇAS

Receitas com pepino
- Antibiótico ardente, p. 194
- Beterraba calmante, p. 275
- Delícia de pimentões, p. 200
- Deusa verde, p. 200
- Lanche líquido, p. 203
- Limão restaurador, p. 184
- O refrescante, p. 204
- Pepino e pêssego, p. 204
- Pera com espinheiro, p. 205
- Refresco de pepino, p. 205

Pimenta

Capsicum annuum

Ver também Pimenta-caiena, p. 154; Pimentas: o ardor da culinária, p. 209.

Ação: Estimulante, tônica, diaforética, rubefaciente, carminativa, antisséptica, antibacteriana, expectorante, combate a bronquite, combate o enfisema, descongestionante, afina o sangue.

Uso: As pimentas contêm um elemento ativo denominado capsaicina. São ricas em vitamina A e contêm alguma vitamina C, cálcio, ferro, magnésio, fósforo e potássio. As pimentas ajudam quem sofre de bronquite e problemas semelhantes, pois provocam os brônquios e vias respiratórias, levando à secreção de fluidos que afinam o muco e o ajudam a ser eliminado. A capsaicina também bloqueia as mensagens cerebrais de dor, tornando-se eficaz para combatê-la. Além disso, ela também auxilia na prevenção de ataques cardíacos (se consumida com regularidade), pois tem propriedades anticoagulantes. A pimenta-caiena (ver p. 154) é uma variedade de pimenta (fica na seção relativa às Ervas porque tem uso medicinal além do culinário).

Compra e conservação: Escolha pimentas firmes, com a pele lisa e sem amassados. Guarde em sacos de papel na gaveta da geladeira por até 4 dias. As pimentas podem ser congeladas e depois adicionadas geladas a vitaminas. Ao comprar pimentas secas, certifique-se de que estejam limpas e completamente secas. Conserve-as em lugar fresco e seco.

Suco: Lave as pimentas e retire os cabinhos. Lave bem as mãos depois de manuseá-las, pois a capsaicina pode irritar a pele e arder muito em contato com os olhos, lábios ou vias nasais. Quando usar pimentas em sucos, prepare-as depois de ter batido ou processado todos os outros ingredientes, e separe o suco. Adicione 1 colher de chá (5 ml) por vez a sucos de hortaliças, até obter o ardor com o qual esteja acostumado. Ou misture uma gota de molho de pimenta ou ¼ colher de chá (1 ml) de pimenta-caiena em pó a sucos e bebidas batidas.

Polpa: Em vitaminas, use pimentas frescas, reidratadas, secas ou em conserva. Adicionar iogurte a bebidas com pimenta suaviza o ardor dela.

Receitas com pimenta
- Antibiótico ardente, p. 194
- Beterrabas ardentes, p. 195
- Pera picante, p. 336
- Salsa líquida, p. 206
- Shot flamejante, p. 337

Pimentão

Capsicum annuum

pimentão verde, vermelho ou amarelo

Ação: Antioxidante, anticancerígena, protege o coração.

Uso: Use o pimentão verde, amarelo, vermelho e roxo em coquetéis de hortaliças e misturas de bebidas – são todos ricos em vitaminas A e C e contêm um pouco de potássio.

Compra e conservação: Prefira pimentões firmes e crocantes, com a pele macia e sem machucados. Evite os pimentões encerados, pois a cera impede que a pele respire e o ar circule, o que pode acelerar o desenvolvimento de bactérias. Conserve o pimentão em sacos plásticos na gaveta da geladeira por até 4 dias. O pimentão pode ser congelado e depois adicionado a vitaminas sem descongelar.

Suco: Escolha pimentões suculentos, de pele lisa e firme. Lave antes de usar. Descarte o talo mas use as sementes – 500 g rendem cerca de 1 ½ xícara (375 ml) de suco, aproximadamente.

Polpa: Podem-se usar pimentões congelados, em conserva ou desidratados no lugar dos pimentões frescos nas vitaminas.

Alimentos saudáveis 125

HORTALIÇAS

Receitas com pimentão
- Abacaxi e pimentão, p. 175
- Agrião, p. 192
- Cesta da horta, p. 276
- Chá misto para os ossos, p. 258
- Coquetel de tomate e pimentão, p. 332
- Delícia de pimentões, p. 200
- Deusa verde, p. 200
- Diabo vermelho, p. 201
- Frutas apimentadas, p. 227
- O refrescante, p. 204
- Pera com espinheiro, p. 205
- Pimentão vermelho, p. 253
- Repolho com pimentões, p. 228
- Saúde hormonal, p. 239
- Uvas poderosas, p. 191
- Vigor, p. 229

Rabanete

Raphanus sativum

vermelho, branco e nabo

Uso: Boa fonte de potássio e ferro, o rabanete oferece um agradável sabor picante ao suco.

Suco: Esfregue, tire as folhas mas deixe a raiz e o talo.

Receitas com nabo
- Diabo vermelho, p. 201
- Solvente de cálculos, p. 206
- Tônico dente-de-leão, p. 208

Repolho

Brassica oleracea var. capitata

verde, roxo, crespo, chinês e couve-de--bruxelas

Ação: Antibacteriana, anticancerígena, auxilia a memória, antioxidante, desintoxicante, diurética, anti--inflamatória, tônica, antisséptica, restauradora, combate úlceras, melhora a imunidade, combate a catarata, auxilia a cicatrização.

Uso: Rico em composto anticancerígeno (indol) e uma boa fonte de colina, que aprimora as funções cerebrais, o repolho é uma das quatro hortaliças ricas em vitamina E. Excelente remédio para anemias, o repolho também tem sido usado como tônico nutritivo para restaurar as forças em casos de debilidade física e durante convalescências. Sendo benéfico para o fígado, o repolho é também eficaz na prevenção contra o câncer de cólon e pode ajudar na diabetes, reduzindo a taxa de açúcar no sangue.

Compra e conservação: O repolho fresco já perdeu algumas folhas soltas que ficam ao redor da cabeça. Sem elas, ele tende a ficar com uma cor menos viva. Na geladeira, em um saco plástico, dura até 2 semanas. Lave e corte ou fatie pouco antes de usar.

Suco: Lave e corte em pedaços, deixando intactas as folhas mais escuras e a cabeça – 500 g de repolho (cerca de ⅓ da cabeça) rendem 1 xícara de suco (250 ml), aproximadamente. A couve-de-bruxelas deve ser usada inteira.

Polpa: Rasgue ou corte o repolho fresco ou congelado para usar em vitaminas.

Receitas com repolho
- Alcachofra oito, p. 193
- Cabeça de repolho, p. 223
- Cenoura na cabeça, p. 197
- Coquetel de repolho, p. 332
- Couve-repolho, p. 198
- Crucíferos, p. 199
- Dente-de-leão duplo, p. 227
- Magia verde, p. 203
- Remédio de repolho, p. 219
- Repolho com pimentões, p. 228
- Repolho e alecrim, p. 205
- Repolho picante, p. 228
- Salada de repolho, p. 311
- Vagem, p. 261
- Vigor, p. 229

Tomate

Lycopersicon esculentum

Ação: Antioxidante, anticancerígena.

Uso: Sendo rico em licopeno e glutationa, dois poderosos antioxidantes, considera-se que o tomate diminua o risco de vários tipos de câncer. O licopeno é também tido como o responsável pela manutenção das funções físicas e cerebrais e é absorvido pelo organismo de modo mais eficaz no tomate em suco (ou cozido). O tomate também contém ácido glutâmico, que no organismo se converte em ácido gama-aminobutírico, um elemento calmante conhecido por ser eficaz na redução da hipertensão renovascular. Depois de um dia estressante, tome suco ou vitamina de tomate para relaxar.

Compra e conservação: Madura, a variedade Heirloom é das mais saborosas. É sempre mais aconselhável adquirir o tomate fresco, da estação (mas pode-se usar tomate em lata também). O tomate orgânico não é forçado a amadurecer com gás etileno. Maduro, suculento, de casca lisa, firme e de um vermelho vivo, o tomate dura 2 a 3 dias em local fresco, em temperatura ambiente. Quando já estiver bem maduro, conserve-o na geladeira por apenas mais 1 ou 2 dias.

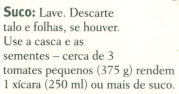

Suco: Lave. Descarte talo e folhas, se houver. Use a casca e as sementes – cerca de 3 tomates pequenos (375 g) rendem 1 xícara (250 ml) ou mais de suco.

Polpa: A casca e as sementes não precisam ser descartadas, e podem ser usadas em vitaminas.

Receitas com tomate
- Bebida quente de tomate, p. 334
- Cesta da horta, p. 276
- Coquetel cajun, p. 328
- Coquetel de couve-flor, p. 330
- Coquetel de tomate e pimentão, p. 332
- Coquetel digestivo, p. 226
- Coquetel suco de tomate, p. 333
- Diabo vermelho, p. 201
- Escudo antiferrugem 2, p. 248
- Frutas divinas, p. 218
- Reforço verde, p. 261
- Salsa cajun, p. 312
- Salsa líquida, p. 206
- Shot flamejante, p. 337
- Solvente de cálculos, p. 206
- Suco quente de tomate, p. 312
- Tomate azedinho, p. 208
- Tomate energético, p. 208
- Tomate picante, p. 219

Verduras

couve, couve-manteiga, acelga, mostarda, folhas do nabo, alface

Ação: Antioxidante, anticancerígena.

Uso: Excelentes fontes de vitamina A e clorofila, as verduras também são boas fontes de vitamina C, tendo ainda algum cálcio, ferro, ácido fólico e potássio.

Compra e conservação: Compre folhas verdes vivas e crocantes ou crespas (mas não murchas) e conserve-as sem lavar em sacos plásticos ventilados na gaveta da geladeira. As verduras são muito delicadas e vão murchar ou amarelar (ou escurecer) se não forem bem armazenadas ou manipuladas. Guarde longe das frutas.

Suco: Lave, faça um rolinho e vá colocando no processador ou máquina de fazer suco.

Polpa: Retire as nervuras mais grossas e talos, rasgue ou pique grosseiramente as folhas antes de colocar no processador.

Receitas com verduras
- A espiral, p. 255
- A força do Popeye, p. 256
- Algacelga, p. 263
- Construtor ósseo, p. 259
- Coração verde, p. 217
- Crucíferos, p. 199
- Destruidor de gota, p. 200
- Folhas sublimes, p. 260
- Fólico extra, p. 202
- Fonte da juventude, p. 248
- Gole amargo, p. 233
- Green peace, p. 280
- Hora de dormir, p. 280
- Kelp, p. 203
- Presente verde, p. 253
- Refresco crucífero, p. 238
- Suco saladinha, p. 207
- Suculento, p. 207
- Verduras amargas, p. 233
- Verduras, p. 211
- Vitamina poder mineral, p. 262

HORTALIÇAS

As principais hortaliças antioxidantes

O índice ORAC (do inglês, Oxygen Radical Absorbance Capacity) é um sistema que mensura a capacidade antioxidante das frutas e dos legumes. Um total de 1.607 unidades ORAC corresponderia em média a consumir cinco porções variadas de frutas e legumes por dia. Fazer sucos ou vitaminas com frutas e hortaliças ricas em antioxidantes, ou com uma taxa ORAC alta, significa muito mais proteção contra os prejuízos dos radicais livres.

Hortaliças	Quantidade	Valor ORAC
Feijão jalo roxo	½ xícara (125 ml)	13.727
Feijão-vermelho	½ xícara (125 ml)	13.259
Feijão-carioca	½ xícara (125 ml)	11.864
Coração de alcachofra	1 xícara (250 ml) cozido	7.904
Batata	1, cozida	4.649
Feijão-preto	½ xícara (125 ml)	4.181
Couve	1 xícara (250 ml)	2.540

* Fonte: Dados sobre alimentos com altos teores de antioxidantes do USDA (Departamento de Agricultura dos Estados Unidos).

Ervas e especiarias

Alguns especialistas em ervas recomendam o uso da erva inteira e fresca em sucos, pois apenas com o suco fresco, consumido logo após o preparo, é possível obter todo o complexo sinergético dos ingredientes medicinais protegidos na estrutura celular da planta viva (Sigfried Gursche, *Healing with Herbal Juices*, Alive Books, 1993).

A maioria dos herboristas trabalha com a erva seca em chás medicinais, pois a disponibilidade delas é maior e é mais fácil estocá-las, transportá-las e manuseá-las. Pelas mesmas razões, com algumas exceções, as ervas secas são recomendadas nas receitas de chá e de alguns sucos deste livro. No entanto, se existir a disponibilidade de ervas frescas, não deixe de usá-las.

Para cada medida de erva seca indicada nas receitas, use 3 vezes a quantidade da fresca.

É possível encontrar a maior parte das ervas descritas na seção a seguir nas lojas especializadas ou de produtos naturais, na versão seca. Muitas delas podem ser cultivadas em vasos ou num canteiro, e algumas podem ser colhidas na natureza. Veja a seção Fontes (p. 390) para mais informações sobre como obter ervas, tinturas e essências florais por correio.

Para o maior aproveitamento de seu valor medicinal, as ervas secas devem ser o mais novas possível. Compre quantidades pequenas de ervas secas orgânicas em lojas ou farmácias do ramo e conserve-as por 8 a 10 meses. A armazenagem de ervas por um período mais extenso pode não oferecer o efeito desejado.

Tinturas
Um método muito conhecido para obter medicamentos de ervas é a tintura. As tinturas são extratos líquidos de grande concentração das propriedades curativas das ervas medicinais. São fáceis de fazer, mas existem preparados orgânicos de alta qualidade nas lojas de produtos naturais ou especializadas. Pode-se usar água ou vinagre, mas o álcool é o método mais conhecido para se extrair o componente ativo das ervas. As tinturas de álcool duram muitos anos. Indicamos a seguir a dose medicinal para o uso da tintura de todas as ervas relacionadas.

Agripalma
Leonurus cardiaca

Herbácea muito aromática encontrada em regiões temperadas da Europa, Ásia e América do Norte. As folhas são palmado-lobadas na base e saem de caules violáceos. Flores de um malva rosado ou brancas nascem em cachinhos entre as folhas no verão até o outono.

Partes usadas
Partes aéreas (talo, folhas e flores)

Propriedades medicinais
Ação: Antiespasmódica, sedativa para os nervos e o coração, hipotensiva, estimulante uterina.

Uso: A agripalma sempre foi usada para melhorar as cólicas menstruais. Alivia calores e outros sintomas da menopausa, bem como a ansiedade associada à tensão pré-menstrual. Sendo tônico cardíaco, a agripalma é bastante útil em casos de palpitação e outros problemas do coração vinculados à ansiedade e a tensões. Seu efeito calmante ajuda a reduzir os sintomas de ausência causados por antidepressivos.

Cuidados
Não deve ser consumida por mulheres grávidas ou durante intenso sangramento menstrual.

Disponibilidade
Nas regiões de origem, podem-se colher as partes aéreas (talo, folhas e flores) do verão ao outono. As folhas e flores secas podem ser encontradas em lojas de produtos naturais ou farmácias especializadas.

Como usar em sucos
Ramos frescos inteiros: Faça uma bolinha e enfie no processador com outros ingredientes. Use 4 a 6 ramos para cada 1 xícara (250 ml) de suco.

Folhas e flores secas: Macere até obter um pó fino e misture em sucos frescos ou adicione aos ingredientes de bebidas batidas. Use 1 colher de chá (5 ml) para cada 1 xícara (250 ml) de suco.

Infusão: Em uma chaleira, despeje ¼ xícara (50 ml) de água fervente em 1 colher de sopa (15 ml) da erva fresca ou 1 colher de chá (5 ml)

Alimentos saudáveis 129

ERVAS E ESPECIARIAS

de agripalma seca. Deixe em infusão por 15 minutos. Coe, descarte a erva e adicione o líquido a 1 xícara (250 ml) de suco.

Tintura: Adicione 1 colher de chá (5 ml) a 1 xícara (250 ml) de suco.

Alcaçuz

Glycyrrhiza glabra

Delicada planta perene, nativa da região mediterrânea e do Sudeste Asiático.

Partes usadas
Raiz.

Propriedades medicinais
Ação: Laxante leve, tônica, anti-inflamatória, antibacteriana, combate a artrite, acalma as mucosas gástricas e intestinais, expectorante.

Uso: A raiz de alcaçuz é considerada uma das melhores ervas tônicas, pois oferece nutrientes a quase todo o organismo. Desintoxica, regula o nível de açúcar no sangue e recarrega as glândulas suprarrenais exauridas. Foi também demonstrado que cicatriza úlceras pépticas, alivia membranas irritadas e auxilia a soltar e a expelir o catarro das vias respiratórias superiores. É também usada para tratar garganta irritada, infecções do trato urinário, tosse, bronquite, gastrite e constipação.

Cuidados
Consumido em grandes quantidades por períodos longos, o alcaçuz pode causar retenção de fluidos e diminuição dos níveis de potássio no sangue. Deve ser evitado em caso de pressão alta.

Disponibilidade
A raiz inteira ou em pó pode ser encontrada em lojas de produtos naturais ou farmácias especializadas.

Observação: O extrato não tem efeito tônico.

Como usar em sucos
Decocção: Cozinhe lentamente 1 colher de chá (5 ml) da raiz seca picada em ¼ xícara (50 ml) de água por 10 minutos. Coe e adicione a 1 xícara (250 ml) de suco.

Alecrim

Rosmarinus officinalis

Arbusto nativo do Mediterrâneo, sempre verde, que pode chegar à altura de 1,80 m em climas quentes.

Partes usadas
Folhas e flores.

Propriedades medicinais
Ação: Antioxidante, anti-inflamatória, adstringente, calmante, carminativa, antisséptica, diurética, diaforética, promove o fluxo de bílis, antidepressiva, estimula a circulação, antiespasmódica, tônico cardíaco e do sistema nervoso.

Uso: Eficaz conservante de alimentos, o alecrim pode auxiliar na prevenção de câncer de mama e a combater a deterioração das funções cerebrais. Também é útil no tratamento da enxaqueca e das dores de cabeça devidas a tensões, tensões nervosas, flatulência, depressão, síndrome da fadiga crônica e dores nas juntas.

Cuidados
Mulheres grávidas não devem consumir quantidades grandes de alecrim, pois a erva possui fortes óleos voláteis.

Disponibilidade
Prefira os ramos frescos encontrados em supermercados e quitandas o ano todo. As folhas secas inteiras ou em pó são facilmente encontradas em lojas de produtos naturais, supermercados ou farmácias especializadas.

Como usar em sucos
Folhas frescas inteiras: Leve ao processador com outros ingredientes. Use 2 a 3 ramos para cada 1 xícara (250 ml) de suco.

Infusão: Em uma chaleira, despeje ¼ xícara (50 ml) de água fervente em 1 colher de sopa (15 ml) de alecrim fresco ou 1 colher de chá (5 ml) de alecrim seco. Deixe em infusão por 10 minutos. Coe, descarte a erva e adicione o líquido a 1 xícara (250 ml) de suco.

130 O grande livro dos sucos

ERVAS E ESPECIARIAS

Alface-brava

Lactuca virosa

Herbácea bienal alta, de folhas lanceoladas e flores semelhantes às do dente-de-leão. É facilmente cultivada por meio de semeadura.

Partes usadas
Folhas e flores.

Propriedades medicinais
Ação: Calmante dos nervos, sedativo e analgésico leve.

Uso: Ansiedade, insônia, hiperatividade em crianças.

Disponibilidade
A erva seca pode ser encontrada em lojas especializadas.

Como usar em sucos
Infusão: Em uma chaleira, despeje ¼ xícara (50 ml) de água fervente em 1 colher de chá (5 ml) da folha seca picada ou em pó. Deixe em infusão por 10 minutos. Coe, descarte a erva e adicione o líquido a 1 xícara (250 ml) de suco.

Cuidados
As sementes e os brotos da alfafa são ricos em canavanina, um aminoácido que auxilia os casos de inflamações da artrite reumatoide, do lúpus eritematoso sistêmico e outros estados inflamatórios e reumáticos.

Disponibilidade
Folhas secas inteiras ou picadas estão disponíveis em lojas de produtos naturais ou de ervas. As sementes germinadas são encontradas em algumas lojas especializadas em produtos naturais, mas é possível germiná-las em casa.

Como usar em sucos
Ramos inteiros frescos: Enrole e processe junto com outros ingredientes. Use cerca de 6 raminhos para cada 1 xícara (250 ml) de suco.

Infusão: Despeje ¼ xícara (50 ml) de água fervente em 2 colheres de sopa (25 ml) da erva fresca ou 2 colheres de chá (10 ml) da erva seca picada ou em pó. Deixe em infusão por 10 minutos. Coe, descarte a erva e acrescente o líquido a 1 xícara (250 ml) de suco.

Tintura: Adicione 1 colher de chá (5 ml) da tintura a 1 xícara (250 ml) de suco.

Alfafa

Medicago sativa

Vigorosa planta perene, de fácil cultivo na maior parte da América do Norte. No Brasil, é cultivada sobretudo na região Sul.

Partes usadas
Folhas, flores e sementes germinadas.

Propriedades medicinais

Ação: Tônica, nutritiva, reduz o colesterol do sangue, combate a anemia.

Uso: A alfafa contribui para a nutrição das células e funciona como um tônico para o organismo todo. Fortalece os dentes, ossos e tecidos conjuntivos. A alfafa é uma das melhores fontes de clorofila, que estimula o desenvolvimento de pele nova; cicatriza ferimentos e queimaduras; diminui os sintomas de artrite, gota e reumatismo; reduz o nível do colesterol sanguíneo; reduz inflamações e reforça a resistência do organismo ao câncer.

Alfazema

Lavandula spp

Uma planta arbustiva, com caules lenhosos de onde saem folhas estreitas e alongadas de um verde acinzentado. As florzinhas nascem em espigas que se ramificam dos caules compridos.

Partes usadas
Folhas, caules e flores.

Propriedades medicinais

Ação: Calmante, antiespasmódica, antidepressiva, tônica do sistema nervoso, estimulante da circulação, antibacteriana, antisséptica, carminativa, estimula o fluxo biliar.

Uso: Cólica, depressão, exaustão, indigestão, insônia, estresse, dor de cabeça causada por tensão.

Cuidados
Mulheres grávidas devem evitar doses excessivas, pois ela é estimulante uterina.

Alimentos saudáveis **131**

ERVAS E ESPECIARIAS

Disponibilidade
De fácil cultivo em climas temperados, a alfazema pode ser colhida do verão ao outono. As flores secas podem ser encontradas em lojas de produtos naturais ou farmácias especializadas.

Como usar em sucos
Flores inteiras frescas: Coloque-as no processador com os demais ingredientes. Use 2 a 4 ramos para cada 1 xícara (250 ml) de suco.

Flores secas: Macere até obter um pó fino e misture-o em sucos frescos ou adicione aos ingredientes de bebidas batidas. Use 1 colher de chá (5 ml) para cada 1 xícara (250 ml) de suco.

Infusão: Em uma chaleira, despeje ¼ xícara (50 ml) de água fervente em 1 colher de sopa (15 ml) das flores frescas ou 1 colher de chá (5 ml) das flores secas. Deixe em infusão por 15 minutos. Coe, descarte a erva e adicione o líquido a 1 xícara (250 ml) de suco.

Alho
Allium sativum

Vigorosa planta perene, com bulbo semelhante ao da cebola, de amplo cultivo.

Partes usadas
Bulbo ou cabeça na raiz da planta.

Propriedades medicinais
Ação: Antimicrobiana, antibiótica, proteção cardíaca, hipotensiva, anticancerígena, diaforética, anticoagulante, reduz o nível de colesterol sanguíneo, reduz o nível de açúcar do sangue, expectorante, estimulante da digestão, diurética, anti-histamínica, antiparasitária.

Uso: Pesquisas demonstraram que o alho inibe a formação e a proliferação de células cancerígenas. Ele reduz os níveis de lipoproteína de baixa densidade (LDL) e a coagulação sanguínea, diminuindo assim o risco de entupimentos nas artérias e enfermidades cardiovasculares. O alho é também um antioxidante e estimula o sistema imunológico. Tem muitas propriedades antibióticas e anti-inflamatórias, que fazem dele um bom medicamento tópico. Ele protege os órgãos dos problemas causados pelas drogas sintéticas, pelos poluentes químicos e pela radiação.

Disponibilidade
Compre alho fresco, de preferência orgânico, nas quitandas e supermercados.

Como usar em suco
Apenas os dentes de alho fresco têm valor medicinal. Adicione 1 ou 2 dentes de alho às outras hortaliças do suco.

Alteia
Althaea officinalis

Também conhecida como malva-branca, trata-se de uma planta robusta e perene cuja raiz principal e caule ereto apresentam folhas ovaladas e denteadas e flores rosadas. A alteia aprecia o solo úmido e costuma ser encontrada nos campos dos Estados Unidos, sudeste do Canadá, oeste europeu, Ásia Central e norte da África. A alcea (*A. rosea*) faz parte do mesmo gênero.

Partes usadas
Flores, folhas e raiz.

Propriedades medicinais
Ação: Raiz e folhas – Acalma as mucosas; diurética; expectorante; alivia, limpa e cicatriza ferimentos externos. Flores – Expectorante.

Uso: O alto conteúdo de mucilagem da raiz da alteia faz dela um calmante para as inflamações do trato digestivo, rins e bexiga, úlcera péptica, colite ulcerativa, doença de Crohn, uretrite, hérnia de hiato, cistite, diarreia e gastrite.

As folhas da alteia são usadas no tratamento de inflamações dos brônquios, como a bronquite, e em chás para úlceras internas. A flor é usada como expectorante em xaropes para a tosse.

Disponibilidade
Nos países onde a alteia nasce no campo, as flores podem ser colhidas de meados do verão até o outono. Mas podem ser encontradas, bem como a raiz seca, em lojas de produtos naturais ou farmácias especializadas.

Como usar em sucos
Ramo inteiro fresco: Faça um rolinho e enfie no processador com os outros ingredientes. Use 4 a 6 raminhos para cada 1 xícara (250 ml) de suco.

ERVAS E ESPECIARIAS

Folhas e flores secas: Macere até obter um pó fino e misture em sucos frescos ou adicione aos ingredientes de bebidas batidas. Use 1 colher de chá (5 ml) para cada 1 xícara (250 ml) de suco.

Infusão: Em chaleira, despeje ¼ xícara (50 ml) de água fervente em 1 colher de sopa (15 ml) das partes aéreas frescas ou 1 colher de chá (5 ml) de secas. Deixe em infusão por 10 minutos. Coe, descarte as ervas, e adicione o líquido a 1 xícara (250 ml) de suco.

Raiz inteira fresca: Enfie no processador com os outros ingredientes. Use 5 a 7,5 cm de raiz para cada 1 xícara (250 ml) de suco.

Decocção: Em uma panelinha, despeje ¼ xícara (50 ml) de água em 1 colher de chá (5 ml) da raiz seca picada. Deixe de molho de um dia para o outro. Coe, descarte a erva e adicione o líquido a 1 xícara (250 ml) de suco.

Tintura: Adicione 10 a 20 gotas a 1 xícara (250 ml) de suco.

Astrágalo

Astragalus membranaceus

Vigoroso arbusto perene nativo do leste da Ásia, mas cultivado em regiões de clima temperado.

Partes usadas
Raiz.

Propriedades medicinais
Ação: Estimulante da imunidade, antimicrobiana, cardiotônica, diurética, estimula a regeneração dos tecidos.

Uso: Sendo usado como tônico em toda a Ásia, o astrágalo é um poderoso estimulante do sistema imunológico para praticamente todos os tipos de atividades do sistema imunológico. Também foi demonstrado que alivia os efeitos adversos dos esteroides e da quimioterapia no sistema imunológico, e pode ser usado em tratamentos tradicionais contra o câncer.

Disponibilidade
As fontes mais confiáveis da raiz seca são as lojas de ervas asiáticas nas grandes regiões urbanas. No entanto, é possível encontrar o astrágalo seco ou em pó em lojas alternativas ou farmácias especializadas, bem como a tintura.

Como usar em sucos
Em pó: Adicione 1 colher de chá (5 ml) do pó a 1 xícara (250 ml) de suco ou acrescente aos demais ingredientes de uma bebida batida.

Decocção: Em uma panelinha, junte ¼ xícara (50 ml) de água fervente e 1 raiz seca ou 1 colher de chá (5 ml) da raiz seca picada. Deixe cozinhar na panela tampada por 10 minutos e mantenha em infusão por 10 minutos. Coe, descarte a erva, e acrescente a 1 xícara (250 ml) de suco.

Tintura: Adicione 10 a 20 gotas a 1 xícara (250 ml) de suco.

Aveia

Avena sativa

Grão comumente cultivado em toda a América do Norte e também na América do Sul.

Partes usadas
Todas, inclusive as sementes.

Propriedades medicinais
Ação: Antioxidante, restaura os nervos, antidepressiva, nutre o cérebro e os nervos, melhora a estamina, pode aumentar a libido se usada com regularidade.

Uso: Ansiedade, depressão, estresse, recolhimento decorrente do uso de antidepressivos.

Disponibilidade
Pode-se encontrar a aveia em rama em lojas de produtos naturais ou farmácias especializadas. A aveia em flocos e em grãos pode ser encontrada em supermercados.

Como usar em sucos
Sementes, folhas e palha: Macere até obter um pó fino e adicione aos ingredientes de bebidas batidas. Use 1 colher de chá (5 ml) por porção.

Infusão: Em uma chaleira, despeje ¼ xícara (50 ml) de água fervente em 1 colher de chá (5 ml) da palha de aveia ou da semente. Deixe em infusão por 15 minutos. Coe, descarte a erva e adicione o líquido a 1 xícara (250 ml) de suco.

Alimentos saudáveis 133

ERVAS E ESPECIARIAS

Bardana

Arctium lappa

Vigorosa planta bianual cujo carrapicho gruda na roupa das pessoas e na pelagem dos animais, a bardana tem origem asiática mas está naturalizada em toda a América. Por isso, não é difícil encontrá-la ou cultivá-la, mas devem-se evitar retirá-las de beiras de estradas e de riachos que recebam resíduos de plantações ou áreas poluídas.

Partes usadas
Raiz, talo, folhas e sementes.

Propriedades medicinais
Ação: Laxante leve, diurético.

Uso: As folhas podem ser usadas do mesmo modo que as raízes (ver Raiz de bardana, abaixo), embora sejam menos eficazes.

Disponibilidade
As folhas secas e as tinturas podem ser encontradas em lojas de produtos naturais ou farmácias especializadas.

Como usar em sucos
Folhas frescas inteiras: Enrole as folhas e passe no processador com os demais ingredientes. Use 1 folha para cada 1 xícara (250 ml) de suco.

Folha seca: Macere até obter um pó fino e misture-o em sucos frescos ou adicione aos ingredientes de bebidas batidas. Use 1 a 2 colheres de chá (5 a 10 ml) a cada 1 xícara (250 ml) de suco.

Infusão: Despeje ¼ xícara (50 ml) em água fervente em 1 colher de sopa (15 ml) de folhas frescas ou 1 colher de chá (5 ml) da folha seca picada ou em pó. Coe, descarte a erva e adicione a infusão a 1 xícara (250 ml) de suco.

Tintura: Adicione 10 a 40 gotas da tintura a 1 xícara (250 ml) de suco.

Raiz de bardana

Propriedades medicinais
Ação: Laxante leve, combate o reumatismo, antibiótica, diaforética, diurética, limpa a pele e o sangue, demulcente suave, tônica, acalma os rins, purifica o sistema linfático.

Uso: A raiz de bardana é usada como um medicamento que purifica e elimina. Ajuda a eliminar as toxinas que causam problemas de pele (inclusive eczema, acne, brotoejas e inchaços), digestão preguiçosa e dores de artrite. Ela auxilia o fígado, as glândulas linfáticas e o sistema digestório.

Disponibilidade
Se encontrar raízes frescas, esfregue-as, pique e deixe secar. As raízes picadas e secas e as tinturas são encontradas em lojas do ramo.

Como usar em sucos
Raiz fresca: Esfregue e processe com os demais ingredientes. Use 5 a 7,5 cm da raiz fresca a cada 1 xícara (250 ml) de suco.

Decocção: Cozinhe lentamente 1 colher de chá (5 ml) da raiz seca em ¼ xícara (50 ml) de água por 15 minutos. Coe, descarte a erva e adicione o líquido a 1 xícara (250 ml) de suco.

Tintura: Adicione 10 a 20 gotas da tintura a 1 xícara (250 ml) de suco.

Sementes de bardana

Propriedades medicinais
Ação: Antipirética, anti-inflamatória, antibacteriana, diminui a pressão sanguínea.

Uso: Limpa o sistema linfático, demulcente leve, tônico; beneficia os rins.

Disponibilidade
Se puder plantar bardana, as sementes podem facilmente ser colhidas no final do verão (ver Bardana, ao lado). Não é muito fácil encontrar a semente, mas a tintura, sim.

Como usar em sucos
Infusão: Em uma chaleira, despeje ¼ xícara (50 ml) de água fervente em 1 colher de chá (5 ml) de sementes frescas ou secas. Deixe em infusão, tampando a chaleira, por 10 minutos. Coe, descarte a erva e adicione o líquido a 1 xícara (250 ml) de suco.

Tintura: Adicione 10 a 40 gotas a 1 xícara (250 ml) de suco.

ERVAS E ESPECIARIAS

Borragem
Borago officinalis

Planta anual com galhos ocos que sustentam folhas ovais e compridas e produz flores azuis em forma de estrela que pendem de cachos. A planta é toda coberta de uma penugem prateada que pinica.

Partes usadas
Folhas e flores.

Propriedades medicinais
Ação: Reconstitui a glândula suprarrenal, expectorante, aumenta a produção de leite materno.

Uso: Tosse, depressão, estresse; para fortalecer a glândula suprarrenal depois de tratamento com corticosteroides.

Cuidados
As folhas da borragem contêm uma quantidade pequena de alcaloide de pirrolizidina que pode ser tóxico para o fígado, mas pode ser usado eventualmente com segurança desde que sob supervisão médica.

Disponibilidade
Fácil de cultivar em vasos ou canteiros, não é tão simples encontrar a borragem fresca para comprar. Podem-se às vezes encontrar as folhas secas em lojas de produtos naturais ou farmácias de ervas. Sempre que possível, use a planta fresca, pois as folhas secas já perderam boa parte de sua eficiência medicinal.

Como usar em sucos
Ramos frescos: Faça uma bolinha e enfie no processador com os demais ingredientes. Use cerca de 4 raminhos para cada 1 xícara (250 ml) de suco.

Folhas e flores secas: Macere até virar um pó fino e misture em sucos frescos ou adicione aos ingredientes de uma bebida batida. Use 1 colher de sopa (15 ml) para cada 1 xícara (250 ml) de suco.

Infusão: Em uma chaleira, despeje ¼ xícara (50 ml) de água fervente em 1 colher de sopa (15 ml) da erva fresca ou 1 colher de chá (5 ml) da erva seca. Deixe em infusão por 10 minutos. Coe, descarte a erva e adicione a infusão a 1 xícara (250 ml) de suco.

Buchu
Barosma betulina

Pequeno arbusto verde nativo da África do Sul. As plantas deste gênero apresentam flores bonitas e folhas ovaladas e aromáticas, o que as torna muito ornamentais.

Partes usadas
Folhas.

Propriedades medicinais
Ação: Diurética, antisséptica do trato urinário.

Uso: É usado para tratar de problemas urinários, tais como micção dolorosa, cistite, prostatite, uretrite. Pesquisas indicam que o buchu contém propriedades que bloqueiam os raios ultravioleta, o que pode ser benéfico em medicamentos para a pele.

Disponibilidade
As folhas secas e a tintura podem ser encontradas em lojas de produtos naturais ou farmácias especializadas.

Como usar em sucos
Folhas secas: Misture 1 colher de chá (5 ml) das folhas em pó nos sucos ou adicione aos ingredientes de vitaminas e shakes.

Infusão: Despeje ¼ xícara (50 ml) de água fervente em 1 colher de chá (5 ml) das folhas picadas ou em pó. Deixe em infusão por 10 minutos. Coe, descarte a erva e acrescente a infusão a 1 xícara (250 ml) de suco.

Tintura: Adicione 20 a 40 gotas da tintura em 1 xícara (250 ml) de suco.

Calêndula
Calendula officinalis

Erva anual abundante e facilmente cultivada por semeadura, dá flores de um vivo laranja amarelado, parecidas com margaridas.

Partes usadas
Pétalas.

Propriedades e cura
Ação: Adstringente, antisséptica, antifúngica, anti-inflamatória, cicatriza ferimentos, regula a menstruação, estimula a produção de bílis.

Alimentos saudáveis 135

ERVAS E ESPECIARIAS

Uso: A calêndula auxilia a digestão e funciona como um tônico para o organismo. Melhora os problemas da menopausa, cólicas menstruais, gastrite, úlcera péptica, problemas da vesícula biliar, indigestão e infecções devidas a fungos.

Disponibilidade
As flores inteiras secas podem ser encontradas em lojas de produtos naturais ou farmácias especializadas em ervas.

Como usar em sucos
Infusão: Despeje ¼ xícara (50 ml) de água fervente em 1 colher de sopa (15 ml) das pétalas frescas ou 1 colher de chá (5 ml) das pétalas secas. Deixe em infusão por 10 minutos – no caso da pétala seca – ou 15 minutos, para a fresca. Coe, descarte a erva, e adicione o líquido a 1 xícara (250 ml) do suco.

Tintura: Acrescente 5 a 20 gotas da tintura a 1 xícara (250 ml) de suco.

Camomila

Matricaria recutita

Robusta herbácea de crescimento lento, facilmente encontrada na América do Norte e muito cultivada no Brasil. Suas flores são como margaridinhas brancas com o centro amarelo.

Partes usadas
Flores e pétalas.

Propriedades medicinais
Ação: Levemente sedativa, anti-inflamatória, ligeiramente antisséptica, antiemética, antiespasmódica, carminativa, tônica para os nervos, emenagoga, contribui para aliviar dores.

Uso: Ansiedade, insônia, indigestão, úlcera péptica, enjoos e náuseas, inflamação (como a gastrite), cólicas menstruais. A camomila também reduz a flatulência e as dores causadas por gases.

Disponibilidade
Flores inteiras e as tinturas podem ser encontradas em lojas de produtos naturais ou farmácias especializadas.

Como usar em sucos
Infusão: Em uma chaleira, despeje ¼ xícara (50 ml) de água fervente em 1 colher de chá (5 ml) de flores secas. Deixe em infusão por 10 minutos. Coe, descarte a erva e adicione o líquido a 1 xícara (250 ml) de suco.

Tintura: Adicione 1 colher de chá (5 ml) de tintura a 1 xícara (250 ml) de suco.

Canela

Cinnamomum zeylanicum e *C. cassia*

A casca interna, seca e macia, da árvore da canela, que cresce nas regiões tropicais úmidas da Índia, Brasil, Caribe, Sudeste Asiático e nas ilhas do oceano Índico.

Partes usadas
Casca da árvore.

Propriedades medicinais
Ação: Carminativa; diaforética; adstringente; estimulante; antimicrobiana.

Uso: A canela é uma carminativa quente, usada para estimular a digestão e aliviar enjoos, vômitos e diarreia. É empregada contra indisposições estomacais e para tratar a síndrome do intestino irritável (ver p. 94). Estudos recentes têm demonstrado que a canela auxilia o organismo a fazer um uso mais eficiente da insulina, o que pode ajudar no controle da diabetes.

Disponibilidade
Está disponível para compra na forma de pedacinhos secos de 5 a 45 cm. A canela em pó e a moída, que é mais grossa, são também facilmente encontradas.

Como usar em sucos
Em pó: Misture ¼ colher de chá (1 ml) de canela em pó em 1 xícara (250 ml) de suco ou adicione aos ingredientes de bebidas batidas.

Infusão: Em uma chaleira, despeje ¼ xícara (50 ml) de água fervente em 1 pau de canela de 2,5 cm, cortado em pedacinhos. Deixe em infusão por 5 minutos, em recipiente tampado. Coe, descarte a canela e adicione o líquido a 1 xícara (250 ml) de suco.

136 · O grande livro dos sucos

ERVAS E ESPECIARIAS

Cardamomo

Elettaria cardamomum

Herbácea perene, de folhas lanceoladas, grandes, originária das florestas úmidas da Índia. Durante muitos séculos, era exportada para a Europa, sobretudo devido à sua fragrância. Quando levada a florescer, as flores são brancas com listras arroxeadas.

Partes usadas
Sementes.

Propriedades medicinais
Ação: Antiespasmódica, carminativa, estimula a digestão, expectorante.

Uso: Erva pungente de efeitos tônicos e estimulantes, de grande ajuda para o sistema digestório, o cardamomo relaxa espasmos, estimula o apetite e alivia a flatulência.

Disponibilidade
As sementes inteiras ou moídas costumam ser encontradas em bons supermercados ou em lojas de produtos naturais e farmácias especializadas.

Como usar em sucos
Sementes secas: Misture 1 colher de chá (5 ml) de sementes de cardamomo moídas em 1 xícara (250 ml) de suco ou adicione aos ingredientes de vitaminas.

Infusão: Em uma chaleira, despeje ¼ xícara (50 ml) de água fervente em 1 colher de chá (5 ml) das sementes levemente moídas. Tampe a chaleira e deixe em infusão por 10 minutos. Coe, descarte as sementes e adicione o líquido a 1 xícara (250 ml) de suco.

Cardo-mariano

Silybum marianus

Sendo uma de duas espécies deste gênero (a outra é o cardo-santo), o cardo-mariano é uma herbácea robusta anual ou bienal, com folhas alongadas grandes e flores roxas. Do meio para o final do verão aparecem sementes pretas com tufos de penugem branca.

Partes usadas
Sementes.

Propriedades medicinais
Ação: Antioxidante, estimula a produção e o fluxo de bílis, protege o fígado ao estimular o desenvolvimento de novas células deste órgão e ao restaurar as células existentes; desintoxica; aumenta a produção de leite materno.

Uso: O efeito de proteção do fígado do cardo-mariano é importante para o tratamento de doenças como alcoolismo, cirrose e hepatite, bem como os problemas crônicos que causam congestão do fígado, como a constipação, inchaço e tensão pré-menstrual.

Disponibilidade
As sementes silvestres podem ser coletadas no meio do verão, mas podem ser encontradas em lojas de produtos naturais ou farmácias especializadas.

Como usar em sucos
Sementes secas: Macere até obter um pó fino e misture-o no suco fresco ou adicione aos ingredientes de bebidas batidas. Use 1 colher de chá (5 ml) para cada 1 xícara (250 ml) de suco.

Infusão: Em uma chaleira, despeje ¼ xícara (50 ml) de água fervente em 1 colher de chá (5 ml) das sementes secas moídas. Deixe em infusão por 15 minutos. Coe, descarte a erva e adicione o líquido a 1 xícara (250 ml) de suco.

Tintura: Adicione 10 a 20 gotas a 1 xícara (250 ml) de suco.

Castanheiro-da-índia

Aesculus hippocastanum

Trata-se de uma árvore robusta, de copa enorme e abobadada, comum na América do Norte e no sudeste da Europa, de folhas palmadas, que dá espigões de flores brancas. As flores são depois substituídas por frutos espinhosos e de um marrom esverdeado.

Alimentos saudáveis **137**

ERVAS E ESPECIARIAS

Partes usadas
Casca e sementes.

Propriedades medicinais
Ação: Adstringente, anti-inflamatória, tônica para a circulação, reforça e tonifica as veias.

Uso: Veias varicosas, hemorroidas, flebite. O chá do castanheiro-da-índia pode ser usado externamente para tratar de ferimentos e úlceras nas pernas.

Disponibilidade
As sementes e a casca seca podem ser encontradas em lojas de produtos naturais e farmácias especializadas.

Como usar em sucos
Infusão: Em uma chaleira, despeje ¼ xícara (50 ml) de água fervente em ½ colher de chá (2 ml) da casca e sementes levemente macerados. Deixe em infusão por 15 minutos. Coe, descarte as ervas e adicione o líquido a 1 xícara (250 ml) de suco.

Tintura: Adicione 30 gotas a 1 xícara (250 ml) de suco.

Centella asiática

Hydrocotyle asiatica

Pequena planta rasteira tropical, há anos é usada na Índia devido às suas propriedades rejuvenescedoras.

Partes usadas
Partes aéreas.

Propriedades medicinais
Ação: Tônica para o sangue, digestiva, relaxa o sistema nervoso central, laxante, reforça as glândulas suprarrenais.

Uso: Fadiga, perda de memória relacionada à idade, distúrbios nervosos, doença de Parkinson, estresse.

Cuidados
A centella asiática não deve ser consumida por mulheres grávidas ou por pessoas com epilepsia. Não deve ser consumida por mais de 6 semanas ininterruptas. Pode piorar coceiras. Em doses excessivas, pode causar dor de cabeça.

Disponibilidade
As partes aéreas secas podem ser encontradas em lojas de produtos naturais ou farmácias especializadas, bem como a tintura e as cápsulas.

Como usar em sucos
Folhas e flores secas: Macere até obter um pó fino e misture em sucos frescos ou adicione aos ingredientes de bebidas batidas. Use ½ colher de chá (2 ml) para cada 1 xícara (250 ml) de suco.

Infusão: Em uma chaleira, despeje ¼ xícara (50 ml) de água fervente em ½ colher de chá (2 ml) de centella asiática. Deixe em infusão por 10 minutos. Coe, descarte a erva e adicione o líquido a 1 xícara (250 ml) de suco.

Tintura: Adicione ½ colher de chá (2 a 5 ml) a 1 xícara (250 ml) de suco.

Chá verde

Camellia sinensis

As folhas verde e preto vêm de uma arvorezinha nativa das florestas úmidas da Ásia. São agora cultivadas comercialmente na Ásia, África, América do Sul e do Norte.

Partes usadas
Folhas.

Propriedades medicinais
Ação: Antioxidante, diurética e parece ter propriedades anticancerígenas, de acordo com estudos recentes.

Uso: Prevenção do câncer e proteção contra a radiação, se for consumido pelo menos uma semana antes da exposição a ela.

Cuidados
O chá verde contém cafeína, portanto, o seu consumo deve ser reduzido em caso de problemas de saúde que possam ser agravados pela cafeína.

Disponibilidade
Pode ser encontrado em lojas de produtos asiáticos ou em lojas e farmácias especializadas.

Como usar em sucos
Folha seca: Macere até obter um pó fino e misture em sucos frescos ou adicione aos ingredientes de bebidas batidas. Use 1 colher de chá (5 ml) para cada 1 xícara (250 ml) de suco.

ERVAS E ESPECIARIAS

Infusão: Em uma chaleira, despeje ¼ xícara (50 ml) de água fervente em 1 colher de chá (5 ml) de chá verde. Deixe em infusão por 3 a 5 minutos. Coe, descarte as folhas e adicione o chá a 1 xícara (250 ml) de suco.

Cimicífuga

Cimicifuga racemosa

Também conhecida como erva-de-são-cristóvão ou acteia, é uma erva perene, silvestre, alta e nativa da América do Norte. Tem folhas largas e espigas de florzinhas brancas perfumadas.

Partes usadas
Raiz e rizoma.

Propriedades medicinais
Ação: Antirreumática, antiespasmódica; ligeiro alívio de dores; estrogênica, sedativa, anti-inflamatória, estimulante uterina.

Uso: Erva amarga e tônica, que alivia dores e sofrimentos, a cimicífuga é usada para tratar artrite reumatoide, ciática, espasmos dos brônquios, cólicas menstruais, problemas da menopausa e dores de parto e pós-parto.

Cuidados
Não deve ser consumida por mulheres grávidas ou que estejam amamentando, a não ser sob prescrição médica. Doses excessivas podem dar dor de cabeça.

Disponibilidade
Disponível em sementes, raízes e mudas para cultivo. Encontre raízes secas e tinturas em lojas de produtos naturais ou de ervas.

Como usar o suco
Não deve ser consumido além de 1 vez diariamente.

Decocção: Em uma panelinha, junte ¼ xícara (50 ml) de água fervente e ½ colher de chá (2 ml) da raiz seca ou em pó. Cozinhe lentamente em panela tampada por 10 minutos. Deixe em infusão por 10 minutos. Coe, descarte a erva e acrescente o chá a 1 xícara (250 ml) de suco.

Tintura: Acrescente 8 gotas a 1 xícara (250 ml) de suco.

Coentro em grão

Coriandrum sativum

Herbácea vigorosa anual, de delicados ramos cheios de folhas aromáticas e peniformes, semelhantes às folhas da salsinha. Pequenas umbelas de flores róseas ou alvas brotam de frutinhos verdes (as sementes), que ficam de um marrom amarelado quando maduros.

Partes usadas
Sementes.

Propriedades medicinais
Ação: Acalma a digestão, estimula o apetite, melhora a digestão e a absorção de nutrientes.

Uso: Problemas digestivos, flatulência.

Disponibilidade
As sementes secas são facilmente encontradas em lojas de produtos naturais ou farmácias especializadas, bem como em supermercados.

Como usar em sucos
Sementes secas: Macere até obter um pó e misture ½ colher de chá (2 ml) em 1 xícara (250 ml) de suco ou adicione aos ingredientes de bebidas batidas.

Infusão: Em uma chaleira, despeje ¼ xícara (50 ml) de água fervente em 1 colher de chá (5 ml) do coentro em grão ligeiramente moído. Deixe em infusão por 10 minutos, em recipiente tampado. Coe, descarte as sementes e adicione o líquido a 1 xícara (250 ml) de suco.

Cominho

Cuminum cyminum

Herbácea anual delicada, de folhas verde-escuras, é silvestre do Mediterrâneo até o Sudão, na África, e na Ásia Central. Umbelas de pequenas flores brancas ou rosa são acompanhadas de vivas sementes ovaladas.

Partes usadas
Sementes.

Propriedades medicinais
Ação: Estimulante, acalma a digestão, antiespasmódica, diurética, aumenta a produção de leite materno.

Alimentos saudáveis 139

ERVAS E ESPECIARIAS

Uso: Indigestão, flatulência.

Disponibilidade
As sementes secas são facilmente encontradas em lojas de produtos naturais, farmácias especializadas e supermercados.

Como usar em sucos
Sementes secas: Macere até obter um pó e misture ½ colher de chá (2 ml) em 1 xícara (250 ml) de suco ou adicione aos ingredientes de bebidas batidas.

Infusão: Em uma chaleira, despeje ¼ xícara (50 ml) de água fervente em ½ colher de chá (2 ml) das sementes ligeiramente moídas. Deixe em infusão por 10 minutos, em recipiente tampado. Coe, descarte as sementes e adicione o líquido a 1 xícara (250 ml) de suco.

Cravo-da-índia

Syzygium aromaticus

Os botões rosados da flor da sempre verde árvore nativa da Indonésia, hoje cultivada em Zanzibar, Madagascar, no Caribe, Brasil, Índia e Sri Lanka.

Partes usadas
Botões secos.

Propriedades medicinais
Ação: Antioxidante, anestésica, antisséptica, anti-inflamatória, anódina, antiespasmódica, carminativa, estimulante, antiemética, anti-histamínica, aquece.

Uso: O cravo pode ser usado para tratar asma, bronquite, enjoo, vômito, flatulência, diarreia e hipotermia. Alguns estudos indicam que o cravo talvez tenha propriedades anticoagulantes e pode estimular a produção de enzimas que combatem o câncer. O óleo de cravo é o ingrediente ativo de alguns antissépticos bucais, pastas de dente, sabonetes, repelentes de insetos, perfumes, alimentos e medicamentos veterinários, além de remédios para dor de dente.

Disponibilidade
O cravo-da-índia inteiro e em pó pode ser facilmente encontrado.

Como usar em sucos
Em pó: Misture ¼ colher de chá (1 ml) do cravo em pó em 1 xícara (250 ml) de suco ou adicione aos ingredientes das bebidas batidas.

Infusão: Em uma chaleira, despeje ¼ xícara (50 ml) de água fervente em ¼ colher de chá (1 ml) de cravos ligeiramente moídos. Deixe em infusão por 10 minutos em recipiente tampado. Coe, descarte o cravo e adicione o líquido a 1 xícara (250 ml) de suco.

Cúrcuma

Curcuma longa

Delicada herbácea decídua da família do gengibre, nativa do Sudeste da Ásia. O rizoma comprido lembra o gengibre, mas é mais fino e arredondado, e sua polpa é de um laranja vivo.

Partes usadas
Raiz.

Propriedades medicinais
Ação: Antioxidante, anti-inflamatória, antimicrobiana, antibacteriana, antifúngica, antiviral, anticoagulante, analgésica, reduz o colesterol do sangue, alivia dores musculares, cicatriza ferimentos, antiespasmódica, protege as células do fígado, aumenta a produção e o fluxo de bílis.

Uso: Considera-se que a cúrcuma iniba os cânceres de cólon e de mama. É usada no tratamento da hepatite, enjoos e distúrbios digestivos. Também ajuda as pessoas cuja vesícula foi retirada. Reforça a atividade da insulina e reduz o risco de derrame. Além disso, é usada para tratar artrite reumatoide, câncer, candidíase, AIDS, doença de Crohn e eczema.

Disponibilidade
Lojas de produtos asiáticos costumam ter estoque de rizoma fresco, congelado ou seco. Lojas de produtos naturais oferecem o rizoma seco inteiro, e supermercados vendem a cúrcuma em pó.

Como usar em sucos
Raiz inteira fresca: Enfie no processador com outros ingredientes. Use pedaços de 1 a 2,5 cm para cada 1 xícara (250 ml) de suco. Se for orgânica, não é preciso tirar a casca.

ERVAS E ESPECIARIAS

Em pó: Misture 1 colher de chá (5 ml) da raiz seca em pó em 1 xícara (250 ml) de suco ou adicione aos ingredientes de bebidas batidas.

Infusão: Em uma chaleira, despeje ¼ xícara (50 ml) de água fervente em 1 colher de sopa (15 ml) da raiz recém-ralada ou 1 colher de chá (5 ml) da cúrcuma em pó. Deixe em infusão por 10 minutos. Coe, descarte a erva e adicione o líquido a 1 xícara (250 ml) de suco.

Dente-de-leão
Taraxacum officinale

Herbácea perene, vigorosa, comumente encontrada em grande parte da América do Norte, e bem aclimatada no Brasil.

Partes usadas
Raiz, caule, folhas e flores.

Folha de dente-de-leão

Propriedades medicinais
Ação: Diurética; tônico digestivo e do fígado.

Uso: O dente-de-leão é usado para o fígado, vesícula, doenças dos rins e bexiga, inclusive hepatite e icterícia. É também usado como diurético. As folhas são usadas especificamente para auxiliar os rins.

Disponibilidade
A planta inteira pode ser colhida da primavera ao outono. É facilmente encontrada em jardins e em locais de terra boa. É difícil achar a planta fresca à venda, mas as folhas secas picadas podem ser encontradas em lojas de produtos naturais ou farmácias especializadas.

Como usar em sucos
Folha inteira fresca: Faça uma bolinha das folhas e leve ao processador com outros ingredientes. Use 4 a 6 folhas para cada 1 xícara (250 ml) de suco.

Folha seca: Misture 1 colher de chá (5 ml) da folha seca picada em 1 xícara (250 ml) de suco, ou adicione aos ingredientes de bebidas batidas.

Infusão: Em uma chaleira, despeje ¼ xícara (50 ml) de água fervente em 1 colher de sopa (15 ml) das folhas frescas ou 1 colher de chá (5 ml) da folha seca de dente-de-leão. Deixe em infusão por 10 minutos. Coe, descarte a erva e adicione o líquido a 1 xícara (250 ml) de suco.

Raiz de dente-de-leão

Propriedades medicinais
Ação: Tônica do fígado, estimula o fluxo de bílis, diurética, laxante leve, antirreumática.

Use: O dente-de-leão é usado para o fígado, vesícula, doenças dos rins e bexiga, inclusive hepatite e icterícia. É também usada como diurético. A raiz é usada especificamente para auxiliar o fígado.

Disponibilidade
Retire as raízes no outono. A raiz seca picada e a tintura são encontradas em lojas de produtos naturais e farmácias especializadas.

Como usar em sucos
Raiz fresca inteira: Esfregue a raiz e leve ao processador com os demais ingredientes. Use 5 a 7,5 cm da raiz fresca para cada 1 xícara (250 ml) de suco.

Raiz seca: Macere até obter um pó fino e misture em sucos frescos ou adicione aos ingredientes de vitaminas. Use 1 colher de chá (5 ml) para cada 1 xícara (250 ml) de suco.

Decocção: Cozinhe lentamente 1 colher de chá (5 ml) da raiz seca picada em ¼ xícara (50 ml) de água por 10 minutos. Coe, descarte a raiz e adicione o líquido a 1 xícara (250 ml) de suco.

Tintura: Adicione 1 colher de chá (5 ml) a 1 xícara (250 ml) de suco.

Endro
Anethum graveolens

Também conhecido como aneto ou dill, o endro é uma herbácea anual, alta, de caule oco e comprido, que nasce de uma raiz esguia. As numerosas flores amarelas nascem em grandes umbelas, que saem no alto do caule. Os ramos ao longo do caule dão sustentação a folhas verde-azuladas peniformes.

Alimentos saudáveis **141**

ERVAS E ESPECIARIAS

Partes usadas
Sementes.

Propriedades medicinais
Ação: Acalma a digestão, antiespasmódica, aumenta a produção de leite materno.

Uso: Flatulência, cólica infantil, mau hálito.

Disponibilidade
De fácil cultivo, as sementes do endro podem ser colhidas a partir do final do verão até o início do outono; gosta de clima ameno e pleno sol. As sementes secas podem ser encontradas em lojas de produtos naturais, farmácias especializadas e em supermercados.

Como usar em sucos
Sementes secas: Macere até obter um pó e use ½ colher de chá (2 ml) em 1 xícara (250 ml) de suco ou adicione aos ingredientes de bebidas batidas.

Infusão: Em uma chaleira, despeje ¼ xícara (50 ml) de água fervente em 1 colher de chá (5 ml) das sementes levemente moídas. Deixe em infusão por 10 minutos, na chaleira tampada. Coe, descarte a erva e adicione o líquido a 1 xícara (250 ml) de suco.

Equinácea

Echinacea angustifolia ou *E. purpurea*

Vigorosa herbácea perene também conhecida como flor-de-cone, é nativa da América do Norte e apresenta pétalas de um rosa vivo em volta de um cone marrom.

Partes usadas
Folhas, sementes, flores, raiz, caule.

Propriedades medicinais
Ação: Regula a imunidade, anti-inflamatória, antibiótica, antimicrobiana, antisséptica, analgésica, antialergênica, tônico linfático.

Uso: A equinácea é usada clinicamente para prevenir e tratar das infecções dos sistemas respiratório, urinário e digestório. Combate a candidíase crônica e as infecções dos seios nasais e é usada para ajudar a saúde de pacientes submetidos à quimioterapia. Externamente, a equinácea acelera a cicatrização de infecções e ferimentos da pele. Há evidências de que ela é eficaz porque aumenta a atividade dos fagócitos (leucócitos do sangue), que têm um papel importante na prevenção e no combate às infecções virais e por fungos. Estudos in vitro sobre as propriedades antivirais da equinácea indicam que as partes aéreas da *E. purpurea* talvez sejam eficazes para inibir o vírus causador da herpes, da gripe e da poliomielite. As raízes da *E. angustifolia*, *E. pallida* e *E. purpúrea* talvez sejam eficazes para defender o organismo do vírus da herpes simples e de gripes.

Disponibilidade
A raiz inteira ou picada, o caule e as folhas podem ser encontrados em lojas de produtos naturais ou farmácias especializadas. Encontra-se também a equinácea em cápsulas ou em tintura.

Como usar em sucos
Decocção: Cozinhe lentamente 1 colher de chá (5 ml) da raiz seca picada em ¼ xícara (50 ml) de água por 10 minutos. Coe e adicione a 1 xícara (250 ml) de suco.

Tintura: Adicione ½ colher de chá (2 ml) de tintura a 1 xícara (250 ml) de suco.

Erva-de-gato

Nepeta cataria

Herbácea perene e vigorosa – e preferida dos gatos –, tem ramos com folhas ovais denteadas de um verde acinzentado e flores pequenas e brancas reunidas em inflorescências do tipo espiga.

Partes usadas
Folhas, ramos e flores.

Propriedades medicinais
Ação: Antiespasmódica, adstringente, carminativa, diaforética, refrescante, sedativa.

Uso: A erva-de-gato abaixa a febre, relaxa espasmos; aumenta a transpiração e costuma ser consumida à noite para garantir o sono. É também usada em casos de diarreia, distúrbios estomacais, cólicas, resfriados e gripes, inflamações, dores e convulsões. É especialmente eficaz para baixar a febre de crianças.

Disponibilidade
A erva-de-gato é facilmente cultivada na América do Norte, mas podem-se encontrar as folhas secas, ramos e flores em lojas de produtos naturais ou farmácias especializadas.

ERVAS E ESPECIARIAS

Como usar em sucos
Ramos inteiros frescos: Faça um rolinho e coloque no processador com os demais ingredientes. Use cerca de 4 ramos para cada 1 xícara (250 ml) de suco.

Folhas secas e flores: Macere até obter um pó fino e misture em sucos frescos ou adicione aos ingredientes de bebidas batidas. Use 1 colher de chá (5 ml) para cada 1 xícara (250 ml) de suco.

Infusão: Despeje ¼ xícara (50 ml) de água fervente em 1 colher de sopa (15 ml) da erva fresca ou 1 colher de chá (5 ml) da erva seca picada ou em pó. Deixe em infusão por 10 minutos. Coe, descarte a erva e adicione o líquido a 1 xícara (250 ml) de suco.

Erva-de-são-joão
Hypericum perforatum

Também conhecida como hipérico, trata-se de uma herbácea perene nativa dos bosques da Europa e de regiões de clima temperado da Ásia, que também se adaptou às regiões temperadas dos Estados Unidos e Canadá. É uma planta ereta, de caules retos, lenhosos na base, e apresenta flores amarelas de cinco pétalas na ponta dos caules ramificados. Se esfregada, as pétalas amarelas mancham os dedos de vermelho.

Partes usadas
Flores.

Propriedades medicinais
Ação: Adstringente, antiviral, anti-inflamatória, antidepressiva, tônica para o sistema nervoso, sedativa.

Uso: A erva-de-são-joão é muito empregada como antidepressivo. Tornou-se popular devido à sua eficácia e por não apresentar efeitos colaterais. Como sedativo e tônico do sistema nervoso, é útil no tratamento de nevralgia, herpes-zóster, ciática, tensão, ansiedade e instabilidade emocional nas tensões pré-menstruais e na menopausa.

Cuidados
Estudos recentes sugerem que a erva-de-são-joão aumente o metabolismo de certos remédios, diminuindo a sua eficácia. Antes de fazer uso da erva, é preciso consultar um médico ou homeopata caso esteja tomando algum medicamento, por conta dessa interferência. Sobretudo no caso de anticoncepcionais, anticonvulsivos, antidepressivos (em especial os inibidores seletivos da recaptação da serotonina), medicamentos para HIV, anticoagulantes (varfarina), ciclosporina (uma droga imunossupressora ministrada no pós-transplantes) e digoxina.

Disponibilidade
Nas regiões de origem, ela pode ser colhida durante duas ou três semanas em meados do verão. As partes aéreas secas (caule, folhas e flores) e a tintura podem ser encontradas em lojas de produtos naturais ou farmácias especializadas.

Como usar em sucos
Flores e folhas secas: Macere até obter um pó fino e misture em sucos frescos ou adicione aos ingredientes de bebidas batidas. Use 1 colher de chá (5 ml) para cada 1 xícara (250 ml) de suco.

Infusão: Em uma chaleira, despeje ¼ xícara (50 ml) de água fervente em 1 colher de sopa (15 ml) da erva fresca ou 1 colher de chá (5 ml) da erva seca. Deixe em infusão por 15 minutos. Coe, descarte a erva e adicione o líquido a 1 xícara (250 ml) de suco.

Tintura: Adicione 20 a 40 gotas a 1 xícara (250 ml) de suco.

Erva-doce (funcho)
Foeniculum vulgare

Também conhecida como erva-doce de cabeça, esta planta parece uma versão maior do endro. Caules firmes e sólidos sustentam umbelas grandes e bonitas cheias de flores amarelas, e folhinhas verdes e leves como penas enchem os galhinhos. As flores surgem no verão e são acompanhadas pelas sementes marrom-acinzentadas, que são usadas para fins medicinais.

Partes usadas
Sementes.

Propriedades medicinais
Ação: Levemente diurética, anti-inflamatória, antiespasmódica, melhora a digestão, aumenta a produção de leite materno, levemente expectorante.

ERVAS E ESPECIARIAS

Uso: Indigestão, flatulência; para aumentar a produção de leite materno e aliviar cólicas dos bebês em amamentação. Pode-se usar a infusão das sementes de erva-doce com segurança para tratar bebês e crianças.

Cuidados
As mulheres grávidas devem evitar doses excessivas de erva-doce, pois ela funciona como estimulante uterino.

Disponibilidade
A erva-doce tem crescimento espontâneo na região mediterrânea europeia e na Ásia, e se aclimatou em muitas outras regiões do mundo, onde o bulbo carnudo é colhido e usado como hortaliça (ver p. 122). As sementes são colhidas quando maduras e devem ser secas e escolhidas. Podem-se encontrar as sementes secas em lojas de produtos naturais ou farmácias especializadas e em supermercados.

Como usar em sucos
Bulbo fresco: ver p. 122.

Sementes secas: Macere até obter um pó e misture ¼ colher de chá (1 ml) a 1 xícara (250 ml) de suco ou adicione aos ingredientes de bebidas batidas.

Infusão: Em uma chaleira, despeje ¼ xícara (50 ml) de água quente em ¼ a ½ colher de chá (1 a 2 ml) de sementes levemente moídas. Deixe em infusão por 15 minutos. Coe, descarte as sementes e adicione o líquido a 1 xícara (250 ml) de suco.

Escutelária
Scutellaria laterifolia

Também conhecida como solidéu, esta herbácea perene da família das mentas apresenta flores como capuchinhos de cor violeta-azulada. Cresce em bosques em grande parte dos Estados Unidos e sul do Canadá, exceto ao longo da Costa Oeste.

Partes usadas
Partes aéreas (caule, folhas e flores).

Propriedades medicinais
Ação: Antiespasmódica, calmante, sedativa, nutre o sistema nervoso central.

Uso: Síndrome de abstinência devido ao uso de drogas, tensão pré-menstrual, dor de cabeça, enxaqueca, fadiga mental, insônia, estresse.

Disponibilidade
Partes aéreas (caule, folhas e flores) podem ser colhidas quando a planta está florida, em seu lugar de origem. A escutelária seca pode ser encontrada em lojas de produtos naturais ou farmácias especializadas.

Como usar em sucos
Ramos frescos inteiros: Faça um rolinho e enfie no processador com outros ingredientes. Use 3 a 4 ramos para cada 1 xícara (250 ml) de suco.

Infusão: Em uma chaleira, despeje ¼ xícara (50 ml) de água fervente em 1 colher de sopa (15 ml) de escutelária fresca ou 1 colher de chá (5 ml) da erva seca. Deixe em infusão por 10 minutos. Coe, descarte a erva e adicione o líquido a 1 xícara (250 ml) de suco.

Tintura: Adicione 40 gotas a 1 xícara (250 ml) de suco.

Espinheiro
Crataegus monogyna e *C. oxyacanthoides*

Arbusto espinhoso encontrado em regiões temperadas, o espinheiro cresce naturalmente em cercas vivas na Europa, no nordeste dos Estados Unidos e no Canadá. Suas flores brancas perfumadas sustentam frutinhas vermelhas escuras com caroço.

Partes usadas
Flores e frutos.

Propriedades medicinais
Ação: Tônico cardíaco, melhora a circulação das coronárias.

Uso: Angina, hipertensão, má circulação.

Cuidados
Consulte um especialista antes de consumir o espinheiro, se estiver tomando outros medicamentos.

Disponibilidade
Para uso medicinal, é preciso colher as flores e os frutos no final do verão, em caso de cultivo, ou adquirir o espinheiro seco em lojas de produtos naturais e farmácias especializadas.

ERVAS E ESPECIARIAS

Como usar em sucos
Frutos frescos: Para um tônico cardíaco maravilhoso, acrescente ¼ a ½ xícara (50 a 125 ml) dos frutos a qualquer receita de suco de frutas.

Infusão: Em uma chaleira, despeje ¼ xícara (50 ml) de água fervente em 1 a 2 colheres de chá (5 a 10 ml) das flores de espinheiro frescas ou secas ou nos frutos levemente macerados. Deixe em infusão por 10 minutos, com a chaleira tampada. Coe, descarte as ervas e adicione o líquido a 1 xícara (250 ml) de suco.

Tintura: Adicione 10 a 20 gotas a 1 xícara (250 ml) de suco.

Estévia
Stevia rebaudiana

Pequeno e delicado arbusto nativo do nordeste do Paraguai e áreas vizinhas ao Brasil.

Partes usadas
Folhas.

Propriedades medicinais
Ação: Energética, adoçante natural (sem as calorias), tônica, digestiva, diurética.

Uso: O principal benefício da estévia é ser um adoçante seguro e uma alternativa ao açúcar. Com seu forte sabor adocicado de alcaçuz (a estévia é 200 a 300 vezes mais doce que o açúcar), ela previne cáries e não provoca aumento de açúcar no sangue. Melhora a energia e a digestão, ao estimular o pâncreas, sem alimentar fungos e leveduras.

Disponibilidade
As folhas secas picadas e o extrato podem ser encontrados em lojas de produtos naturais ou farmácias especializadas.

Como usar em sucos
Folhas inteiras frescas: Faça um rolinho e enfie no processador com outros ingredientes. Use 2 a 3 folhas para cada 1 xícara (250 ml) de suco.

Folha seca: Misture ⅛ colher de chá (0,5 ml) da folha seca em pó em 1 xícara (250 ml) de suco, quando desejar.

Infusão: Em uma chaleira, despeje ¼ xícara (50 ml) de água fervente em 1 colher de chá (5 ml) da erva fresca ou ¼ colher de chá (1 ml) da estévia seca. Deixe em infusão por 10 minutos.

Coe, descarte a erva e adicione o líquido a 1 xícara (250 ml) de suco.

Extrato líquido: Adicione 1 a 2 gotas a 1 xícara (250 ml) de suco.

Feno-grego
Trigonella foenum-graecum

Cultivada como planta forrageira no sudeste e centro da Europa, o feno-grego está amplamente adaptado desde o Mediterrâneo até o sudeste da África e Austrália. Esta planta anual tem folhas trifolioladas e aromáticas e flores branco--amareladas, avulsas ou em pares, acompanhadas de sementes de um marrom amarelado que ficam em pequenas vagens bicudas.

Partes usadas
Partes aéreas (caule, folhas e flores) e sementes.

Propriedades medicinais
Ação: Expectorante, melhora a digestão, protege o intestino, reduz o nível de açúcar no sangue, aumenta a produção de leite materno.

Uso: Bronquite, tosse, diabetes, doença diverticular, colite ulcerativa, doença de Crohn, cólica menstrual, úlcera péptica, indisposições estomacais.

Disponibilidade
As sementes secas podem ser encontradas em lojas de produtos naturais ou farmácias especializadas.

Como usar em sucos
Decocção: Cozinhe lentamente 1 a 2 colheres de chá (5 a 10 ml) de sementes moídas em 1 xícara (250 ml) de água durante 10 minutos. Coe, descarte as sementes e adicione o líquido a 1 xícara (250 ml) de suco.

Filipêndula
Filipendula ulmaria

Vigorosa herbácea perene encontrada em solos úmidos e pantanosos em toda a Europa, América do Norte e regiões temperadas da Ásia. De seus caules eretos saem folhas peniformes denteadas. As flores de um branco cremoso e aroma de

Alimentos saudáveis 145

ERVAS E ESPECIARIAS

amêndoa aparecem em meados do verão até o início do outono.

Partes usadas
Partes aéreas (caule, folhas e flores).

Propriedades medicinais
Ação: Antiácida, anti-inflamatória, anticoagulante, adstringente, antirreumática, diurética, auxilia o fígado, diaforética.

Uso: Os efeitos anti-inflamatórios e antiácidos da filipêndula são adequados para tratar artrite reumatoide, cistite, úlcera péptica, excesso de acidez e refluxo gástrico. Como adstringente, é usada para tratar alguns tipos de diarreia. A filipêndula contém ácido salicílico e pode substituir a aspirina como anti-inflamatório. Como protege as mucosas do trato digestivo, seu uso prolongado não causa sangramento no estômago, como a aspirina.

Disponibilidade
Nos países onde é encontrada, pode ser colhida do verão ao outono. As folhas e flores podem ser encontradas em lojas de produtos naturais ou farmácias especializadas.

Como usar em sucos
Folhas e flores secas: Macere até obter um pó fino e misture no suco fresco ou adicione aos ingredientes de bebidas batidas. Use 1 colher de chá (5 ml) para cada 1 xícara (250 ml) de suco.

Infusão: Em uma chaleira, despeje ¼ xícara (50 ml) de água fervente em 1 colher de sopa (15 ml) das partes aéreas frescas ou 1 colher de chá (5 ml) das secas. Deixe em infusão por 15 minutos. Coe, descarte as ervas e adicione o líquido a 1 xícara (250 ml) de suco.

Tintura: Adicione 40 gotas a 1 xícara (250 ml) de suco.

Framboeseira
Rubus idaeus

Arbusto decíduo de caules espinhentos e folhas peniformes, bem distribuído por toda a Europa, Ásia e América do Norte. Florzinhas brancas nascem em pencas, e suas frutas aromáticas e vermelhas surgem em seguida.

Partes usadas
Folhas.

Propriedades medicinais
Ação: Antiespasmódica, adstringente, aumenta a produção de leite materno.

Uso: As folhas de framboeseira sempre foram usadas para tonificar o útero durante a gravidez e o trabalho de parto, diminuindo o risco de aborto, e para aliviar o enjoo matinal, contribuindo para um parto mais tranquilo e seguro. Como adstringente, as folhas aliviam irritações de garganta e diarreia.

Disponibilidade
Em regiões onde ela é encontrada ou cultivada, as folhas podem ser colhidas. As folhas secas podem ser encontradas em lojas de produtos naturais ou farmácias especializadas.

Como usar em sucos
Folhas secas inteiras: Faça um rolinho e enfie no processador com outros ingredientes. Use umas 6 folhas para cada 1 xícara (250 ml) de suco.

Folha seca: Macere até obter um pó fino e misture em sucos frescos ou adicione aos ingredientes de bebidas batidas. Use 1 colher de chá (5 ml) para cada 1 xícara (250 ml) de suco.

Infusão: Em uma chaleira, despeje ¼ xícara (50 ml) de água fervente em 1 colher de sopa (15 ml) de folhas frescas ou 2 colheres de chá (10 ml) das folhas secas. Deixe em infusão por 15 minutos. Coe, descarte a erva e adicione o líquido a 1 xícara (250 ml) de suco.

Gengibre
Zingiber officinale

Delicado rizoma perene originário do Sudeste Asiático.

Partes usadas
Raiz.

Propriedades medicinais
Ação: Combate a náusea, alivia dores de cabeça e artrite, anti-inflamatória, estimula a circulação,

ERVAS E ESPECIARIAS

expectorante, antiespasmódica, antisséptica, diaforética, anticoagulante, vasodilatadora periférica, antiemética, carminativa, antioxidante.

Uso: A raiz do gengibre acalma a náusea e o enjoo matinal na gravidez e impede o vômito. É uma erva quente, de limpeza. Estimula o fluxo sanguíneo do sistema digestório e aumenta a absorção de nutrientes. Melhora a atividade da vesícula enquanto protege o fígado de toxinas e previne a formação de úlcera. Estudos demonstram que o gengibre alivia a dor e o inchaço da artrite sem causar efeitos colaterais. É também usado para controlar a flatulência, os problemas circulatórios e a impotência, e para combater o enjoo depois da quimioterapia.

Cuidados
O gengibre pode irritar a mucosa intestinal e deve ser consumido depois das refeições. É contraindicado para as pessoas que sofrem de doenças do fígado.

Disponibilidade
O gengibre fresco e o gengibre seco moído são facilmente encontrados em supermercados e quitandas.

Como usar em sucos
Raiz fresca: Adicione 1 a 3 cm de raiz do gengibre aos sucos de frutas ou hortaliças. Deixe a casca se o gengibre for orgânico.

Infusão: Em uma chaleira, despeje ¼ xícara (50 ml) de água fervente em 1 colher de chá (5 ml) de gengibre ralado. Deixe em infusão por 10 minutos. Coe, descarte o gengibre e adicione aos ingredientes de bebidas batidas.

Ginkgo biloba
Ginkgo biloba

Árvore decídua (que perde as folhas no outono e inverno) e uma das mais antigas a sobreviver até os dias de hoje, o ginkgo biloba é originário da China, mas é cultivado como ornamental em regiões da América do Norte. Suas folhas verde-claras, em forma de leque, ficam amarelas no outono.

Partes usadas
Folhas.

Propriedades medicinais
Ação: Antioxidante, estimulante da circulação, aumenta o fluxo sanguíneo para o cérebro, alivia espasmos dos brônquios.

Uso: Asma, zumbido, pés e mãos frios, veias varicosas, hemorroidas, dor de cabeça, ressaca, perda de memória relacionada ao envelhecimento, perda de audição, alterações na visão, doença de Alzheimer, doença de Raynaud, retinopatia, impotência.

Disponibilidade
Nas regiões onde é cultivado, as folhas são colhidas no outono. Mas suas folhas secas podem ser encontradas em lojas de produtos naturais ou farmácias especializadas.

Como usar em sucos
Folha seca: Macere até obter um pó fino e misture em sucos frescos ou adicione aos ingredientes de bebidas batidas. Use 1 colher de chá (5 ml) para cada 1 xícara (250 ml) de suco.

Infusão: Em uma chaleira, despeje ¼ xícara (50 ml) de água fervente em 1 colher de sopa (15 ml) de folhas frescas ou 1 colher de chá (5 ml) das folhas secas. Deixe em infusão por 10 minutos. Coe, descarte as folhas e adicione o líquido a 1 xícara (250 ml) de suco.

Extrato líquido: Adicione 40 gotas a 1 xícara (250 ml) de suco.

Ginseng
Sibéria: Eleutherococcus senticosus; América do Norte: Panax quinquefolius; Ásia: Panax ginseng

Vigorosa planta perene originária de bosques das regiões frias do leste e centro da América do Norte.

Partes usadas
Raiz (de plantas com mais de 4 anos) e folhas (se for orgânica).

Alimentos saudáveis 147

ERVAS E ESPECIARIAS

Propriedades medicinais
Ação: Antioxidante, adaptógena, tônica, estimulante, regula os níveis de açúcar e de colesterol do sangue, estimula o sistema imunológico.

Uso: O ginseng ajuda o corpo a resistir ao estresse e a se adaptar a ele. É um estimulante leve e, como tônico, estimula a saúde geral a longo prazo, além de aumentar a resistência a diabetes, câncer, doenças cardíacas e várias infecções. O ginseng também é reconhecido por melhorar a memória, aumentar a fertilidade, proteger o fígado de toxinas e proteger o organismo da radiação. Também é usado para tratar a impotência e a depressão.

Cuidados
O ginseng deve ser evitado em caso de febre, asma, bronquite, enfisema, pressão alta ou arritmia cardíaca. Não deve ser consumido por mulheres grávidas ou junto com café, e jamais deve ser ingerido por crianças hiperativas. Não deve ser consumido por mais de 1 mês.

Disponibilidade
Raiz seca inteira ou picada, chá, pó ou tintura podem ser encontrados em lojas ou farmácias especializadas ou lojas de produtos asiáticos. Em sua região de origem, o ginseng está quase extinto. Por favor, não colha a planta da natureza nem compre o ginseng norte-americano extraído ilegalmente.

Como usar em sucos
Raiz fresca: Adicione um pedaço de 5 a 7,5 cm aos ingredientes de sucos. Use apenas ginseng orgânico e deixe a casca.

Raiz seca: Rale fininho e misture ¼ colher de chá (1 ml) do pó em 1 xícara (250 ml) de água por 10 minutos. Coe e adicione a 1 xícara (250 ml) de suco.

Decocção: Cozinhe lentamente 1 colher de chá (5 ml) da raiz seca picada a ¼ xícara (50 ml) de água por 10 minutos. Coe e adicione a 1 xícara (250 ml) de suco.

Tintura: Adicione 10 a 20 gotas de tintura a 1 xícara (250 ml) de suco.

Hissopo
Hyssopus officinalis

Arbusto lenhoso sempre verde e perene originário do centro e do sul europeu, oeste da Ásia e norte da África. Os caules eretos, ramificados desde a base, apresentam densos espigões no topo que carregam muitas florzinhas roxas.

Partes usadas
Folhas e flores.

Propriedades medicinais
Ação: Antiespasmódica, expectorante, diaforética, traz leve alívio da dor, diurética, antiviral contra o vírus da herpes simples, reduz o catarro, levemente digestivo.

Uso: Asma, bronquite, resfriado, tosse, gripe, febre, flatulência.

Disponibilidade
O hissopo é fácil de cultivar e nas regiões de origem pode ser colhido nos meses de verão até o outono. As folhas secas podem ser encontradas em lojas de produtos naturais ou farmácias especializadas.

Como usar em sucos
Ramos inteiros frescos: Faça um rolinho e enfie no processador com os demais ingredientes. Use 4 a 6 ramos para cada 1 xícara (250 ml) de suco.

Folhas e flores secas: Moa até obter um pó e misture em sucos frescos ou adicione aos ingredientes de bebidas batidas. Use 1 colher de chá (5 ml) para cada 1 xícara (250 ml) de suco.

Hortelã
Mentha spicata

Herbácea vigorosa e invasiva encontrada em solos úmidos, em grande parte da América do Norte. Facilmente cultivada no Brasil. Como todas as mentas, tem caule quadrangular e apresenta vivas folhas ovaladas e flores brancas, rosas ou lilás que saem de espigas cônicas compridas no alto do caule.

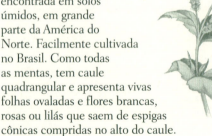

Partes usadas
Folhas e flores.

Propriedades medicinais
Ação: Antiespasmódica, digestiva, diaforética.

Uso: Resfriados comuns, gripes, indigestão, flatulência, falta de apetite. A hortelã é mais leve que a hortelã-pimenta, por isso costuma ser usada para tratar resfriado e gripe de crianças pequenas.

ERVAS E ESPECIARIAS

Disponibilidade
É preferível colher as folhas pouco antes de as flores se abrirem. As folhas secas podem ser encontradas em lojas de produtos naturais ou farmácias especializadas.

Como usar em sucos
Ramos inteiros frescos: Faça um rolinho e enfie no processador com os outros ingredientes. Use 4 a 6 raminhos para cada 1 xícara (250 ml) de suco.

Folhas e flores secas: Macere até obter um pó fino e misture em sucos frescos ou adicione aos ingredientes de bebidas batidas. Use ½ colher de chá (2 ml) para cada 1 xícara (250 ml) de suco.

Infusão: Em uma chaleira, despeje ¼ xícara (50 ml) de água fervente em 1 colher de sopa (15 ml) da erva fresca ou 1 colher de chá (5 ml) da hortelã seca. Deixe em infusão por 10 minutos. Coe, descarte a erva e adicione o líquido a 1 xícara (250 ml) de suco.

Disponibilidade
Em supermercados, feiras e quitandas, o ano todo. As folhas secas podem ser encontradas em lojas de produtos naturais ou farmácias especializadas. O saquinho de chá de hortelã é facilmente encontrado.

Como usar em sucos
Folhas inteiras frescas: Faça um rolinho e enfie no processador com os outros ingredientes. Use 6 ramos para cada 1 xícara (250 ml) de suco.

Folhas secas: Misture 1 colher de chá (5 ml) das folhas secas em pó em 1 xícara (250 ml) de suco.

Infusão: Em uma chaleira, despeje ¼ xícara (50 ml) de água fervente em 1 colher de sopa (15 ml) da hortelã fresca ou 1 colher de chá (2 ml) da erva seca. Deixe em infusão por 10 minutos. Coe, descarte a erva e adicione o líquido a 1 xícara (250 ml) de suco.

Hortelã-pimenta
Mentha piperita

Herbácea vigorosa e invasiva, a hortelã-pimenta é perene e nativa da Europa e da Ásia, mas facilmente cultivada nas Américas. Apresenta vivas folhas ovaladas e aromáticas em caules arroxeados e flores brancas ou lilás que saem de espigas cônicas compridas no alto do caule.

Partes usadas
Folhas e flores.

Propriedades medicinais
Ação: Antiespasmódica, tônica digestiva, antiemética, carminativa, vasodilatadora periférica, diaforética, estimula o fluxo de bílis, analgésica.

Uso: Consumir hortelã antes de comer auxilia a estimular o fígado e a vesícula ao aumentar o fluxo de bílis para o fígado e intestinos. Ela é também conhecida pela capacidade de cortar o enjoo e vômito. É usada para tratar a colite ulcerativa, doença de Crohn, doença diverticular, enjoo, febres, resfriados e gripes e para melhorar o apetite.

Cuidados
Não deve ser consumida por mulheres grávidas nem oferecida a crianças.

Kava kava
Piper methysticum

Arbusto sempre verde cultivado e usado na Polinésia, pertence ao gênero das pimentas.

Partes usadas
Raiz e rizoma.

Propriedades medicinais
Ação: Antimicrobiana, em especial para o sistema genitourinário, antiespasmódica, relaxante muscular e dos nervos, diurética, estimulante.

Uso: Estresse, ansiedade, síndrome da fadiga crônica, fibromialgia, insônia, infecção dos rins, bexiga, vagina, próstata ou uretra.

Cuidados
Não deve ser consumida por mulheres grávidas ou amamentando. Consulte um especialista antes de consumir kava kava junto com outros medicamentos que agem no sistema nervoso. Não deve ser consumida por um período maior do que 3 meses, a não ser sob prescrição médica. Não deve ser consumida junto com bebida alcoólica nem com medicamentos que afetem o fígado.

Disponibilidade
A raiz seca e o extrato podem ser encontrados em lojas de produtos naturais ou farmácias especializadas.

Alimentos saudáveis **149**

ERVAS E ESPECIARIAS

Como usar em sucos
Decocção: Em uma panelinha, junte ½ xícara (125 ml) de água fervente com 1 colher de chá (5 ml) de raiz seca.

Extrato líquido: Adicione ½ a 1 colher de chá (2 a 5 ml) a 1 xícara (250 ml) de suco.

Labaça
Rumex crispus

Herbácea perene e alta (30 cm a 1,50 m), que apresenta flores verdes e vermelhas e cresce como mato em terras vazias da América do Norte.

Partes usadas
Raiz.

Propriedades medicinais
Ação: Medicamento amargo, laxante, linfático, aumenta o fluxo de bílis.

Uso: As raízes frescas são ricas em ferro e podem ser usadas no tratamento de anemia por deficiência de ferro. A labaça também auxilia a desintoxicar o organismo, ajudando as funções do fígado e eliminando toxinas através da bílis. É especialmente boa para a limpeza de doenças de pele, artrite reumatoide, glândulas linfáticas inchadas e constipação.

Disponibilidade
Em suas regiões de origem, a raiz pode ser colhida de setembro a novembro. A raiz seca é encontrada em lojas de produtos naturais ou farmácias especializadas.

Como usar em sucos
Raiz fresca inteira: Enfie no processador com outros ingredientes. Use pedaços de 7,5 a 10 cm para cada 1 xícara (250 ml) de suco. Se for orgânica, não é preciso tirar a casca.

Em pó: Misture 1 colher de chá (5 ml) da raiz seca em pó em 1 xícara (250 ml) de suco.

Decocção: Em uma chaleira, despeje ¼ xícara (50 ml) de água fervente em 1 colher de sopa (15 ml) da raiz fresca picada ou 1 colher de chá (5 ml) da raiz seca picada. Deixe em infusão por 10 minutos. Coe, descarte a erva e adicione o líquido a 1 xícara (250 ml) de suco.

Lúcia-lima
Aloysia triphylla

Arbusto decíduo de rápido crescimento, é nativo da América do Sul e pode crescer até 1,80 m em climas quentes. Folhas pontudas e compridas nascem de caules eretos de um marrom esverdeado que ficam lenhosos com o tempo. Florzinhas da cor de alfazema nascem em espigas.

Partes usadas
Folhas.

Propriedades medicinais
Ação: Antiespasmódica, digestiva.

Uso: Indigestão, flatulência.

Disponibilidade
As folhas secas podem ser encontradas em lojas de produtos naturais ou farmácias especializadas.

Como usar em sucos
Ramos inteiros frescos: Faça um rolinho e enfie no processador junto com outros ingredientes. Use 4 a 6 ramos para cada 1 xícara (250 ml) de suco.

Folhas secas: Macere até obter um pó fino e misture em sucos frescos ou adicione aos ingredientes de bebidas batidas. Use 1 colher de chá (5 ml) para cada 1 xícara (250 ml) de suco.

Infusão: Em uma chaleira, despeje ¼ xícara (50 ml) de água fervente em 1 colher de chá (5 ml) de erva seca ou 1 colher de sopa (15 ml) da erva fresca. Deixe em infusão por 10 minutos. Coe, descarte a erva e adicione o líquido a 1 xícara (250 ml) de suco.

Mahonia
Berberis aquifolium

Também conhecida como uva-do-oregon, sua flor é símbolo do estado do Oregon, Estados Unidos. Tem folhas parecidas com as do azevinho e flores de um amarelo vivo que amadurecem, surgindo frutinhos parecidos com uvas. Cresce nas regiões montanhosas da Costa Oeste dos Estados Unidos e no sul da Colúmbia Britânica, no Canadá.

ERVAS E ESPECIARIAS

Partes usadas
Raiz e rizoma.

Propriedades medicinais
Ação: Laxante, tônica para o sangue, aumenta o fluxo de bílis, estimula o fígado, digestiva, antimicrobiana no trato digestivo; estimula as secreções salivares e do estômago, inclusive o ácido hidroclorídrico.

Uso: Eczema, psoríase, constipação, indigestão, problemas do fígado e da vesícula biliar, problemas nas gengivas e nos dentes.

Disponibilidade
A raiz seca e a raiz seca em pó podem ser encontradas em lojas de produtos naturais, em farmácias especializadas ou pela internet.

Como usar em sucos
Pó: Misture de ¼ a ½ colher de chá (1 a 2 ml) da raiz em pó em 1 xícara (250 ml) de suco ou adicione aos ingredientes de bebidas batidas.

Decocção: Em uma panelinha, junte ¼ xícara (50 ml) de água fervente em 1 pedaço de raiz seca ou ¼ a ½ colher de chá (1 a 2 ml) da raiz seca picada. Cozinhe na panela com tampa por 20 minutos. Deixe em infusão por 10 minutos. Coe, descarte a erva e adicione o líquido a 1 xícara (250 ml) de suco.

Manjericão
Oscimum basilicum

Arbusto anual com folhas ovaladas verde--escuras, e florzinhas agrupadas em uma espiga comprida.

Partes usadas
Folhas e pontas floridas.

Propriedades medicinais
Ação: Antiespasmódica, alivia a digestão, antibacteriana, antidepressiva, estimulante da glândula suprarrenal.

Uso: Indigestão, tensão nervosa, estresse, dor de cabeça causada por tensão.

Disponibilidade
Ramos frescos são vendidos em supermercados e quitandas, e as folhas secas em lojas de produtos naturais ou farmácias homeopáticas.

Como usar em sucos
Ramos frescos: Enrole-os e coloque-os no processador com os demais ingredientes. Use cerca de 6 ramos para cada 1 xícara (250 ml) de suco.

Melissa
Melissa officinalis

Herbácea perene com forte aroma de limão, de folhas ovais opostas que nascem em caules finos, cujas flores brancas ou amarelas tubulares saem da base das folhas.

Partes usadas
Folhas e flores.

Propriedades medicinais
Ação: Antioxidante, anti-histamínica, carminativa, antiespasmódica, antiviral, antibacteriana, calmante dos nervos, antidepressiva, estimula o fluxo biliar, hipotensiva.

Uso: Ansiedade, depressão, estresse, flatulência, indigestão, insônia.

Disponibilidade
Herbácea perene de fácil cultivo, tem folhas e flores que podem ser colhidas do verão ao outono. As folhas secas podem ser encontradas em lojas de produtos naturais ou farmácias especializadas.

Como usar em sucos
Ramos inteiros frescos: Faça um rolinho e enfie no processador com os outros ingredientes. Use 4 a 6 ramos para cada 1 xícara (250 ml) de suco.

Folhas secas e flores: Macere até obter um pó fino e misture em sucos frescos ou adicione a bebidas batidas. Use 1 colher de chá (5 ml) para cada 1 xícara (250 ml) de suco.

Infusão: Em uma chaleira, despeje ¼ xícara (50 ml) de água fervente em 1 colher de sopa (15 ml) de erva fresca ou 1 colher de chá (5 ml) da melissa seca. Deixe em infusão por 10 minutos. Coe, descarte a erva e adicione o líquido a 1 xícara (250 ml) de suco.

Alimentos saudáveis

ERVAS E ESPECIARIAS

Mil-folhas

Achillea millefolium

Também conhecida como milefólio, trata-se de uma vigorosa herbácea alta (30 a 90 cm), de folhas peniformes e flores brancas (às vezes rosadas), que cresce nos campos silvestres de toda a América do Norte e é facilmente cultivada em jardins.

Partes usadas
Caule, folhas e flores.

Propriedades medicinais
Ação: Anti-inflamatória, medicamento amargo, estimula o fluxo de bílis, diaforética, digestiva, calmante, estimula a circulação sanguínea, cicatriza ferimentos.

Uso: Pressão alta, resfriados, febres, gripes, veias varicosas.

Cuidados
Doses grandes de mil-folhas são tóxicas se consumidas durante um período prolongado.

Disponibilidade
Nas regiões de origem, pode ser colhida na floração. O caule, as folhas e flores secas e a tintura podem ser encontrados em lojas de produtos naturais ou farmácias especializadas.

Como usar em sucos
Caule, folhas e flores secas: Macere até obter um pó fino e misture em sucos frescos ou adicione aos ingredientes de bebidas batidas. Use 1 colher de chá (5 ml) para cada 1 xícara (250 ml) de suco.

Infusão: Em uma chaleira, despeje ¼ xícara (50 ml) de água fervente em 1 colher de sopa (15 ml) das flores frescas ou 1 colher de chá (5 ml) das flores secas. Deixe em infusão por 10 minutos. Coe, descarte a erva e adicione o líquido a 1 xícara (250 ml) de suco.

Tintura: Adicione 40 gotas a 1 xícara (250 ml) de suco.

Morugem

Stellaria media

Também conhecida como morugem-branca e morrião-dos-passarinhos, é uma herbácea rasteira anual, de ramificação difusa e folhas ovaladas, que produz flores em forma de estrela e, na América do Norte, pode ser encontrada em todas as regiões.

Partes usadas
Raiz, folhas, flores e caule.

Propriedades medicinais
Ação: Anticancerígena, anti-inflamatória, antirreumática, adstringente, cicatriza ferimentos, demulcente.

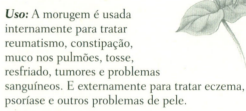

Uso: A morugem é usada internamente para tratar reumatismo, constipação, muco nos pulmões, tosse, resfriado, tumores e problemas sanguíneos. E externamente para tratar eczema, psoríase e outros problemas de pele.

Disponibilidade
Sendo muito comum na América do Norte e em alguns países europeus, ela pode ser facilmente colhida na natureza. No Brasil, as partes aéreas secas (caule, folhas e flores) e as raízes podem ser encontradas em lojas de produtos naturais ou farmácias especializadas.

Como usar em sucos
Ramos inteiros frescos: Faça um rolinho com a erva e passe pelo processador. Use cerca de 6 ramos para cada 1 xícara (250 ml) de suco.

Folhas e flores secas: Moa até obter um pó fino e misture ao suco fresco ou adicione aos ingredientes de bebidas batidas. Use 2 colheres de chá (10 ml) para cada 1 xícara (250 ml) de suco.

Infusão: Em uma chaleira, despeje ¼ xícara (50 ml) de água fervente em 2 colheres de sopa (25 ml) da erva seca picada ou moída. Deixe em infusão por 10 minutos. Coe, descarte as sementes e adicione o líquido a 1 xícara (250 ml) de suco.

Noz-moscada

Myristica fragrans

Árvore arbustiva sempre verde, nativa das florestas tropicais das ilhas Molucas e Banda, é agora cultivada

ERVAS E ESPECIARIAS

comercialmente na Ásia, Austrália, Indonésia e Sri Lanka. Depois das flores esbranquiçadas produzidas em ramalhetes axilares nasce um fruto amarelado e carnudo arredondado que lembra a forma de pera (chamado de semente).

Partes usadas
Semente escura da fruta.

Propriedades medicinais
Ação: Anti-inflamatória, antiespasmódica, carminativa, estimulante da digestão, sedativa.

Uso: Cólica, diarreia, flatulência, náusea, vômito, tensão muscular.

Cuidados
Mulheres grávidas não devem consumir a noz--moscada em doses medicinais, pois ela possui fortes óleos voláteis.

Disponibilidade
As sementes da moscadeira inteira e secas podem ser encontradas em qualquer supermercado, além de lojas de produtos naturais e farmácias especializadas. A noz-moscada moída é também fácil de ser encontrada.

Como usar em sucos
Sementes secas: Rale até obter um pó fino e misture em sucos ou adicione aos ingredientes de bebidas batidas. Use ¼ colher de chá (1 ml) por porção.

Olmo
Ulmus fulva

Árvore decídua encontrada em bosques úmidos no leste e centro-oeste dos Estados Unidos e sudeste do Canadá.

Partes usadas
Casca interna seca.

Propriedades medicinais
Ação: Acalma a digestão, antiácida, nutritiva, oferece uma proteção rica em mucilagem para o trato digestivo.

Uso: Úlcera péptica, indigestão, azia, hérnia de hiato, doença de Crohn, colite ulcerativa, síndrome do intestino irritável, diarreia. Uma pomada de olmo pode ser usada para aliviar e cicatrizar ferimentos e queimaduras. Trata-se de uma das ervas mais úteis da medicina herborista.

Disponibilidade
A casca do olmo em pó e em pastilhas pode ser encontrada em lojas de produtos naturais ou farmácias especializadas.

Como usar em sucos
Pó: O olmo em pó não se mistura com facilidade nos sucos. É melhor adicioná-lo a bebidas batidas.

Infusão: Em uma chaleira, despeje ¼ xícara (50 ml) de água fervente em 1 colher de chá (5 ml) de olmo em pó. Deixe em infusão por 10 minutos. Adicione o líquido a 1 xícara (250 ml) de suco.

Passiflora
Passiflora incarnata

Trepadeira perene de folhas bem lobadas e atraentes flores aromáticas de cor branco-arroxeada. Cerca de 350 espécies de passifloras ou flores-da-paixão são nativas do sudeste dos Estados Unidos e México. Outras espécies crescem em regiões tropicais da Ásia e Austrália.

Partes usadas
Folhas e flores.

Propriedades medicinais
Ação: Antiespasmódica, levemente sedativa, auxilia a aliviar dores, acalma o sistema nervoso central.

Uso: Ansiedade, asma, insônia, inquietação, dor de cabeça, doença de Parkinson, retraimento decorrente de antidepressivos e álcool.

Disponibilidade
A passiflora é facilmente cultivável e pode ser encontrada em muitas hortas e jardins. Seca, pode ser encontrada em lojas de produtos naturais ou farmácias especializadas.

Como usar em sucos
Folhas e flores secas: Macere até obter um pó fino e misture em sucos frescos. Use ¼ colher de chá (1 ml) para cada 1 xícara (250 ml) de suco.

Infusão: Em uma chaleira, despeje ¼ xícara (50 ml) de água fervente em 1 colher de sopa (15 ml) da passiflora fresca ou ½ colher de chá

Alimentos saudáveis 153

ERVAS E ESPECIARIAS

(2 ml) da seca. Deixe em infusão por 15 minutos. Coe, descarte a erva e adicione o líquido a 1 xícara (250 ml) de suco.

Tintura: Acrescente 40 gotas a 1 xícara (250 ml) de suco.

Pimenta-caiena

Capsicum annuum e *Capsicum frutescens*

Herbácea tropical perene cultivada como herbácea anual em regiões de clima temperado (ver também Pimenta, p. 125). Embora muitas variedades de pimenta sejam usadas na culinária para dar sabor e ardor aos pratos, a pimenta-caiena costuma ser usada como erva devido aos seus poderes curativos.

Partes usadas
Fruto.

Propriedades medicinais
Ação: Estimulante, tônica, carminativa, diaforética, rubefaciente, antisséptica, antibacteriana.

Uso: A pimenta-caiena estimula a circulação sanguínea, purifica o sangue, estimula a eliminação de fluidos e o suor, e costuma ser empregada como um tônico estimulante dos nervos. O uso tópico de pomadas, cremes e unguentos que contenham o princípio ativo capsaicina é bastante eficaz para aliviar a dor da osteoartrite, da artrite reumatoide e da herpes-zóster, bem como dores latejantes nos dedos dos pés, nos pés e pernas causadas pela neuropatia diabética e pela fibromialgia.

Cuidados
A pimenta-caiena contém um composto irritante que, ao ser aplicado externamente, cicatriza inflamações na pele sadia ao puxar o sangue para a superfície. Se usada na pele ferida, a pimenta-caiena pode irritar o ferimento e não ser eficaz. Os especialistas em medicina natural sempre aconselham a não usar pimentas por via oral em casos de inflamações crônicas do trato intestinal, tais como síndrome do intestino irritável, colite ulcerativa ou doença de Crohn. Na gravidez, deve ser usada com moderação.

Disponibilidade
Pode-se encontrar a pimenta-caiena fresca em alguns mercados e lojas especializadas, mas a pimenta-caiena seca ou em pó é muito fácil de encontrar.

Como usar em sucos
Fresca: Ver Pimenta, p. 125.

Seca: Misture ⅛ a ¼ de colher de chá (1 ml) da pimenta-caiena em pó em 1½ xícara (375 ml) de suco ou adicione aos ingredientes de bebidas batidas.

Prímula

Oenothera biennis

Planta bienal e ereta com uma roseta de folhas junto da base. Produz flores amarelas que abrem ao anoitecer, e suas sementinhas pretas ficam contidas em vagens penugentas.

Partes usadas
Óleo da semente.

Propriedades medicinais
Ação: Anticoagulante, anti-inflamatória, melhora a circulação sanguínea, nutritiva. Os ácidos graxos essenciais presentes no óleo ajudam a recuperar os tecidos.

Uso: Acne, ansiedade, artrite, asma, tumefacção mamária, diabetes, pele seca, eczema, ressaca, inflamações, pressão alta, hiperatividade infantil, enxaqueca, esclerose múltipla, tensão pré-menstrual.

Disponibilidade
O óleo de prímula pode ser encontrado em cápsulas e às vezes a granel em lojas de produtos naturais ou farmácias especializadas.

Como usar em sucos
Óleo: Misture 1 colher de chá (5 ml) do óleo em 1 xícara (250 ml) de suco ou adicione aos ingredientes de bebidas batidas.

ERVAS E ESPECIARIAS

Psyllium
Plantago psyllium

Também conhecida como "plantago". As sementes ricas em mucilagem do *Plantago psyllium* (nativa do Mediterrâneo) são semelhantes às da tanchagem de folha larga, comum na Europa e adaptada à América do Norte.

Partes usadas
Sementes.

Propriedades medicinais
Ação: Sedativa; digestiva; laxante leve e seguro; reduz o colesterol.

Uso: Constipação, síndrome do intestino irritável, doença diverticular, desintoxicação e obesidade. As sementes agem como laxante, para dar volume às fezes e lubrificar os intestinos. É necessário beber pelo menos 1 copo grande de água ao ingerir 1 a 2 colheres de chá (5 a 10 ml) das sementes. Beba outros 8 copos de água ao longo do dia.

Cuidados
A erva psyllium pode causar reações alérgicas em pessoas sensíveis; seu consumo deve ser interrompido imediatamente se ocorrer qualquer reação. Deve ser evitada por pessoas com asma e não deve ser consumida em casos de obstrução intestinal.

Disponibilidade
As sementes de psyllium podem ser encontradas em lojas de produtos naturais ou farmácias especializadas.

Como usar em sucos
Sementes: Misture 1 a 2 colheres de chá (5 a 10 ml) de sementes em 1 xícara (250 ml) de suco fresco ou bebida batida e beba imediatamente, antes que elas absorvam a umidade. Tome 1 copo de água grande e mais 8 copos ao longo do dia.

Rosa
Rosa

O cultivo de rosas é muito antigo, remonta a milhares de anos, estando as variedades *R. rugosa*, *R. gallica*, *R. rubra* e *R. damascena* entre as mais antigas.

R. rugosa é um arbusto decíduo, com caules espinhosos e folhas ovaladas verde-escuras. Apresenta flores brancas ou de um rosa escuro, seguidas de um fruto arredondado vermelho vivo. As rosas silvestres (inclusive a *R. canina*, da América do Norte) crescem em regiões temperadas do norte, no mundo todo.

Partes usadas
Pétalas e fruto.

Propriedades medicinais
Ação: Fruto da *R. canina* – Contém vitamina C; é diurética, adstringente, laxante leve.

Pétalas de *R. gallica*, *R. damascena*, *R. centifolia*, *R. rugosa* – Antidepressiva, anti-inflamatória, adstringente, tônica para o sangue.

Uso: Frutos – Devido ao seu valor nutritivo, os frutos auxiliam a prevenir resfriados comuns. Oferecendo um sabor a mais aos chás, os frutos da rosa também melhoram as funções imunológicas. Como adstringente, são usados no tratamento de diarreias. Pétalas – Adicione pétalas de rosa aos chás, para um efeito calmante, e maior aroma. Usada em banhos, elas aliviam as dores da artrite reumatoide.

Disponibilidade
Em regiões onde a rosa silvestre é comum, as pétalas podem ser colhidas do meio do verão ao outono, em arbustos livre de herbicidas.

Como usar em sucos
Flores e frutos secos: Macere até obter um pó fino e misture em sucos frescos ou adicione aos ingredientes de bebidas batidas. Use ½ colher de chá (2 ml) para cada 1 xícara (250 ml) de suco.

Infusão: Em uma chaleira, despeje ¼ xícara (50 ml) de água fervente em 1 colher de sopa (15 ml) de pétalas frescas ou de frutos frescos picados ou 1 colher de chá (5 ml) de pétalas secas ou frutos macerados. Deixe em infusão por 10 minutos. Coe, descarte a erva e adicione o líquido a 1 xícara (250 ml) de suco.

ERVAS E ESPECIARIAS

Sabal (ou saw palmetto)

Seranoa serrulata

Palmeira sempre verde, que forma touceiras de folhas verde-azuladas e produz frutinhas de um preto azulado. Cresce principalmente ao longo das regiões costeiras do sudeste norte-americano, formando densas moitas ao longo da costa atlântica da Geórgia e da Flórida.

Partes usadas
Fruto.

Propriedades medicinais
Ação: Diurética, antisséptica do sistema urinário, estimula as glândulas secretoras de hormônios.

Uso: Aumento benigno da próstata, queda de libido.

Disponibilidade
Nas regiões de origem, os frutos podem ser colhidos de setembro a janeiro. Os frutos secos podem ser encontrados moídos ou em cápsulas em lojas de produtos naturais ou farmácias especializadas.

Como usar em sucos
Pó: Misture ¼ colher de chá (1 ml) dos frutos em pó em 1 xícara (250 ml) de suco ou adicione aos ingredientes de bebidas batidas.

Infusão: Em uma chaleira, despeje ¼ xícara (50 ml) de água fervente em 1 colher de chá (5 ml) dos frutos moídos frescos ou ½ colher de chá (2 ml) dos frutos moídos secos. Deixe em infusão por 10 minutos. Coe, descarte a erva e adicione o líquido a 1 xícara (250 ml) de suco.

Extrato líquido: Adicione 10 a 25 gotas a 1 xícara (250 ml) de suco.

Sabugueiro

Sambucus nigra

Arbusto perene de crescimento rápido comum em muitas regiões da América do Norte.

Partes usadas
Casca, flores e frutos.

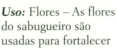

Propriedades medicinais
Ação: Flores – Expectorante, reduz o catarro, estimula a circulação, diaforética, diurética, anti-inflamatório tópico. Frutos – Diaforética, diurética, laxante. Casca – Purgante, doses grandes são eméticas; diurética.

Uso: Flores – As flores do sabugueiro são usadas para fortalecer as vias respiratórias superiores e para auxiliar na prevenção da febre do feno. Frutos – Auxiliam a desintoxicação ao estimular o funcionamento dos intestinos, micção, sudorese e secreção de muco. É eficaz no combate a vírus, inclusive os que causam gripes e resfriados.

Disponibilidade
As flores secas, os frutos secos ou frescos e a tintura de sabugueiro podem ser encontrados em lojas de produtos naturais ou farmácias especializadas.

Como usar em sucos
Infusão, flores: Em uma chaleira, despeje ¼ xícara (50 ml) de água fervente em 1 colher de sopa (15 ml) de flores frescas ou secas. Deixe em infusão por 10 minutos se estiver usando flores secas e 15 minutos, se forem frescas. Coe e adicione o líquido a 1 xícara (250 ml) de suco.

Frutos frescos: Acrescente até ¼ xícara (50 ml) da frutinha fresca às demais frutas do processador.

Infusão, frutos: Despeje ¼ xícara (50 ml) de água fervente em 1 colher de sopa (15 ml) de frutas frescas ou 1 colher de chá (5 ml) das frutas secas ligeiramente maceradas. Deixe em infusão por 10 minutos. Coe, descarte a erva e adicione o líquido a 1 xícara (250 ml) de suco.

Tintura: Adicione 1 colher de chá (5 ml) de tintura a 1 xícara (250 ml) de suco.

Salsinha

Petroselinum crispum

Vigorosa erva bienal nativa do Mediterrâneo, é cultivada como anual em climas mais frios.

ERVAS E ESPECIARIAS

Partes usadas
Folhas, caule e raiz.

Propriedades medicinais
Ação: Antioxidante, tônica, digestiva, diurética.

Uso: Como diurética, a salsinha auxilia o organismo a eliminar água e a lavar os rins. Deve-se sempre verificar e tratar as causas da retenção de líquidos. A salsinha é uma das mais ricas fontes de vitamina C.

Cuidados
Mulheres grávidas não devem consumir doses excessivas de salsinha, pois ela é um estimulante uterino. É também contraindicada para casos de inflamações nos rins.

Disponibilidade
É possível encontrar salsinha fresca nos supermercados, feiras e quitandas o ano todo.

Como usar em sucos
Folhas frescas inteiras: Faça um rolinho e enfie no processador com outros ingredientes. Use 6 raminhos para cada 1 xícara (250 ml) de suco.

Folha seca: Misture 1 colher de chá (5 ml) da folha seca em pó em 1 xícara (250 ml) de suco ou adicione os ingredientes em bebidas batidas.

Infusão: Em uma chaleira, despeje ¼ xícara (50 ml) de água fervente em 1 colher de sopa (15 ml) da salsinha fresca ou 1 colher de chá (5 ml) da erva seca. Deixe em infusão por 10 minutos. Coe, descarte a erva e adicione o líquido a 1 xícara (250 ml) de suco.

-inflamatória, estimulante da circulação, estrogênica, vasodilator periférico, diminui a transpiração; estimulante uterino.

Uso: Os óleos voláteis da sálvia matam bactérias e fungos – mesmo os resistentes à penicilina. Dá um bom gargarejo para casos de garganta irritada, laringite e úlceras bucais. A sálvia é também usada para diminuir a produção de leite materno e para aliviar suores noturnos e calores da menopausa.

Cuidados
Em doses excessivas, a sálvia pode causar convulsão. Não deve ser consumida em casos de pressão alta ou epilepsia, nem por mulheres grávidas.

Disponibilidade
Os ramos frescos podem ser encontrados em alguns supermercados e quitandas. A erva seca pode ser comprada na maior parte dos supermercados.

Como usar em sucos
Folhas frescas inteiras: Faça um rolinho e coloque no processador com outros ingredientes. Use 3 a 4 ramos para cada 1 xícara (250 ml) de suco.

Folhas e flores secas: Macere até obter um pó fino e misture em sucos frescos ou adicione aos ingredientes de bebidas batidas. Use ½ colher de chá (2 ml) para cada 1 xícara (250 ml) de suco.

Infusão: Em uma chaleira, despeje ¼ xícara (50 ml) de água fervente em 1 colher de sopa (15 ml) de sálvia fresca ou 1 colher de chá (5 ml) de sálvia seca. Deixe em infusão por 10 minutos. Coe, descarte a erva e adicione o líquido a 1 xícara (250 ml) de suco.

Sálvia
Salvia officinalis

Vigoroso arbusto lenhoso e perene originário do oeste norte-americano e do México, que apresenta folhas ovaladas e enrugadas de um cinza esverdeado, e flores roxas, rosadas ou brancas.

Partes usadas
Folhas e flores.

Propriedades medicinais
Ação: Antioxidante, antimicrobiana, antibiótica, antisséptica, carminativa, antiespasmódica, anti-

Sementes de aipo
Apium graveolens

Planta bienal de raiz bulbosa, grossa e carnuda, com talo cheio de nervuras. Embora o talo, as folhas e às vezes as sementes sejam usados na culinária (ver Aipo, p. 118), para propósitos medicinais são usadas as sementes do aipo silvestre.

Partes usadas
Sementes.

Propriedades medicinais
Ação: Anti-inflamatória, antioxidante, carminativa, sedativa, antisséptica do sistema urinário.

Alimentos saudáveis 157

ERVAS E ESPECIARIAS

Uso: As sementes do aipo são tônicas e aromáticas, funcionando para aliviar espasmos musculares e para tratar a gota, inflamações do trato urinário, cistite, osteoartrite e artrite reumatoide.

Cuidado
Não devem ser usadas por gestantes.

Disponibilidade
É possível encontrar em lojas de produtos naturais ou farmácias especializadas.

Como usar em sucos
Talos e folhas inteiras: ver Aipo, p.118.

Sementes secas: Moa as sementes até obter um pó fino e misture-o nos sucos ou adicione aos ingredientes de bebidas batidas. Use ¼ colher de chá (1 ml) para cada 1 xícara (250 ml) de suco.

Infusão: Em uma chaleira, despeje ¼ xícara (50 ml) de água fervente em ¼ colher de chá (1 ml) das sementes secas ligeiramente moídas. Deixe em infusão por 10 minutos. Coe, descarte as sementes e adicione o líquido a 1 xícara (250 ml) de suco.

Solidago

Solidago virgaurea

Herbácea perene de caule reto, folhas ovais e flores amarelas. Na América do Norte, é uma planta nativa usada há muito tempo pelos povos indígenas. Na América do Sul, a planta comumente usada para substituí-la é a arnica.

Partes usadas
Partes aéreas (caule, folhas e flores).

Propriedades medicinais
Ação: Elimina o catarro, anti-inflamatória, antisséptica das membranas mucosas, antisséptica do sistema urinário, diurética, diaforética.

Uso: Bronquite, tosse, congestão respiratória, uretrite, tonsilite, prostatite, problemas nos rins e bexiga.

Disponibilidade
No seu país de origem, pode ser facilmente encontrado e colhido de julho até o outono. Mas as folhas secas picadas, o caule e as flores podem ser comprados em lojas de produtos naturais ou farmácias especializadas.

Como usar em sucos
Ramos frescos inteiros: Faça um rolinho e enfie no processador com os outros ingredientes. Use 2 a 4 ramos para cada 1 xícara (250 ml) de suco.

Folhas secas e flores: Macere até obter um pó fino e misture em sucos frescos ou adicione aos ingredientes de bebidas batidas. Use ¼ a ½ colher de chá (1 a 2 ml) para cada 1 xícara (250 ml) de suco.

Tanaceto

Tanacetum parthenium

Herbácea perene que cresce em regiões temperadas. Suas vivas folhas verdes alongadas contêm pungentes óleos voláteis que podem dar reações adversas se manuseadas ou consumidas em excesso. As flores são pequenas e parecem margaridas.

Partes usadas
Folhas.

Propriedades medicinais
Ação: Anti-inflamatória, vasodilatadora, digestiva.

Uso: Prevenção de dor de cabeça causada por enxaquecas, artrite inflamatória, cólica menstrual.

Cuidados
Não deve ser consumida por mulheres grávidas, pois estimula o útero. As folhas frescas podem causar úlceras bucais em pessoas sensíveis.

Disponibilidade
De fácil cultivo, as folhas frescas podem ser colhidas até o final do outono. Folhas secas picadas podem ser encontradas em lojas de produtos naturais ou farmácias especializadas.

Como usar em sucos
Folhas frescas inteiras: Faça um rolinho e leve ao processador com outros ingredientes. Use 1 a 2 folhas grandes para cada 1 xícara (250 ml) de suco.

Folha seca: Macere até obter um pó fino e misture no suco fresco. Use 1 colher de chá (5 ml) para cada 1 xícara (250 ml) de suco.

Tintura: Adicione 5 a 20 gotas de tintura a 1 xícara (250 ml) de suco.

ERVAS E ESPECIARIAS

Tanchagem

Plantago major e
P. lanceolata

A tanchagem de folha larga e a de folha miúda são matinhos muito comuns em todas as áreas desocupadas da América do Norte. As folhas formam uma roseta na base, e as flores nascem de espigões compridos no topo do caule, que chega a 15 cm acima das folhas.

Partes usadas
Folhas.

Propriedades medicinais
Ação: Antibacteriana, levemente expectorante, oferece uma rica mucilagem para o trato digestivo, nutriente, anti-histamínica, adstringente.

Uso: Tosse, bronquite, alergia, síndrome do intestino irritável, úlcera gástrica.

Disponibilidade
As folhas podem ser colhidas no verão. As folhas secas são encontradas em lojas de produtos naturais ou farmácias especializadas.

Como usar em sucos
Folhas inteiras frescas: Faça um rolinho e enfie no processador com os outros ingredientes. Use 2 a 4 folhas para cada 1 xícara (250 ml) de suco.

Infusão: Em uma chaleira, despeje ¼ xícara (50 ml) de água fervente em 1 colher de sopa (15 ml) da tanchagem fresca ou 1 colher de chá (5 ml) das folhas secas. Deixe em infusão por 15 minutos. Coe, descarte a erva e adicione o líquido a 1 xícara (250 ml) de suco.

Tília

Tilia cordata ou *T. europaea*

Árvore decídua de vivas folhas verde-escuras em forma de coração e flores brancas amareladas que surgem em meados do verão. Encontrada em muitas regiões de clima temperado, a tília costuma ser cultivada na América do Norte como planta ornamental.

Partes usadas
Folhas e flores.

Propriedades medicinais
Ação: Antiespasmódica, diaforética (chá quente), diurética (chá morno), hipotensiva, calmante, levemente adstringente.

Uso: O chá de flores de tília tem sabor agradável, e é um calmante para o estresse, a ansiedade, a dor de cabeça causada por tensão e insônia. Acalma e nutre os vasos sanguíneos, sendo muito útil no tratamento de resfriados, gripes e febres. O chá pode ser oferecido às crianças como calmante ou para diminuir febres.

Disponibilidade
As folhas e flores secas podem ser encontradas em lojas de produtos naturais ou farmácias especializadas.

Como usar em sucos
Folha e flor seca: Alguns efeitos da tília se devem aos seus óleos essenciais, que só são liberados com o calor. Sendo assim, a tília seca ou fresca não é adicionada aos sucos a não ser como chá frio.

Infusão: Em uma chaleira, despeje ¼ xícara (50 ml) de água fervente em 1 colher de sopa (15 ml) das flores frescas ou secas. Deixe em infusão por 10 minutos. Coe, descarte a erva, e adicione o líquido a 1 xícara (250 ml) de suco.

Tomilho

Thymus

Herbácea semiarbustiva de fácil cultivo, pois é tolerante a temperaturas altas e baixas.

Partes usadas
Folhas e flores.

Propriedades medicinais
Ação: Antioxidante, expectorante, antisséptica, antiespasmódica, adstringente, tônica, antimicrobiana, cicatriza ferimentos, carminativa, alivia tosses, boa para os nervos.

Alimentos saudáveis

ERVAS E ESPECIARIAS

Uso: O tomilho é ideal para infecções respiratórias profundas, como tosses crônicas e bronquite. É também usado para tratar sinusites, laringites, asma e síndrome do intestino irritável.

Cuidados
Não deve ser consumido por mulheres grávidas. Crianças menores de 2 anos e pessoas com problemas de tireoide também não devem consumir tomilho.

Disponibilidade
Não é difícil encontrar ramos frescos em algumas quitandas e supermercados, durante o ano todo. O tomilho seco é facilmente encontrado em supermercados e lojas de produtos naturais.

Como usar em sucos
Folhas frescas inteiras: Passe no processador com outros ingredientes. Use 6 raminhos para cada 1 xícara (250 ml) de suco.

Folha seca: Misture ½ colher de chá (2 ml) da erva em pó em 1 xícara (250 ml) de suco ou adicione aos ingredientes de bebidas batidas.

Infusão: Em uma chaleira, despeje ¼ xícara (50 ml) de água fervente em 1 colher de sopa (15 ml) da erva fresca ou 1 colher de chá (5 ml) do tomilho seco. Deixe em infusão por 15 minutos. Coe, descarte a erva e adicione o líquido a 1 xícara (250 ml) de suco.

Cuidados
Como ajuda a afinar o sangue, não deve ser consumido durante período de intenso fluxo menstrual.

Disponibilidade
As flores podem ser colhidas nos campos ou cultivadas no jardim. As flores secas podem ser encontradas em lojas de produtos naturais ou farmácias especializadas. As flores secas que tenham ficado marrons não são muito boas. Certifique-se de que ainda estejam rosadas.

Como usar em sucos
Ramos frescos: Faça rolinhos e enfie no processador com outros ingredientes. Use cerca de 6 ramos para cada 1 xícara (250 ml) de suco.

Folhas e flores secas: Macere até obter um pó fino e misture em sucos frescos. Use 1 colher de chá (5 ml) para cada 1 xícara (250 ml) de suco.

Infusão: Em uma chaleira, despeje ¼ xícara (50 ml) de água fervente em 1 colher de sopa (15 ml) do trevo vermelho fresco ou 1 colher de chá (5 ml) da erva seca. Deixe em infusão por 15 minutos. Coe, descarte a erva e adicione o líquido a 1 xícara (250 ml) de suco.

Trevo vermelho
Trifolium pratense

Herbácea perene que apresenta flores tubulares vermelho-rosadas no verão. O trevo vermelho cresce nos campos da América do Norte. Suas três longas folhas ovaladas o identificam como sendo um trevo.

Partes usadas
Flores.

Propriedades medicinais
Ação: Antiespasmódica, expectorante, equilibra os hormônios, nutritiva, anticoagulante, purificante linfático.

Uso: Tosse, bronquite, coqueluche, problemas menstruais.

Urtiga
Urtica dioica

Herbácea perene bastante difundida em todas as regiões temperadas da Europa, América do Norte e Eurásia, apresenta pelos eriçados nos caules e folhas ovais denteadas que causam uma leve irritação na pele se forem tocadas. Florzinhas verdes surgem em pencas durante o verão.

Partes usadas
Folhas, raízes e sementes.

Propriedades medicinais
Ação: Folhas e flores – Adstringente, tônica para o sangue, estimula a circulação, diurética, elimina o ácido úrico do organismo, nutritiva (alto teor de ferro, clorofila e vitamina C), aumenta a produção de leite materno. Raiz fresca – Adstringente, diurética.

ERVAS E ESPECIARIAS

Uso: Folhas e flores – Preciosa, a urtiga é uma erva útil como um tônico de uso diário e geral, bem como para tratamento de anemia por deficiência de ferro, gota, artrite e pedra nos rins. É também um ótimo tônico para o sangue durante a gravidez ou em caso de diabetes, má circulação ou doença de pele crônica, como o eczema. Raiz fresca – A raiz da urtiga tem um efeito poderoso sobre o sistema urinário. É boa para o tratamento de retenção de líquido, pedras nos rins, infecções do trato urinário, cistite, prostatite e aumento da próstata.

Disponibilidade
Em lugares onde a urtiga pode ser encontrada com facilidade, as folhas e flores devem ser colhidas durante a florada, e a raiz, no outono. Devem-se usar luvas para proteger as mãos do ácido úrico, que se dissipa com a secagem ou cozimento. As folhas e flores secas podem ser encontradas em lojas de produtos naturais ou farmácias especializadas.

Como usar em sucos
Infusão: Em uma chaleira, despeje ¼ xícara (50 ml) de água fervente em 1 colher de sopa (15 ml) da erva fresca ou 1 colher de chá (5 ml) da urtiga seca. Deixe em infusão por 15 minutos. Coe, descarte a erva e adicione o líquido a 1 xícara (250 ml) de suco.

Observação: A ardência acaba quando a urtiga é cozida ou deixada em infusão em água fervente.

Tintura: Adicione 1 colher de chá (5 ml) a 1 xícara (250 ml) de suco.

Valeriana
Valeriana officinalis

Herbácea alta e perene, apresenta ramalhetes de flores brancas de perfume forte, e é silvestre no leste do Canadá e nordeste dos Estados Unidos.

Partes usadas
Raiz.

Propriedades medicinais
Ação: Sedativa, calmante, antiespasmódica.

Uso: Pressão alta, insônia, ansiedade, dores de cabeça devidas à tensão, câimbras, enxaquecas.

Cuidados
A valeriana provoca reações adversas em algumas pessoas.

Disponibilidade
Nas regiões de origem, pode ser colhida no final do outono. Pode ser cultivada em jardins ou vasos. A raiz seca e a tintura podem ser encontradas em lojas de produtos naturais ou farmácias especializadas.

Como usar em sucos
Raiz inteira fresca: Como são muito pequenas e finas, é muito difícil processá-las. É preferível fazer uma decocção e adicioná-la ao suco fresco.

Decocção: Em uma panelinha, junte ¼ xícara (50 ml) de água fervente e 1 colher de sopa (15 ml) da raiz fresca picada ou 1 colher de chá (5 ml) da raiz seca picada. Deixe cozinhar na panela tampada por 10 minutos. Deixe em infusão mais 10 minutos. Coe, descarte a erva e adicione o líquido a 1 xícara (250 ml) de suco.

Tintura: Adicione 20 a 40 gotas a 1 xícara (250 ml) de suco.

Vitex
Vitex agnus-castus

Também conhecido como agnocasto, é um arbusto decíduo aromático nativo do sudeste da Europa. Cultivado em climas temperados, apresenta folhas palmadas e perfumadas florzinhas tubulares e lilases, além de frutinhas carnudas de um preto avermelhado.

Partes usadas
Frutinhas.

Propriedades medicinais
Ação: Equilibra os hormônios sexuais femininos ao agir na glândula pituitária anterior (ou hipófise anterior).

Uso: Sintomas pré-menstruais, menstruação dolorosa, sintomas da menopausa.

Alimentos saudáveis **161**

ERVAS E ESPECIARIAS

Cuidados
Não deve ser consumido com medicamentos à base de progesterona.

Disponibilidade
As frutinhas secas podem ser encontradas em lojas de produtos naturais ou farmácias especializadas. Também disponível na forma de tintura.

Como usar em sucos
Infusão: Em uma chaleira, despeje ¼ xícara (50 ml) de água fervente em 1 colher de sopa (15 ml) das frutinhas frescas ou 1 colher de chá (5 ml) da frutinha macerada. Deixe em infusão por 10 minutos. Coe, descarte a erva e adicione o líquido a 1 xícara (250 ml) de suco.

Tintura: Adicione 10 a 20 gotas a 1 xícara (250 ml) de suco.

Outros ingredientes

Alfarroba

Ceratonia siliqua

A alfarroba, cujas sementes são transformadas em pó, é usada para substituir o cacau e o chocolate, mas com as vantagens de que, ao contrário do cacau (com o qual se produz o chocolate), não contém cafeína, não necessita de açúcar, é mais pobre em gorduras e oferece algum cálcio e fósforo. É encontrada em tabletes, que podem ser usados em bebidas quentes, ou em pó, que pode ser misturado a vitaminas (ver Leite de coco com alfarroba, p. 347).

Suco: Para adoçar sucos, misture 1 colher de sopa (15 ml) de alfarroba em 1 xícara (250 ml) de suco.

Polpa: Adicione até 2 colheres de sopa (25 ml) de alfarroba aos ingredientes antes de bater.

Algas verdes

Chlorella, spirulina

Ricas em carotenoides e clorofila, essas microscópicas algas verdes unicelulares demonstraram ser eficazes para reduzir os efeitos da radiação e podem ajudar no tratamento de infecções decorrentes do HIV. São encontradas em cápsulas ou em pó.

Ação: Antioxidante, anticancerígena, reforça a imunidade, reduz a intoxicação por metal pesado, hipotensiva.

Suco: Adicione 2 colheres de chá (10 ml) aos sucos e bebidas batidas.

Algas marinhas

Arame, dulse, nori, wakame, kelp

Devido à alta concentração de vitamina A, proteína, cálcio, ferro e outros minerais, as algas marinhas são importantes para a saúde.

Ação: Anticancerígena, diurética, antibacteriana, estimula a função imunológica.

Suco: Adicione a água em que deixou as algas de molho aos sucos frescos, pois o sabor salgado combina bem com os sucos de hortaliças. Decore o suco polvilhando a alga em pó ou cortada fininho.

Polpa: Acrescente ¼ a ½ xícara (50 a 125 ml) de algas marinhas embebidas em água e cozidas aos outros ingredientes de vitaminas ou bebidas batidas.

Brotos

Sendo boa fonte de vitaminas B (exceto B 12), as sementes germinadas também contêm vitaminas A e C, além de bioflavonoides e enzimas. Oferecem um reforço nutritivo vivo e verde aos sucos e bebidas batidas. A alfafa (e outros grãos), o feijão, a ervilha e as sementes de ervas são fáceis de germinar em ambiente quente e úmido, propiciando uma carga dos nutrientes encontrados nas plantas maduras. Prepare as sementes germinadas nos meses em que as verduras não estejam em sua melhor safra.

Cuidados: A qualidade das sementes germinadas depende da água utilizada. Algumas sementes germinadas já foram relacionadas a bactérias prejudiciais, e a água é responsável por isso. O melhor modo de germinar sementes é com sementes orgânicas e limpas e em água que tenha sido fervida ou que não tenha de fato contaminações.

Compra e conservação: Pelas razões acima mencionadas, prepare as próprias sementes germinadas ou adquira-as de fontes confiáveis. Prefira brotos úmidos, firmes e sem sinal de estarem murchos ou viscosos. Conserve na geladeira por até 1 semana.

Suco: Alterne com frutas e hortaliças no processador.

Polpa: Adicione até 1 xícara (250 ml) às bebidas batidas.

Cereais

Aveia, trigo, centeio, trigo-sarraceno, espelta, amaranto, quinoa

Os grãos integrais não são refinados, portanto, conservam todos os valores nutricionais do farelo e do gérmen. Também oferecem mais fibras e carboidratos complexos à alimentação. Os grãos integrais oferecem proteína, carboidratos, fitato (ácido fítico), vitamina E, fibra (inclusive ligninas) e algumas vitaminas B (tiamina,

Alimentos saudáveis

OUTROS INGREDIENTES

riboflavina, niacina e folacina – ácido fólico), ferro, zinco e magnésio.

Ação: Anticancerígena, antioxidante, combate doenças cardíacas, combate a obesidade, reduz o nível de açúcar do sangue.

Polpa: Adicione 2 a 3 colheres de sopa (25 a 45 ml) de grãos integrais em flocos a 1 xícara (250 ml) de bebidas batidas e milk-shakes. Acrescente a mistura de raízes e oleaginosas torradas que substituem o café.

Derivados de soja

A soja é a única fonte vegetal conhecida de "proteína completa", ou seja, ela contém todos os aminoácidos essenciais na proporção adequada para o crescimento e conservação das células do organismo. Devido à isoflavona, as dietas ricas em soja foram consideradas boas para prevenir o câncer de próstata, mama, útero, pulmão, cólon, estômago, fígado, pâncreas, bexiga e pele. No entanto, estudos recentes têm mostrado resultados conflitantes.

Ação: Talvez anticancerígena, reduz o colesterol do sangue, ajuda o sistema imunológico.

Disponibilidade: A soja pode ser encontrada inteira, seca, em lata ou em pasta (missô), como leite de soja, tofu e tempeh.

Cuidado: Uma grande porcentagem da soja cultivada hoje em dia é geneticamente modificada e recebe grande quantidade de pesticidas. A soja fresca contém inibidores de enzima que bloqueiam a digestão de proteína e podem causar sérios problemas gástricos e em órgãos. Esses inibidores não estão presentes em quantidades tão grandes nos produtos de soja fermentados, como tofu, tempeh ou shoyu. O alto teor de ácido fítico na soja e nos produtos derivados dela pode bloquear a absorção de minerais essenciais e gerar deficiências.

A isoflavona, que já foi considerada capaz de diminuir os danos celulares causados pelos radicais livres, bloquear os efeitos nocivos dos hormônios ou do estrogênio sintético, inibindo o crescimento de tumores, talvez seja tóxica.

A soja e alimentos à base dela contêm goitrogênios, substâncias naturais em certos alimentos que podem interferir na função das glândulas tireoides. Pessoas que já tenham problemas na tireoide ou distúrbios não tratados deveriam evitar os produtos de soja.

A proteína texturizada é produzida com o uso de químicas e técnicas prejudiciais, e não é considerada um alimento integral. O excesso de consumo de soja deve ser evitado durante a gravidez, e os alimentos para bebês à base de soja não devem ser usados.

O tofu é um coágulo feito de grãos de soja, que é rico em vitaminas B, potássio e ferro, além de cálcio, desde que esse mineral tenha sido usado como agente coagulante (verifique a embalagem). O tofu engrossa ou deixa mais suave o sabor de bebidas batidas. O tofu mais macio combina bem com as vitaminas. Adicione ¼ a ½ xícara (50 a 125 ml) a qualquer receita de vitamina.

O tempeh é um bolo leve e firme feito da soja cozida fermentada, e pode também ser usado em vitaminas. Em geral, é vendido congelado. Acrescente ¼ xícara (50 ml) do tempeh esmigalhado a qualquer receita de vitaminas.

Soja em conserva ou a soja seca reconstituída também combinam bem com vitaminas, deixando-as mais espessas. Acrescente ½ xícara (125 ml) da soja em conserva ou cozida por receita de vitamina.

Gérmen de trigo

Boa fonte de vitamina E e tiamina, o gérmen de trigo pode ser misturado a outros ingredientes antes do preparo de sucos e vitaminas.

Suco e polpa: Use 2 colheres de sopa (25 ml) para até 2 xícaras (500 ml) de suco ou vitamina.

Iogurte e produtos derivados

O iogurte é feito com leite fermentado. Seu tipo benéfico de bactéria (o lactobacilo) recupera, conserva e equilibra a flora intestinal. A cultura do acidófilo no iogurte auxilia a proteger do câncer de cólon. Ao comprar, verifique se a embalagem garante que ele contenha "lactobacilos vivos". Em geral, o iogurte pode ser consumido por pessoas que sofrem de alergia ao leite e é fundamental nas dietas vegetarianas.

Ação: Antibacteriana, anticancerígena, combate úlceras, auxilia o sistema imunológico, reduz o colesterol do sangue.

Suco: Acrescente até 1 xícara (250 ml) de iogurte em bebidas batidas e misture até ¼ xícara (50 ml) em sucos de frutas e hortaliças.

164 O grande livro dos sucos

OUTROS INGREDIENTES

Lecitina

A lecitina é uma das melhores fontes de colina, conhecida por melhorar a memória ao fortalecer os neurônios cerebrais relativos a ela. A lecitina pode ser encontrada em lojas de produtos naturais ou farmácias especializadas em cápsulas ou granulada. Adicione 2 cápsulas ou 1 colher de sopa (15 ml) de lecitina granulada a 1 a 2 xícaras (250 a 500 ml) de vitamina.

Melado

O melado é um xarope bastante espesso derivado do refino do açúcar, no qual a sacarose (açúcar) é separada do líquido e dos nutrientes da cana-de--açúcar. O melado mais escuro contém menos açúcar e mais nutrientes: ferro, seis das vitaminas B, cálcio, fósforo e potássio.

Suco: O melado tem um sabor forte, portanto, use-o com moderação – cerca de 1 a 2 colheres de chá (5 a 10 ml) para cada 1 xícara (250 ml) de suco ou chá que necessite de mais adoçante.

Oleaginosas

Todas as oleaginosas – inclusive amendoim, que é tecnicamente uma leguminosa – contêm grandes quantidades de proteína, vitamina E, fibra e inibidores de protease, que, em experimentos com animais, têm prevenido o câncer. Embora as oleaginosas contenham altos teores de gordura, esses óleos são poli-insaturados, portanto, reduzem o nível de colesterol do sangue. Elas também contêm ácidos graxos essenciais, necessários à saúde da pele, cabelo, glândulas, mucosas, nervos e artérias, além de auxiliar na prevenção de doenças cardiovasculares. As oleaginosas oferecem um aumento lento e estável do açúcar no sangue e da insulina, sendo uma boa opção para pessoas com diabetes (ver também Leite de oleaginosas, p. 346-47).

Ação: Anticancerígena, reduz os níveis de colesterol sanguíneo, regula o nível de açúcar sanguíneo.

Suco: Use oleaginosas moídas como decoração de sucos.

Polpa: Misture até ¼ xícara (50 ml) de oleaginosas inteiras ou de Leite de oleaginosas (ver p. 346-47) com outros ingredientes de vitaminas ou bebidas batidas.

Cuidados: As oleaginosas podem causar sérias reações alérgicas em algumas pessoas. Além disso, o amendoim e a manteiga de amendoim podem estar contaminados por aflatoxina, um carcinogênico.

Proteína em pó

Acredita-se que a proteína de soja (a proteína extraída dos grãos de soja) ajude a reduzir o risco dos cânceres de mama, endométrio e próstata se contiver isoflavona. A isoflavona imita a ação do estrogênio, reduzindo os sintomas da menopausa. As pesquisas indicam que a proteína de soja reduz tanto os níveis do colesterol como um todo, quanto o da lipoproteína de baixa densidade (LDL), ou colesterol "ruim". Prefira proteína de soja em pó que seja feita de grãos lavados em água (e não em álcool), cultivados organicamente, cujo nível de isoflavona tenha sido testado.

Polpa: Adicione até 3 colheres de sopa (45 ml) aos ingredientes antes de bater.

Cuidados: Existem preocupações em relação ao uso prolongado de soja (ver Derivados de soja, p. 164).

Rama de trigo e de cevada

A rama do trigo e da cevada nasce das sementes desses cereais, e se for colhida com 12,5 a 15 cm de altura pode ser preparada como suco fresco ou pode ser seca e transformada em pó ou pílulas. Ricas em clorofila (poderosa como cicatrizante e para combater infecções), betacaroteno e vitaminas C e E, esses alimentos verdes são facilmente adicionados a sucos e bebidas batidas. Também são uma das melhores fontes vegetais de proteína, até mais do que a soja e as leguminosas.

Ação: Antioxidante, anti-inflamatória, anticancerígena, antibiótica, limpa o sangue, protege da radiação.

Suco: As ramas do trigo e da cevada demandam uma ferramenta específica do processador para que seu suco possa ser extraído. Têm um sabor forte, portanto, adicione água ou misture em sucos de vegetais, mas não em sucos de fruta. Misture 1 colher de sopa (15 ml) da rama do trigo ou da cevada em pó em 1 a 2 xícaras (250 a 500 ml) de suco de vegetal ou bebidas batidas.

Alimentos saudáveis **165**

OUTROS INGREDIENTES

Cuidados: Comece com o consumo de pequenas quantidades (não mais do que 2 colheres de sopa/25 ml) de suco de rama de trigo diariamente. Quantidades maiores podem causar diarreia e enjoo.

Sementes de abóbora

As sementes de abóbora são importantes para os homens, pois contêm altas concentrações de aminoácidos que podem reduzir os sintomas causados pelo aumento da próstata.

Polpa: Adicione 2 colheres de sopa (25 ml) de sementes de abóbora aos ingredientes.

Sementes de cânhamo

Cannabis sativa

As sementes do cânhamo são ricas em proteína e contêm cerca de 30% de óleo, que é rico em ácidos graxos essenciais ômega-3 e ômega-6, bem como ácido gama-linolênico. O fruto do cânhamo, as sementes descascadas, podem ser usadas em manteigas de oleaginosas, produtos assados, molhos e patês, e podem ser acrescentadas a bebidas batidas.

Polpa: Adicione 2 a 3 colheres de sopa (25 a 45 ml) de frutos de cânhamo a bebidas batidas.

Sementes de gergelim

Sesamum indicum

Ricas em cálcio e boa fonte de proteína incompleta, as sementes de gergelim emprestam um sabor leve e frutado aos sucos e bebidas batidas. O óleo de gergelim é excepcionalmente estável e uma rica fonte de vitamina E e da coenzima Q10 (ubiquinona), essencial no metabolismo, ou seja, no ritmo do organismo gerar energia (ou queimar caloria).

Ação: Emoliente, laxante, antioxidante.

Suco: Decore os sucos com o gergelim ou misture 1 colher de chá (5 ml) de óleo de gergelim.

Polpa: Adicione 1 colher de sopa (15 ml) aos outros ingredientes.

Sementes de girassol

Helianthus annus

Boa fonte de vitamina E e zinco, as sementes de girassol podem ser misturadas aos outros ingredientes antes do preparo de vitaminas.

Polpa: Use 2 colheres de sopa (25 ml) para até 2 xícaras (500 ml) de vitaminas.

Sementes de linhaça

Linum usitatissimum

Ação: O óleo de linhaça é a melhor fonte vegetal de ácidos graxos essenciais ômega-3, que ajudam a lubrificar as articulações e combatem a absorção de toxinas, estimulando a digestão.

Suco: Misture 1 colher de sopa (15 ml) de óleo de linhaça a cada 2 xícaras (500 ml) de suco.

Polpa: Adicione 1 colher de sopa (15 ml) de sementes de linhaça a outros ingredientes antes de bater.

Sementes de psyllium

Ver p. 155.

Sucos prontos

Os sucos feitos com as frutas, hortaliças e ervas frescas são a melhor fonte de nutrientes e de energia viva. Os sucos engarrafados, em latas ou caixas foram processados a altas temperaturas e costumam ser acrescidos de ingredientes como açúcar, flavorizantes artificiais, estabilizantes, espessantes, emulsificantes e conservantes químicos. Se desejar misturar sucos prontos a sucos frescos, prefira os que não contenham açúcar nem aditivos.

Tofu

Ver Derivados de soja, p. 164.

166 O grande livro dos sucos

OUTROS INGREDIENTES

Vinagre de maçã

O vinagre branco destilado é uma mistura de ácido acético e água. É útil como desinfetante e agente de limpeza, mas não tem valor culinário. O vinagre naturalmente fermentado, feito de vinho ou suco de frutas, como o vinagre de maçã, é facilmente encontrado em supermercados, e contém alguns nutrientes. No entanto, o mais nutritivo dos vinagres de maçã é encontrado em lojas de produtos naturais. É feito de suco extraído de maçãs orgânicas e é naturalmente fermentado (sem calor nem substâncias clareadoras, enzimas nem conservantes). Esse processo dá origem a um vinagre natural que contém alguma pectina e traços de minerais, bem como bactérias e enzimas benéficas.

Suco: Em benefício da saúde geral, adicione 1 colher de chá (5 ml) de vinagre de maçã natural aos sucos e vitaminas.

Xarope de bordo (maple syrup)

A seiva do bordo-açucareiro (*Acer saccharum*), do bordo vermelho (*A. rubrum*) e do bordo prateado (*A. saccharinum*) é coletada na primavera, quando flui das raízes para as partes aéreas da árvore, a fim de suprir a energia necessária ao crescimento da planta. Esta seiva é composta de 95 a 97% de água, mas quando reduzida forma um xarope espesso e doce composto de 65% de sacarose. Esse xarope também contém ácidos orgânicos, minerais (sobretudo potássio e cálcio) e traços de aminoácidos e vitaminas. Um quarto de xícara (50 ml) de xarope de bordo oferece 6% da quantidade diária recomendada de cálcio e tiamina, e 2% de magnésio e riboflavina.

Suco: Misture 1 a 2 colheres de sopa (15 a 25 ml) de xarope de bordo puro (evite o xarope com "sabor de bordo", que é na verdade xarope de milho com sabor artificial) em 1 a 2 xícaras (250 a 500 ml) de suco, se desejar um adoçante.

Alimentos saudáveis **167**

As receitas

Normas básicas para sucos...................................... 170

Sucos de frutas e hortaliças
Sucos de frutas... 174
Sucos de hortaliças 192

Sucos para um corpo saudável
Tônicos para o coração 214
Aperitivos e digestivos....................................... 220
Bitters... 231
Elixires endócrinos... 234
Reforço para imunidade....................................... 240
Poder para os músculos 255
Nutrição para os nervos...................................... 263
Sucos para a respiração...................................... 270
Detonadores de estresse 274
Tônicos.. 282
Desintoxicantes 286
Chás de cura 290

Purês e vitaminas
Purês 306
Vitaminas 313

Bebidas especiais
Coquetéis.. 327
Sucos quentes 334
Ponches 338
Substitutos do leite 346
Substitutos do café 353

Delícias geladas
Frapês 363
Sorbets.. 370
Granitas 375
Iogurtes frozen 377
Picolés 379

Normas básicas para sucos

Consumidos como parte de uma dieta saudável – e em quantidades razoáveis –, os sucos suprem as nossas necessidades diárias de frutas e legumes frescos. E, o mais importante, eles são a melhor forma de obter os nutrientes e fitoquímicos desses alimentos, contribuindo para a nossa saúde e o nosso bem-estar.

Sabor

Os sucos devem ser saborosos. Quando se começa a tomá-los, a menos que já se tenha aderido a uma dieta de alimentos integrais, às vezes o gosto do suco fresco, cru, parece "diferente" ou muito forte. Mas assim que as papilas gustativas se ajustam, percebemos que tanto o suco como a polpa de frutas e legumes orgânicos e frescos oferecem uma explosão de sabor puro e genuíno. Os sucos de frutas são bem doces e, dependendo das preferências de cada um, podem precisar ser equilibrados com limão ou beterraba. Alimentos como molhos e sopas cozidos com a polpa são diferentes dos engarrafados, enlatados ou em caixinha encontrados em supermercados – são o sabor da saúde.

Uma regra prática para diluir sucos de legumes mais fortes é usar a proporção de 3 ingredientes de sabor suave (como maçã ou cenoura) para 1 forte (repolho, brócolis, verduras escuras).

Quando começar a fazer sucos, compre o dobro de maçãs orgânicas que de outras frutas ou legumes e use-as na proporção acima. Vá adicionando aos poucos mais variedades, legumes de sabor mais forte, como repolho e espinafre e ervas frescas (folhas e raízes). Comece a tomar o suco fresco e integral devagar – um ou dois copos diários por vários dias –, para dar tempo para o corpo se acostumar. Podem ocorrer desconfortos menores, como gases ou uma leve dor de barriga, mas essa fase transitória será curta. Depois disso, beba o tanto de suco que te faça se sentir confortável. Tendo bom senso, é impossível uma overdose de suco. Beba em goles pequenos, saboreando cada copo.

Suco fresco: beba imediatamente

Compre frutas, legumes e ervas frescos, maduros e orgânicos. Faça o suco imediatamente (ou em um ou dois dias) e beba na mesma hora. Os nutrientes do suco cru são muito voláteis e começam a se deteriorar assim que são expostos ao ar. A vitamina C – muito importante para prevenir alguns tipos de câncer, catarata, doenças cardíacas, sangramento nas gengivas, pressão alta e infertilidade – é extremamente volátil, sujeita a deterioração se exposta ao calor ou ao ar e quando estocada. Consequentemente, assim que o alimento é picado, ela começa a se dissipar. A melhor forma de assegurar a quantidade máxima de vitamina C (e de outras enzimas e fitoquímicos fundamentais) nos alimentos é beber o suco cru assim que ele é feito.

Para conservar o suco fresco

Para obter o máximo de nutrientes dos sucos de frutas, legumes e ervas, é imperativo começar com produtos bem maduros e beber o suco integral assim que ele for separado da polpa. Se for necessário fazer o suco antecipadamente, tenha em mente o seguinte:
• Use recipientes de vidro, cheios até a borda e fechados com uma tampa bem apertada.
• Os sucos feitos em casa não são pasteurizados nem têm "tempo de vida em estoque". Assim, precisam ser mantidos na geladeira, onde ficarão livres de fungos e bactérias por até 2 dias, apenas. Entretanto, tente beber os sucos frescos em 1 ou 2 horas.

Para usar a polpa

A polpa é um subproduto natural dos sucos. Enquanto eles contêm uma quantidade concentrada de nutrientes, a polpa retém as fibras e também uma quantidade substancial de nutrientes. A polpa das frutas e legumes pode ser reservada e usada em muitas receitas.

Para usar a polpa em sobremesas geladas, sopas, molhos, ensopados, caldos de legumes, molhos de salada, saladas e muitos outros pratos, retire o miolo e as sementes e descasque as frutas ou legumes antes de fazer o suco. Para melhores resultados, bata a polpa no liquidificador ou no processador antes de usar. Meça 2 copos (500 ml) da polpa batida e passe para um saco de congelados ou um recipiente com tampa. Conserve na geladeira se a polpa for ser utilizada dentro de um dia, ou etiquete e congele até precisar. Frutas e legumes versáteis, como maçã, cenoura e tomate, devem ser processados primeiro e ter a polpa coletada e conservada separadamente dos outros ingredientes do suco, tornando mais fácil adicioná-la a um purê de maçã, muffins, bolos ou molhos e salsas de tomate. Para receitas que usam polpa, ver Delícias geladas (p. 361) e Purês (p. 306).

Normas básicas para sucos   **171**

Sucos de frutas e hortaliças

Sucos de frutas

Abacaxi avermelhado 174
Abacaxi cítrico........... 174
Abacaxi e frutas vermelhas . 174
Abacaxi e pimentão....... 175
Água azul 175
Alivia-ressaca 175
Amanhecer supremo...... 176
Betacaroteno............ 176
Carambola e frutas
   vermelhas 176
Carambola no copo...... 177
Cenoura com erva-doce
   e laranja............. 177
Cereja da aurora 177
C-Mix 178
Coquetel de hortelã...... 178
Coquetel de verão....... 179
Cranberry 179
C-Total 179
Cura-ressaca........... 180
Damasco e pêssego 180
Delícia de laranja 180
Despertador 181
Explosão beta 181
Frutas vermelhas e iogurte.. 181
Frutas vermelhas e melão .. 182
Grapefruit 182
Groselha mista 182
Horizonte vermelho 183
Laranja e carambola 183
Laranja e romã 183
Laranja picante 184
Limão restaurador....... 184
Limões e laranja 184

Limonada com morango
   e laranja 185
Maçã com beterraba e pera . 185
Maçã e cranberries 185
Maçã e pera 186
Maçã refrescante........ 186
Melancia com morangos ... 186
Mirtilos................. 187
Néctar de verão......... 187
Pera e abacaxi.......... 187
Pera e erva-doce........ 188
Refresco de melancia 188
Refresco de outono...... 188
Roma romã 189
Ruibarbo 189
Suco de cereja 189
Suco de cranberry 190
Suco de framboesas 191
Uvas poderosas 191

Sucos de hortaliças

Abóbora especial......... 192
Agrião 192
Aipo................... 193
Alcachofra e cenoura..... 193
Alcachofra oito 193
Antibiótico ardente 194
Beterraba 194
Beterraba com olmo 194
Beterraba verde......... 195
Beterrabas ardentes 195
Brócolis com gengibre.... 196
Brócolis e alcachofra..... 196
Brócolis e cenoura....... 196
Cenoura allium 197

Cenoura e maçã 197
Cenoura na cabeça...... 197
Cenoura picante 198
Couve-repolho......... 198
Crucíferos 199
C-Verde............... 199
Delícia de ervilhas 199
Delícia de pimentões 200
Destruidor de gota....... 200
Deusa verde 200
Diabo vermelho 201
Ervilhas e cenoura 201
Festa da primavera 201
Fólico extra 202
Gole divino 202
Imunidade............ 202
Kelp................. 203
Lanche líquido 203
Magia verde.......... 203
Mix de tubérculos 204
O refrescante.......... 204
Pepino e pêssego 204
Pera com espinheiro 205
Refresco de pepino 205
Repolho e alecrim 205
Salsa líquida 206
Solvente de cálculos 206
Suco ABC............. 206
Suco saladinha 207
Suculento 207
Surpresa de algas marinhas . 207
Tomate azedinho....... 208
Tomate energético 208
Tônico dente-de-leão 208
Verduras 211

Sucos de frutas

Abacaxi avermelhado

Rende 1

Atenção: Evite a salsinha durante a gravidez e em caso de inflamação renal.

1 xícara de amoras-pretas
3 ramos de salsinha (ver aviso à esquerda)
2 rodelas grossas de abacaxi
½ xícara de mirtilos
½ xícara de framboesas

1. Em uma máquina de fazer suco, processe as amoras com a salsinha, o abacaxi, os mirtilos e as framboesas. Misture, despeje em um copo e sirva.

Abacaxi cítrico

Rende 1

Dica:
Retire a pele branca e as sementes das laranjas e dos limões antes de fazer o suco.

½ abacaxi cortado em cubos
2 laranjas
1 limão

1. Em uma máquina de fazer suco, processe o abacaxi com as laranjas e o limão. Misture, despeje em um copo e sirva.

Abacaxi e frutas vermelhas

Rende 1

Dica:
A polpa deste suco pode ser usada no Frapê de abacaxi e sálvia-ananás (ver a receita na p. 364).

2 rodelas grossas de abacaxi
1 xícara de mirtilos
1 xícara de cerejas sem caroço
½ xícara de groselhas-pretas

1. Em uma máquina de fazer suco, processe o abacaxi com os mirtilos, as cerejas e as groselhas. Misture, despeje em um copo e sirva.

SUCOS DE FRUTAS

Rende 1

Abacaxi e pimentão

⅓ abacaxi cortado em cubos
1 pimentão vermelho sem talo nem sementes
2 ameixas roxas sem caroço
1 laranja

1. Em uma máquina de fazer suco, processe o abacaxi com o pimentão, as ameixas e a laranja. Misture, despeje em um copo e sirva.

Rende 1

Água azul

Dica:
Use cranberry fresco ou congelado neste suco antioxidante. Descongele as frutas congeladas pouco antes de fazer o suco.

1 xícara de mirtilos
1 fatia de 5 cm de melancia cortada em pedaços
¼ xícara de cranberries inteiros

1. Em uma máquina de fazer suco, processe os mirtilos com a melancia e os cranberries. Misture, despeje em um copo e sirva.

Rende 1

Alivia-ressaca

2 carambolas
2 maçãs
1 pedaço de gengibre de 1 cm
½ limão-siciliano

1. Em uma máquina de fazer suco, processe as carambolas com as maçãs, o gengibre e o limão. Misture, despeje em um copo e sirva.

Sucos de frutas e hortaliças **175**

SUCOS DE FRUTAS

Rende 1

Amanhecer supremo

1 xícara de morangos frescos ou congelados
1 xícara de uvas roxas
1 laranja

1. Em uma máquina de fazer suco, processe os morangos com as uvas e a laranja. Misture, despeje em um copo e sirva.

Rende 1

Betacaroteno

3 cenouras
3 damascos frescos sem caroço
3 pêssegos sem caroço

1. Em uma máquina de fazer suco, processe as cenouras com os damascos e os pêssegos. Misture, despeje em um copo e sirva.

Rende 1

Carambola e frutas vermelhas

2 carambolas
1 xícara de amoras
½ xícara de mirtilos
½ xícara de framboesas

1. Em uma máquina de fazer suco, processe as carambolas com as amoras, os mirtilos e as framboesas. Misture, despeje em um copo e sirva.

176   O grande livro dos sucos

SUCOS DE FRUTAS

Rende 1

Carambola no copo

2 carambolas
¼ melão-cantalupo cortado ao meio
2 rodelas grossas de abacaxi
1 limão-siciliano

1. Em uma máquina de fazer suco, processe as carambolas com o melão, o abacaxi e o limão. Misture, despeje em um copo e sirva.

Rende 2

Dica:
Se for usar a polpa para o Frapê de cenoura com erva--doce e laranja (ver a receita na p. 366), retire a pele branca e as sementes do limão e das laranjas antes de fazer o suco.

Cenoura com erva-doce e laranja

4 laranjas
3 cenouras
1 limão-siciliano
¼ bulbo de erva-doce fresca

1. Em uma máquina de fazer suco, processe as laranjas com as cenouras, o limão e a erva-doce. Misture, despeje em dois copos e sirva.

Rende 1

Dica:
Este suco também pode ser servido como um refresco para se tomar antes de dormir. Nesse caso, use 1 colher (chá) de camomila seca em vez da erva fresca.

Cereja da aurora

1 xícara de cerejas sem caroço
1 grapefruit cortado em pedaços
1 maçã
1 colher (sopa) de flores frescas de camomila, opcional

1. Em uma máquina de fazer suco, processe as cerejas com o grapefruit, a maçã e a camomila (opcional). Misture, despeje em um copo e sirva.

Sucos de frutas e hortaliças **177**

SUCOS DE FRUTAS

Rende 1

C-Mix

Dica:

Se for usar a polpa para o Frapê de cenoura com erva-doce e laranja (ver a receita na p. 366), retire a pele branca e as sementes do limão e das laranjas antes de fazer o suco.

2 laranjas
1 grapefruit cortado em pedaços
1 limão
½ xícara de cranberries inteiros, frescos ou congelados
1 colher (sopa) mel, opcional

1. Em uma máquina de fazer suco, processe as laranjas com o grapefruit, o limão e os cranberries. Misture, despeje em um copo e sirva. Se desejar, acrescente o mel.

Rende 2 ou 3

Coquetel de hortelã

Doce e levemente mentolado, este suco fica interessante servido em copos transparentes, para que se possa ver o suco de uva separado na parte superior. Use ramos de hortelã como palitos para misturar a bebida.

Dica:

Se planejar usar a polpa em uma bebida gelada, retire e jogue fora a maior parte possível dos pedaços de ervas.

4 laranjas
3 xícaras de uvas roxas
¼ xícara de folhas frescas de hortelã
6 folhas frescas de capim-cidreira
1 limão-siciliano

1. Em uma máquina de fazer suco, processe as laranjas com as uvas, a hortelã, o capim-cidreira e o limão. Misture, despeje em copos e sirva.

178 O grande livro dos sucos

SUCOS DE FRUTAS

Rende 2

Coquetel de verão

4 damascos frescos sem caroço
1 xícara de uvas
4 pêssegos sem caroço
1 fatia de 5 cm de melancia cortada em pedaços

1. Em uma máquina de fazer suco, processe os damascos com as uvas, os pêssegos e a melancia. Misture e sirva em copos.

Rende 1

Cranberry

1 xícara de cranberries inteiros, frescos ou congelados
1 xícara de uvas
2 rodelas grossas de abacaxi

1. Em uma máquina de fazer suco, processe os cranberries com as uvas e o abacaxi. Misture, despeje em um copo e sirva.

Rende 1 ou 2

C-Total

Dica:
A salsinha contém uma quantidade incrível de vitamina C e é uma das poucas ervas frescas que se pode encontrar o ano inteiro.

Atenção: Evite a salsinha durante a gravidez e em caso de inflamação renal.

1 grapefruit cortado em pedaços
2 laranjas
6 raminhos de salsinha fresca (ver aviso à esquerda)
3 kiwis

1. Em uma máquina de fazer suco, processe o grapefruit com as laranjas, a salsinha e os kiwis. Misture, despeje em um copo grande ou dois menores e sirva.

Sucos de frutas e hortaliças **179**

SUCOS DE FRUTAS

Rende 1

Cura-ressaca

4 maçãs
1 pedaço de gengibre com 1 cm
½ limão-siciliano
½ colher (chá) de alfazema

1. Em uma máquina de fazer suco, processe as maçãs com o gengibre e o limão. Misture a alfazema, despeje em um copo e sirva.

Rende 1

Damasco e pêssego

2 pêssegos sem caroço
2 damascos frescos sem caroço
½ xícara de uvas verdes
¼ bulbo de erva-doce fresca

1. Em uma máquina de fazer suco, processe os pêssegos com os damascos, as uvas e a erva-doce. Misture, despeje em um copo e sirva.

Rende 1 ou 2

Delícia de laranja

3 laranjas
1 cenoura
½ xícara de cranberries inteiros, frescos ou congelados
1 colher (chá) de canela em pó

1. Em uma máquina de fazer suco, processe as laranjas com a cenoura e os cranberries. Misture a canela, despeje em um ou dois copos e sirva.

SUCOS DE FRUTAS

Rende 1

Despertador

2 xícaras de morangos frescos ou congelados
2 cenouras
1 laranja

1. Em uma máquina de fazer suco, processe os morangos com as cenouras e a laranja. Misture, despeje em um copo e sirva.

Rende 1

Explosão beta

3 cenouras
2 damascos frescos sem caroço
¼ melão-cantalupo cortado ao meio

1. Em uma máquina de fazer suco, processe as cenouras com os damascos e o melão. Misture, despeje em um copo e sirva.

Rende 2

Frutas vermelhas e iogurte

2 talos de ruibarbo fresco aparado
1 xícara de framboesas
1 xícara de morangos frescos
1 xícara de mirtilos
1 xícara de iogurte natural

1. Em uma máquina de fazer suco, processe o ruibarbo com as framboesas, os morangos e os mirtilos. Misture o iogurte, despeje em copos e sirva.

Sucos de frutas e hortaliças   **181**

SUCOS DE FRUTAS

Rende 1

Frutas vermelhas e melão

1 xícara de mirtilos
1 xícara de cerejas sem caroço
½ xícara de uvas
¼ melão-cantalupo cortado ao meio

1. Em uma máquina de fazer suco, processe os mirtilos com as cerejas, as uvas e o melão. Misture, despeje em um copo e sirva.

Rende 1

Grapefruit

Dica:

Se for usar a polpa para o Frapê de grapefruit (ver a receita na p. 368), rale a casca da laranja e reserve para adicionar à polpa. Retire as sementes e a parte branca quando descascar a laranja.

1 laranja
2 grapefruits cortados em pedaços
1 limão-siciliano
mel, opcional

1. Em uma máquina de fazer suco, processe a laranja com os grapefruits e o limão. Acrescente mel a gosto (opcional), despeje em um copo e sirva.

Rende 1

Groselha mista

1 xícara de groselhas-espinhosas
1 xícara de amoras
1 xícara de framboesas
1 maçã

1. Em uma máquina de fazer suco, processe as groselhas com as amoras, as framboesas e a maçã. Misture, despeje em um copo e sirva.

182 O grande livro dos sucos

SUCOS DE FRUTAS

Horizonte vermelho

Rende 1

2 ameixas roxas sem caroço
1 romã, só as sementes
1 laranja
1 xícara de framboesas

1. Em uma máquina de fazer suco, processe as ameixas com as sementes de romã, a laranja e as framboesas. Misture, despeje em um copo e sirva.

Laranja e carambola

Rende 1

2 carambolas
2 laranjas
¼ melão-cantalupo cortado ao meio
½ limão-siciliano

1. Em uma máquina de fazer suco, processe as carambolas com as laranjas, o melão e o limão. Misture, despeje em um copo e sirva.

Laranja e romã

Rende 1

1 romã, só as sementes
2 laranjas
1 maçã
1 cenoura

1. Em uma máquina de fazer suco, processe as sementes de romã com as laranjas, a maçã e a cenoura. Misture, despeje em um copo e sirva.

Sucos de frutas e hortaliças **183**

SUCOS DE FRUTAS

Rende 1

Laranja picante

1 laranja
3 cenouras
1 pedaço de gengibre com 1 cm
1 maçã

1. Em uma máquina de fazer suco, processe a laranja com as cenouras, o gengibre e a maçã. Misture, despeje em um copo e sirva.

Rende 1

Limão restaurador

Este suco é bem azedo, mas muito refrescante, então prove antes de adicionar o mel.

Dica:

Use a polpa na calda de limão (ver a receita na p. 307). Antes de fazer o suco, retire a pele branca e as sementes dos limões e a casca da melancia e do pepino.

2 limões-sicilianos
1 fatia de 5 cm de melancia cortada em pedaços
½ pepino
1 colher (chá) de mel, opcional

1. Em uma máquina de fazer suco, processe os limões com a melancia e o pepino. Despeje em um copo e sirva. Se desejar, acrescente o mel.

Rende 1

Limões e laranja

Atenção: O alcaçuz deve ser evitado em caso de pressão alta.

1 laranja
1 limão
1 limão-siciliano
1 colher (chá) de alcaçuz em pó (ver aviso à esquerda)

1. Em uma máquina de fazer suco, processe a laranja com os dois tipos de limão. Misture o alcaçuz, despeje em um copo e sirva.

SUCOS DE FRUTAS

Rende 2

Limonada com morango e laranja

1 xícara de morangos frescos ou congelados
1 limão-siciliano
2 laranjas
1 xícara de água mineral com gás

1. Em uma máquina de fazer suco, processe os morangos com o limão e as laranjas. Misture, despeje em uma jarra. Adicione a água mineral e sirva.

Rende 1 ou 2

Maçã com beterraba e pera

2 maçãs
1 pera
3 beterrabas com os talos
½ limão-siciliano
1 pedaço de gengibre com 1 cm

1. Em uma máquina de fazer suco, processe as maçãs com a pera, as beterrabas, seus talos, o limão e o gengibre. Misture, despeje em um copo grande ou dois menores e sirva.

Rende 1

Maçã e cranberries

¾ xícara de cranberries inteiros, frescos ou congelados
3 cenouras
2 maçãs

1. Em uma máquina de fazer suco, processe os cranberries com as cenouras e as maçãs. Misture, despeje em um copo e sirva.

Sucos de frutas e hortaliças **185**

SUCOS DE FRUTAS

`Rende 1`

Maçã e pera

2 maçãs
2 peras
1 pedaço de gengibre com 1 cm
½ xícara de uvas
½ colher (chá) de canela em pó

1. Em uma máquina de fazer suco, processe as maçãs com as peras, o gengibre e as uvas. Misture a canela, despeje em um copo e sirva.

`Rende 1`

Maçã refrescante

3 maçãs
1 xícara de uvas vermelhas
½ limão-siciliano
½ colher (chá) de ginseng em pó

1. Em uma máquina de fazer suco, processe as maçãs com as uvas e o limão. Misture o ginseng, despeje em um copo e sirva.

`Rende 1`

Melancia com morangos

1 fatia de 5 cm de melancia cortada em pedaços
1 xícara de morangos frescos
½ xícara de framboesas
⅛ colher (chá) de canela em pó

1. Em uma máquina de fazer suco, processe a melancia com os morangos e as framboesas. Misture a canela, despeje em um copo e sirva.

SUCOS DE FRUTAS

Mirtilos

Rende 1

1 xícara de mirtilos
1 xícara de cerejas sem caroço
½ xícara de uvas roxas
½ xícara de framboesas

1. Em uma máquina de fazer suco, processe os mirtilos com as cerejas, as uvas e as framboesas. Misture, despeje em um copo e sirva.

Néctar de verão

Rende 2

3 nectarinas sem caroço
2 damascos secos sem caroço
1 xícara de mirtilos
2 pêssegos sem caroço
2 ameixas sem caroço

1. Em uma máquina de fazer suco, processe as nectarinas com os damascos, os mirtilos, os pêssegos e as ameixas. Misture, despeje em copos e sirva.

Pera e abacaxi

Rende 1

2 peras
2 rodelas grossas de abacaxi
1 xícara de uvas roxas ou verdes
1 limão-siciliano

1. Em uma máquina de fazer suco, processe as peras com o abacaxi, as uvas e o limão. Misture, despeje em um copo e sirva.

Sucos de frutas e hortaliças

SUCOS DE FRUTAS

Rende 1

Pera e erva-doce

Atenção: O alcaçuz deve ser evitado em caso de pressão alta.

2 peras
¼ bulbo fresco de erva-doce fresca
2 maçãs
½ colher (chá) alcaçuz em pó (ver aviso à esquerda)

1. Em uma máquina de fazer suco, processe as peras com a erva-doce e as maçãs. Misture o alcaçuz, despeje em um copo e sirva.

Rende 1

Refresco de melancia

1 fatia de 5 cm de melancia cortada em pedaços
½ xícara de morangos frescos
¼ bulbo de erva-doce fresca
1 limão-siciliano

1. Em um liquidificador ou centrífuga, bata a melancia com os morangos, a erva-doce e o limão. Despeje em um copo e sirva.

Rende 1

Refresco de outono

Dica:
Se for usar a polpa para a Granita de manjericão e pera (ver a receita na p. 376), descasque e descaroce as peras e a maçã e retire a pele branca e as sementes do limão antes de fazer o suco.

3 peras
2 pêssegos sem caroço
1 maçã
½ limão

1. Em uma máquina de fazer suco, processe as peras com os pêssegos, a maçã e o limão. Misture, despeje em um copo e sirva.

SUCOS DE FRUTAS

Roma romã

Rende 1

2 romãs, só as sementes
1 xícara de cerejas sem caroço
1 ameixa roxa sem caroço
1 maçã vermelha

1. Em uma máquina de fazer suco, processe as sementes de romã com as cerejas, a ameixa e a maçã. Misture, despeje em um copo e sirva.

Ruibarbo

Rende 1

2 talos de ruibarbo fresco aparados
1 xícara de morangos frescos
1 laranja
1 pedaço de gengibre com 1 cm

1. Em uma máquina de fazer suco, processe o ruibarbo com os morangos, a laranja e o gengibre. Misture, despeje em um copo e sirva.

Suco de cereja

Rende 1

1 xícara de cerejas sem caroço
¼ bulbo de erva-doce fresca
1 xícara de uvas
½ limão

1. Em uma máquina de fazer suco, processe as cerejas com a erva-doce, as uvas e o limão. Misture, despeje em um copo e sirva.

Sucos de frutas e hortaliças   **189**

SUCOS DE FRUTAS

Rende 3

Suco de cranberry

O cranberry pode (e costuma) ter seu suco extraído e misturado a outros mais doces, mas esta receita resulta em um sabor azedinho inconfundível de frutas integrais. O volume de açúcar deste suco é muito menor que o encontrado em produtos industrializados.

Dicas:

Se preferir, não use a canela e a noz-moscada.

O astrágalo faz com que o suco ganhe propriedades de estímulo ao sistema imunológico.

4 xícaras de cranberries frescos inteiros
4 xícaras de água
2 xícaras de suco de maçã
2 fatias de raiz seca de astrágalo, opcional
2 colheres (sopa) de açúcar cristal
2 colheres (chá) de estévia em pó
½ colher (chá) de canela em pó
¼ colher (chá) de noz-moscada em pó

1. Misture os cranberries com a água, o suco de maçã, o astrágalo (opcional), o açúcar e a estévia em uma panela grande, e leve à fervura em fogo alto. Abaixe o fogo e cozinhe por 15 minutos, ou até as frutas se abrirem. Tire do fogo, espere esfriar um pouco e coe, pressionando os sólidos para extrair o máximo possível de suco.

2. Depois de coar, jogue fora o astrágalo (a polpa pode ser usada em outra receita) e misture a canela e a noz--moscada. Deixe esfriar e beba, ou misture com outros sucos para usar em ponches ou delícias geladas.

3. Para conservar: Despeje o suco em um recipiente de vidro, limpo e com tampa. Guarde na geladeira e consuma em até 2 dias.

SUCOS DE FRUTAS

Cranberry (*Vaccinium macrocarpon*)

O cranberry é originário da América do Norte, mas foi introduzido na Europa em 1677, quando colonos enviaram um presente do Novo Mundo para o rei Charles II, que consistia em 2 barricas de samp (milho indiano triturado e cozido), 3 mil bacalhaus e 10 barris de cranberry.

O cranberry cresce em solos pantanosos ou lamaçais, onde em geral leva cinco anos para se desenvolver completamente e poder ser colhido. Depois que as plantas ficam maduras, crescem rapidamente, como os morangos, com ramos surgindo em todas as direções. Uma planta bem desenvolvida pode durar mais de cem anos.

Embora a colheita mecanizada seja comum, o cranberry ainda é colhido manualmente, com uma concha de madeira própria, cujas pontas de arame (parecendo uma escova) desprendem o cranberry do pé, e ele então passa por um funil até uma caixa acoplada. As frutas são escolhidas de acordo com a sua textura firme e elástica, e os embaladores já inventaram vários aparatos engenhosos para fazer a seleção.

Rende 1

Suco de framboesas

1 xícara de framboesas
1 maçã
2 laranjas

1. Em uma máquina de fazer suco, processe as framboesas com a maçã e as laranjas. Misture, despeje em um copo e sirva.

Rende 1

Uvas poderosas

Atenção: Evite a salsinha durante a gravidez e em caso de inflamação renal.

2 xícaras de uvas verdes
1 pimentão verde limpo
3 raminhos de salsinha fresca (ver aviso à esquerda)
1 raminho de alecrim fresco

1. Em uma máquina de fazer suco, processe as uvas com o pimentão, a salsinha e o alecrim. Misture, despeje em um copo e sirva.

Sucos de frutas e hortaliças   191

Sucos de hortaliças

Rende 1

Abóbora especial

1 batata-doce
1 xícara de abóbora em cubos
½ colher (chá) de pimenta-caiena
½ colher (chá) de endro seco
½ colher (chá) de cominho moído

1. Em uma máquina de fazer suco, processe a batata--doce. Reserve. Em outro recipiente, processe a abóbora. Misture a pimenta-caiena, o endro e o cominho.

2. Quando o amido da batata-doce se depositar no primeiro recipiente, despeje o suco claro da parte de cima no suco de abóbora, com cuidado, deixando o amido para trás. Descarte-o. Misture o suco, despeje em um copo e sirva.

Rende 1

Agrião

3 punhados de agrião fresco
2 talos de aipo
2 raminhos de manjericão fresco
1 pastinaca
½ pimentão verde limpo

1. Em uma máquina de fazer suco, processe o agrião com o aipo, o manjericão, a pastinaca e o pimentão. Misture, despeje em um copo e sirva.

SUCOS DE HORTALIÇAS

Rende 1

Aipo

Dica:
Para um maior poder antioxidante, adicione 1 dente de alho.

4 talos de aipo
2 cenouras
⅓ bulbo de erva-doce fresca
½ colher (chá) de cominho moído

1. Em uma máquina de fazer suco, processe o aipo com as cenouras e a erva-doce. Misture e despeje em um copo. Adicione o cominho e sirva.

Rende 1

Alcachofra e cenoura

Nesta mistura que ativa o sistema imunológico, pode-se diminuir ou aumentar a quantidade de tomilho a gosto.

1 punhado de raízes de alcachofra-de-jerusalém
3 cenouras
1 colher (sopa) de tomilho fresco ou 1 colher (chá) do seco
1 maçã

1. Em uma máquina de fazer suco, processe a alcachofra com as cenouras, o tomilho e a maçã. Misture, despeje em um copo e sirva.

Rende 2

Alcachofra oito

1 punhado de raízes de alcachofra-de-jerusalém
2 talos de aipo
2 cenouras
1 pastinaca
¼ repolho cortado em pedaços
1 xícara de folhas de espinafre fresco
1 maçã
½ alho-poró

1. Em uma máquina de fazer suco, processe a alcachofra com o aipo, as cenouras, a pastinaca, o repolho, o espinafre, a maçã e o alho-poró. Misture, despeje em copos e sirva.

Sucos de frutas e hortaliças **193**

SUCOS DE HORTALIÇAS

Rende 1

Antibiótico ardente

Dica:
Se não estiver acostumado com o ardor da pimenta, comece com um pedaço pequeno e adicione mais à medida que for se adaptando a ele. Ver na p. 209 como manejar pimentas e usá-las em sucos.

2 cenouras
1 dente de alho
1 punhado de tomilho fresco
1 pimenta-malagueta
½ pepino
1 maçã

1. Em uma máquina de fazer suco, processe as cenouras com o alho, o tomilho, a pimenta-malagueta, o pepino e a maçã. Misture, despeje em um copo e sirva.

Rende 1 ou 2

Beterraba

2 beterrabas com os talos
2 cenouras
2 maçãs

1. Em uma máquina de fazer suco, processe as beterrabas, os seus talos, as cenouras e as maçãs. Misture, despeje em copos e sirva.

Rende 2

Beterraba com olmo

2 beterrabas
2 dentes de alho
1 maçã
1 colher (sopa) de olmo em pó

1. Em uma máquina de fazer suco, processe as beterrabas com o alho e a maçã. Misture o olmo em pó, se desejar, despeje em copos e sirva.

SUCOS DE HORTALIÇAS

Rende 1

Beterraba verde

½ xícara de kelp ou outra alga marinha
1 xícara de água quente
1 beterraba com talos
1 xícara de folhas de espinafre fresco
1 maçã

1. Coloque a alga em uma tigela média e cubra com a água quente. Deixe de molho de 15 a 20 minutos, ou até a alga amaciar. Escorra, reservando a água para usar em outra receita.

2. Em uma máquina de fazer suco, processe a alga com a beterraba, seus talos, o espinafre e a maçã. Misture, despeje em um copo e sirva.

Rende 1 ou 2

Beterrabas ardentes

Esta mistura estimula o sistema imunológico, é excelente para limpar o sistema linfático e acredita-se que reduza tumores. Faça diariamente, fresco. Tome uma porção diária por ao menos 5 dias durante uma semana.

3 beterrabas com os talos
1 pedaço de gengibre com 1 cm
1 pimenta-malagueta fresca
2 maçãs
1 dente de alho
2 talos de aipo

1. Em uma máquina de fazer suco, processe as beterrabas, os seus talos, o gengibre, a pimenta, as maçãs, o alho e o aipo. Misture, despeje em copos e sirva.

Sucos de frutas e hortaliças **195**

SUCOS DE HORTALIÇAS

Rende 1

Brócolis com gengibre

2 ramos de brócolis
1 dente de alho
⅛ repolho
1 pedaço de gengibre com 1 cm

1. Em uma máquina de fazer suco, processe o brócolis com o alho, o repolho e o gengibre. Misture, despeje em um copo e sirva.

Rende 1

Brócolis e alcachofra

Atenção: Evite a salsinha durante a gravidez e em caso de inflamação renal.

1 ramo de brócolis
2 raízes de alcachofra-de-jerusalém
3 ramos de salsinha fresca (ver aviso à esquerda)
¼ bulbo de erva-doce fresca

1. Em uma máquina de fazer suco, processe o brócolis com a alcachofra, a salsinha e a erva-doce. Misture, despeje em um copo e sirva.

Rende 1

Brócolis e cenoura

1 ramo de brócolis
2 cenouras
1 maçã

1. Em uma máquina de fazer suco, processe o brócolis com as cenouras e a maçã. Misture, despeje em um copo e sirva.

SUCOS DE HORTALIÇAS

Rende 1

Cenoura allium

3 cenouras
1 punhado de folhas de espinafre fresco
1 dente de alho
½ limão-siciliano
1 pitada de pimenta-caiena

1. Em uma máquina de fazer suco, processe as cenouras com o espinafre, o alho e o limão. Misture a pimenta-caiena, despeje em um copo e sirva.

Rende 1

Cenoura e maçã

Atenção: Evite a salsinha durante a gravidez e em caso de inflamação renal.

4 cenouras
2 talos de aipo
1 maçã
4 ramos de salsinha fresca (ver aviso à esquerda)

1. Em uma máquina de fazer suco, processe as cenouras com o aipo, a maçã e a salsinha. Misture, despeje em um copo e sirva.

Rende 1 ou 2

Cenoura na cabeça

3 cenouras
2 peras
¼ repolho verde
¼ bulbo de erva-doce fresca
2 ramos de couve-flor

1. Em uma máquina de fazer suco, processe as cenouras com as peras, o repolho, a erva-doce e a couve-flor. Misture, despeje em copos e sirva.

Sucos de frutas e hortaliças **197**

SUCOS DE HORTALIÇAS

Rende 1

Cenoura picante

3 cenouras
1 ramo de brócolis
½ xícara de folhas de espinafre fresco
1 pedaço de gengibre com 1 cm
½ colher (chá) de canela em pó
⅛ colher (chá) de pimenta-caiena, ou a gosto

1. Em uma máquina de fazer suco, processe as cenouras com o brócolis, o espinafre e o gengibre. Misture a canela e a pimenta-caiena, despeje em um copo e sirva.

Rende 1

Couve-repolho

Dica:
Use a polpa deste suco como salada. Descasque a maçã e retire o miolo e as sementes antes de fazer o suco.

½ couve-flor cortada em pedaços
⅛ repolho
2 cenouras
2 talos de aipo
¼ cebola
1 maçã

1. Em uma máquina de fazer suco, processe a couve-flor com o repolho, as cenouras, o aipo, a cebola e a maçã. Misture, despeje em copos e sirva.

SUCOS DE HORTALIÇAS

Rende 1 ou 2

Crucíferos

O termo crucífero se relaciona à pequena cruz que se forma quando as flores de determinadas plantas estão crescendo. Os legumes crucíferos incluem o repolho, o brócolis, a couve-de--bruxelas e a couve-flor.

1 ramo de brócolis
¼ repolho cortado em pedaços
¼ couve-flor cortada em pedaços
2 folhas de couve
½ limão-siciliano
2 maçãs

1. Em uma máquina de fazer suco, processe o brócolis com o repolho, a couve-flor, a couve, o limão e as maçãs. Misture, despeje em um copo grande ou dois menores e sirva.

Rende 1

C-Verde

Atenção: Evite a salsinha durante a gravidez e em caso de inflamação renal.

3 ramos de salsinha fresca (ver aviso à esquerda)
2 punhados de folhas de espinafre fresco
1 punhado de agrião
1 maçã

1. Em uma máquina de fazer suco, processe a salsinha com o espinafre, o agrião e a maçã. Misture, despeje em um copo e sirva.

Rende 1

Delícia de ervilhas

Atenção: Evite a salsinha durante a gravidez e em caso de inflamação renal.

1 xícara de ervilhas frescas ou congeladas
6 ramos de salsinha fresca (ver aviso à esquerda)
2 cenouras

1. Em uma máquina de fazer suco, processe as ervilhas com a salsinha e as cenouras. Misture, despeje em um copo e sirva.

Sucos de frutas e hortaliças **199**

SUCOS DE HORTALIÇAS

Rende 1

Delícia de pimentões

1 pimentão vermelho limpo
1 pimentão verde limpo
½ pepino
1 cenoura

1. Em uma máquina de fazer suco, processe os pimentões vermelho e verde, o pepino e a cenoura. Misture, despeje em um copo e sirva.

Rende 1

Destruidor de gota

Atenção: Evite a salsinha durante a gravidez e em caso de inflamação renal.

4 talos de aipo
3 ramos de salsinha fresca (ver aviso à esquerda)
1 cenoura
1 dente de alho
1 punhado de couve
1 pedaço de gengibre com 1 cm

1. Em uma máquina de fazer suco, processe o aipo com a salsinha, a cenoura, o alho, a couve e o gengibre. Misture, despeje em um copo e sirva.

Rende 1

Deusa verde

Atenção: Evite a salsinha durante a gravidez e em caso de inflamação renal.

1 ramo de brócolis
½ pepino
½ pimentão verde
2 ramos de salsinha fresca (ver aviso à esquerda)

1. Em uma máquina de fazer suco, processe o brócolis com o pepino, o pimentão e a salsinha. Misture, despeje em um copo e sirva.

Maçã com beterraba e pera (p. 185)

C-Mix (p. 178)

Grapefruit (p. 182)

Suco de framboesas (p. 191)

Maçã e cranberries (p. 185)

Limão restaurador (p. 184)

Laranja e carambola (p. 183)

Beterrabas ardentes (p. 195)

Pera e abacaxi (p. 187)

Roma Romã (p. 189)

Deusa verde (p. 200)

Azedinho (p. 215)

Salsa líquida (p. 206)

Coração alaranjado (p. 215)

Coração vermelho (p. 217)

Espuma de morangos (p. 218)

SUCOS DE HORTALIÇAS

Rende 1

Diabo vermelho

4 tomates
5 rabanetes
½ pimentão vermelho limpo
1 beterraba
1 pitada de pimenta-caiena

1. Em um liquidificador ou centrífuga, bata os tomates com os rabanetes, o pimentão e a beterraba. Misture a pimenta-caiena, despeje em um copo e sirva.

Rende 1

Ervilhas e cenoura

1 xícara de ervilhas frescas ou congeladas
2 cenouras
1 pastinaca
¼ cebola
¼ bulbo de erva-doce fresca

1. Em uma máquina de fazer suco, processe as ervilhas com as cenouras, a pastinaca, a cebola e a erva-doce. Misture, despeje em um copo e sirva.

Rende 1

Festa da primavera

10 aspargos
2 beterrabas com os talos
6 folhas de espinafre fresco
1 punhado de agrião ou dente-de-leão
1 maçã
2 colheres (sopa) de xarope de bordo, opcional

1. Em uma máquina de fazer suco, processe os aspargos com as beterrabas, seus talos, o espinafre, o agrião e a maçã. Misture o xarope de bordo, se for usar, despeje em um copo e sirva.

Sucos de frutas e hortaliças **201**

SUCOS DE HORTALIÇAS

Rende 1

Fólico extra

Este suco é rico em ácido fólico, um nutriente essencial para gestantes.

2 laranjas
3 folhas de couve
½ xícara de folhas de espinafre fresco
5 aspargos
1 colher (sopa) de proteína de soja em pó

1. Em uma máquina de fazer suco, processe as laranjas com a couve, o espinafre e os aspargos. Misture a proteína de soja, despeje em um copo e sirva.

Rende 1

Gole divino

1 nabo
3 pastinacas
1 maçã
¼ bulbo de erva-doce fresca

1. Em uma máquina de fazer suco, processe o nabo com as pastinacas, a maçã e a erva-doce. Misture, despeje em um copo e sirva.

Rende 1

Imunidade

2 talos de aipo
2 cenouras
1 dente de alho
1 maçã
1 pedaço de gengibre com 1 cm
1 limão-siciliano

1. Em uma máquina de fazer suco, processe o aipo com as cenouras, o alho, a maçã, o gengibre e o limão. Misture, despeje em um copo e sirva.

202   O grande livro dos sucos

SUCOS DE HORTALIÇAS

Rende 1

Kelp

6 folhas de couve
¼ bulbo de erva-doce fresca
2 cenouras
1 colher (chá) de alga marinha kelp amassada
1 pitada de noz-moscada em pó

1. Em uma máquina de fazer suco, processe a couve com a erva-doce e as cenouras. Misture a kelp e a noz-moscada, despeje em um copo e sirva.

Rende 1

Lanche líquido

1 talo de aipo
1 cenoura
½ pepino
1 raminho de endro fresco
1 maçã
1 colher (sopa) de proteína em pó

1. Em uma máquina de fazer suco, processe o aipo com a cenoura, o pepino, o endro e a maçã. Misture e despeje em um copo. Adicione a proteína em pó e sirva.

Rende 1

Magia verde

2 talos de aipo
¼ repolho
1 punhado de folhas de espinafre fresco
¼ xícara de abóbora em cubos
1 colher (chá) de ginkgo biloba em pó, opcional

1. Em uma máquina de fazer suco, processe o aipo com o repolho, o espinafre e a abóbora. Misture com o ginkgo biloba, se desejar, despeje em um copo e sirva.

Sucos de frutas e hortaliças **203**

SUCOS DE HORTALIÇAS

Mix de tubérculos

Rende 1

1 pastinaca
2 cenouras
1 beterraba
1 maçã

1. Em uma máquina de fazer suco, processe a pastinaca, as cenouras, a beterraba e a maçã. Misture, despeje em um copo e sirva.

O refrescante

Rende 1 ou 2

1 cenoura
2 talos de aipo
1 maçã
½ pepino
½ abobrinha italiana
½ pimentão vermelho

1. Em uma máquina de fazer suco, processe a cenoura com o aipo, a maçã, o pepino, a abobrinha e o pimentão. Misture, despeje em copos e sirva.

Pepino e pêssego

Rende 1

2 pêssegos sem caroço
2 talos de aipo
1 pepino

1. Em uma máquina de fazer suco, processe os pêssegos com o aipo e o pepino. Misture, despeje em um copo e sirva.

204   O grande livro dos sucos

SUCOS DE HORTALIÇAS

Rende 1

Pera com espinheiro

2 peras
1 pimentão vermelho limpo
1 pepino
1 colher (chá) de espinheiro em pó

1. Em uma máquina de fazer suco, processe as peras com o pimentão e o pepino. Misture o espinheiro, despeje em um copo e sirva.

Rende 2

Refresco de pepino

1 pepino
2 xícaras de uvas verdes
1 punhado de folhas de borragem fresca
1 punhado de hortelã fresca
2 maçãs
½ limão-siciliano

1. Em uma máquina de fazer suco, processe o pepino com as uvas, a borragem, a hortelã, as maçãs e o limão. Misture, despeje em copos e sirva.

Rende 1

Repolho e alecrim

Dica:
Use a polpa deste suco como salada. Descasque a maçã e retire o miolo e as sementes antes de fazer o suco.

⅛ repolho
1 punhado de folhas de espinafre fresco
2 raminhos de alecrim fresco ou ½ colher (chá) do seco
2 cenouras
1 maçã

1. Em uma máquina de fazer suco, processe o repolho com o espinafre, o alecrim, as cenouras e a maçã. Misture, despeje em um copo e sirva.

Sucos de frutas e hortaliças   **205**

SUCOS DE HORTALIÇAS

Rende 1

Salsa líquida

2 tomates
1 pimenta jalapeño fresca
¼ cebola
6 raminhos de coentro fresco
½ limão

1. Em uma máquina de fazer suco, processe os tomates com a pimenta jalapeño, a cebola, o coentro e o limão. Misture, despeje em um copo e sirva.

Rende 2

Solvente de cálculos

Como o nome diz, esta bebida é usada como um tônico amargo para tratar cálculos biliares.

Atenção: Evite a salsinha durante a gravidez e em caso de inflamação renal.

3 tomates
2 cenouras
2 talos de aipo
1 punhado de agrião
4 rabanetes
2 ramos de salsinha (ver aviso à esquerda)
½ limão-siciliano

1. Em uma máquina de fazer suco, processe os tomates com as cenouras, o aipo, o agrião, os rabanetes, a salsinha e o limão. Misture, despeje em copos e sirva.

Rende 1

Suco ABC

Fácil assim... A, B, C.

10 aspargos frescos
1 ramo de brócolis
2 cenouras
1 maçã

1. Em uma máquina de fazer suco, processe os aspargos com o brócolis, as cenouras e a maçã. Misture, despeje em um copo e sirva.

206 O grande livro dos sucos

SUCOS DE HORTALIÇAS

Rende 1

Suco saladinha

½ couve-chinesa
1 cenoura
2 talos de aipo
¼ xícara de broto de feijão
1 rodela de abacaxi

1. Em uma máquina de fazer suco, processe a couve-
-chinesa com a cenoura, o aipo, o broto de feijão
e o abacaxi. Misture, despeje em um copo e sirva.

Rende 1

Suculento

1 alho-poró
2 folhas de couve
2 cenouras
2 maçãs
1 colher (chá) de ginkgo biloba em pó

1. Em uma máquina de fazer suco, processe o alho-poró
com a couve, as cenouras e as maçãs. Misture o ginkgo
biloba, despeje em um copo e sirva.

Rende 1

Dica:
A alga marinha dulse
pode ser substituída por
wakame, nori ou kelp.

Surpresa de algas marinhas

3 talos de aipo
2 cenouras
1 xícara de abóbora em cubos
1 colher (chá) de azeite de oliva extra virgem
1 colher (chá) de alga seca dulse amassada

1. Em uma máquina de fazer suco, processe o aipo com
as cenouras e a abóbora. Misture o azeite e a alga,
despeje em um copo e sirva.

Sucos de frutas e hortaliças **207**

SUCOS DE HORTALIÇAS

Rende 1

Tomate azedinho

2 tomates
2 cenouras
1 beterraba
¼ xícara de cranberries inteiros, frescos ou congelados

1. Em uma máquina de fazer suco, processe os tomates com as cenouras, a beterraba e os cranberries. Misture, despeje em um copo e sirva.

Rende 1

Tomate energético

Atenção: Evite a salsinha durante a gravidez e em caso de inflamação renal.

1 tomate
1 pedaço de gengibre com 1 cm
4 ramos de salsinha fresca (ver aviso à esquerda)
½ limão-siciliano

1. Em uma máquina de fazer suco, processe o tomate com o gengibre, a salsinha e o limão. Misture, despeje em um copo e sirva.

Rende 1

Tônico dente-de-leão

3 dentes-de-leão novos e frescos (raízes e folhas)
2 rabanetes
1 punhado de agrião
1 maçã
½ limão-siciliano
1 pedaço de gengibre com 1 cm

1. Em uma máquina de fazer suco, processe os dentes--de-leão com os rabanetes, o agrião, a maçã, o limão e o gengibre. Misture, despeje em um copo e sirva.

208 O grande livro dos sucos

SUCOS DE HORTALIÇAS

Pimentas: o ardor da culinária

As pimentas (do gênero *Capsicum spp.*), que ardem ao serem mordidas, são um grupo único e diversificado de arbustos perenes (em climas setentrionais, anuais) nativos das Américas do Sul e Central e do México. O termo "pimenta" foi usado erroneamente no caso delas, pois o gênero *Capsicum* não se relaciona em absoluto à pimenta-do-reino (*Piper nigrum*). O nome lhes foi dado por antigos viajantes europeus em busca de especiarias, que confundiram o ardor delas com o das pimentas de bagas da Índia e das Ilhas das Especiarias (Malásia e Indonésia).

Variando no grau de ardor, de extremo a suave, as plantas do gênero *Capsicum* são contraditórias. Bastante conhecidas pelos chefs devido à capacidade de causar queimaduras graves na pele e nos olhos, o elemento poderoso presente em todas as *Capsicum* – a capsaicina – é o principal ingrediente de cremes usados para aliviar a dor aguda de artrite e herpes-zóster. Costumam ser evitadas pelos que acreditam que elas causam ou agravam úlceras. Entretanto, no México, o remédio antigo para problemas estomacais é consumir uma pimenta serrano ou jalapeño inteira.

E a confusão não para na questão dos remédios tradicionais. As *Capsicum* são um viveiro de espécies, variedades e tipos de vagens diferentes. Os nomes mudam de região para região; tentar colocar em ordem as nomenclaturas americana e mexicana já é um grande desafio. Em geral as versões fresca e seca da mesma pimenta ganham nomes diferentes, que mudam de novo se ela for defumada ou se estiver verde ou madura. Pela botânica, elas são classificadas como bagas; pela horticultura, como frutas. Nós as usamos frescas como legumes, mas, quando secas, como especiarias.

Confusões à parte, por que adoramos a sensação de ardência na língua que essas pimentas provocam? A capsaicina irrita os receptores de dor da língua, que ativam o centro de dor no cérebro, acarretando uma liberação de anestésicos naturais semelhantes à morfina – as endorfinas. Elas tentam extinguir o fogo mergulhando o corpo em uma sensação de bem-estar, e flutuamos numa onda de euforia durante o resto da refeição.

Mas esse não é o único motivo pelo qual as pessoas se empolgam com as pimentas. Além do seu aroma especial e do sabor delicioso, ¼ xícara dessas frutinhas frescas, ardidas, picadas, oferece 4.031 UI de vitamina A, concentração que fica ainda mais intensa se elas se tornarem vermelhas e secarem. Comer 1 colher (chá) de molho de pimenta-malagueta supre o corpo da necessidade diária recomendada de vitamina A. O mesmo ¼ xícara da pimenta fresca e picada fornece 91 mg de vitamina C – para comparar, uma laranja fornece 66 mg. E mesmo que a quantidade de vitamina C caia pela metade quando a pimenta é seca, seu efeito na panela ainda é mais potente que o de um raio. Veja mais sobre a ação dessas pimentas sobre a saúde na p. 125.

Sucos de frutas e hortaliças **209**

SUCOS DE HORTALIÇAS

Teste de fogo: pimenta-malagueta comum

Há cinco espécies cultivadas do gênero *Capsicum* – *C. annuum*, *C. frutescens*, *C. chinense*, *C. baccatum* e *C. pubescens* – e mais de 20 variedades selvagens.

Use pimentas frescas nos sucos. Lave, retire o talo e use inteira no suco (ou corte ao meio, no caso das variedades maiores). O componente quente, perturbador, está concentrado nas nervuras da polpa, não nas sementes (como se costuma acreditar); então, deixe-as intactas. Quando for usar pimenta em suco pela primeira vez, processe-a depois de todos os outros ingredientes terem passado pela máquina e reserve o suco. Adicione o líquido com a pimenta a sucos mistos de legumes com uma colher de chá, para poder medir a quantidade que você acha satisfatória.

Como uma alternativa às pimentas frescas, misture uma gota de molho de pimenta forte ou ¼ colher (chá) de pimenta-caiena em pó a sucos e bebidas mistas. Acrescentar iogurte às bebidas ajuda a reduzir o ardor. Podem-se adicionar pimentas secas ou defumadas às vitaminas, em pequenas quantidades. Lembre-se de manejar qualquer pimenta com cuidado, lavando muito bem as mãos depois.

Listadas da mais suave à mais forte, as pimentas a seguir são apenas algumas das centenas de variedades apreciadas atualmente.

Anaheim. Essas pimentas longas, verdes e suaves podem ser encontradas frescas, enlatadas, assadas ou são deixadas na planta até ficarem vermelhas no outono. O seu sabor é parecido com o do pimentão. Elas são usadas na maioria dos pratos mexicanos e são uma boa opção para iniciantes no consumo de pimenta.

Poblano ou ancho. Poblano é o nome da nova versão dessa pimenta grande e achatada, a mais ardida das pimentas fortes. Quando seca, é chamada de ancho, e adquire um sabor que lembra nozes e aparência de uvas-passas. É a variedade mais usada no México.

Jalapeño. Bastante conhecida, e no nível médio da escala de Scoville de ardência, ela acrescenta aos pratos sua textura de carne e um sabor intenso. A polpa espessa torna a pimenta jalapeño ótima para sucos. Depois de defumada e seca, ela é chamada de chipotle.

Serrano. Mais saborosa que a jalapeño, a pimenta serrano é a escolha mais comum para molhos, cozidos e moles. O nome serrano significa "das montanhas".

Caiena. Cultivada com fins de comércio no Novo México, na África, na Índia, no Japão e no México, a mais comum é a seca. Presença constante em pratos africanos e cajun, a pimenta-caiena é um ingrediente fundamental em temperos em pasta ou pó para churrascos. Veja seus efeitos na saúde na p. 154.

Habanero. Também conhecida como scotch bonnet e alcançando o grau 10 na escala Scoville de ardência, essa pimenta pequena e redonda confere vigor aos molhos caribenhos e de pimenta forte, dando-lhes um aroma frutado único, que lembra damasco.

SUCOS DE HORTALIÇAS

Rende 1

Verduras

Dica:

Substitua qualquer uma das verduras desta receita por folhas de alface ou repolho. Use o aipo e a maçã para empurrar as folhas pelo tubo da máquina, se for o caso.

8 folhas de espinafre fresco

2 folhas de couve

1 beterraba ou rabanete com os talos

2 talos de aipo

1 maçã

1. Em uma máquina de fazer suco, processe o espinafre com a couve, a beterraba, seus talos, o aipo e a maçã. Misture, despeje em um copo e sirva.

Sucos para um corpo saudável

Tônicos para o coração
Acorde e brilhe 214
Aurora alaranjada 215
Azedinho 215
Coração alaranjado 215
Coração de abóbora 216
Coração de beterraba 216
Coração de uva 216
Coração roxo 217
Coração verde 217
Coração vermelho 217
Espuma de morangos 218
Frutas divinas 218
Mais romã 218
Melão-melão 219
Remédio de repolho 219
Tomate picante 219

Aperitivos e digestivos
Aperitivos
Abacaxi cremoso 221
Batida tropical 221
Fantasia de erva-doce 221
Hortelã pré-jantar 222
Kiwi picante 222
Papaia com gengibre 222

Digestivos
Água digestiva 223
Cabeça de repolho 223
Chá carminativo de
   James Duke 224

Chá de papaia
   condimentado 224
Chá de rosa e hortelã 225
Chá digestivo de sementes . . 225
Coquetel digestivo 226
Coquetel pós-jantar 226
Dente-de-leão duplo 227
Frutas apimentadas 227
Frutas vermelhas e limão . . . 227
Repolho com pimentões . . . 228
Repolho picante 228
Romã e frutas vermelhas . . . 228
Uvas do bem 229
Vigor 229

Bitters
Delícia de dente-de-leão . . . 232
Dente-de-leão amargo 233
Gole amargo 233
Verduras amargas 233

Elixires endócrinos
Chá para a suprarrenal 234
Endo-cran 235
Equilíbrio hormonal 235
Iogurte de laranja 236
Kiwi com sementes 236
Mexerica e laranja 236
Morango e cítricos 237
Para diabéticos 237
Pera e romã 238
Refresco crucífero 238

Saúde da hipófise 239
Saúde hormonal 239

Reforço para imunidade
Ameixa para imunidade 241
Antioxidante de alho 241
Antioxidante de tomilho 242
Ataque das frutas
   vermelhas 242
Bardana e melão 243
Chá anti-herpes 243
Chá contra alergias 244
Chá imunorregulador 245
Chá verde e mirtilos 245
Contra gripe e resfriado 246
Cranberry e açaí 246
El diablo verde 247
Escudo antiferrugem 1 247
Escudo antiferrugem 2 248
Estrela azul 248
Fonte da juventude 248
Fruta da vida 249
Frutinhas da juventude 249
Grogue antibiótico 250
Laranja com uvas 251
Mexerica e linhaça 251
Mix para chá imunizante . . . 252
Morangos e framboesas . . . 252
Pimentão vermelho 253
Presente verde 253
Tônico T 254
Vitamina de açaí 254

Poder para os músculos

A espiral 255
A força do Popeye. 256
Batida de iogurte e frutas
   vermelhas 256
Bomba de energia. 257
Chá formador de ferro 257
Chá misto para os ossos. . . 258
Construtor ósseo. 259
Estrela dourada. 259
Ferro gelado 260
Folhas sublimes. 260
O reconfortador. 260
Poder roxo 261
Reforço verde 261
Vagem. 261
Vitamina cremosa de
   brócolis 262
Vitamina poder mineral 262

Nutrição para os nervos

Algacelga 263
Alimento para os nervos . . . 264
Auxílio para os nervos 265
Chá levanta-moral 266
Chá para a circulação 267
Framboesas com melissa . . 267
Maçã e camomila 268
Piña colada diferente 268
Urtiga com frutas. 268
Vitamina de cereja com
   creme 269

Vitaminas do mar. 269

Sucos para a respiração

Chá de auxílio aos pulmões . 270
Combo de açaí 271
Laranja com aveia 271
O melhor da colheita 272
Respire bem 272
Sopro de outono 273
Vitamina de gengibre. 273
Vitamina gelada de laranja . . 273

Detonadores de estresse

Beterraba calmante 275
Cenoura condimentada 275
Cesta da horta. 276
Chá calmante 276
Chá de camomila com
   alcaçuz e gengibre 277
Chá de framboesa. 277
Chá digestivo e antiestresse. 278
Chá relaxante 279
Chá sonífero 279
Frutinhas da serenidade . . . 280
Green peace 280
Hora de dormir 280
Relaxante de framboesa . . . 281
Sonífero de melão 281
Suco calmante de camomila . 281

Tônicos

Adaptógeno 283

Água de cevada 283
Criador de ferro. 284
Tônico geral. 284
Tônico primaveril 285

Desintoxicantes

Chá de limpeza 288
Decocção de raízes. 288
Suco de limão para limpeza. 289
Suco de limpeza vermelho. . 289
Suco para as células 289

Chás de cura

Antigripal 291
Bagas de sabal 292
Chá da mamãe 293
Condimentado. 294
Contra gota 295
Contra varicose 296
Cura-ressaca. 296
Energizante 297
Fluir 298
Framboesas e gengibre. . . . 298
Gengibre 299
Ginseng. 299
Lavanda 300
Para a garganta. 300
Para boa memória. 301
Para lactantes 302
Urtiga 303
Verde gigante 303
Xô, enxaqueca 304

Tônicos para o coração

Melhores ingredientes de suco para a saúde do coração

Frutas: maçã, damasco, mirtilo, amora-preta, frutas cítricas*, cranberry, kiwi, manga, melão, mamão papaia, ameixa, romã, framboesa, uva roxa, morango
Legumes: aspargo, cenoura, aipo, verduras de cor verde-escura, alho, cebola, abóbora, tomate
Ervas: pimenta-caiena, raiz de chicória, folhas e raiz de dente-de-leão**, sementes de feno-grego, alho, gengibre, crataegus, tília, salsinha***, alecrim, urtiga, cúrcuma

*   Evite o grapefruit se estiver usando medicamentos bloqueadores de canal de cálcio.
**   As pessoas alérgicas a erva-de-santiago algumas vezes também são alérgicas a ervas da mesma família botânica (*Compositae*). As ervas dessa família incluem: bardana, calêndula, chicória, dente-de-leão, equinácea, tanaceto, cardo-mariano e mil-folhas (evite esta última em caso de gravidez).
***   Em caso de gravidez, limite a ingestão de salsinha a ½ colher (chá) da erva seca ou um raminho fresco por dia. Não use salsinha se estiver com inflamação renal.

Rende 1 ou 2

Acorde e brilhe

2 laranjas
1 grapefruit cortado em pedaços
1 romã, apenas as sementes
½ xícara de morangos frescos
1 colher (chá) de algas azuis

1. Em uma máquina de fazer suco, processe as laranjas com o grapefruit, a romã e o morango. Misture as algas, despeje em copos e sirva.

TÔNICOS PARA O CORAÇÃO

Rende 1 ou 2

Aurora alaranjada

2 laranjas
2 kiwis
1 mamão papaia sem sementes
1 cenoura

1. Em uma máquina de fazer suco, processe as laranjas com os kiwis, o mamão e a cenoura. Misture, despeje em copos e sirva.

Rende 1

Azedinho

3 kiwis
1 laranja
½ xícara de amoras ou framboesas
½ xícara de suco de cranberry

1. Em uma máquina de fazer suco, processe os kiwis com a laranja e as amoras. Misture com o suco de cranberry, despeje em um copo e sirva.

Rende 1 ou 2

Coração alaranjado

1 manga sem caroço
1 gomo de melão-cantalupo
2 damascos frescos sem caroço
1 laranja

1. Em uma máquina de fazer suco, processe a manga com o melão, os damascos e a laranja. Misture, despeje em copos e sirva.

Sucos para um corpo saudável **215**

TÔNICOS PARA O CORAÇÃO

Rende 1

Coração de abóbora

¼ abóbora japonesa ou manteiga cortada em pedaços
2 cenouras
1 maçã
1 dente de alho

1. Em uma máquina de fazer suco, processe a abóbora com as cenouras, a maçã e o alho. Misture, despeje em um copo e sirva.

Rende 1 ou 2

Coração de beterraba

2 beterrabas com os talos
2 cenouras
2 talos de aipo
1 maçã
½ cebola

1. Em uma máquina de fazer suco, processe as beterrabas, seus talos, as cenouras, o aipo, a maçã e a cebola. Misture, despeje em copos e sirva.

Rende 1

Coração de uva

Dica:
Use a polpa no Frapê de grapefruit (ver a receita na p. 368). Retire toda a pele branca e as sementes da fruta antes de fazer o suco.

2 xícaras de uvas roxas
1 grapefruit cortado em gomos
1 colher (chá) de tília seca

1. Em uma máquina de fazer suco, processe as uvas com o grapefruit. Despeje em um copo. Adicione as flores de tília e sirva.

216   O grande livro dos sucos

TÔNICOS PARA O CORAÇÃO

Rende 1 ou 2

Coração roxo

¾ xícara de uvas roxas
½ xícara de mirtilos
½ xícara de cerejas pretas sem caroço
1 ameixa-preta ou roxa sem caroço
½ xícara de suco de cranberry

1. Em uma máquina de fazer suco, processe as uvas com os mirtilos, as cerejas e a ameixa. Misture o suco de cranberry, despeje em copos e sirva.

Rende 1

Coração verde

Qualquer verdura de cor verde-escura, como espinafre, acelga ou talo de beterraba, pode ser usada nesta bebida nutritiva.

2 xícaras de verduras verde-escuras
2 maçãs
1 cenoura
¼ limão

1. Em uma máquina de fazer suco, processe as verduras com as maçãs, a cenoura e o limão. Misture, despeje em um copo e sirva.

Rende 1

Coração vermelho

Dica:
Quando não for temporada de framboesas e morangos, use as frutas congeladas. Descongele antes de processar.

2 ameixas-pretas ou roxas sem caroço
½ xícara de framboesas
½ xícara de morangos frescos
½ xícara de suco de cranberry

1. Em uma máquina de fazer suco, processe as ameixas com as framboesas e os morangos. Misture o suco de cranberry, despeje em um copo e sirva.

Sucos para um corpo saudável **217**

TÔNICOS PARA O CORAÇÃO

Rende 1 ou 2

Espuma de morangos

1 xícara de morangos frescos
1 romã, apenas as sementes
½ xícara de framboesas
1 pedaço de gengibre com 1 cm
½ xícara de suco de cranberry

1. Em uma máquina de fazer suco, processe os morangos com a romã, as framboesas e o gengibre. Misture o suco de cranberry, despeje em copos e sirva.

Rende 1 ou 2

Frutas divinas

4 tomates cortados em quartos
1 xícara de morangos frescos
1 gomo de melão
¼ limão

1. Em uma máquina de fazer suco, processe os tomates com os morangos, o melão e o limão. Misture, despeje em copos e sirva.

Rende 1

Mais romã

1 romã, só as sementes
2 ameixas-pretas ou roxas sem caroço
½ xícara de cerejas pretas sem caroço
½ xícara de morangos frescos

1. Em uma máquina de fazer suco, processe a romã com as ameixas, as cerejas e os morangos. Misture, despeje em um copo e sirva.

TÔNICOS PARA O CORAÇÃO

Rende 1 ou 2

Melão-melão

¼ melão-cantalupo
¼ melão
1 fatia de 5 cm de melancia cortada em pedaços
1 laranja

1. Em uma máquina de fazer suco, processe os dois melões com a melancia e a laranja. Misture, despeje em copos e sirva.

Rende 1 ou 2

Remédio de repolho

¼ repolho roxo ou verde
4 aspargos frescos
2 maçãs
1 cenoura
½ xícara de morangos frescos ou congelados

1. Em uma máquina de fazer suco, processe o repolho com os aspargos, as maçãs, a cenoura e os morangos. Misture, despeje em copos e sirva.

Rende 2

Tomate picante

6 tomates
2 cenouras
2 cebolas pérola pequenas
¼ limão
¼ colher (chá) pimenta-caiena

1. Em uma máquina de fazer suco, processe os tomates com as cenouras, as cebolas e o limão. Misture a pimenta-caiena, despeje em copos e sirva.

Sucos para um corpo saudável **219**

Aperitivos e digestivos

Aperitivos

As farmacopeias antigas identificam alimentos mais amargos como "major bitters" (raízes de salsinha, erva-doce, aspargos e gilbardeira) e de menor amargor como "minor bitters" (raízes de avenca, gramínea, cardo, *Ononis arvensis* e de morangueiros). O termo é hoje aplicado a estimulantes de apetite.

"Os aperitivos servidos em cafés são bebidas de maior ou menor grau de amargor, com sabores variados, consumidos puros ou diluídos em água. Em geral eles têm um forte teor alcoólico, pois as essências de que são compostos só são solúveis em álcool forte (por isso eles ficam turvos quando misturados com água), e esse teor alcoólico anula em grande parte a ação benéfica dos bitters.

"Mas por força do hábito (ou por pura imaginação), algumas pessoas acham que não têm apetite a menos que tomem seu aperitivo (ou aperitivos) diário. Esse fato levou à expressão que diz que se um aperitivo pode abrir o apetite, ele o faz com uma chave-mestra. Seja como for, o aperitivo era, e ainda é, um ritual tradicional em alguns círculos."

(P. Montagné. *The New Larousse Gastronomique*. Nova York: Crown Publishers, Inc., 1977)

Digestivos

Os problemas digestivos, ou indigestão, são uma incapacidade de digerir alimentos e absorver os seus nutrientes. O resultado pode vir na forma de gases e inchaço. Esses problemas podem mascarar estados clínicos mais sérios, que devem sempre ser acompanhados por um médico. A idade frequentemente tem um papel importante na deterioração das habilidades digestivas do corpo; a indigestão pode ser abrandada com alimentos ou ervas. Em muitos casos, ingerir alimentos em uma ordem específica ou seguir diretrizes de combinação de alimentos (ver p. 15) reduz os gases, o inchaço, a flatulência e os arrotos.

As receitas desta seção devem ser preparadas na hora, logo antes ou depois do jantar. São particularmente úteis para superar a sensação de empanzinamento, e sofisticadas o bastante para acompanhar até a refeição mais refinada.

Melhores ingredientes

Frutas: maçã, mirtilo, amora-preta, uva, kiwi, limão-siciliano, mamão papaia, abacaxi
Legumes: verduras amargas (p. 233), repolho, erva-doce, cebola, pimentão vermelho
Ervas: manjericão, cardamomo, pimenta-caiena, camomila, canela, cravo-da--índia, coentro, cominho, endro, sementes de erva-doce, alho, gengibre, sementes de mostarda, hortelã-pimenta, tomilho
Outros: ver Auxílio natural à digestão, p. 230

APERITIVOS E DIGESTIVOS

Rende 2

Abacaxi cremoso

½ abacaxi fatiado
1 manga sem caroço
1 xícara de mirtilos
½ xícara de iogurte natural

1. Em uma máquina de fazer suco, processe o abacaxi com a manga e os mirtilos. Misture o iogurte, despeje em copos e sirva.

Rende 1

Batida tropical

1 mamão papaia sem sementes
¼ abacaxi cortado em rodelas
¼ limão-siciliano
2 raminhos de hortelã fresca, opcional

1. Em uma máquina de fazer suco, processe o mamão com o abacaxi, o limão e a hortelã, se for usar. Misture, despeje em um copo e sirva.

Rende 1

Fantasia de erva-doce

Esta bebida usa tanto o bulbo de erva-doce fresca como suas sementes secas, e tem um forte sabor de anis.

½ bulbo de erva-doce fresca cortado ao meio
2 maçãs
½ xícara de uvas roxas
¼ colher (chá) de canela em pó
1 pitada de sementes de erva-doce moídas, opcional

1. Em uma máquina de fazer suco, processe a erva-doce fresca com as maçãs e as uvas. Misture a canela e a erva-doce moída, se desejar. Despeje em um copo e sirva.

Sucos para um corpo saudável **221**

APERITIVOS E DIGESTIVOS

Rende 1

Hortelã pré-jantar

Este aperitivo é naturalmente doce, com apenas um toque de hortelã. Beba-o antes de comer para ajudar a estimular o fígado e a função da vesícula biliar, aumentando o fluxo de bílis para o fígado e os intestinos.

3 kiwis
8 raminhos de hortelã fresca
1 maçã
gelo, opcional

1. Em uma máquina de fazer suco, processe os kiwis com a hortelã e a maçã. Despeje em um copo grande com gelo (opcional) e sirva.

Rende 1

Kiwi picante

2 kiwis
1 rodela grossa de abacaxi
½ limão-siciliano
¼ colher (chá) de pimenta-caiena ou semente de mostarda moída

1. Em uma máquina de fazer suco, processe os kiwis com o abacaxi e o limão-siciliano. Misture a pimenta, despeje em um copo e sirva.

Rende 1

Papaia com gengibre

1 mamão papaia sem sementes
2 kiwis
1 maçã
1 pedaço de gengibre com 2 cm

1. Em uma máquina de fazer suco, processe o mamão com os kiwis, a maçã e o gengibre. Misture, despeje em um copo e sirva.

---

222   O grande livro dos sucos

APERITIVOS E DIGESTIVOS

Rende 1 – adulto

Água digestiva

As sementes de erva-doce são calmantes, combatem a flatulência e têm sido administradas a bebês para tratar cólicas há séculos, sem problemas. Esta água também funciona como digestivo para adultos e é especialmente recomendada depois da ingestão de peixes gordurosos ou alimentos fritos.

Dica:

Para conservar, despeje em uma jarra limpa (ou estéril). Tampe bem e guarde na geladeira por até 2 dias.

1 colher (chá) de sementes de erva-doce
3 folhas de estévia fresca ou 1 colher (chá) da seca, opcional
1¼ xícara de água fervente

1. Em um pilão, triture as sementes de erva-doce com a estévia (se desejar). Passe para uma chaleira não reagente.

2. Despeje água fervente sobre a erva-doce. Tampe e deixe descansar por 20 minutos. Coe e jogue os sólidos fora.

Para adultos: Beba 1 dose, morna ou fria, depois das refeições.
Para bebês: Verifique se os resíduos sólidos foram bem coados. Dilua ¼ xícara da água digestiva com ½ xícara de água morna ou chá de camomila. Encha a mamadeira com a mistura morna para beber.

Rende 2

Cabeça de repolho

½ repolho cortado em pedaços
1 punhado de manjericão fresco
2 cenouras
1 maçã
¼ colher (chá) de sementes de endro trituradas

1. Em uma máquina de fazer suco, processe o repolho com o manjericão, as cenouras e a maçã. Misture as sementes de endro, despeje em copos e sirva.

Sucos para um corpo saudável   **223**

APERITIVOS E DIGESTIVOS

Rende ¼ xícara de mistura para chá

Maior autoridade mundial em ervas de cura de diferentes culturas, James Duke escreveu vários livros sobre o uso prático de ervas para propósitos medicinais. Aqui está uma receita para a eliminação de gases baseada no Chá carminativo que ele indica em seu livro *A farmácia verde*.

Atenção: O alcaçuz deve ser evitado em caso de pressão alta.

Chá carminativo de James Duke

2 colheres (sopa) de hortelã-pimenta
1 colher (sopa) de camomila-alemã
1 colher (sopa) de melissa
2 colheres (chá) de sementes de endro
1 colher (chá) de sementes de erva-doce
1 colher (chá) de alcaçuz em pó (ver aviso à esquerda)

1. Em uma tigela média, misture a hortelã com a camomila, a melissa, as sementes de endro e erva--doce e o alcaçuz. Passe para um pote limpo, tampe e etiquete. Conserve em local fresco e seco.

2. Para cada xícara de chá, triture levemente 1 colher (chá) da mistura de ervas com um pilão ou um moedor de especiarias. Coloque em uma chaleira não reagente aquecida e despeje água fervente por cima. Deixe descansar por 15 minutos. Coe e beba morno.

Rende 1

Doce o bastante para ser desfrutado sozinho, esse chá também serve como chave de ouro para uma bela refeição.

Chá de papaia condimentado

2 colheres (sopa) de mamão papaia seco picado
½ colher (chá) de olmo em pó
½ colher (chá) de sementes de coentro levemente trituradas
¼ colher (chá) de canela em pó
¼ colher (chá) de cominho moído
¼ colher (chá) de cúrcuma
2 xícaras de água fervente

1. Coloque o mamão, o olmo, o coentro, a canela, o cominho e a cúrcuma em uma chaleira não reagente. Despeje a água fervente sobre as ervas. Tampe e deixe descansar por 15 minutos. Coe e beba morno.

224 O grande livro dos sucos

APERITIVOS E DIGESTIVOS

Rende 1 ou 2

Chá de rosa e hortelã

Tome este chá digestivo depois das refeições. Use apenas ervas orgânicas e pétalas que não tenham sido expostas a pesticidas. As rosas de floriculturas não devem ser usadas em pratos ou bebidas.

1 colher (sopa) de folhas de hortelã fresca ou 1 colher (chá) da seca

1 colher (sopa) de pétalas de rosa frescas ou 1 colher (chá) das secas

2 xícaras de água fervente

2 fatias de kiwi, opcional

1. Amasse levemente a hortelã e as pétalas de rosa com um pilão. Coloque em uma chaleira não reagente e cubra com a água fervente. Tampe e deixe descansar por 10 minutos.

2. Coe o chá em canecas e decore com as fatias de kiwi, se desejar.

Mistura para chá

Chá digestivo de sementes

Nesta receita podem-se usar sementes de anis (*Pimpinella anisum*) ou anis-estrelado (*Illicium anisatum*). Ambos têm propriedades digestivas.

1 porção de sementes de anis

1 porção de sementes de endro

1 porção de sementes de erva-doce

1. Em uma tigela média, misture as sementes de anis com as de endro e as de erva-doce. Passe para um pote limpo, com tampa, e etiquete. Conserve em local fresco e seco.

2. *Para fazer o chá:* Meça 1 colher (chá) das sementes misturadas para cada xícara que será feita e coloque em um pilão ou em um moedor elétrico pequeno. Triture levemente (com o pilão ou moedor). Coloque as sementes trituradas em uma chaleira não reagente e cubra com água fervente. Deixe descansar por 15 minutos. Coe e beba morno.

Sucos para um corpo saudável

APERITIVOS E DIGESTIVOS

Rende 2 ou 3

Coquetel digestivo

Esta bebida poderosa realmente faz o suco gástrico fluir. Para uma versão mais suave, não use o alho.

Dica:

Sirva antes ou depois do jantar em tacinhas com gelo e, para um sabor mais forte, adicione uma pitada de pimenta-caiena.

2 tomates

2 cenouras

¼ bulbo de erva-doce fresca

1 dente de alho

4 folhas de manjericão fresco

4 ramos de endro fresco

2 ramos de tomilho fresco

2 talos de aipo

1 beterraba

½ colher (chá) de cúrcuma em pó

¼ colher (chá) de mostarda em pó

¼ colher (chá) de cominho moído

1 pitada de cravo-da-índia moído, opcional

1. Em uma máquina de fazer suco, processe os tomates com as cenouras, a erva-doce, o alho, o manjericão, o endro, o tomilho, o aipo e a beterraba. Despeje em uma jarra, misture a cúrcuma, a mostarda, o cominho e o cravo, se desejar, e sirva.

Rende 4

Coquetel pós-jantar

Sirva esta bebida leve (com enzimas papaína e bromelina) para ajudar no processo digestivo.

⅔ xícara de água mineral

2 mamões papaia sem sementes

½ xícara de iogurte natural

½ abacaxi fatiado

1 pedaço de gengibre com 1 cm

gelo, opcional

1. Em um processador ou um liquidificador, bata a água mineral com os mamões, o iogurte, o abacaxi e o gengibre. Despeje em taças de coquetel com gelo, se desejar.

226   O grande livro dos sucos

APERITIVOS E DIGESTIVOS

Rende 1

Dente-de-leão duplo

½ xícara de folhas frescas de dente-de-leão
¼ repolho cortado em pedaços
2 maçãs
1 pedaço de raiz de dente-de-leão fresca com 2,5 cm

1. Em uma máquina de fazer suco, processe as folhas de dente-de-leão com o repolho, as maçãs e a raiz. Misture, despeje em um copo e sirva.

Rende 1

Frutas apimentadas

2 maçãs
2 pimentões vermelhos limpos
1 xícara de uvas
¼ colher (chá) de pimenta-caiena

1. Em uma máquina de fazer suco, processe as maçãs com os pimentões e as uvas. Misture a pimenta--caiena, despeje em um copo e sirva.

Rende 1

Frutas vermelhas e limão

1 xícara de uvas roxas
½ xícara de mirtilos
½ xícara de amoras-pretas
½ limão-siciliano

1. Em uma máquina de fazer suco, processe as uvas com os mirtilos, as amoras e o limão. Misture, despeje em um copo e sirva.

Sucos para um corpo saudável **227**

APERITIVOS E DIGESTIVOS

Rende 1 ou 2

Repolho com pimentões

1 pimentão vermelho limpo
1 pimentão verde limpo
¼ repolho roxo ou verde
1 maçã
1 dente de alho

1. Em uma máquina de fazer suco, processe o pimentão vermelho com o verde, o repolho, a maçã e o alho. Misture, despeje em copos e sirva.

Rende 1

Repolho picante

¼ repolho cortado em pedaços
¼ bulbo de erva-doce fresca
1 maçã
1 pedaço de gengibre com 1 cm
⅛ colher (chá) de canela em pó

1. Em uma máquina de fazer suco, processe o repolho com a erva-doce, a maçã e o gengibre. Misture a canela, despeje em um copo e sirva.

Rende 2

Romã e frutas vermelhas

1 romã, apenas as sementes
1 xícara de framboesas
1 xícara de cerejas ou mirtilos
½ xícara de iogurte natural
¼ colher (chá) canela em pó

1. Em uma máquina de fazer suco, processe as sementes de romã com as framboesas e as cerejas. Misture com o iogurte e a canela, despeje em copos e sirva.

228 O grande livro dos sucos

APERITIVOS E DIGESTIVOS

Rende 1

Uvas do bem

1 xícara de uvas
¼ abacaxi fatiado
2 maçãs
½ limão

1. Em uma máquina de fazer suco, processe as uvas com o abacaxi, as maçãs e o limão. Misture, despeje em um copo e sirva.

Rende 1

Vigor

¼ repolho cortado em pedaços
½ pimentão vermelho limpo
½ cebola (de preferência a roxa, que é mais adocicada)
¼ bulbo de erva-doce fresca
1 pitada de sementes de erva-doce moídas

1. Em uma máquina de fazer suco, processe o repolho com o pimentão, a cebola e a erva-doce fresca. Misture as sementes moídas, despeje em um copo e sirva.

Leguminosas e o sistema digestório

As leguminosas são ricas em oligossacarídeos – açúcares complexos que as enzimas digestivas humanas não conseguem quebrar. Quando você as come, os oligossacarídeos vão para o intestino grosso, onde encontram bactérias que comem os amidos e, nesse processo, geram gás. Para combater esse efeito, algumas culturas misturam segurelha (Satureja) com feijões, ervilhas e lentilhas. Também é bom beber chás de ervas carminativas (pimenta-caiena, camomila, cravo-da-índia, alfazema, hortelã-pimenta, salsinha e alecrim).

Sucos para um corpo saudável **229**

APERITIVOS E DIGESTIVOS

Auxílio natural à digestão

Abacaxi (*Ananas comosus*, ver p. 102). O abacaxi é rico na enzima antibacteriana bromelina, que é anti-inflamatória e ajuda no processo digestivo.

Acidófilos (ver Iogurte, p. 164). O *Lactobacillus acidophilus* é um tipo "amigável" de bactéria usada para fermentar o leite, transformando-o em iogurte. Ele restitui as bactérias intestinais necessárias à digestão que são destruídas por antibióticos.

Alcaçuz (*Glycyrrhiza glabra*, ver p. 130). Acalma as membranas da mucosa gástrica e atenua os espasmos do intestino grosso. Deve ser evitado em caso de pressão alta.

Calêndula (*Calendula officinalis*, ver p. 135). Estimula a produção de bílis e, com isso, auxilia a digestão. A calêndula pode ser incluída em aperitivos e rende uma decoração bonita para coquetéis.

Camomila (*Matricaria recutita*, ver p. 136). A camomila acalma barriguinhas desarranjadas e inflamações e reduz a flatulência e a dor causada pelos gases.

Canela (*Cinnamomum zeylanicum*, ver p. 136). Esse carminativo que aquece e é usado para favorecer a digestão também confere um sabor agradável a aperitivos e bebidas digestivas.

Cúrcuma (*Curcuma longa*, ver p. 140). Favorece a produção e o fluxo de bílis.

Erva-doce (*Foeniculum vulgare*, ver pp. 122 e 143). Faça suco com o bulbo ou chá com as sementes para auxiliar a digestão e aliviar o desconforto da azia e da indigestão.

Fibras As fibras insolúveis das frutas, legumes e grãos integrais ajudam a prevenir a prisão de ventre e doenças do sistema digestório, como diverticulose e câncer de cólon.

Gengibre (*Zingeber officinalis*, ver p. 146). Usado para estimular o fluxo sanguíneo para o sistema digestório e para aumentar a absorção de nutrientes. Ao proteger o fígado de toxinas, ele amplia a ação da vesícula biliar.

Hortelã-pimenta (*Mentha piperita*, ver p. 149). Contém flavonoides que estimulam o fígado e a vesícula biliar e aumentam o fluxo de bílis. O efeito antiespasmódico nos músculos lisos do trato digestivo faz da hortelã uma boa escolha para bebidas pós--jantar.

Kiwi (*Actinidia chinensis*, ver p. 109). As enzimas presentes no kiwi ajudam a digestão.

Mamão papaia (*Carica papaya*, ver p. 110). Remédio tradicional para indigestão, o papaia contém uma enzima chamada papaína, que é semelhante à pepsina, uma enzima que ajuda na digestão de proteínas.

Raiz de dente-de-leão (*Taraxacum officinale*, ver p. 141). Fácil de encontrar, ela é um laxativo de sabor razoavelmente suave, mas amargo, que estimula o fígado e a vesícula biliar e aumenta o fluxo da bílis, auxiliando a digestão. As folhas de dente-de--leão agem como diurético.

230   O grande livro dos sucos

Bitters

Os herboristas concordam que substâncias amargas fazem bem para o coração, o intestino delgado e o fígado, assim como para baixar febres. O sabor adstringente de verduras como a endívia, a chicória, a azedinha, o radicchio, o dente-de-leão e a labaça aguçam o paladar e o tornam mais receptivo a apreciar outros sabores. A ação digestiva e tonificante incentiva a secreção de ácido hidroclorídrico, que ajuda a digestão. Um copo de suco amargo é uma ótima forma de abrir o apetite, mas pode ser um pouco difícil se acostumar.

Na medicina chinesa, os amargos são considerados frios e secantes, portanto são utilizados para abaixar febres e secar o excesso de fluidos corporais. No modelo aiurvédico, os alimentos amargos têm uma função parecida: estimular a digestão para eliminar o muco e tratar febres ou doenças de pele.

Os cientistas dizem que temos cerca de 10 mil papilas gustativas, sendo que cada uma delas dura não mais de uma semana antes de se desprender e ser regenerada. As papilas são agrupamentos de células na língua e na boca que transmitem ao cérebro os quatro sabores – doce, salgado, amargo e azedo. Alguns herboristas e tradições antigas ligam os quatro sabores a efeitos na mente. Por exemplo, pode-se acreditar que uma ingestão balanceada de sabores amargos fomenta a honestidade, a integridade, o otimismo e um coração amoroso.

Para desfrutar dos efeitos medicinais dos alimentos amargos, pode ser de grande ajuda começar com sucos que misturem o sabor amargo com levemente doce, e depois ir eliminando o doce aos poucos, até ficar apenas com o amargo. Tenha em mente que esse sabor tem de estar presente para que os efeitos medicinais sejam obtidos; adoçá-lo acaba com a sua eficácia.

Experimente uma ou todas as ervas e legumes listados aqui para fazer sua bebida amarga. Tente usá-los frescos em sucos, chás e saladas. Todos são facilmente cultiváveis, a maioria pode ser encontrada em supermercados e alguns são silvestres.

BITTERS

Ervas para bitters

Agrião (*Nasturtium officinale*, ver p. 117). O sabor intenso, picante, mas agradável, faz do agrião um acréscimo bem-vindo a saladas e sanduíches.

Azedinha (*Rumex acetoselia*). Uma parente próxima da azeda-francesa (*Rumex scutatus*). Ambas podem ser usadas para bebidas amargas. Utilizada tradicionalmente contra febre, inflamações, diarreia, menstruação excessiva e câncer (a azedinha é um dos quatro ingredientes do remédio anticancerígeno Essiac).

Chicória (*Cichorium intybus*). Use a raiz ou as folhas, frescas ou secas, para chás amargos.

Couve-nabiça (*Brassica rapa*, Ruvo). As florescências e as folhas têm um sabor moderadamente amargo.

Endívia (*Cichorium endivia*). Boa para saladas, para abrir ou encerrar uma refeição.

Folha de dente-de-leão (*Taraxacum officinale*, ver p. 141). As folhas podem ser secas e usadas em misturas de chá amargo.

Labaça (*Rumex crispus*, ver p. 150). As folhas têm um sabor particular, azedinho, que combina bem com folhas de dente-de-leão, morugem, chicória e com as alfaces de gosto mais suave. Lave bem as folhas antes de comê-las cruas; o ácido crisofânico irrita a boca e pode causar uma sensação de entorpecimento na língua e nos lábios por várias horas.

Radicchio (*Cichorium intybus*). Uma versão arroxeada da endívia belga.

Rende 1 ou 2

Delícia de dente-de-leão

1 colher (sopa) de raiz de dente-de-leão seca picada
2 xícaras de água
1 colher (sopa) de camomila fresca ou 1 colher (chá) de camomila seca
1 colher (chá) de sementes de erva-doce

1. Leve ao fogo médio uma panela não reagente com a água e a raiz de dente-de-leão, até quase ferver. Tampe e cozinhe em fogo baixo por 20 minutos.

2. Coloque a camomila e as sementes de erva-doce em uma chaleira de cerâmica. Coe a água de dente-de-leão quente sobre as ervas e deixe descansar por 5 minutos. Beba quente ou espere chegar à temperatura ambiente.

BITTERS

Rende 1 ou 2

Quando se adaptar ao sabor amargo, reduza gradualmente a quantidade de maçã desse suco. Beba ¼ xícara ao meio-dia e/ou antes do jantar.

Dente-de-leão amargo

1 pedaço de raiz fresca de dente-de-leão com 10 cm
2 cenouras
1 maçã

1. Em uma máquina de fazer suco, processe o dente-de--leão com as cenouras e a maçã. Misture, despeje em um copo grande ou dois menores e sirva.

Rende 2

Sirva em um copinho logo antes da refeição.

Gole amargo

1 maço de endívia
1 punhado de espinafre fresco
2 cenouras
¼ colher (chá) de cardamomo moído

1. Em uma máquina de fazer suco, processe a endívia com o espinafre e as cenouras. Misture o cardamomo, despeje em copos e sirva.

Rende 3 a 6

Use esta bebida com moderação. Faça a receita uma vez na primavera e tome diariamente pelo tempo que durar (no máximo 2 ou 3 dias). Se quiser, repita no outono.

Dica:
As folhas de azedinha têm um alto teor de ácido oxálico, então consuma-as quando estiverem novas e macias, em pequenas quantidades.

Verduras amargas

6 folhas de labaça com os talos
4 folhas de endívia
4 raminhos de azedinha
4 talos de aipo
melado, opcional

1. Em uma máquina de fazer suco, processe a labaça com a endívia, a azedinha e o aipo. Misture melado a gosto, se desejar. Tome 1 ou 2 colheres (sopa) antes da principal refeição do dia.

Sucos para um corpo saudável   233

Elixires endócrinos

Melhores ingredientes para sucos para o sistema endócrino

Frutas: maçã, mirtilos, frutas cítricas, pera
Legumes: crucíferos (brócolis, couve-flor, couve, couve-de-bruxelas), acelga chinesa, cebolas, algas marinhas, espinafre
Ervas: canela, cravo-da-índia, coentro, raiz e folhas de dente-de-leão, óleo de prímula, sementes de feno-grego, alho, gengibre, ginkgo biloba, estévia, cúrcuma, mil-folhas*

*   Deve-se evitar a mil-folhas em caso de gravidez.

Mistura para chá

Chá para a suprarrenal

Dica:

Use ervas secas em misturas para chá.

Atenção: O alcaçuz deve ser evitado em caso de pressão alta.

2 porções de folhas de borragem
2 porções de folhas de urtiga
2 porções de palha de aveia
1 porção de manjericão
1 porção de centella asiática
½ porção de raiz picada de gengibre ou ¼ moído
½ porção de alcaçuz picado ou ¼ em pó (ver aviso
    à esquerda)

1. Misture em uma lata hermética ou em um pote de vidro escuro a borragem com a urtiga, a palha de aveia, o manjericão, a centella asiática, o gengibre e o alcaçuz. Conserve em local fresco, seco e escuro.

2. *Para fazer o chá:* Triture uma pequena quantidade da mistura para chá até obter um pó fino e meça 1 colher (chá) para cada xícara (250 ml) de água. Coloque em uma chaleira de cerâmica aquecida e despeje água fervente sobre as ervas. Tampe e coloque uma rolha no bico. Deixe descansar por cerca de 15 minutos, coe e sirva em xícaras.

ELIXIRES ENDÓCRINOS

Rende 1

Endo-cran

1 xícara de cranberries inteiros, frescos ou congelados
1 laranja
1 grapefruit cortado em pedaços
10 gotas de tintura de urtiga
1 pitada de cúrcuma em pó

1. Em uma máquina de fazer suco, processe os cranberries com a laranja e o grapefruit. Misture a tintura de urtiga e a cúrcuma. Despeje em um copo e sirva.

Mistura para chá

Equilíbrio hormonal

Este chá nutre o sistema reprodutivo.

Atenção: Não tome esse chá em caso de gravidez.

3 porções de folhas de framboeseira
2 porções de agnocasto
2 porções de melissa
1 porção de urtiga
1 porção de mil-folhas, partes aéreas
1 porção de trevo vermelho
1 porção de gengibre picado ou ½ porção de moído
1 porção de camomila
1 porção de alecrim

1. Em uma lata hermética ou em um pote de vidro escuro, misture as folhas da framboeseira com o agnocasto, a melissa, a urtiga, o mil-folhas, o trevo vermelho, o gengibre, a camomila e o alecrim. Conserve em local fresco, seco e escuro.

2. *Para fazer o chá:* Triture uma pequena quantidade da mistura para chá até obter um pó fino e meça 1 colher (chá) para cada xícara (250 ml) de água. Coloque em uma chaleira de cerâmica aquecida e despeje água fervente sobre as ervas. Tampe e coloque uma rolha no bico. Deixe descansar por cerca de 15 minutos, coe e sirva em xícaras.

Sucos para um corpo saudável **235**

ELIXIRES ENDÓCRINOS

Rende 1

Iogurte de laranja

2 laranjas
2 damascos frescos sem caroço
½ grapefruit cortado em pedaços
¼ xícara de iogurte natural
¼ colher (chá) de feno-grego moído

1. Em uma máquina de fazer suco, processe as laranjas com os damascos e o grapefruit. Misture o iogurte e o feno-grego, despeje em um copo e sirva.

Rende 1

Kiwi com sementes

3 kiwis
1 laranja
1 grapefruit cortado em pedaços
½ limão
1 colher (chá) de sementes de linhaça moídas

1. Em uma máquina de fazer suco, processe os kiwis com a laranja, o grapefruit e o limão. Misture a linhaça, despeje em um copo e sirva.

Rende 1 ou 2

Mexerica e laranja

Dica:
Use laranja-de-umbigo se não encontrar toranjas.

1 lata de gomos de mexerica, líquido escorrido e reservado
2 toranjas
1 grapefruit
½ xícara de amoras-pretas
½ limão-siciliano

1. Em uma máquina de fazer suco, processe os gomos de mexerica com as toranjas, o grapefruit, as amoras e o limão. Misture o líquido reservado, despeje em copos e sirva.

236 O grande livro dos sucos

ELIXIRES ENDÓCRINOS

| Rende 1 |

Morango e cítricos

1 xícara de morangos frescos
2 damascos frescos sem caroço
1 laranja
1 lata de gomos de mexerica, líquido escorrido e reservado
½ limão-siciliano

1. Em uma máquina de fazer suco, processe os morangos com os damascos, a laranja, os gomos de mexerica e o limão. Misture o líquido da mexerica reservado, despeje em um copo e sirva.

| Rende 1 |

Para diabéticos

Dica:
Se puder, use um espremedor de suco para fazer esta bebida perfeitamente balanceada. O resultado com uma máquina de suco normal (descasque as frutas cítricas e deixe-as inteiras) é um suco cremoso.

2 laranjas cortadas ao meio
1 grapefruit cortado ao meio
1 limão-siciliano cortado ao meio
½ limão
1 colher (chá) sementes de linhaça moídas
½ colher (chá) canela em pó, opcional

1. Em um espremedor de suco, extraia o líquido das laranjas, do grapefruit e dos dois tipos de limão. Misture as sementes de linhaça e a canela, se desejar. Despeje em um copo e sirva.

A cura das cólicas

A rosa-de-gueldres (*Viburnum opulus*), também chamada de noveleiro, é uma planta completamente diferente do cranberry, mas muito apreciada pelas nações indígenas americanas catawba, penobscot, meskawaki e menominee, que ainda a usam para tratar de câimbras, tensão muscular, gânglios inchados, cólicas e diarreia.

Um chá simples para aliviar cólicas menstruais: 1 xícara de água fervente despejada sobre 1 colher (sopa) de rosa-de-gueldres seca. Deixe descansar por 15 minutos e beba aos poucos, no decorrer do dia, enquanto a dor não passar.

Sucos para um corpo saudável

ELIXIRES ENDÓCRINOS

Rende 1

Pera e romã

2 peras
1 romã, apenas as sementes
1 laranja
1 pitada de cravo-da-índia moído

1. Em uma máquina de fazer suco, processe as peras com as sementes de romã e a laranja. Misture o cravo em pó, despeje em um copo e sirva.

Rende 1 ou 2

Refresco crucífero

4 ramos de brócolis
4 ramos de couve-flor
1 xícara de couve rasgada, espinafre ou folhas de acelga chinesa
½ cebola (de preferência a roxa, que é mais adocicada)
gelo, opcional

1. Em uma máquina de fazer suco, processe o brócolis com a couve-flor, a couve e a cebola. Misture, despeje sobre o gelo, se desejar, e sirva.

ELIXIRES ENDÓCRINOS

Rende 1

Saúde da hipófise

2 cenouras
1 beterraba
1 talo de brócolis
1 colher (chá) de spirulina
½ colher (chá) de ginseng em pó

1. Em uma máquina de fazer suco, processe as cenouras com a beterraba e o brócolis. Misture a spirulina e o ginseng, despeje em um copo e sirva.

Rende 1

Saúde hormonal

1 xícara de espinafre fresco
3 talos de aipo
3 cenouras
½ pimentão vermelho limpo
1 colher (chá) de alga marinha dulse ou couve em pó

1. Em uma máquina de fazer suco, processe o espinafre com o aipo, as cenouras e o pimentão. Misture a alga, despeje em um copo e sirva.

Reforço para imunidade

Melhores ingredientes de sucos para o sistema imunológico

Frutas: as antioxidantes (ver p. 116), as cítricas, abacate, ameixa roxa, uvas roxas e rosadas
Legumes: os antioxidantes (ver p. 128), abacate, legumes crucíferos (brócolis, couve-flor, couve, couve-de-bruxelas, acelga chinesa), cogumelos shitake, tomate
Ervas: astrágalo, bardana (folha, raiz e sementes)*, pimenta-caiena, cravo-da-índia, equinácea*, sabugueiro (flores e bagas), alho, ginseng, alcaçuz**, salsinha***, trevo vermelho, alecrim, sálvia, erva-de-são-joão, tomilho, cúrcuma, mil-folhas
Outros: óleo de semente de linhaça, chá verde

*   As pessoas alérgicas a erva-de-santiago algumas vezes também são alérgicas a ervas da mesma família botânica (*Compositae*). As ervas dessa família incluem: bardana, calêndula, chicória, dente-de-leão, equinácea, tanaceto, cardo-mariano e mil-folhas (evite esta última em caso de gravidez).

**   O alcaçuz deve ser evitado em caso de pressão alta. O seu uso prolongado não é recomendado em nenhuma circunstância.

***   Em caso de gravidez, limite a ingestão de salsinha a ½ colher (chá) da erva seca ou um raminho fresco por dia. Não use salsinha se estiver com inflamação renal.

O poder do alho

O alho oferece uma forte ação antioxidante, que protege as membranas das células contra a formação de radicais livres. Alguns estudos mostram que mesmo em doses baixas o alho estimula o sistema imunológico, aumentando a atividade das "células exterminadoras naturais" e a prevenção contra patógenos.

O alho também tem fortes propriedades antibióticas. Mata os parasitas e vermes intestinais, assim como as bactérias gram-negativas. Em estudos recentes, pesquisadores usando soluções de alho frescas e em pó descobriram que ele inibe muitas bactérias, entre elas, *Staphylococcus aureus*, *E. coli*, *Proteus vulgaris*, *Salmonella enteritidis*, *Klebsiella pneumoniae* e várias outras.

Comparado a antibióticos como penicilina, tetraciclina, eritromicina e outros comumente receitados, o alho se mostrou efetivo. Um dente de alho médio fornece o equivalente antibacteriano a 100 mil unidades de penicilina (a dose oral típica de penicilina varia de 600 mil a 900 mil unidades). Assim sendo, uma dose de 6 a 9 dentes de alho tem aproximadamente o mesmo efeito de uma injeção de penicilina.

REFORÇO PARA IMUNIDADE

Rende 1

Ameixa para imunidade

Valor ORAC* por dose: aproximadamente 20 mil - 30 mil.

* Fonte: Pesquisa do Ministério da Agricultura dos Estados Unidos sobre alimentos com níveis altos de antioxidantes.

1 xícara de mirtilos
2 ameixas roxas sem caroço
½ xícara de ameixas pretas (secas) sem caroço
½ xícara de suco de cranberry
1 colher (chá) de óleo de linhaça, opcional

1. Em uma máquina de fazer suco, processe os mirtilos com os dois tipos de ameixa. Misture o suco de cranberry e o óleo de linhaça, se desejar. Despeje em um copo e sirva.

Rende 1

Antioxidante de alho

Cuidado, esta bebida é muito forte. Só de prepará-la os seus olhos já vão se encher de água. Mas é imbatível no que diz respeito a poder antioxidante e antibacteriano.

3 talos de aipo
½ cebola
1 dente de alho
1 talo de brócolis
1 maçã

1. Em uma máquina de fazer suco, processe o aipo com a cebola, o alho, o brócolis e a maçã. Misture, despeje em um copo e sirva.

Sucos para um corpo saudável **241**

REFORÇO PARA IMUNIDADE

Mistura para chá

Antioxidante de tomilho

Pesquisadores escoceses descobriram que 25% das 75 substâncias químicas encontradas no extrato de tomilho têm propriedades antioxidantes.

2 porções de tomilho
1 porção de hortelã-pimenta
1 porção de alecrim
½ porção de sálvia

1. Em uma lata hermética ou em um pote de vidro escuro, misture o tomilho com a hortelã, o alecrim e a sálvia. Conserve em local fresco, seco e escuro.

2. *Para fazer o chá*: Triture uma pequena quantidade da mistura para chá até obter um pó fino e meça 1 colher (chá) para cada xícara (250 ml) de água. Coloque em uma chaleira de cerâmica aquecida e despeje água fervente sobre as ervas. Tampe e coloque uma rolha no bico. Deixe descansar por cerca de 15 minutos, coe e sirva em xícaras.

Rende 2

Ataque das frutas vermelhas

Este suco realmente trava uma guerra contra as toxinas.

Valor ORAC* por dose: aproximadamente 17 mil - 19 mil

* Fonte: Pesquisa do Ministério da Agricultura dos Estados Unidos sobre alimentos com níveis altos de antioxidantes.

1 xícara de cranberries inteiros, frescos ou congelados
1 xícara de framboesas
1 xícara de morangos frescos
½ xícara de açaí descongelado

1. Em uma máquina de fazer suco, processe os cranberries com as framboesas, os morangos e o açaí. Misture, despeje em copos e sirva.

REFORÇO PARA IMUNIDADE

Rende 1

Bardana e melão

¼ melão-cantalupo
2 damascos frescos sem caroço
2 cenouras
1 colher (chá) de sementes de bardana moídas ou ½ colher (chá) de tintura de bardana

1. Em uma máquina de fazer suco, processe o melão com os damascos e as cenouras. Misture as sementes de bardana, despeje em um copo e sirva.

Mistura para chá

Chá anti-herpes

Estas ervas fortalecem os sistemas nervoso e imunológico e combatem o vírus da herpes, trabalhando para aliviar os sintomas e proteger de infecções.

Atenção: A erva-de--são-joão não deve ser consumida com medicamentos controlados.

2 porções de raiz de equinácea picada ou 1 porção da moída
2 porções de melissa
1 porção de erva-de-são-joão (ver aviso à esquerda)
1 porção de pétalas de calêndula
1 porção de folhas de framboeseira
1 porção de folha de bardana ou raiz picada
½ porção de hortelã-pimenta

1. Em uma lata hermética ou em um pote de vidro escuro, misture a equinácea com a melissa, a erva--de-são-joão, a calêndula, as folhas de framboeseira, a bardana e a hortelã. Conserve em local fresco, seco e escuro.

2. *Para fazer o chá*: Triture uma pequena quantidade da mistura para chá até obter um pó fino e meça 1 colher (chá) para cada xícara (250 ml) de água. Coloque em uma chaleira de cerâmica aquecida e despeje água fervente sobre as ervas. Tampe e coloque uma rolha no bico. Deixe descansar por cerca de 15 minutos, coe e sirva em xícaras.

Sucos para um corpo saudável **243**

REFORÇO PARA IMUNIDADE

Mistura para chá

Chá contra alergias

Este chá ajuda a eliminar muco e fortalece o sistema imunológico para enfrentar alergias.

Atenção: As bagas de sabugueiro podem fazer mal se consumidas cruas. Sempre cozinhe em pouca água, espere esfriar e escorra.

2 porções de urtiga seca

2 porções de rosa-mosqueta seca

1 porção de pau de canela ou 2 porções trituradas

2 porções de sabugueiro (ver aviso à esquerda)

1 porção de tomilho seco

½ porção de gengibre fresco ou seco, ou ¼ porção de gengibre em pó

½ porção de hortelã seca

1. Em uma lata hermética ou em um pote de vidro escuro, misture a urtiga com a rosa-mosqueta, a canela, o sabugueiro, o tomilho, o gengibre e a hortelã. Conserve em local fresco, seco e escuro.

2. *Para fazer o chá*: Triture uma pequena quantidade da mistura para chá até obter um pó fino e meça 1 colher (chá) para cada xícara (250 ml) de água. Coloque em uma chaleira de cerâmica aquecida e despeje água fervente sobre as ervas. Tampe e coloque uma rolha no bico. Deixe descansar por cerca de 15 minutos, coe e sirva em xícaras.

244   O grande livro dos sucos

REFORÇO PARA IMUNIDADE

Mistura para chá

Chá imunorregulador

Estas ervas são excelentes para fortalecer o sistema imunológico.

Atenção: O alcaçuz deve ser evitado em caso de pressão alta.

2 porções de melissa
2 porções de rosa-mosqueta
1 porção de camomila
1 porção de trevo vermelho
1 porção de tomilho
½ porção de alcaçuz picado (ver aviso à esquerda)
½ porção de gengibre picado

1. Em uma lata hermética ou em um pote de vidro escuro, misture a melissa com a rosa-mosqueta, a camomila, o trevo vermelho, o tomilho, o alcaçuz e o gengibre. Conserve em local fresco, seco e escuro.

2. *Para fazer o chá*: Triture uma pequena quantidade da mistura para chá até obter um pó fino e meça 1 colher (chá) para cada xícara (250 ml) de água. Coloque em uma chaleira de cerâmica aquecida e despeje água fervente sobre as ervas. Tampe a chaleira e coloque uma rolha no bico. Deixe descansar por cerca de 15 minutos, coe e sirva em xícaras.

Rende 2

Chá verde e mirtilos

Valor ORAC* por dose: aproximadamente 14 mil - 15 mil

* Fonte: Pesquisa do Ministério da Agricultura dos Estados Unidos sobre alimentos com níveis altos de antioxidantes.

1 xícara de mirtilos
1 xícara de amoras-pretas
2 ameixas roxas sem caroço
½ xícara de chá verde preparado e frio

1. Em uma máquina de fazer suco, processe os mirtilos com as amoras e as ameixas. Misture o chá verde, despeje em copos e sirva.

Sucos para um corpo saudável **245**

REFORÇO PARA IMUNIDADE

Contra gripe e resfriado

Rende 4 xícaras

Um antibiótico e antiviral poderoso, este chá combate resfriados e gripe. O alho é um dos principais ingredientes dessa mistura, e deve ser usado fresco, pois a forma em pó tem pouco valor medicinal. Por esse motivo, faça o chá em pequenas quantidades e use quando surgirem os primeiros sintomas de resfriado ou gripe.

Atenção: O alcaçuz deve ser evitado em caso de pressão alta.

2 colheres (chá) de tomilho fresco ou 1 colher (chá) do seco
1 colher (chá) de melissa fresca picada ou ½ colher (chá) da seca
1 dente de alho bem picado
1 colher (chá) de equinácea ou astrágalo ralado fino ou ¼ colher (chá)
   de gengibre em pó
½ colher (chá) alcaçuz seco picado ou ¼ colher (chá) de alcaçuz em pó (ver aviso à esquerda)

1. Em uma chaleira não reagente, misture o tomilho com a melissa, o alho, a equinácea, o gengibre e o alcaçuz. Cubra com água fervente e deixe descansar por 15 minutos. Coe em um pote limpo, com tampa. Conserve na geladeira por até 2 dias. Beba de ½ a 1 xícara, 4 vezes por dia.

Cranberry e açaí

Rende 2

Valor ORAC* por dose: aproximadamente 14 mil - 15 mil

* Fonte: Pesquisa do Ministério da Agricultura dos Estados Unidos sobre alimentos com níveis altos de antioxidantes.

½ xícara de suco de cranberry
½ xícara de framboesas
1 pacote de polpa de açaí levemente descongelada

1. Em uma máquina de fazer suco, processe o suco de cranberry com as framboesas e a polpa de açaí, até obter uma consistência homogênea. Despeje em copos e sirva.

246   O grande livro dos sucos

REFORÇO PARA IMUNIDADE

Rende 2

El diablo verde

Decorado com fatias de limão, este "diabo verde" é um excelente chá antioxidante.

Atenção: Evite a salsinha durante a gravidez e em caso de inflamação renal.

2 colheres (chá) de folhas de chá verde
1 colher (chá) de salsinha (ver aviso à esquerda)
1 colher (chá) de casca de fruta cítrica
1 colher (chá) de pimenta-caiena moída
½ colher (chá) de folhas de estévia
5 xícaras de água fervente
1 fatia de limão, opcional

1. Em uma chaleira não reagente, misture o chá verde com a salsinha, as cascas, a pimenta-caiena e a estévia. Despeje a água fervente por cima e deixe descansar, tampado, por 15 minutos. Coe o chá em xícaras e decore com a fatia de limão, se quiser.

Rende 1

Escudo antiferrugem 1

Em termos simples, o envelhecimento é o processo pelo qual as nossas células são danificadas pela oxidação. Na verdade, estamos enferrujando de dentro para fora. As ervas e vitaminas antioxidantes ajudam a prevenir a deterioração das células causada por agentes oxidantes, o que faz delas um tipo de escudo antiferrugem!

½ batata-doce
4 raminhos de hortelã fresca
3 cenouras
1 talo de brócolis

1. Em uma máquina de fazer suco, processe a batata--doce. Reserve. Em outro recipiente, processe a hortelã com as cenouras e o brócolis.

2. Quando o amido branco se depositar no fundo do primeiro recipiente, despeje o suco de batata-doce no de cenoura, com cuidado para deixar o amido para trás. Descarte-o. Misture o suco, despeje em um copo e sirva.

REFORÇO PARA IMUNIDADE

Rende 1

Escudo antiferrugem 2

Dica:

Experimente misturar ½ colher (chá) de curry em pó ou de cúrcuma a este suco.

Atenção: Evite a salsinha durante a gravidez e em caso de inflamação renal.

1 maçã
3 ramos de salsinha fresca (ver aviso à esquerda)
1 punhado de tomilho fresco
1 cenoura
2 tomates

1. Em uma máquina de fazer suco, processe a maçã com a salsinha, o tomilho, a cenoura e os tomates. Misture, despeje em um copo e sirva.

Rende 1

Estrela azul

Valor ORAC* por dose: aproximadamente 22 mil - 24 mil

3 carambolas
1 xícara de mirtilos
1 xícara de amoras-pretas
1 ameixa roxa sem caroço

1. Em uma máquina de fazer suco, processe as carambolas com os mirtilos, as amoras e a ameixa. Misture, despeje em um copo e sirva.

Rende 1

Fonte da juventude

Valor ORAC* por dose: aproximadamente 8 mil - 10 mil

* Fonte: Pesquisa do Ministério da Agricultura dos Estados Unidos sobre alimentos com níveis altos de antioxidantes.

1 xícara de couve picada grosseiramente
½ xícara de talos de brócolis
2 cenouras
1 maçã vermelha grande

1. Em uma máquina de fazer suco, processe a couve com o brócolis, as cenouras e a maçã. Misture, despeje em um copo e sirva.

REFORÇO PARA IMUNIDADE

Rende 1

Fruta da vida

Valor ORAC* por dose: aproximadamente 30 mil - 35 mil

½ xícara de açaí descongelado
1 romã, apenas as sementes
1 xícara de mirtilos

1. Em uma máquina de fazer suco, processe o açaí com as sementes de romã e os mirtilos. Misture, despeje em um copo e sirva.

Rende 2

Frutinhas da juventude

Valor ORAC* por dose: aproximadamente 12 mil - 14 mil

* Fonte: Pesquisa do Ministério da Agricultura dos Estados Unidos sobre alimentos com níveis altos de antioxidantes.

1 xícara de mirtilos
1 xícara de amoras-pretas
1 xícara de framboesas
1 xícara de morangos frescos

1. Em uma máquina de fazer suco, processe os mirtilos com as amoras, as framboesas e os morangos. Misture, despeje em copos e sirva.

REFORÇO PARA IMUNIDADE

Rende 2

Grogue antibiótico

Dica:

Para uma bebida energética que conserve os benefícios das raízes, não coe a mistura depois de aquecida. Use um processador para liquefazer e misturar todos os ingredientes antes de despejar em canecas e cobrir com fatias de laranja ou limão-siciliano. Se a mistura ficar muito espessa, dilua com água fervente.

Atenção: As bagas de sabugueiro podem fazer mal se consumidas cruas. Sempre cozinhe em pouca água, espere esfriar e escorra.

2 xícaras de vinho de maçã

2 xícaras de suco de laranja

½ xícara de bagas de sabugueiro ou cranberries frescos ou congelados (ver aviso à esquerda)

1 pedaço de raiz de equinácea de 7,5 cm

1 pedaço de raiz de ginseng de 7,5 cm

1 pau de canela com 7,5 cm

2 colheres (sopa) de gengibre bem picado

3 cravos-da-índia inteiros

3 grãos de pimenta-da-jamaica

1 colher (sopa) de folhas de estévia

1 colher (sopa) de melado

1 colher (sopa) de vinagre de maçã

1 limão-siciliano, só o suco

2 fatias de laranja ou limão-siciliano, opcionais

1. Em uma panela em fogo médio, misture o vinho de maçã com o suco de laranja, as bagas de sabugueiro, a raiz de equinácea, a raiz de ginseng, a canela, o gengibre, os cravos, a pimenta-da-jamaica e a estévia. Aumente o fogo e espere quase ferver. Tampe, coloque em fogo baixo e cozinhe por 10 minutos.

2. Passe a mistura por uma peneira, pressionando os sólidos para extrair todo o líquido. Misture o melado, o vinagre e o suco de limão. Despeje nos copos e sirva quente, com fatias de laranja ou limão, se desejar.

REFORÇO PARA IMUNIDADE

Rende 2

Laranja com uvas

Valor ORAC* por dose: aproximadamente 10 mil - 12 mil

2 laranjas
1 xícara de framboesas
1 xícara de uvas roxas
½ xícara de uvas-passas

1. Em uma máquina de fazer suco, processe as laranjas com as framboesas, as uvas e as passas. Misture, despeje em um copo e sirva.

Rende 2

Mexerica e linhaça

Valor ORAC* por dose: aproximadamente 10 mil - 12 mil

* Fonte: Pesquisa do Ministério da Agricultura dos Estados Unidos sobre alimentos com níveis altos de antioxidantes.

2 xícaras de gomos de mexerica
1 xícara de mirtilos
1 xícara de framboesas
½ xícara de ameixas-pretas secas sem caroço ou uvas-passas
1 colher (chá) de óleo de linhaça

1. Em uma máquina de fazer suco, processe os gomos de mexerica com os mirtilos, as framboesas e as ameixas. Misture o suco da mexerica e o óleo de linhaça, despeje nos copos e sirva.

Sucos para um corpo saudável   251

REFORÇO PARA IMUNIDADE

Rende 1¾ xícara de mistura de raízes

Uma boa mistura de ervas variadas, que serve como tônico geral e mantém a saúde do sistema imunológico. Se encontrar, use raízes frescas.

Atenção: O alcaçuz deve ser evitado em caso de pressão alta.

Mix para chá imunizante

- Preaqueça o forno a 150 °C.
- Assadeira grande, sem untar

½ xícara de raiz de bardana picada
½ xícara de ginseng picado
¼ xícara de astrágalo picado
¼ xícara de alcaçuz picado (ver aviso à esquerda)
¼ xícara de cevada ou aveia em flocos

1. Espalhe a bardana, o ginseng, o astrágalo, o alcaçuz e a cevada em flocos em uma assadeira. Asse no forno preaquecido por 20 minutos, misturando uma vez, ou até dourar. Espere esfriar, misture bem e coloque em um pote hermético para conservar.

2. *Para fazer o chá*: Triture uma pequena quantidade da mistura até obter um pó fino e meça 2 colheres (chá) para cada xícara (250 ml) de água. Coloque em uma chaleira de cerâmica aquecida e despeje água fervente sobre as ervas. Tampe a chaleira e coloque uma rolha no bico. Deixe descansar por cerca de 15 minutos, coe e sirva em xícaras.

Rende 2

Valor ORAC* por dose: aproximadamente 10 mil - 15 mil

* Fonte: Pesquisa do Ministério da Agricultura dos Estados Unidos sobre alimentos com níveis altos de antioxidantes.

Morangos e framboesas

1 xícara de morangos frescos
1 xícara de framboesas
1 xícara de uvas pretas
2 ameixas roxas sem caroços

1. Em uma máquina de fazer suco, processe os morangos com as framboesas, as uvas e as ameixas. Misture, despeje em copos e sirva.

REFORÇO PARA IMUNIDADE

Rende 1

Pimentão vermelho

1 pimentão vermelho limpo
2 cenouras
1 maçã
1 talo de brócolis
½ colher (chá) de pimenta-caiena

1. Em uma máquina de fazer suco, processe o pimentão com as cenouras, a maçã e o brócolis. Misture a pimenta-caiena, despeje em um copo e sirva.

Rende 2

Presente verde

Valor ORAC* por dose: aproximadamente
7 mil - 9 mil

* Fonte: Pesquisa do Ministério da Agricultura dos Estados Unidos sobre alimentos com níveis altos de antioxidantes.

Atenção: Evite a salsinha durante a gravidez e em caso de inflamação renal.

1 xícara de couve picada
1 xícara de talos de brócolis
4 ramos de salsinha fresca (ver aviso à esquerda)
1 xícara de uvas verdes
1 xícara de chá verde pronto

1. Em uma máquina de fazer suco, processe a couve com o brócolis, a salsinha e as uvas. Misture o chá verde, despeje em copos e sirva.

Sucos para um corpo saudável 253

REFORÇO PARA IMUNIDADE

Mistura para chá

Tônico T

Este chá alimenta as células do corpo e auxilia o sistema imunológico. Pode ser usado todos os dias, por pessoas de qualquer idade. As quantidades são fáceis de dobrar, para fazer uma porção maior. Depois que o chá for feito, conserve em um pote limpo, tampado, por até 2 dias. Tome 1 xícara diariamente. Para cozinhar com o Tônico T, adicione 1 xícara dele a sopas e caldos, no lugar de outros líquidos. Este tônico pode ser usado por pacientes com câncer antes, durante e depois do tratamento.

Atenção: Evite a salsinha durante a gravidez e em caso de inflamação renal.

1 porção de raiz de astrágalo picada
1 porção de salsinha (ver aviso à esquerda)
1 porção de alfafa, partes aéreas

1. Em uma lata hermética ou em um pote de vidro escuro, misture o astrágalo com a salsinha e a alfafa. Conserve em local fresco, seco e escuro.

2. *Para fazer o chá*: Triture uma pequena quantidade da mistura para chá até obter um pó fino e meça 1 colher (chá) para cada xícara (250 ml) de água. Coloque em uma chaleira de cerâmica aquecida e despeje água fervente sobre as ervas. Tampe a chaleira e coloque uma rolha no bico. Deixe descansar por cerca de 15 minutos, coe e sirva em xícaras.

Rende 2

Vitamina de açaí

Valor ORAC* por dose: aproximadamente 15 mil - 17 mil

* Fonte: Pesquisa do Ministério da Agricultura dos Estados Unidos sobre alimentos com níveis altos de antioxidantes.

Dica:
Use ¼ xícara de açaí líquido em vez da polpa congelada.

½ xícara de suco de laranja
1 banana picada
1 manga sem caroço e picada
1 pacote de polpa de açaí levemente descongelada

1. Em um liquidificador, bata o suco de laranja com a banana, a manga e o açaí até obter uma consistência homogênea, e sirva.

Poder para os músculos

Melhores ingredientes para os músculos e a formação dos ossos

Frutas: todas as frutas cruas, incluindo as cítricas, kiwi, morango e frutas roxas
Observação: em caso de osteoporose, evite frutas que geram acidez, como cranberries, ameixas e ameixas-pretas
Hortaliças:
Para cálcio: brócolis, repolho, verduras, algas marinhas
Para magnésio: leguminosas, verduras escuras
Para boro: uvas-passas, ameixas-pretas, amêndoas
Para manganês: verduras, talos de beterraba, abacaxi
Ervas: alfafa, folha de dente-de-leão, camomila, palha de aveia, salsinha*, tanchagem, urtiga
Outros: amêndoas, melado, frutas secas, tofu, leite de soja, óleo de fígado de bacalhau, spirulina, iogurte com lactobacilos vivos

* Grávidas devem limitar o consumo de salsinha a ½ colher (chá) da erva seca ou 1 raminho fresco por dia. Não se deve consumir salsinha em caso de inflamação renal.

Rende 2

A espiral

Atenção: Evite a salsinha durante a gravidez e em caso de inflamação renal.

1 xícara de folhas de couve picadas grosseiramente
1 maçã
2 talos de aipo
3 ramos de salsinha fresca (ver aviso à esquerda)
½ limão

1. Em uma máquina de fazer suco, processe a couve com a maçã, o aipo, a salsinha e o limão. Misture, despeje em copos e sirva.

Sucos para um corpo saudável **255**

PODER PARA OS MÚSCULOS

Rende 1

A força do Popeye

2 folhas de couve
6 folhas de espinafre
1 beterraba com os talos
1 raiz fresca de dente-de-leão
2 colheres (chá) de melado

1. Em uma máquina de fazer suco, processe a couve com o espinafre, a beterraba, seus talos e a raiz de dente--de-leão. Misture o melado, despeje em um copo e sirva.

Rende 1 ou 2

Batida de iogurte e frutas vermelhas

Dica:

Use o Suco de cranberry da p. 190 (ou o industrializado) nesta receita.

Usar açaí congelado em vitaminas as deixa mais encorpadas.

½ xícara de suco de cranberry com framboesa
1 xícara de mirtilos
½ xícara de açaí
6 amêndoas
½ xícara de iogurte natural

1. Em um liquidificador, coloque o suco de cranberry com framboesa, os mirtilos, o açaí e as amêndoas. Bata na potência mínima por 30 segundos. Acrescente o iogurte e bata na potência alta por mais 30 segundos, ou até obter uma consistência homogênea.

PODER PARA OS MÚSCULOS

Bomba de energia

Rende 1 ou 2

Com o açúcar natural dos carboidratos e o potássio da banana, esta bebida ajuda a preparar o corpo para atividades intensivas. Beba antes de se exercitar, caminhar ou de algum trabalho cansativo. Se for usar o leite de oleaginosas, retire as amêndoas da receita.

1 xícara de leite de soja ou de oleaginosas
1 banana picada
½ xícara de cerejas sem caroços
½ xícara de mirtilos frescos ou congelados
1 colher (sopa) de proteína orgânica em pó
2 colheres (sopa) de amêndoas moídas

1. Em um liquidificador, bata o leite de soja com a banana, as cerejas, os mirtilos e a proteína em pó, até obter uma consistência homogênea. Despeje nos copos e decore com as amêndoas moídas.

Chá formador de ferro

Rende 2 ou 3

Jovens na puberdade precisam de mais ferro para ajudar o corpo a enfrentar as mudanças aceleradas.

6 raminhos de hortelã fresca
4 pontas de urtiga fresca
1 folha pequena de labaça fresca picada
1 folha pequena de bardana fresca picada
½ xícara de cerefólio-cheiroso
3 xícaras de água fervente

1. Misture a hortelã com a urtiga, a labaça, a bardana e o cerefólio em uma chaleira não reagente ou em um pote refratário. Despeje a água fervente por cima, tampe e deixe descansar por ao menos 12 horas (esse tempo de descanso longo é necessário para extrair os minerais das ervas). Coe e beba ½ xícara duas vezes por dia. Conserve esse tônico na geladeira, em um pote limpo e tampado, por até 3 dias.

Sucos para um corpo saudável

PODER PARA OS MÚSCULOS

Mistura para chá

Chá misto para os ossos

Este chá nutre o tecido ósseo e acelera a sua regeneração. A cavalinha (*Equisetum arvense*) tem alto teor de sílica e, em caso de uso interno, só deve ser colhida no começo da estação (antes de junho). Ela costuma ser encontrada em lojas de produtos naturais ou fitoterápicos.

Atenção: O alcaçuz deve ser evitado em caso de pressão alta.

2 porções de cavalinha
2 porções de urtiga
2 porções de palha de aveia
1 porção de trevo vermelho
1 porção de sálvia
½ porção de alcaçuz picado ou ¼ porção de alcaçuz moído (ver aviso à esquerda)

1. Em uma lata hermética ou em um pote de vidro escuro, misture a cavalinha com a urtiga, a palha de aveia, o trevo vermelho, a sálvia e o alcaçuz. Conserve em local fresco, seco e escuro.

2. *Para fazer o chá*: Triture uma pequena quantidade da mistura para chá até obter um pó fino e meça 1 colher (chá) para cada xícara (250 ml) de água. Coloque em uma chaleira de cerâmica aquecida e despeje água fervente sobre as ervas. Tampe e coloque uma rolha no bico. Deixe descansar por cerca de 15 minutos, coe e sirva em xícaras.

PODER PARA OS MÚSCULOS

Rende 1 ou 2

Construtor ósseo

O cálcio, o boro e o magnésio fornecidos pelos ingredientes desta bebida a tornam muito boa para os ossos.

Atenção: Evite a salsinha durante a gravidez e em caso de inflamação renal.

½ xícara de kelp ou outra alga marinha
1 xícara de água quente
2 talos de brócolis
2 folhas de couve
2 talos de aipo
½ pimentão verde
4 ramos de salsinha (ver aviso à esquerda)
1 maçã

1. Coloque a alga em uma tigela média e cubra com a água quente. Deixe de molho de 15 a 20 minutos, ou até reidratar. Escorra, reservando o líquido para outro uso.

2. Em uma máquina de fazer suco, processe a alga com o brócolis, a couve, o aipo, o pimentão, a salsinha e a maçã. Misture, despeje em copos e sirva.

Rende 1

Estrela dourada

3 carambolas
2 laranjas
1 manga sem caroço
¼ colher (chá) de cúrcuma em pó
¼ colher (chá) de gengibre em pó

1. Em uma máquina de fazer suco, processe as carambolas com as laranjas e a manga. Misture a cúrcuma e o gengibre, despeje em um copo e sirva.

PODER PARA OS MÚSCULOS

Rende 1
Ferro gelado

Atenção: Evite a salsinha durante a gravidez e em caso de inflamação renal.

1 punhado de espinafre
1 punhado de salsinha fresca (ver aviso à esquerda)
½ xícara de couve picada grosseiramente
2 cenouras
1 talo de aipo
1 abacate sem caroço
½ limão-siciliano
gelo, opcional

1. Em uma máquina de fazer suco, processe o espinafre com a salsinha, a couve, as cenouras, o aipo, o abacate e o limão. Misture, despeje sobre cubos de gelo, se desejar, e sirva.

Rende 1
Folhas sublimes

1 xícara de acelga picada grosseiramente
1 xícara de couve picada grosseiramente
1 rodela grossa de abacaxi
1 punhado de urtiga fresca ou 1 colher (chá) de urtiga seca

1. Usando uma máquina de fazer suco, processe a acelga com a couve, o abacaxi e a urtiga. Misture, despeje em um copo e sirva.

Rende 1
O reconfortador

O efeito calmante natural da melissa e o alto teor de potássio da banana reconfortam o corpo depois de qualquer tipo de atividade.

½ xícara de suco de cenoura
2 rodelas grossas de abacaxi picadas
1 banana picada
1 raminho de melissa fresca

1. Em um liquidificador, bata o suco de cenoura com o abacaxi, a banana e a melissa, até obter uma consistência homogênea. Despeje em um copo e sirva.

PODER PARA OS MÚSCULOS

Poder roxo

Rende 1

2 ameixas sem caroços
1 xícara de uvas roxas
1 xícara de amoras-pretas
1 colher (chá) de óleo de fígado de bacalhau

1. Em uma máquina de fazer suco, processe as ameixas com as uvas e as amoras. Misture o óleo de fígado de bacalhau, despeje em um copo e sirva.

Reforço verde

Rende 1

1 xícara de espinafre fresco
2 cenouras
1 maçã
1 tomate
½ colher (chá) de cúrcuma

1. Em uma máquina de fazer suco, processe o espinafre com as cenouras, a maçã e o tomate. Misture a cúrcuma, despeje em um copo e sirva.

Vagem

Rende 1

1 punhado de vagem
1 punhado de alfafa fresca ou 1 colher (sopa) da seca
1 xícara de espinafre
¼ repolho picado
½ limão-siciliano

1. Em uma máquina de fazer suco, processe a vagem com a alfafa, o espinafre, o repolho e o limão. Misture, despeje em um copo e sirva.

Sucos para um corpo saudável   **261**

PODER PARA OS MÚSCULOS

Rende 1

Dica:
Escaldar os legumes torna mais fácil batê-los em bebidas. Para fazer isso, mergulhe-os em água fervente por 1 a 2 minutos. Retire e coloque em água fria. Escorra bem.

Vitamina cremosa de brócolis

¼ xícara de leite de soja ou de coco
2 talos de brócolis escaldado
1 xícara de talos de couve-flor escaldada
1 xícara de espinafre
3 colheres (sopa) de queijo feta picado
3 colheres (sopa) de iogurte natural

1. Coloque o leite de soja com o brócolis, a couve-flor e o espinafre em um liquidificador. Tampe e bata em potência baixa por 30 segundos. Adicione o queijo feta e o iogurte. Recoloque a tampa e bata em potência máxima até obter uma consistência homogênea.

Rende 1

Vitamina poder mineral

½ xícara de alga marinha kelp ou dulse
½ xícara de verduras picadas
½ xícara de leite de soja
6 amêndoas
½ colher (chá) de alga verde comestível

1. Coloque a alga ou a dulse em uma tigela média e cubra com água. Deixe de molho por 15 a 20 minutos, até reidratar. Escorra, reservando o líquido para outro uso.

2. Coloque a alga kelp marinha, as verduras, o leite de soja, as amêndoas e a alga verde em um liquidificador. Bata em potência baixa por 30 segundos. Aumente a potência aos poucos, até ficar alta, e bata mais até obter uma consistência homogênea.

262 O grande livro dos sucos

Nutrição para os nervos

Melhores ingredientes para sucos para o sistema nervoso

Frutas e legumes: todas as frutas e todos os legumes nutrem os nervos, então tome sucos e coma vários deles diariamente

Ervas: alfafa, borragem, folhas de dente-de-leão, alho, camomila, kava kava, alfazema, melissa, salsinha*, erva-de-são-joão**, escutelária, valeriana

Outros: amêndoas, castanha de caju, nozes, gergelim, sementes de girassol e de abóbora, óleo de linhaça, spirulina, algas marinhas

*   Grávidas devem limitar o consumo de salsinha a ½ colher (chá) da erva seca ou a 1 raminho fresco por dia. Não se deve consumir em caso de inflamação renal.

**   A erva-de-são-joão não deve ser consumida com medicamentos controlados.

Rende 1

Algacelga

¼ xícara de alga marinha dulse ou kelp

1 xícara de acelga picada grosseiramente

1 xícara de uvas

1 colher (chá) de spirulina

1. Coloque a alga em uma tigela média e cubra com água. Deixe de molho por 15 a 20 minutos, ou até reidratar. Escorra e reserve a água.

2. Em uma máquina de fazer suco, processe a alga com a acelga e as uvas. Misture a spirulina, despeje em um copo e sirva.

Sucos para um corpo saudável   **263**

NUTRIÇÃO PARA OS NERVOS

Mistura para chá

Alimento para os nervos

Atenção: O alcaçuz deve ser evitado em caso de pressão alta. A erva-de-são-joão não deve ser consumida com medicamentos controlados.

2 porções de palha de aveia
2 porções de melissa
1 porção de camomila
1 porção de alcaçuz picado ou ½ porção de alcaçuz moído (ver aviso à esquerda)
1 porção de alecrim
1 porção de verbena
1 porção de escutelária
1 porção de erva-de-são-joão (ver aviso à esquerda)

1. Em uma lata hermética ou em um pote de vidro escuro, misture a palha de aveia, a melissa, a camomila, o alcaçuz, o alecrim, a verbena, a escutelária e a erva-de-são-joão. Conserve em local fresco, seco e escuro.

2. *Para fazer o chá:* Triture uma pequena quantidade da mistura para chá até obter um pó fino e meça 1 colher (chá) para cada xícara (250 ml) de água. Coloque em uma chaleira de cerâmica aquecida e despeje água fervente sobre as ervas. Tampe a chaleira e coloque uma rolha no bico. Deixe descansar por cerca de 15 minutos, coe e sirva em xícaras.

NUTRIÇÃO PARA OS NERVOS

Mistura para chá

Auxílio para os nervos

Atenção: A erva-de-
-são-joão não deve
ser consumida com
medicamentos controlados.

1 porção de camomila
1 porção de melissa
1 porção de tília
1 porção de erva-de-são-joão (ver aviso à esquerda)

1. Em uma lata hermética ou em um pote de vidro
   escuro, misture a camomila com a melissa, a tília
   e a erva-de-são-joão. Conserve em local fresco, seco
   e escuro.

2. *Para fazer o chá:* Triture uma pequena quantidade da
   mistura para chá até obter um pó fino e meça 1 colher
   (chá) para cada xícara (250 ml) de água. Coloque em
   uma chaleira de cerâmica aquecida e despeje água
   fervente sobre as ervas. Tampe a chaleira e coloque
   uma rolha no bico. Deixe descansar por cerca de
   5 minutos, coe e sirva em xícaras.

Sucos para um corpo saudável **265**

NUTRIÇÃO PARA OS NERVOS

Mistura para chá

Chá levanta-moral

Este chá saboroso é capaz de mandar a tristeza embora.

Atenção: A erva-de--são-joão não deve ser consumida com medicamentos controlados.

2 porções de tília

2 porções de lúcia-lima

2 porções de erva-de-são-joão (ver aviso à esquerda)

1 porção de alecrim

1 porção de alfazema

1 porção de verbena

1 porção de tomilho

1. Em uma lata hermética ou em um pote de vidro escuro, misture a tília, a lúcia-lima, a erva-de-são-joão, o alecrim, a alfazema, a verbena e o tomilho. Conserve em local fresco, seco e escuro.

2. *Para fazer o chá:* Triture uma pequena quantidade da mistura para chá até obter um pó fino e meça 1 colher (chá) para cada xícara (250 ml) de água. Coloque em uma chaleira de cerâmica aquecida e despeje água fervente sobre as ervas. Tampe a chaleira e coloque uma rolha no bico. Deixe descansar por aproximadamente 15 minutos, coe e sirva em xícaras.

NUTRIÇÃO PARA OS NERVOS

Mistura para chá

Chá para a circulação

Este chá estimula a circulação sanguínea, melhorando a nutrição de todas as células do corpo. Para ampliar o poder de cura, faça 1 xícara do chá, coe e misture com a mesma quantidade de suco fresco de cenoura ou beterraba.

3 porções de ginkgo biloba

2 porções de urtiga

2 porções de alecrim

1 porção de gengibre picado ou ½ porção de gengibre em pó

1 porção de canela em pó

1 porção de mil-folhas, partes aéreas

¼ porção de cardamomo

1. Em uma lata hermética ou em um pote de vidro escuro, misture o ginkgo biloba com a urtiga, o alecrim, o gengibre, a canela, o mil-folhas e o cardamomo. Conserve em local fresco, seco e escuro.

2. *Para fazer o chá:* Triture uma pequena quantidade da mistura para chá até obter um pó fino e meça 1 colher (chá) para cada xícara (250 ml) de água. Coloque em uma chaleira de cerâmica aquecida e despeje água fervente sobre as ervas. Tampe e coloque uma rolha no bico. Deixe descansar por cerca de 15 minutos, coe e sirva em xícaras.

Rende 1

Framboesas com melissa

1 xícara de framboesas

1 punhado de melissa fresca ou 1 colher (chá) de melissa seca

4 ramos de borragem fresca ou 1 colher (chá) de borragem seca

1 maçã

½ pimentão vermelho

1. Em uma máquina de fazer suco, processe as framboesas com a melissa, a borragem, a maçã e o pimentão. Despeje em um copo e sirva.

Sucos para um corpo saudável **267**

NUTRIÇÃO PARA OS NERVOS

Rende 1

Maçã e camomila

2 maçãs
1 xícara de uvas
2 colheres (sopa) de flores frescas de camomila ou
   1 colher (chá) de camomila seca
½ colher (chá) de escutelária

1. Em uma máquina de fazer suco, processe as maçãs com as uvas e a camomila. Misture a escutelária, despeje em um copo e sirva.

Rende 1 ou 2

Piña colada diferente

½ abacaxi cortado em rodelas grossas
1 punhado de melissa fresca
½ limão-siciliano
½ xícara de leite de coco
½ colher (chá) de óleo de linhaça

1. Em um liquidificador ou centrífuga, bata o abacaxi com a melissa e o limão. Misture o leite de coco e o óleo de linhaça, despeje em um copo e sirva.

Rende 1

Urtiga com frutas

½ melão-cantalupo em pedaços
2 cenouras
1 xícara de uvas roxas
1 colher (chá) de urtiga seca
1 colher (chá) de óleo de linhaça

1. Em uma máquina de fazer suco, processe o melão com as cenouras e as uvas. Misture a urtiga e o óleo de linhaça, despeje em um copo e sirva.

NUTRIÇÃO PARA OS NERVOS

Rende 2

Compre creme ou flã de baunilha para esta bebida deliciosa.

Vitamina de cereja com creme

¼ xícara de leite de soja
2 xícaras de cerejas sem caroços
½ xícara de creme ou flã de baunilha
1 colher (sopa) de aveia em flocos
¼ colher (chá) de noz-moscada em pó

1. Coloque o leite de soja, as cerejas, o creme de baunilha e a aveia em um liquidificador. Bata até obter uma consistência homogênea, despeje nos copos e guarneça com a noz-moscada.

Rende 1

Vitaminas do mar

1 xícara de alga marinha kelp ou dulse
1 xícara de espinafre
1 maçã
1 colher (chá) de spirulina

1. Coloque a alga em uma tigela média e cubra com água. Deixe de molho por 15 a 20 minutos, ou até reidratar. Escorra e reserve a água.

2. Em uma máquina de fazer suco, processe a alga com o espinafre e a maçã. Misture a spirulina, despeje em um copo e sirva.

Sucos para um corpo saudável **269**

Sucos para a respiração

Melhores ingredientes de sucos para o sistema respiratório

Frutas e legumes: os ricos em antioxidantes (ver pp. 116 e 128), legumes crucíferos (brócolis, couve-flor, couve-de-bruxelas), cebola amarela e roxa
Ervas: alho, gengibre, orégano, sementes de abóbora, tomilho
Outros: chás de ervas, caldo de legumes caseiro, sementes e óleo de linhaça, óleo de borragem, óleo de prímula, grãos e sementes germinados, óleo de peixe

---

Mistura para chá

Chá de auxílio aos pulmões

Este chá é expectorante, antibacteriano e acalma os pulmões. Para aumentar o seu poder de cura, faça 1 xícara do chá, coe e misture com a mesma quantidade de suco fresco de cenoura ou beterraba (ver Respire bem, p. 272).

Atenção: O alcaçuz deve ser evitado em caso de pressão alta.

1 porção de folhas ou raízes de alteia
1 porção de hissopo
1 porção de tomilho
½ porção de alcaçuz picado ou ¼ porção de alcaçuz moído (ver aviso à esquerda)

1. Em uma lata hermética ou em um pote de vidro escuro, misture a alteia, o hissopo, o tomilho e o alcaçuz. Conserve em local fresco, seco e escuro.

2. *Para fazer o chá:* Triture uma pequena quantidade da mistura para chá até obter um pó fino e meça 1 colher (chá) para cada xícara (250 ml) de água. Coloque em uma chaleira de cerâmica aquecida e despeje água fervente sobre as ervas. Tampe e coloque uma rolha no bico. Deixe descansar por cerca de 15 minutos, coe e sirva em xícaras.

SUCOS PARA A RESPIRAÇÃO

Rende 2

Combo de açaí

O açaí sempre foi muito consumido na região Norte do Brasil, onde faz parte da alimentação cotidiana, e em geral acompanha pratos salgados. Em outras regiões, popularizou-se em preparos com banana e granola, a "tigela de açaí".

Dica:
É possível substituir o Chá de auxílio aos pulmões por chá verde.

¼ xícara do Chá de auxílio aos pulmões (ver a receita na p. 270)
1 xícara de açaí
½ xícara de mirtilos
½ xícara de framboesas ou cerejas sem caroço
1 colher (sopa) de folhas frescas de tomilho

1. Coloque o chá, o açaí, os mirtilos, as framboesas e o tomilho em um liquidificador. Bata em potência alta por 1 minuto, ou até obter uma consistência homogênea. Misture, despeje em dois copos e sirva.

Rende 1

Laranja com aveia

Dica:
É possível substituir o Chá de auxílio aos pulmões por chá verde.

2 cenouras
1 laranja
1 manga sem caroço
¼ xícara do Chá de auxílio aos pulmões (ver a receita na p. 270)
1 colher (sopa) de aveia em flocos finos

1. Em uma máquina de fazer suco, processe as cenouras com a laranja e a manga. Misture o chá e a aveia, despeje em um copo e sirva.

Sucos para um corpo saudável

SUCOS PARA A RESPIRAÇÃO

Rende 2

O melhor da colheita

3 colheres (sopa) de iogurte natural
1 talo de brócolis cozido
1 talo de couve-flor cozido
2 cenouras cozidas
1 talo de aipo
1 cebola verde
1 colher (chá) de folhas de tomilho fresco

1. Coloque todos os ingredientes em um liquidificador. Bata em potência alta por 1 minuto, ou até obter uma consistência homogênea. Misture, despeje em dois copos e sirva.

Rende 1

Respire bem

Dica:
É possível substituir o Chá de auxílio aos pulmões por chá verde.

2 cenouras
1 beterraba
1 maçã
1 pedaço de gengibre com 2 cm
¼ xícara do Chá de auxílio aos pulmões (ver a receita na p. 270)

1. Em uma máquina de fazer suco, processe as cenouras com a beterraba, a maçã e o gengibre. Misture o chá, despeje em um copo e sirva.

SUCOS PARA A RESPIRAÇÃO

Rende 1

Sopro de outono

Dica:
É possível substituir o Chá de auxílio aos pulmões por chá verde.

2 maçãs
2 peras
2 cenouras
¼ xícara de Chá de auxílio aos pulmões (ver a receita na p. 270)
1 colher (chá) de óleo de borragem ou de prímula

1. Em uma máquina de fazer suco, processe as maçãs com as peras e as cenouras. Misture o chá e o óleo de borragem, despeje em um copo e sirva.

Rende 1

Vitamina de gengibre

¼ xícara de caldo de legumes
1 beterraba cozida
¼ bulbo de erva-doce fresca
½ abacate picado
1 pedaço de gengibre com 2 cm

1. Coloque todos os ingredientes em um liquidificador. Bata em potência alta por 1 minuto, ou até obter uma consistência homogênea. Misture, despeje em um copo e sirva.

Rende 2

Vitamina gelada de laranja

¼ xícara de iogurte natural
3 damascos frescos sem caroço
1 laranja em gomos
¼ xícara de morangos congelados
¼ xícara de açaí congelado
1 colher (sopa) de sementes de abóbora

1. Coloque todos os ingredientes em um liquidificador. Bata em potência alta por 1 minuto, ou até obter uma consistência homogênea. Misture, despeje em um copo e sirva.

Sucos para um corpo saudável **273**

Detonadores de estresse

O estresse aumenta o nível de hormônios das glândulas adrenais e inibe os glóbulos brancos do sangue, o que leva a uma diminuição significativa da função imunológica. Além disso, o nosso sistema imunológico é equilibrado e reparado durante o sono, que costuma ser prejudicado por conta do estresse, o que acaba comprometendo as funções imunológicas. Ver nas pp. 240 a 254 os Reforços para a imunidade.

O estresse pode ser um dos fatores que contribuem para várias doenças, e é fundamental que aprendamos métodos para lidar com ele e reduzi-lo. Uma atitude mental positiva, exercícios diários, meditação ou atividades de relaxamento são boas ferramentas para aliviar uma vida agitada e estressante.

Ervas para aliviar o estresse

Camomila (*Matricaria recutita*, ver p. 136). O triptofano age no corpo como sedativo e relaxante, causando sono.

Erva-de-são-joão (*Hypericum perforatum*, ver p. 143). Sedativa e tônica do sistema nervoso, a erva-de-são-joão é eficaz no tratamento de algumas formas de depressão.

Escutelária (*Scutellaria laterifolia*, ver p. 144). Com a sua ação profunda no sistema nervoso, a escutelária ajuda a abrandar vários problemas nervosos, como nevralgia e dores.

Flores de albízia (*Albizia julibrissin*). Um vegetal da família dos legumes, nativo da Ásia (onde é chamado He Huan Hua) e que produz flores perfumadas com um aglomerado de estames em vez de pétalas. Considerada uma erva tônica, a albízia tem suas flores usadas para tratar insônia, irritabilidade, falta de respiração e memória fraca.

Lúpulo (*Humulus lupulus*). As flores de lúpulo relaxam e fortalecem os nervos, aliviando a tensão e a ansiedade. O lúpulo também atenua dores de cabeça, propicia um sono tranquilo e age como estimulante do apetite.

Melissa (*Melissa officinalis*, ver p. 151). Um chá de ervas com aroma de limão que alivia a ansiedade, a depressão, o estresse, a flatulência, a indigestão e a insônia.

Passiflora (*Passiflora incarnata*, ver p. 153). A passiflora é utilizada para reduzir a tensão em casos de preocupações, fadiga crônica, distúrbios emocionais ou histeria.

Tília (*Tilia* x *europaea*, ver p. 159). Um remédio calmante e de sabor agradável contra estresse, ansiedade, dor de cabeça causada por a tensão e insônia.

Valeriana (*Valeriana officinalis*, ver p. 161). Um calmante que tranquiliza, conforta e trata dos nervos, a valeriana auxilia a conciliar o sono.

Yuan zhi (*Polygala tennuifolia*). Erva tonificante asiática que se acredita ter poder de fortalecer a mente e o espírito. Usada para facilitar o sono e acalmar a mente e emoções. Misture 1 colher (chá) de pó de raiz de Yuan zhi em qualquer uma das bebidas desta parte do livro.

DETONADORES DE ESTRESSE

Rende 2

Beterraba calmante

Dica:
É possível substituir o Chá calmante por chá de camomila.

4 cenouras
2 beterrabas
½ pepino
1 talo de aipo
¼ xícara do Chá calmante (ver a receita na p. 276)

1. Em uma máquina de fazer suco, processe as cenouras com as beterrabas, o pepino e o aipo. Misture o Chá calmante, despeje nos copos e sirva.

Rende 1

Cenoura condimentada

4 cenouras
1 punhado de folhas de espinafre
1 maçã verde
1 pedaço de gengibre fresco com 2 cm
¼ colher (chá) de canela em pó
¼ colher (chá) de cardamomo moído

1. Em uma máquina de fazer suco, processe as cenouras com o espinafre, a maçã e o gengibre. Misture a canela e o cardamomo, despeje em um copo e sirva.

Sucos para um corpo saudável

DETONADORES DE ESTRESSE

Rende 1

Use tília em um saquinho de chá industrializado para esta bebida calmante.

Cesta da horta

2 tomates
2 talos de aipo
1 maçã
1 cenoura
½ pimentão vermelho
½ pepino
1 colher (chá) de tília

1. Em uma máquina de fazer suco, processe os tomates com o aipo, a maçã, a cenoura, o pimentão vermelho e o pepino. Misture a tília, despeje em um copo e sirva.

Mistura para chá

Tome uma xícara de chá calmante a qualquer hora do dia para aliviar o estresse, e de noite para ter sono. Faça um pouco do chá e misture ¼ xícara a qualquer receita de suco (ver Frutinhas da serenidade, p. 280).

Chá calmante

2 porções de melissa
2 porções de escutelária
1 porção de lúcia-lima
1 porção de tília
1 porção de alfazema
1 porção de passiflora

1. Em uma lata hermética ou em um pote de vidro escuro, misture a melissa com a escutelária, a lúcia--lima, a tília, a alfazema e a passiflora. Conserve em local fresco, seco e escuro.

2. *Para fazer o chá:* Triture uma pequena quantidade da mistura para chá até obter um pó fino e meça 1 colher (chá) para cada xícara (250 ml) de água. Coloque em uma chaleira de cerâmica aquecida e despeje água fervente sobre as ervas. Tampe e coloque uma rolha no bico. Deixe descansar por cerca de 15 minutos, coe e sirva em xícaras.

276   O grande livro dos sucos

DETONADORES DE ESTRESSE

Rende 1 ou 2

Um chá calmante, digestivo e fortalecedor do fígado.

Atenção: O alcaçuz deve ser evitado em caso de pressão alta.

Chá de camomila com alcaçuz e gengibre

1 colher (sopa) de camomila
1 colher (chá) de alcaçuz moído (ver aviso à esquerda)
½ colher (chá) de gengibre em pó
3 xícaras de água fervente

1. Misture a camomila, o alcaçuz e o gengibre em uma chaleira. Despeje a água fervente por cima e deixe descansar por 15 minutos. Coe e sirva em xícaras.

Rende 1 ou 2

Este chá relaxa os músculos e os nervos.

Chá de framboesa

¼ xícara de framboesas frescas ou congeladas
1 colher (chá) de folhas de framboeseira
1 colher (chá) de melissa
2 xícaras de água fervente

1. Coloque as framboesas, as folhas de framboeseira e a melissa em uma chaleira não reagente. Cubra com água fervente e deixe descansar por cerca de 15 minutos. Coe em xícaras e beba morno.

DETONADORES DE ESTRESSE

Mistura para chá

Um chá saboroso e rico em mucilagem para aliviar inflamações do trato digestivo. Pode ser tomado depois das refeições, para indigestão, e antes de ir dormir, para proteger o trato digestivo da acidez durante a noite. Para um maior poder de cura, faça uma xícara do chá, coe e misture com a mesma quantidade de suco de cenoura ou de beterraba.

Atenção: O alcaçuz deve ser evitado em caso de pressão alta.

Chá digestivo e antiestresse

1 porção de olmo em pó
1 porção de folhas de alteia ou raiz picada
1 porção de camomila
½ porção de alcaçuz picado ou ¼ porção do alcaçuz em pó (ver aviso à esquerda)
½ porção de sementes de erva-doce

1. Em uma lata hermética ou em um pote de vidro escuro, misture o olmo em pó, a alteia, a camomila, o alcaçuz e as sementes de erva-doce. Conserve em local fresco, seco e escuro.

2. *Para fazer o chá:* Triture uma pequena quantidade da mistura para chá até obter um pó fino e meça 1 colher (chá) para cada xícara (250 ml) de água. Coloque em uma chaleira de cerâmica aquecida e despeje água fervente sobre as ervas. Tampe e coloque uma rolha no bico. Deixe descansar por cerca de 15 minutos, coe e sirva em xícaras.

DETONADORES DE ESTRESSE

Mistura para chá

Chá relaxante

2 porções de escutelária
2 porções de tília
2 porções de melissa
1 porção de bola-de-neve
1 porção de lúcia-lima
1 porção de passiflora
1 porção de alfazema

1. Em uma lata hermética ou em um pote de vidro escuro, misture a escutelária com a tília, a melissa, a bola-de-neve, a lúcia-lima, a passiflora e a alfazema. Conserve em local fresco, seco e escuro.

2. *Para fazer o chá*: Triture uma pequena quantidade da mistura para chá até obter um pó fino e meça 1 colher (chá) para cada xícara (250 ml) de água. Coloque em uma chaleira de cerâmica aquecida e despeje água fervente sobre as ervas. Tampe a chaleira e coloque uma rolha no bico. Deixe descansar por cerca de 15 minutos, coe e sirva em xícaras.

Rende 1

Chá sonífero

O cerefólio-cheiroso é uma erva valorizada para misturas de chá, porque lhes dá um sabor adocicado. Pode ser encontrado em lojas de produtos naturais ou fitoterapia. Tome este chá logo antes de ir se deitar.

1 colher (chá) de camomila
1 colher (chá) de cerefólio-cheiroso
½ colher (chá) de valeriana moída
1 colher (chá) de melado, opcional
1 xícara de água fervente

1. Coloque a camomila, o cerefólio-cheiroso, a valeriana e o melado (opcional) em uma chaleira de cerâmica. Despeje água fervente sobre as ervas. Tampe a chaleira e coloque uma rolha no bico. Deixe descansar por cerca de 15 minutos, coe e sirva em uma xícara.

Sucos para um corpo saudável

DETONADORES DE ESTRESSE

Rende 1

Frutinhas da serenidade

1 xícara de framboesas
½ xícara de cerejas sem caroço
¼ xícara do Chá calmante (ver a receita na p. 276)

1. Em uma máquina de fazer suco, processe as framboesas com as cerejas. Misture o chá, despeje em um copo e sirva.

Rende 1

Green peace

Atenção: Evite a salsinha durante a gravidez e em caso de inflamação renal.

1 punhado de folhas de espinafre
1 punhado de salsinha fresca (ver aviso à esquerda)
½ xícara de acelga picada grosseiramente
1 talo de aipo
1 maçã
1 colher (chá) de spirulina

1. Em uma máquina de fazer suco, processe o espinafre com a salsinha, a acelga, o aipo e a maçã. Misture a spirulina, despeje em um copo e sirva.

Rende 1

Hora de dormir

1 xícara de couve picada
1 beterraba com os talos
1 talo de aipo com as folhas
1 maçã
1 colher (chá) de passiflora

1. Em uma máquina de fazer suco, processe a couve com a beterraba, seus talos, o aipo e a maçã. Misture a passiflora, despeje em um copo e sirva.

DETONADORES DE ESTRESSE

Rende 1

Relaxante de framboesa

1 xícara de framboesas
1 xícara de açaí
½ limão-siciliano
¼ xícara do Chá de framboesa (ver a receita na p. 277)

1. Em uma máquina de fazer suco, processe as framboesas com o açaí e o limão. Misture o chá, despeje em um copo e sirva.

Rende 2

Sonífero de melão

1 gomo de melão-cantalupo
1 gomo de melão (bem doce)
1 fatia de 5 cm de melancia cortada em pedaços
1 nectarina sem caroço
1 xícara de morangos frescos
¼ xícara do Chá sonífero (ver a receita na p. 279)

1. Em uma máquina de fazer suco, processe os dois tipos de melão com a melancia, a nectarina e os morangos. Misture o chá, despeje nos copos e sirva.

Rende 1

Faça um pouco de chá de camomila usando as flores frescas ou o chá comercial. Use um pouco, quente ou frio, neste suco. Conserve o que restar do chá na geladeira, por 1 ou 2 dias, em um recipiente de vidro com tampa.

Suco calmante de camomila

2 maçãs
1 talo de aipo
¼ xícara de chá de camomila

1. Em uma máquina de fazer suco, processe as maçãs com o aipo. Misture o chá de camomila, despeje em um copo e sirva.

Sucos para um corpo saudável **281**

Tônicos

Por definição, um tônico é uma infusão de ervas que revitaliza ou fortalece o sistema. Frequentemente ele age como estimulante ou alterante. Tomados quentes ou frios, os tônicos restauram o tônus, purificam o sangue e atuam como construtores nutritivos. A água tônica é um remanescente de práticas mais antigas: no século XVI os europeus conheceram a quina (*Chinchona officinalis*), que contém quinino (um tônico eficaz contra malária), e a usam desde então. No decorrer da história, e mesmo recentemente, no século XX, os tônicos de primavera vêm sendo usados na América do Norte para limpar o organismo depois de um longo inverno de alimentos em conserva, sem frutas ou legumes frescos. Os tônicos e os jejuns de primavera ajudam a preparar o corpo para o impacto das verduras adstringentes, e foram usados até mesmo como um tipo de extensão pessoal da tradicional "limpeza de primavera" das casas.

As ervas tônicas auxiliam os sistemas corporais a manter a saúde. Dependendo de que ervas são usadas, elas podem fortalecer o corpo inteiro ou sistemas e órgãos específicos. Essa capacidade vem do fato de conterem grupos opostos de elementos que podem reduzir (ou aumentar) e estimular (ou enfraquecer) processos biológicos individuais. Os tônicos reforçam o tônus dos tecidos do corpo, conferindo força e vitalidade por meio da facilitação do processo digestivo, melhorando a circulação sanguínea e aumentando o suprimento de oxigênio para os tecidos.

As ervas tônicas são seguras para uso diário, exceto durante a gravidez. Ver abaixo uma lista dessas ervas.

Alcaçuz (*Glycyrrhiza glabra*, ver p. 130). A raiz de alcaçuz é considerada uma das melhores ervas tonificantes, pois fornece nutrientes para quase todos os sistemas corporais.

Alfafa (*Medicago sativa*, ver p. 131). Um tônico nutritivo para o sistema músculo--esquelético.

Astrágalo (*Astragalus membranaceus*, ver p. 133). Favorece a regeneração dos tecidos e é tanto um tônico para o coração como um potente estimulador do sistema imunológico, em todos os seus aspectos.

Dente-de-leão (*Taraxacum officinale*, ver p. 141). Tônico do fígado e digestivo.

Equinácea (*Echinacea angustifolia* ou *E. purpurea*, ver p. 142). Um tônico do sistema imunológico.

Garra-do-diabo (*Harpagophytum procumbens*). Um tônico do fígado.

Ginseng (*Panex cinquefolium*, ver p. 147). Um adaptógeno usado para aliviar o estresse.

Salsinha (*Petroselinum crispum*, ver p. 156). Age como um tônico geral.

TÔNICOS

Mistura para chá

Adaptógeno

Atenção: Evite a salsinha durante a gravidez e em caso de inflamação renal. O alcaçuz deve ser evitado em caso de pressão alta.

1 porção de ginseng picado
1 porção de astrágalo picado
½ porção de salsinha (ver aviso à esquerda)
½ porção de alfafa, partes aéreas
¼ porção de alcaçuz picado (ver aviso à esquerda)

1. Em uma lata hermética ou em um pote de vidro escuro, misture o ginseng com o astrágalo, a salsinha, a alfafa e o alcaçuz. Conserve em local fresco, seco e escuro.

2. *Para fazer o chá*: Triture uma pequena quantidade da mistura para chá até obter um pó fino e meça 1 colher (chá) para cada xícara (250 ml) de água. Coloque em uma chaleira de cerâmica aquecida e despeje água fervente sobre as ervas. Tampe a chaleira e coloque uma rolha no bico. Deixe descansar por cerca de 5 minutos, coe e sirva em xícaras.

Rende 3 xícaras

Água de cevada

½ xícara de cevada
1 xícara de água filtrada
1 colher (sopa) de suco de limão-siciliano
2 xícaras de água mineral
1 pitada de noz-moscada moída

1. Misture a cevada e a água filtrada em uma panela em fogo médio a alto e espere ferver. Abaixe o fogo e cozinhe por 10 minutos, mexendo com frequência.

2. Desligue o fogo e deixe esfriar sobre a boca do fogão. Misture o suco de limão, a água mineral e a noz--moscada. Despeje em um pote limpo com tampa. Conserve na geladeira por até 3 dias.

Sucos para um corpo saudável   283

TÔNICOS

Criador de ferro

Rende 3 xícaras

Jovens na puberdade precisam de mais ferro para ajudar o corpo a enfrentar as mudanças aceleradas.

6 raminhos de hortelã fresca
4 brotos de urtiga frescos
1 raiz de labaça fresca
1 folha de bardana fresca picada
½ xícara de cerefólio-cheiroso fresco picado
3 xícaras de água fervente

1. Misture a hortelã, a urtiga, a labaça, a bardana e o cerefólio-cheiroso em uma chaleira não reagente ou pote refratário. Cubra com água fervente e deixe descansar, tampado, por pelo menos 12 horas (o tempo de descanso mais longo é necessário para extrair os minerais das ervas). Coe e beba ½ xícara duas vezes ao dia. Conserve o tônico na geladeira em um pote limpo, tampado, por até 3 dias.

Tônico geral

Mistura para chá

Este chá nutre as células do corpo e estimula o sistema imunológico. Pode ser consumido diariamente, por pessoas de todas as idades. Faça-o em uma quantidade maior e conserve em um pote limpo, tampado, por até 2 dias. Coloque 1 xícara em sopas e caldos ou use no lugar de outros líquidos quando for cozinhar. Este tônico pode ser utilizado por pacientes com câncer antes, durante e depois do tratamento.

Atenção: Evite a salsinha durante a gravidez e em caso de inflamação renal.

1 porção de raiz de astrágalo picada
1 porção de salsinha (ver aviso à esquerda)
1 porção de alfafa, partes aéreas

1. Em uma lata hermética ou em um pote de vidro escuro, misture o astrágalo, a salsinha e a alfafa. Conserve em local fresco, seco e escuro.

2. *Para fazer o chá*: Triture uma pequena quantidade da mistura para chá até obter um pó fino e meça 1 colher (chá) para cada xícara (250 ml) de água. Coloque em uma chaleira de cerâmica aquecida e despeje água fervente sobre as ervas. Tampe a chaleira e coloque uma rolha no bico. Deixe descansar por cerca de 5 minutos, coe e sirva em xícaras.

TÔNICOS

Tônico primaveril

Rende 3 xícaras

Atenção: Evite a salsinha durante a gravidez e em caso de inflamação renal.

1 pedaço de ginseng fresco com 5 cm, picado
1 pedaço de raiz de dente-de-leão fresca com 5 cm, picada
1 pedaço de raiz de bardana fresca com 5 cm, picada
3 xícaras de água filtrada
1 colher (sopa) de salsinha fresca picada (ver aviso à esquerda)
2 brotos de urtiga frescos
¼ xícara de xarope de bordo

1. Coloque o ginseng, o dente-de-leão e a bardana em uma panela não reagente, cubra com a água e leve a fogo médio. Tampe a panela e deixe ferver. Abaixe o fogo e deixe descansar, tampado, por 5 minutos.

2. Misture a salsinha e a urtiga. Deixe descansar, tampado, por 10 minutos. Coe em um pote limpo. Misture o xarope de bordo. Use imediatamente ou feche muito bem e conserve em geladeira por até 2 dias.

Para o campo ou a oficina, nutrindo e matando a sede...

"Faça um mingau fino de aveia; adicione uma pitada de sal e açúcar a gosto, com um pouco de noz-moscada ralada e 1 ovo bem batido para cada galão, misturando bem com o mingau ainda quente. Essa receita foi aconselhada inicialmente nos folhetos da Igreja Anglicana, distribuídos para os fazendeiros e outros, para desencorajá-los a levar uísque para o campo.

"Se for difícil executar a proposta acima, embora ela seja realmente muito nutritiva e satisfatória, adote a forma escocesa e misture a farinha de aveia crua em um balde de água fria e, depois que sedimentar, mexa antes de beber. Experimentei isso na construção da Ponte do Brooklyn, que visitei com o meu filho quando passamos por Nova York, no ano do centenário em 1876, a caminho da Filadélfia, e gostamos muito. Até onde pude avaliar, se misturava de ½ a 1 pinta em um balde comum de 12 quartos. Os trabalhadores bebiam quanto quisessem, e achavam muito melhor do que água pura."

(Dr. Chase. *New Receipt Book or Information for Everybody.* Toronto: G.M. Rose & Sons Cia. limitada, data desconhecida.)

Sucos para um corpo saudável

Desintoxicantes

Na Europa Central, começaram a fazer suco de repolho, batata e beterraba para tratar de úlceras, câncer e leucemia no final so século XIX. Mas o processo de extrair a água de frutas e legumes por motivos ligados à saúde tem séculos de existência, e está enraizado em várias crenças religiosas e culturas indígenas. A ciência moderna indica que o futuro dos cuidados com a saúde, nos ambientes estressantes e poluídos da atualidade, será centrado em uma dieta alimentar integral e uma limpeza ou desintoxicação regular e segura do corpo.

O objetivo de limpar, desintoxicar ou jejuar é liberar e eliminar as toxinas armazenadas no cólon e nas células de gordura do corpo. Essas toxinas então voltam a entrar na corrente sanguínea e circulam de novo pelo corpo. Por isso, no começo de um programa de limpeza, jejum ou desintoxicação, podem ocorrer problemas como diarreia, dor de cabeça, irritabilidade e catarro. Quando as toxinas são liberadas, podem voltar a causar danos; assim, é importante garantir que sejam eliminadas. Depois de uma limpeza de 5 a 10 dias, um jejum de 3 a 5 dias ou um programa supervisionado de desintoxicação, a maioria das pessoas fica mais calma, com uma sensação de bem-estar, energia e mente renovada.

Um regime de limpeza consiste em uma dieta restrita, à base de sopas de legumes, alguns sucos de frutas, sucos de legumes e ervas, bebidas batidas e chás de ervas. Durante a limpeza é importante beber entre 8 e 10 copos de água pura, comer apenas frutas, legumes, ervas e cereais orgânicos e também não ingerir gorduras (principalmente alimentos fritos, carnes vermelhas e laticínios), álcool, refrigerantes, cafeína, alimentos refinados e açúcar ou outros adoçantes.

Jejuar implica não ingerir alimentos sólidos pelo período de tempo prescrito. Esse processo deve ser feito com a ajuda de alguém da área da saúde. É preciso primeiro definir o motivo do jejum, seja lidar com um problema de saúde específico, regenerar órgãos internos ou simplesmente perder peso. Então, com a ajuda de um fitoterapeuta ou outro praticante de medicina natural, se pode determinar qual dos cinco sistemas (digestão, circulação, eliminação, respiração ou nervos) e combinações deles necessitam de cuidado.

O jejum sempre é combinado com uma dieta de limpeza, como a descrita acima, por um período mínimo de 2 dias, antes ou depois. O senso comum diz que os jejuns pedem apenas água, ou água e sucos translúcidos. Entretanto, os "jejuns de sucos" se tornaram populares, permitindo todos os tipos de sucos de frutas ou legumes, junto com chás de ervas. Esses jejuns são simples e seguros para qualquer pessoa com boa saúde geral (exceto as com doenças crônicas degenerativas ou as que sofrem de hipertireoidismo ou anemia, e mulheres grávidas ou lactantes).

Para promover uma eliminação apropriada das toxinas liberadas, seja por limpeza ou jejum, os principais órgãos de eliminação – fígado, rins, sistemas respiratório e linfático e a pele – devem ser fortalecidos. O suco fresco, integral, é a escolha natural para uma boa limpeza. Os nutrientes concentrados são assimilados rapidamente, sem sobrecarregar os órgãos de digestão e eliminação. Além disso, muitas frutas, legumes e ervas são ricos em antioxidantes, necessários para a eliminação das toxinas e radicais livres. Em limpezas ou jejuns só devem ser usados sucos de frutas, legumes e ervas frescos e orgânicos. Alguns especialistas recomendam usar apenas sucos de legumes;

DESINTOXICANTES

outros alegam que também se podem tomar sucos de frutas. Se for usar ambos, tome os sucos de frutas de manhã e no almoço e apenas sucos de legumes do meio da tarde em diante. Chás de ervas e tônicos para os órgãos internos, exercício leve a moderado (transpirar é um dos mecanismos básicos do corpo para se livrar de resíduos tóxicos) e saunas ou banhos, junto com escovamento da pele a seco, ajudam no processo de eliminação. As sementes de psyllium (plantago) e um mínimo de 10 copos de água pura, filtrada, também ajudam a remover toxinas.

Limpezas de curto prazo e jejuns de sucos funcionam melhor quando inseridos em um estilo de vida saudável, que inclui dieta de alimentos integrais, exercícios regulares e um forte comprometimento com o crescimento interior e espiritual.

As ervas relacionadas abaixo fornecem apoio às células, aos órgãos e ao processo de eliminação e limpeza. Use ervas frescas nos sucos quando for possível ou misture até 1 colher (chá) de ervas secas aos sucos e vitaminas ou a chás de auxílio à limpeza.

Alcaçuz (*Glycyrrhiza glabra*, ver p. 130). Com seu efeito laxativo suave, o alcaçuz costuma ser incluído entre os chás que favorecem a limpeza do corpo.

Bagas de sabugueiro (*Sambucus nigra*, ver p. 156). Auxilia a desintoxicação por estimular os movimentos do intestino, ser diurético, fazer transpirar e auxiliar a secreção de muco.

Cardo-mariano (*Silybum marianus*, ver p. 137). A semente do cardo-mariano contém alguns dos mais poderosos componentes conhecidos para limpar e proteger o fígado. Adicione 1 colher (sopa) das sementes a bebidas batidas em polpa e chás de auxílio à limpeza.

Gengibre (*Zingeber officinalis*, ver p. 146). O gengibre ajuda na eliminação de toxinas estimulando a circulação e a transpiração. Muito fácil de encontrar, ele é usado em sucos curativos e ralado em chás estimulantes e substitutos do café.

Pimenta-caiena (*Capsicum*, ver p. 154). Estimula a circulação do sangue e o purifica, expele o muco e estimula a eliminação de fluidos e a transpiração. Faça suco da pimenta fresca com outras frutas, legumes e ervas de limpeza, ou use a seca, em chás.

Raiz de astrágalo (*Astragalus membranaceus*, ver p. 133). Uma erva tônica e fortalecedora da imunidade que pode ser usada em sopas de legumes ou misturada em sucos. Use astrágalo seco em misturas para chá.

Raiz de bardana (*Arctium lappa*, ver p. 134). A bardana limpa a pele e o sangue, estimula o fluxo de urina e de transpiração e também auxilia o funcionamento do fígado, das glândulas linfáticas e do sistema digestório. Use raízes ou folhas frescas em sucos ou em sopas de legumes. Para chás, use bardana seca.

Raiz de dente-de-leão (*Taraxacum officinale*, ver p. 141). Uma erva comum, o dente-de-leão limpa o fígado e o sangue, filtra toxinas, age como um laxativo suave e aumenta o fluxo de urina. Misture com frutas ou legumes, fazendo suco com a raiz fresca ou as folhas, ou use a raiz seca em substitutos do café e em chás.

Raiz de equinácea (*Echinacea angustifolia* ou *E. purpurea*, ver p. 142). Disponível seca, inteira ou cortada, e fresca, com cultivadores, na estação, a equinácea ajuda a estimular o sistema de imunidade enquanto limpa o sistema linfático.

Raiz de labaça (*Rumex crispus*, ver p. 150). Uma erva de limpeza ótima para o fígado, as glândulas linfáticas e o sistema digestório, e bastante laxativa. Quando usada para desintoxicação, pode ser misturada a outras ervas.

Sucos para um corpo saudável

DESINTOXICANTES

Mistura para chá

Chá de limpeza

Este chá rico em minerais estimula o intestino, o fígado, os rins e as glândulas linfáticas. Também ajuda na limpeza do corpo e no equilíbrio hormonal.

Atenção: O alcaçuz deve ser evitado em caso de pressão alta.

1 porção de raiz de bardana picada
1 porção de raiz de dente-de-leão picada
1 porção de raiz de labaça picada
1 porção de urtiga
1 porção de tanchagem
1 porção de trevo vermelho
½ porção de gengibre picado ou ¼ porção do moído
½ porção de alcaçuz picado ou ¼ porção de alcaçuz em pó (ver aviso à esquerda)
½ porção de sementes de erva-doce

1. Em uma lata hermética ou em um pote de vidro escuro, misture a bardana com o dente-de-leão, a labaça, a urtiga, a tanchagem, o trevo vermelho, o gengibre, o alcaçuz e as sementes de erva-doce. Conserve em local fresco, seco e escuro.

2. *Para fazer o chá*: Em uma panela média, misture 1 colher (chá) da mistura para ervas, levemente triturada, para cada xícara de água. Tampe bem a panela e deixe cozinhar em fogo baixo por 15 minutos. Coe e sirva. Beba de ½ a 1 xícara três vezes por dia. Para conservar, coe em um pote limpo. Tampe bem e guarde na geladeira por até 2 dias.

Rende 2 ou 3

Decocção de raízes

Atenção: O alcaçuz deve ser evitado em caso de pressão alta.

1 colher (sopa) de raiz de dente-de-leão picada
1 colher (chá) de alcaçuz picado (ver aviso à esquerda)
2 colheres (chá) de ginseng picado
3 xícaras de água

1. Misture todos os ingredientes em uma panela em fogo médio a alto. Espere quase ferver. Tampe a panela e deixe cozinhar em fogo baixo por 15 minutos. Tire do fogo e deixe descansar por 5 minutos. Coe e sirva em xícaras.

DESINTOXICANTES

Rende 2

Costumam-se atribuir "propriedades solventes" ao limão-siciliano, o que torna esse suco importante no tratamento de cálculos biliares.

Dica:

Se preferir, substitua o xarope de bordo por ¼ colher (chá) de estévia em pó.

Suco de limão para limpeza

2 limões-sicilianos
1 maçã
2 colheres (chá) de xarope de bordo
¼ colher (chá) de pimenta-caiena

1. Em uma máquina de fazer suco, processe os limões e a maçã. Misture o xarope de bordo e a pimenta-caiena. Despeje em copos e sirva.

Rende 1

A cor roxa avermelhada da beterraba indica um alto teor de betacaroteno. Unida à capacidade de limpeza de toxinas do dente-de-leão, proporciona uma agradável purificação interna.

Suco de limpeza vermelho

1 maçã
1 punhado de folhas de dente-de-leão frescas
1 beterraba
2 colheres (chá) de xarope de bordo, ou a gosto

1. Em uma máquina de fazer suco, processe a maçã com o dente-de-leão e a beterraba. Despeje em um copo, adicione o xarope a gosto e sirva.

Rende 1

Enquanto os efeitos de limpeza dos sucos estão acontecendo, esta bebida fortalece e alimenta as células.

Atenção: Evite a salsinha durante a gravidez e em caso de inflamação renal.

Suco para as células

3 maçãs
1 punhado de salsinha fresca (ver aviso à esquerda)
1 punhado de brotos de alfafa fresca ou 1 colher (sopa) da alfafa seca

1. Em uma máquina de fazer suco, processe as maçãs com a salsinha e a alfafa, se for usar a fresca. Despeje em um copo grande. Se utilizar a alfafa seca, misture ao suco.

Sucos para um corpo saudável

Chás de cura

Perdendo apenas para a água como a bebida mais consumida do mundo, o chá vem sendo cultivado e colhido há pelo menos 1700 anos. Durante esse tempo, os chás verde e preto, juntamente com ervas, vêm sendo utilizados para auxiliar a digestão, elevar o ânimo, acalmar os nervos, para problemas de estômago, para induzir o sono e como estímulo aos sistemas do organismo. Os chás de ervas estão se tornando mais populares agora devido aos benefícios de seus ingredientes ativos para a saúde, pelo sabor suave e por não conterem cafeína.

Os chás de ervas são eficazes como ferramentas terapêuticas porque, quando se despeja a água fervida sobre as ervas e se espera o tempo de descanso, as paredes celulares das ervas se quebram, liberando na água essências e componentes orgânicos solúveis.

Embora se possam utilizar ervas frescas para fazer chás nutritivos, a maioria das receitas de chás medicinais é feita com ervas secas, pois elas são mais fáceis de estocar, transportar e usar. Nas receitas a seguir, as quantidades fornecidas são para ervas secas, exceto quando for indicado. As ervas frescas não podem ser substituídas por secas em chás mistos, pois irão embolorar durante o armazenamento.

Misturas para chá

Assim como os produtores de chás industrializados misturam várias folhas de chá para cada tipo de produto, os fitoterapeutas aprenderam que combinar diferentes folhas, flores e sementes de ervas, adicionar especiarias ou cascas de frutas cítricas gera chás mais saborosos. O cerefólio-cheiroso (ver na p. 342) e a estévia (ver p. 145) são frequentemente adicionados a misturas para chá devido à propriedade de adoçar as ervas mais amargas (ver Ervas para chá, p. 342).

Como fazer misturas para chá: Seque as ervas pendurando-as de cabeça para baixo em um lugar escuro, quente e seco, até ficarem quebradiças. Tire as folhas dos caules, mas tente mantê-las intactas para a armazenagem. Misture as folhas secas de acordo com sua criatividade ou – para efeitos mais específicos – siga as receitas. Rotule e armazene as ervas misturadas em uma lata hermética ou um pote escuro e coloque em um armário escuro, frio e seco.

Como usar chá para gargarejos: Alguns chás de ervas, como o Chá para a garganta (p. 300), são excelentes para dores de garganta quando usados para gargarejos, e agem como uma compressa de antibiótico. Faça a infusão do chá de acordo com as instruções dadas na receita. Depois do tempo de descanso, coe em um pote limpo e tampe. Espere chegar à temperatura ambiente, tampado, e coloque na geladeira. Faça gargarejos com ¼ a ½ xícara por vez, a cada 1 ou 2 horas – ou sempre que achar necessário.

CHÁS DE CURA

Mistura para chá

Antigripal

Este chá faz transpirar, ajudando a aliviar os sintomas de um resfriado ou uma gripe e acelerar a recuperação.

Dica:

Use mamão papaia ou manga, secos, em vez do abacaxi.

Atenção: As bagas de sabugueiro podem fazer mal se consumidas cruas. Sempre cozinhe em pouca água, espere esfriar e escorra.

2 porções de abacaxi seco picado

1 porção de gengibre seco picado ou ½ porção do gengibre em pó

½ porção de raiz de equinácea picada ou ¼ porção da equinácea em pó

½ porção de bagas de sabugueiro cozidas (ver aviso à esquerda)

¼ porção de eupatório em pó

⅛ porção de pimenta-caiena

1. Em uma lata hermética ou em um pote de vidro escuro, misture o abacaxi com o gengibre, a equinácea, as bagas de sabugueiro, o eupatório e a pimenta--caiena. Conserve em local fresco, seco e escuro.

2. *Para fazer o chá*: Triture uma pequena quantidade da mistura para chá até obter um pó fino e meça 1 colher (chá) para cada xícara (250 ml) de água. Coloque em uma chaleira de cerâmica aquecida e despeje água fervente sobre as ervas. Tampe a chaleira e coloque uma rolha no bico. Deixe descansar por cerca de 15 minutos, coe e sirva em xícaras.

Como preparar a xícara de chá perfeita

Ferva água fria filtrada. Lave uma chaleira com um pouco da água fervente e jogue o líquido fora (não use chaleiras de metal, e reserve uma apenas para chás medicinais). Coloque 1 colher (chá) das ervas amassadas na chaleira aquecida para cada xícara de chá. Despeje a água filtrada fervente por cima, tampe e coloque uma rolha no bico. Deixe descansar por 15 minutos e coe em xícaras. Os chás de ervas devem ser consumidos assim que forem feitos, ou os óleos voláteis vão evaporar e o sabor e os benefícios medicinais podem ser perdidos no vapor.

Sucos para um corpo saudável   **291**

CHÁS DE CURA

Mistura para chá

Bagas de sabal

1 porção de bagas de sabal (saw palmetto) moídas
1 porção de chá verde
1 porção de raiz fresca de urtiga picada, se for possível achar
½ porção de gengibre em pó

1. Em uma lata hermética ou em um pote de vidro escuro, misture as bagas de sabal com o chá verde, a raiz de urtiga e o gengibre. Conserve em local fresco, seco e escuro.

2. *Para fazer o chá*: Triture uma pequena quantidade da mistura para chá até obter um pó fino e meça 1 colher (chá) para cada xícara (250 ml) de água. Coloque em uma chaleira de cerâmica aquecida e despeje água fervente sobre as ervas. Tampe a chaleira e coloque uma rolha no bico. Deixe descansar por cerca de 15 minutos, coe e sirva em xícaras.

292 O grande livro dos sucos

CHÁS DE CURA

Mistura para chá

Chá da mamãe

2 porções de folhas de framboeseira
1 porção de rosa-mosqueta
1 porção de urtiga
1 porção de lúcia-lima
1 porção de erva-doce
½ porção de melissa
½ porção de alfafa, partes aéreas

1. Em uma lata hermética ou em um pote de vidro escuro, misture as folhas de framboeseira com a rosa-mosqueta, a urtiga, a lúcia-lima, a erva-doce, a melissa e a alfafa. Conserve em local fresco, seco e escuro.

2. *Para fazer o chá*: Triture uma pequena quantidade da mistura para chá até obter um pó fino e meça 1 colher (chá) para cada xícara (250 ml) de água. Coloque em uma chaleira de cerâmica aquecida e despeje água fervente sobre as ervas. Tampe a chaleira e coloque uma rolha no bico. Deixe descansar por cerca de 15 minutos, coe e sirva em xícaras.

Sucos para um corpo saudável **293**

CHÁS DE CURA

Mistura para chá

Condimentado

2 porções de folhas secas de chá verde
1 porção de manga seca picada
1 porção de mamão papaia seco picado
½ porção de abacaxi seco picado
½ porção de sementes de anis
¼ porção de canela triturada ou ⅛ porção de canela em pó
⅛ porção de gengibre em pó

1. Em uma lata hermética ou em um pote de vidro escuro, misture o chá verde com a manga, o mamão e o abacaxi secos, o anis, a canela e o gengibre. Conserve em local fresco, seco e escuro.

2. *Para fazer o chá*: Triture uma pequena quantidade da mistura para chá até obter um pó fino e meça 1 colher (chá) para cada xícara (250 ml) de água. Coloque em uma chaleira de cerâmica aquecida e despeje água fervente sobre as ervas. Tampe a chaleira e coloque uma rolha no bico. Deixe descansar por cerca de 15 minutos, coe e sirva em xícaras.

CHÁS DE CURA

Mistura para chá

Contra gota

Este chá estimula a eliminação de resíduos, incluindo o excesso de ácido úrico.

Atenção: O alcaçuz deve ser evitado em caso de pressão alta.

2 porções de urtiga
1 porção de sementes de bardana
1 porção de sementes de aipo
½ porção de alcaçuz em pó (ver aviso à esquerda)

1. Em uma lata hermética ou em um pote de vidro escuro, misture a urtiga com as sementes de bardana e aipo e o alcaçuz. Conserve em local fresco, seco e escuro.

2. *Para fazer o chá*: Triture uma pequena quantidade da mistura para chá até obter um pó fino e meça 1 colher (chá) para cada xícara (250 ml) de água. Coloque em uma chaleira de cerâmica aquecida e despeje água fervente sobre as ervas. Tampe a chaleira e coloque uma rolha no bico. Deixe descansar por cerca de 15 minutos, coe e sirva em xícaras.

Sucos para um corpo saudável **295**

CHÁS DE CURA

Mistura para chá

Contra varicose

Este chá nutre e fortalece as veias.

1 porção de folhas de dente-de-leão
1 porção de mil-folhas, partes aéreas
1 porção de crataegus, partes aéreas
1 porção de tília
½ porção de gengibre picado ou ¼ porção de gengibre em pó

1. Em uma lata hermética ou em um pote de vidro escuro, misture o dente-de-leão com o mil-folhas, o crataegus, a tília e o gengibre. Conserve em local fresco, seco e escuro.

2. *Para fazer o chá*: Triture uma pequena quantidade da mistura para chá até obter um pó fino e meça 1 colher (chá) para cada xícara (250 ml) de água. Coloque em uma chaleira de cerâmica aquecida e despeje água fervente sobre as ervas. Tampe a chaleira e coloque uma rolha no bico. Deixe descansar por cerca de 15 minutos, coe e sirva em xícaras.

Mistura para chá

Cura-ressaca

2 porções de camomila
1 porção de filipêndula
½ porção de gengibre em pó
¼ porção de alfazema

1. Em uma lata hermética ou em um pote de vidro escuro, misture a camomila com a filipêndula, o gengibre e a alfazema. Conserve em local fresco, seco e escuro.

2. *Para fazer o chá*: Triture uma pequena quantidade da mistura para chá até obter um pó fino e meça 1 colher (chá) para cada xícara (250 ml) de água. Coloque em uma chaleira de cerâmica aquecida e despeje água fervente sobre as ervas. Tampe e coloque uma rolha no bico. Deixe descansar por cerca de 15 minutos, coe e sirva em xícaras.

CHÁS DE CURA

Mistura para chá

Energizante

É difícil secar as folhas de manjericão em casa. Use o manjericão seco industrializado encontrado em lojas de produtos naturais.

1 porção de sálvia
1 porção de alecrim
1 porção de tomilho
1 porção de manjericão
½ porção de gengibre picado ou ¼ porção do gengibre em pó
½ porção de pau de canela levemente triturado ou ¼ porção da canela em pó

1. Em uma lata hermética ou em um pote de vidro escuro, misture a sálvia com o alecrim, o tomilho, o manjericão, o gengibre e a canela. Conserve em local fresco, seco e escuro.

2. *Para fazer o chá:* Triture uma pequena quantidade da mistura para chá até obter um pó fino e meça 1 colher (chá) para cada xícara (250 ml) de água. Coloque em uma chaleira de cerâmica aquecida e despeje água fervente sobre as ervas. Tampe a panela e coloque uma rolha no bico. Deixe descansar por cerca de 15 minutos, coe e sirva em xícaras.

Sucos para um corpo saudável **297**

CHÁS DE CURA

Mistura para chá

Fluir

Este chá é diurético, anti-inflamatório, calmante e antisséptico do trato urinário.

2 porções de folha de alteia
1 porção de mil-folhas
1 porção de tanchagem
1 porção de urtiga
1 porção de solidago, partes aéreas
½ porção de canela em pó

1. Em uma lata hermética ou em um pote de vidro escuro, misture a alteia, o mil-folhas, a tanchagem, a urtiga, o solidago e a canela. Conserve em local fresco, seco e escuro.

2. *Para fazer o chá*: Triture uma pequena quantidade da mistura para chá até obter um pó fino e meça 1 colher (chá) para cada xícara (250 ml) de água. Coloque em uma chaleira de cerâmica aquecida e despeje água fervente sobre as ervas. Tampe a chaleira e coloque uma rolha no bico. Deixe descansar por cerca de 15 minutos, coe e sirva em xícaras.

Rende 1 ou 2

Framboesas e gengibre

Dica:

O olmo tende a se aglutinar e flutuar sobre os líquidos. Por isso, misture as ervas com um batedor ou um garfo enquanto despeja a água quente por cima, lentamente.

1 colher (sopa) de folhas de framboeseira
1 colher (chá) de gengibre ralado ou ½ colher (chá) de gengibre em pó
1 colher (chá) de olmo em pó
1 ½ xícara de água fervente

1. Coloque as folhas de framboeseira com o gengibre e o olmo em uma chaleira não reagente. Misture enquanto adiciona a água fervente lentamente. Deixe descansar por 15 minutos. Coe e sirva morno em xícaras.

CHÁS DE CURA

Mistura para chá

Gengibre

1 porção de gengibre picado
⅓ porção de sementes de erva-doce
⅓ porção de melissa

1. Em uma lata hermética ou em um pote de vidro escuro, misture o gengibre com a erva-doce e a melissa. Conserve em local fresco, seco e escuro.

2. *Para fazer o chá*: Triture uma pequena quantidade da mistura para chá até obter um pó fino e meça 1 colher (chá) para cada xícara (250 ml) de água. Coloque em uma chaleira de cerâmica aquecida e despeje água fervente sobre as ervas. Tampe a chaleira e coloque uma rolha no bico. Deixe descansar por cerca de 15 minutos, coe e sirva em xícaras.

Mistura para chá

Ginseng

Este chá estimula a circulação, a digestão e a energia.

1 porção de ginseng em pó
1 porção de sementes de erva-doce
1 porção de urtiga
½ porção de gengibre em pó
¼ porção de estévia em pó

1. Em uma lata hermética ou em um pote de vidro escuro, misture o ginseng com a erva-doce, a urtiga, o gengibre e a estévia. Conserve em local fresco, seco e escuro.

2. *Para fazer o chá*: Triture uma pequena quantidade da mistura para chá até obter um pó fino e meça 1 colher (chá) para cada xícara (250 ml) de água. Coloque em uma chaleira de cerâmica aquecida e despeje água fervente sobre as ervas. Tampe a chaleira e coloque uma rolha no bico. Deixe descansar por cerca de 15 minutos, coe e sirva em xícaras.

CHÁS DE CURA

Mistura para chá

Lavanda

Este chá antioxidante estimula a circulação e a digestão. Também é relaxante e fortalece o fígado.

2 porções de melissa
1 porção de alfazema
1 porção de camomila
1 porção de passiflora

1. Em uma lata hermética ou em um pote de vidro escuro, misture a melissa com a alfazema, a camomila e a passiflora. Conserve em local fresco, seco e escuro.

2. *Para fazer o chá*: Triture uma pequena quantidade da mistura para chá até obter um pó fino e meça 1 colher (chá) para cada xícara (250 ml) de água. Coloque em uma chaleira de cerâmica aquecida e despeje água fervente sobre as ervas. Tampe a chaleira e coloque uma rolha no bico. Deixe descansar por cerca de 15 minutos, coe e sirva em xícaras.

Mistura para chá

Para a garganta

Todos os ingredientes deste chá reconfortante ajudam a acalmar uma garganta inflamada.

1 porção de tomilho
1 porção de hortelã
1 porção de sálvia
⅛ porção de gengibre em pó
melado

1. Em uma lata hermética ou em um pote de vidro escuro, misture o tomilho com a hortelã, a sálvia e o gengibre. Conserve em local fresco, seco e escuro.

2. *Para fazer o chá*: Triture uma pequena quantidade da mistura para chá até obter um pó fino e meça 1 colher (chá) para cada xícara (250 ml) de água. Coloque em uma chaleira de cerâmica aquecida e despeje água fervente sobre as ervas. Tampe a chaleira e coloque uma rolha no bico. Deixe descansar por cerca de 15 minutos, coe em xícaras, adicione melado a gosto e sirva.

CHÁS DE CURA

Mistura para chá

Para boa memória

1 porção de ginkgo biloba

1 porção de raiz de dente-de-leão triturada

¼ porção de alecrim

¼ porção de sálvia

¼ porção de gengibre picado ou ⅛ porção de gengibre em pó

¼ porção de folhas de estévia ou ⅛ porção de estévia em pó

1. Em uma lata hermética ou em um pote de vidro escuro, misture o ginkgo biloba com o dente-de-leão, o alecrim, a sálvia, o gengibre e a estévia. Conserve em local fresco, seco e escuro.

2. *Para fazer o chá:* Triture uma pequena quantidade da mistura para chá até obter um pó fino e meça 1 colher (chá) para cada xícara (250 ml) de água. Coloque em uma chaleira de cerâmica aquecida e despeje água fervente sobre as ervas. Tampe a chaleira e coloque uma rolha no bico. Deixe descansar por cerca de 15 minutos, coe e sirva em xícaras.

Sucos para um corpo saudável **301**

CHÁS DE CURA

Mistura para chá

Para lactantes

Este chá nutritivo estimula a lactação em mães amamentando.

Atenção: O alcaçuz deve ser evitado em caso de pressão alta.

2 porções de agripalma, partes aéreas

1 porção de agnocasto

1 porção de trevo vermelho

1 porção de alcaçuz em pó (ver aviso à esquerda)

½ porção de erva-doce

½ porção de ginseng picado ou ¼ porção de ginseng em pó

1. Em uma lata hermética ou em um pote de vidro escuro, misture a agripalma com o agnocasto, o trevo vermelho, o alcaçuz, a erva-doce e o ginseng. Conserve em local fresco, seco e escuro.

2. *Para fazer o chá:* Triture uma pequena quantidade da mistura para chá até obter um pó fino e meça 1 colher (chá) para cada xícara (250 ml) de água. Coloque em uma chaleira de cerâmica aquecida e despeje água fervente sobre as ervas. Tampe a chaleira e coloque uma rolha no bico. Deixe descansar por cerca de 15 minutos, coe e sirva em xícaras.

CHÁS DE CURA

Mistura para chá # Urtiga

2 porções de urtiga
1 porção de folhas de dente-de-leão
1 porção de mil-folhas, partes aéreas

1. Em uma lata hermética ou em um pote de vidro escuro, misture a urtiga com o dente-de-leão e o mil--folhas. Conserve em local fresco, seco e escuro.

2. *Para fazer o chá:* Triture uma pequena quantidade da mistura para chá até obter um pó fino e meça 1 colher (chá) para cada xícara (250 ml) de água. Coloque em uma chaleira de cerâmica aquecida e despeje água fervente sobre as ervas. Tampe a chaleira e coloque uma rolha no bico. Deixe descansar por cerca de 15 minutos, coe e sirva em xícaras.

Mistura para chá # Verde gigante

2 porções de ginkgo biloba
1 porção de camomila
1 porção de chá verde
½ porção de cerefólio-cheiroso, partes aéreas
¼ porção de sálvia

1. Em uma lata hermética ou em um pote de vidro escuro, misture o ginkgo biloba, a camomila, o chá verde, o cerefólio-cheiroso e a sálvia. Conserve em local fresco, seco e escuro.

2. *Para fazer o chá:* Triture uma pequena quantidade da mistura para chá até obter um pó fino e meça 1 colher (chá) para cada xícara (250 ml) de água. Coloque em uma chaleira de cerâmica aquecida e despeje água fervente sobre as ervas. Tampe a chaleira e coloque uma rolha no bico. Deixe descansar por cerca de 15 minutos, coe e sirva em xícaras.

Sucos para um corpo saudável **303**

CHÁS DE CURA

Mistura para chá # Xô, enxaqueca

De acordo com James Duke: "Por experiência própria, e isso também é relatado na literatura médica, sei que o tanaceto funciona [para prevenir e até mesmo curar enxaquecas e outras dores de cabeça] para cerca de dois terços das pessoas que o usam com regularidade". Tome 1 xícara diariamente para evitar enxaquecas.

1 porção de tanaceto
1 porção de ginkgo biloba
½ porção de melissa
½ porção de camomila

1. Em uma lata hermética ou em um pote de vidro escuro, misture o tanaceto com o ginkgo biloba, a melissa e a camomila. Conserve em local fresco, seco e escuro.

2. *Para fazer o chá*: Triture uma pequena quantidade da mistura para chá até obter um pó fino e meça 1 colher (chá) para cada xícara (250 ml) de água. Coloque em uma chaleira de cerâmica aquecida e despeje água fervente sobre as ervas. Tampe a chaleira e coloque uma rolha no bico. Deixe descansar por cerca de 15 minutos, coe e sirva em xícaras.

Hortelã pré-jantar (p. 222)

Batida tropical (p. 221)

Romã e frutas vermelhas (p. 228)

Gole amargo (p. 233)

Para diabéticos (p. 237)

Estrela dourada (p. 259)

Pera e romã (p. 238)

Frutinhas da juventude (p. 249)

Vitamina de frutas vermelhas (p. 324)

Mingau de figo (p. 317)

Coquetel cajun (p. 328)

Vitamina de cranberry e laranja (p. 323)

Coquetel suco de tomate (p. 333)

Bebida quente de tomate (p. 334)

Shake de nozes (p. 351)

Picolé de frutas vermelhas (p. 379)

Purês e vitaminas

Purês

Arroz-doce com maçã 307
Calda de limão 307
Gazpacho de abacate 308
Marinada de mamão 308
Molho curry 309
Pão de abóbora e tomilho . . 310
Purê de maçã 311
Salada de repolho 311
Salsa cajun 312
Suco quente de tomate 312

Vitaminas

Abacate com abacaxi 313
Abacaxi C 314
Ameixas com alcaçuz 314
Cereja azul 315
Coquetel dos trópicos 315
Festa das cerejas 316
Leite de amêndoas com
   banana. 316
Mania de manga 317
Mingau de figo. 317
O clássico 318
Ouro líquido. 318
Raspadinha de frutas
   congeladas 319

Reforço beta 319
Sabor dos trópicos 320
Spa especial 320
Trópicos 321
Vitamina B. 321
Vitamina calmante de
   camomila 322
Vitamina com alga marinha . 322
Vitamina de ameixas secas . 323
Vitamina de cranberry
   e laranja 323
Vitamina de frutas vermelhas. 324
Vitamina de melancia. 324
Vitamina energia verde 325
Vitamina esperta 325

Purês

A nossa definição de "purê" é qualquer alimento que tenha sido feito com a polpa obtida ao se fazer um suco. Quando se processam frutas, legumes ou ervas em uma máquina de fazer suco, temos dois produtos como resultado: o suco puro integral e a polpa. Os sucos contêm uma porção concentrada de nutrientes, e a polpa retém a fibra e também uma quantidade substancial de nutrientes. Organize-se para usar a polpa dos sucos no maior número possível das suas receitas preferidas – em caldos para sopa, ensopados, patês, assados, molhos e qualquer receita que combine com um purê de frutas ou legumes.

Hortaliças e frutas versáteis como maçã, cenoura e tomate podem ser passados pela máquina primeiro, ter a polpa recolhida e separada dos outros ingredientes do suco. Assim seu sabor se manterá puro, servindo para purê de maçã, muffins, bolos, molhos de tomate e salsas. Veja no capítulo Delícias geladas (pp. 361 a 380) receitas refrescantes que usam polpa.

Para usar polpas em receitas: retire o miolo, as sementes e a casca das frutas ou legumes antes de fazer o suco. Para melhores resultados, bata a polpa no liquidificador ou processador antes de usar ou congelar. Meça 2 xícaras da polpa batida e leve a congelar em saco plástico ou em um recipiente com tampa. Conserve na geladeira, se for usar em um dia, ou etiquete e congele.

PURÊS

Rende 4

Arroz-doce com maçã

Com pouca gordura, esta opção de sobremesa é deliciosa.

Dicas:

Substitua o leite de soja por leite de oleaginosas ou de frutas (ver pp. 346-7).

Coe o iogurte passando-o por uma peneira forrada com gaze de algodão ou morim.

2 xícaras de leite de soja
¾ xícara de arroz
1 xícara de polpa de maçã
½ xícara de suco de maçã
3 colheres (sopa) de melado
½ xícara de iogurte coado
1 colher (sopa) de gengibre cristalizado bem picado
½ colher (chá) de canela em pó
¼ colher (chá) de noz-moscada moída

1. Misture o leite de soja com o arroz em uma panela. Leve ao fogo médio a alto e espere começar a ferver. Tampe a panela, passe para fogo baixo e cozinhe por 20 minutos, até o arroz ficar cozido, mas ainda firme.

2. Aumente um pouquinho o fogo e misture a polpa de maçã, o suco e o melado. Cozinhe em fogo baixo por 10 minutos, ou até o líquido reduzir levemente – o arroz deve ficar macio, e o creme, encorpado. Tire do fogo e misture o iogurte, o gengibre, a canela e a noz-moscada.

Rende 1 xícara

Calda de limão

Arroz-doce com limão--siciliano: Misture a Calda de limão com 2 xícaras de arroz cozido, 1 xícara de leite de amêndoas e ½ colher (chá) de canela em pó.

1 xícara de polpa do Limão restaurador (ver a receita na p. 184)
⅓ xícara de suco de limão-siciliano fresco
3 colheres (sopa) de melado

1. Coloque a polpa, o suco de limão fresco e o melado em uma panela pequena não reagente. Espere ferver, em fogo médio. Abaixe um pouco o fogo e deixe apurar, misturando, por 5 minutos, ou até a calda encorpar. Sirva morna ou em temperatura ambiente. Conserve na geladeira em recipiente tampado.

Purês e vitaminas **307**

PURÊS

Rende 1

Gazpacho de abacate

Use qualquer polpa de legumes para esta ótima sopa de verão.

Atenção: Evite a salsinha durante a gravidez e em caso de inflamação renal.

2 xícaras de caldo de legumes ou de galinha
suco de 1 limão-siciliano
1 colher (sopa) de vinagre de vinho branco
2 xícaras de polpa de legumes
2 talos de aipo picados grosseiramente
½ pepino picado grosseiramente
2 dentes de alho
4 ramos de manjericão fresco
1 abacate maduro picado grosseiramente
1 colher (sopa) de alga dulse picada
4 ramos de salsinha fresca (ver aviso à esquerda)

1. Coloque o caldo, o suco de limão, o vinagre, a polpa, o aipo, o pepino, o alho, o manjericão e o abacate em um processador ou liquidificador. Bata na potência alta, até obter uma consistência homogênea. (Se for preciso, processe em duas levas.) Resfrie e sirva guarnecido com a alga e a salsinha fresca.

Rende 1¼ xícara

Marinada de mamão

Esta marinada fica deliciosa com peixe ou aves.

Dica:

Se não tiver polpa de mamão papaia, use de kiwi, laranja ou abacaxi.

1 xícara de polpa de mamão papaia (ver dica à esquerda)
⅔ xícara de suco de laranja fresco
⅓ xícara de shoyu
1 dente de alho bem picado

1. Misture a polpa com o suco de laranja, o shoyu e o alho em um refratário raso. Disponha os alimentos que serão marinados, temperando com colheradas da marinada, para cobrir os dois lados. Deixe descansar na geladeira por 1 hora, coberto, virando uma vez ou duas.

PURÊS

Rende 2½ xícaras

Molho curry

Experimente usar a polpa do Coquetel café da manhã (ver a receita na p. 327). Sirva com arroz cozido e legumes refogados ou cozidos no vapor.

2 colheres (sopa) de manteiga
1 colher (sopa) de curry em pó
1 colher (sopa) de garam masala
2 colheres (sopa) de leite de oleaginosas (ver pp. 346-7)
  ou leite de soja
1 xícara de polpa de cebola com aipo e maçã
  (veja sugestão à esquerda)
sal e pimenta-do-reino

1. Em uma panela pequena, derreta a manteiga em fogo médio. Misture o curry e o garam masala. Toste, mexendo por 1 minuto.

2. Adicione o leite e misture a polpa, ajustando o fogo para manter uma fervura leve. Cozinhe por 5 minutos, mexendo sem parar, ou até o molho encorpar. Tempere com sal e pimenta a gosto.

Purês e vitaminas   **309**

PURÊS

| Rende 1 pão |

Pão de abóbora e tomilho

- **Preaqueça o forno a 180 °C**
- **Fôrma de pão de 1,5 l, untada**

2 ovos
2 colheres (sopa) de açúcar cristal
2 colheres (sopa) de melado
½ xícara de azeite de oliva
1 xícara de polpa de abóbora ou moranga
½ xícara de polpa de maçã
½ cebola picada
1 colher (sopa) de mostarda de Dijon
1 xícara de farinha de trigo
½ xícara de farinha de trigo integral
¾ colher (chá) de fermento em pó
½ colher (chá) de bicarbonato de sódio
1 colher (sopa) de folhas de tomilho fresco ou 1 colher (chá)
  de tomilho seco
1 colher (sopa) de orégano fresco picado ou 1 colher (chá)
  de orégano seco

1. Bata os ovos em uma tigela grande. Adicione o açúcar, o melado e o azeite de oliva, batendo sem parar. Misture as polpas de abóbora e de maçã, a cebola e a mostarda. Reserve.

2. Misture as farinhas, o fermento, o bicarbonato, o tomilho e o orégano em uma tigela média.

3. Misture o preparado de farinha com o creme de abóbora. Despeje na fôrma untada. Asse no forno preaquecido por 50 a 60 minutos, ou até um palito enfiado no pão sair limpo.

PURÊS

Purê de maçã

Rende 4 xícaras

Dicas:

Adicione ½ colher (chá) de alcaçuz em pó para tratar de prisão de ventre ou ½ colher (chá) de pimenta-caiena ou outras ervas recomendadas para problemas específicos.

Experimente fazer com suco de cenoura e beterraba e coloque mais ou menos água para alterar a textura do purê.

2 xícaras de polpa de maçã
2 xícaras de água filtrada
2 xícaras de suco de maçã
3 colheres (sopa) de melado
½ colher (chá) de canela em pó
¼ colher (chá) de noz-moscada moída

1. Misture a polpa, a água e o suco em uma panela não reagente. Leve ao fogo médio a alto e espere levantar fervura. Passe para fogo baixo e cozinhe por 20 a 30 minutos, até encorpar. Adicione o melado, a canela e a noz-moscada. Sirva morno ou em temperatura ambiente. Conserve na geladeira, em um recipiente com tampa.

Salada de repolho

Rende 4 a 6

2 xícaras de polpa de repolho
1 xícara de polpa de cenoura com maçã
3 colheres (sopa) de sementes de girassol
2 colheres (sopa) de uvas-passas
2 colheres (sopa) de sementes de linhaça
1 colher (sopa) de damasco seco picado
¼ xícara de azeite de oliva
2 colheres (sopa) de suco de limão-siciliano fresco
2 colheres (sopa) de shoyu
2 dentes de alho bem picados
¼ xícara de queijo feta amassado, opcional

1. Em uma saladeira, coloque as polpas, as sementes de girassol, as passas, a linhaça e o damasco. Misture bem.

2. Junte o azeite, o suco de limão, o shoyu e o alho em um pote pequeno com tampa bem justa ou em uma tigelinha. Chacoalhe ou misture bem. Despeje sobre a salada e misture por completo. Salpique com o queijo feta, se desejar.

Purês e vitaminas **311**

PURÊS

Rende 1 xícara

Salsa cajun

Use como pasta para nachos, para passar no pão ou como um relish picante para frango ou peixe.

Dica:

Se gostar da salsa bem picante, adicione algumas gotas de molho de pimenta forte ou pimenta forte picada na hora, a gosto.

1 xícara de polpa do Coquetel cajun (ver a receita na p. 328)
2 tomates sem sementes picados grosseiramente
1 dente de alho bem picado
3 colheres (sopa) de azeite de oliva

1. Coloque a polpa, o tomate, o alho e o azeite em uma tigela média. Misture bem.

Rende 4 xícaras

Suco quente de tomate

A polpa da maioria dos sucos de tomate (como o Coquetel cajun, na p. 328; o Coquetel de tomate e pimentão, p. 332; ou o Coquetel suco de tomate, p. 333) funciona bem nesta receita.

2 colheres (sopa) de azeite de oliva
3 dentes de alho bem picados
1 cebola grande picada
2 xícaras de polpa de tomate (ver à esquerda)
1 xícara de água filtrada
3 colheres (sopa) de molho de soja
1 colher (sopa) de vinagre balsâmico
3 colheres (sopa) de manjericão fresco picado ou 1 colher (sopa) de manjericão seco
2 colheres (sopa) de orégano fresco picado ou 1 colher (sopa) de orégano seco
2 colheres (sopa) de folhas frescas de tomilho ou 1 colher (sopa) de tomilho seco
sal e pimenta-do-reino

1. Aqueça o azeite em uma panela não reagente em fogo médio. Adicione o alho e a cebola e refogue por 5 minutos, ou até amaciar. Junte a polpa de tomate, a água, o molho de soja, o vinagre, o manjericão, o orégano e o tomilho. Aumente o fogo e espere ferver. Passe para fogo baixo e cozinhe por 45 minutos a 1 hora, mexendo de vez em quando, até reduzir levemente. Tempere a gosto com sal e pimenta-do-reino.

312 O grande livro dos sucos

Vitaminas

As vitaminas são bebidas cremosas de frutas, deliciosas a qualquer momento. São misturas simples de ½ a 1 xícara de suco de frutas fresco e 1 xícara de frutas frescas. Em geral se incluem bananas, porque elas encorpam a bebida. Também se podem usar pequenas quantidades de outros ingredientes, como oleaginosas, sementes, especiarias e ervas. Os leites de oleaginosas podem ser utilizados para substituir o leite de soja ou alguns sucos de frutas. Os leites de frutas, em especial o de damasco, podem ser substituídos nas vitaminas por qualquer um dos sucos de frutas. Veja nas pp. 346-7 mais informações sobre como fazer leites de oleaginosas e frutas.

Para fazer vitaminas: Coloque o suco ou líquido no recipiente de um liquidificador ou um processador e adicione os outros ingredientes na ordem fornecida. Bata por 30 segundos a 1 minuto, ou até obter uma consistência homogênea. Decore, se quiser.

A textura encorpada e cremosa das vitaminas faz com que elas sejam tão satisfatórias para o apetite como um milk-shake tradicional, mas sem usar laticínios (leite, creme de leite ou sorvete) nem açúcar ou outros adoçantes. Embora a banana seja o ingrediente mais usado para encorpá-las, há outros que podem produzir texturas parecidas. Os leites de oleaginosas (ver pp. 346-7), os flocos de aveia ou de espelta, a linhaça, o gergelim e as oleaginosas também têm essa função. Verifique a textura da bebida com ela ainda no recipiente do liquidificador ou processador: se estiver muito fina, acrescente 1 colher (sopa) de farinha de aveia, oleaginosas ou sementes e processe novamente; se estiver muito grossa, adicione qualquer suco de frutas, ¼ xícara por vez, até alcançar a textura desejada.

Rende 1

Abacate com abacaxi

1 xícara de abacaxi picado, fresco ou congelado
¾ xícara de suco de framboesa
1 abacate sem caroço

1. Em um liquidificador, bata o abacaxi com o suco de framboesa e o abacate, até obter uma consistência homogênea. Despeje em um copo e sirva.

Purês e vitaminas **313**

VITAMINAS

Rende 1

Abacaxi C

1 xícara de abacaxi picado
½ xícara de suco de laranja espremido na hora
suco de 1 limão
¼ xícara de morangos frescos ou congelados
2 colheres (sopa) de suco de limão-siciliano espremido na hora

1. Em um liquidificador, bata o abacaxi com o suco de laranja, o de limão, os morangos e o suco de limão-siciliano, até obter uma consistência homogênea. Despeje em um copo e sirva.

Rende 1

Ameixas com alcaçuz

Dica:

O consumo excessivo de alcaçuz – mais de 1 colher (chá) para cada xícara – gera níveis baixos de potássio e retenção de líquido. Se tiver carência de potássio, adicione uma banana a esta ou a qualquer outra receita de vitamina.

Atenção: O alcaçuz deve ser evitado em caso de pressão alta.

1 xícara de cerejas sem caroço
¼ xícara de suco de abacaxi
¼ xícara de iogurte natural
2 ameixas sem caroço
1 grapefruit sem sementes e cortado em quartos
1 colher (chá) de alcaçuz em pó, opcional (ver aviso à esquerda)

1. Em um liquidificador, bata as cerejas com o suco de abacaxi, o iogurte, as ameixas, o grapefruit e o alcaçuz (se desejar), até obter uma consistência homogênea. Despeje em um copo e sirva.

VITAMINAS

Rende 1

Cereja azul

½ xícara de leite de soja ou leite de oleaginosas
½ xícara de mirtilos frescos ou congelados
½ xícara de cerejas frescas ou congeladas, sem caroço
¼ xícara de suco de cranberry
1 banana

1. Em um liquidificador, bata o leite de soja com os mirtilos, as cerejas, o suco de cranberry e a banana até obter uma consistência homogênea. Despeje em um copo e sirva.

Rende 2

Coquetel dos trópicos

½ xícara de iogurte natural
¼ xícara de leite de damasco ou leite de soja
1 mamão papaia sem sementes
1 banana
1 manga sem caroço
¼ melão-cantalupo picado

1. Em um liquidificador, bata o iogurte com o leite de damasco, o mamão, a banana, a manga e o melão, até obter uma consistência homogênea. Despeje em copos e sirva.

Purês e vitaminas　315

VITAMINAS

Rende 1

Festa das cerejas

2 xícaras de cerejas sem caroço

½ xícara de leite de soja

2 rodelas grossas de abacaxi

1 banana

1 colher (sopa) de sementes de linhaça

⅛ colher (chá) de extrato de amêndoas, opcional

1. Em um liquidificador, bata as cerejas com o leite de soja, o abacaxi, a banana, a linhaça e o extrato de amêndoas (se desejar), até obter uma consistência homogênea. Despeje em um copo e sirva.

Rende 1

Leite de amêndoas com banana

O leite de amêndoas é o que funciona melhor para esta bebida cremosa, mas é possível usar qualquer leite de oleaginosas.

Dica:

Veja na p. 349 as instruções para congelar bananas.

1 xícara de leite de amêndoas ou leite de soja

2 bananas frescas ou congeladas

1 pitada de noz-moscada moída

1. Bata o leite com as bananas em um liquidificador, até obter uma consistência homogênea. Despeje em um copo e polvilhe com a noz-moscada.

VITAMINAS

Rende 1

Mania de manga

Dica:
Se for usar um liquidificador, retire as uvas, pois sua casca é difícil de bater.

1 xícara de uvas roxas ou verdes sem sementes
½ xícara de suco de laranja espremido na hora
1 manga sem caroço
1 banana
1 pedaço de gengibre com 0,5 cm
½ colher (chá) de canela em pó, opcional

1. Em um processador, bata as uvas com o suco de laranja, a manga, a banana, o gengibre e a canela (se desejar), até obter uma consistência homogênea. Despeje em um copo e sirva.

Rende 1

Mingau de figo

Dica:
Se encontrar leite de figo, use-o no lugar do suco de abacaxi, substitua os figos por 2 rodelas grossas de abacaxi e não use as sementes de linhaça.

½ xícara de suco de abacaxi
5 figos frescos ou secos
2 colheres (sopa) de sementes de linhaça
2 colheres (chá) de farinha de aveia
1 colher (chá) de azeite de oliva extra virgem

1. Em um liquidificador, bata o suco de abacaxi com os figos, a linhaça, a aveia e o azeite, até obter uma consistência homogênea. Despeje em um copo e sirva.

Purês e vitaminas **317**

VITAMINAS

Rende 1

O clássico

A combinação mais comum para vitaminas é a de suco de laranja com morangos e banana.

Dica:

Para reforçar, adicione 1 colher (chá) ou o conteúdo de uma cápsula de óleo de prímula ou ginkgo biloba a esta vitamina.

½ xícara de suco de laranja espremido na hora

4 morangos frescos ou congelados

1 banana

2 colheres (sopa) de gérmen de trigo

1 colher (sopa) de amêndoas picadas

1. Em um liquidificador, bata o suco de laranja com os morangos, a banana, o gérmen de trigo e as amêndoas, até obter uma consistência homogênea. Despeje em um copo e sirva.

Rende 1

Ouro líquido

Dica:

Quando quiser variar, use metade de suco de laranja espremido na hora e metade de leite de damasco (ver p. 347), e não utilize os damascos secos.

1 xícara de suco de laranja espremido na hora

3 colheres (sopa) de suco de limão-siciliano espremido na hora

2 pêssegos sem casca e sem caroço

1 manga sem caroço

4 damascos secos

1 banana

1 rodela grossa de abacaxi

1. Em um liquidificador, bata o suco de laranja com o de limão, os pêssegos, a manga, os damascos, a banana e o abacaxi, até obter uma consistência homogênea. Despeje em copos e sirva.

VITAMINAS

Rende 1

Dicas:

Congele as frutas vermelhas inteiras, frescas, e faça o mesmo com as polpas de frutas resultantes de sucos em copinhos de papel de 60 g. Depois basta colocar no processador para usar nesta bebida gelada e fácil de fazer, que se toma em colheradas. Veja como congelar bananas na p. 349.

Se for usar um liquidificador, descongele as frutas e o suco até ficarem macios o bastante para serem batidos.

Raspadinha de frutas congeladas

½ xícara de suco de laranja espremido na hora
4 pedaços de banana congelada
4 morangos congelados
¼ xícara de suco de frutas concentrado e congelado
1 xícara de cubos de gelo

1. Em um processador ou liquidificador, bata o suco de laranja com a banana, os morangos, o suco concentrado e os cubos de gelo. Tampe bem. Bata em velocidade variada, começando no mínimo, depois médio e chegando ao máximo. Processe por 30 a 60 segundos, ou até o gelo ficar picado (não bata além disso). Mantenha o recipiente fechado durante o processamento. Sirva imediatamente.

Rende 1

Dica:

Quando for possível, substitua os damascos secos por 2 frescos, sem caroços.

Reforço beta

½ xícara de suco de laranja espremido na hora
¼ xícara de suco de cenoura
½ melão-cantalupo com as sementes
¼ xícara de damascos secos picados
¼ xícara de tofu macio

1. Em um liquidificador, bata o suco de laranja com o de cenoura, o melão, os damascos e o tofu, até obter uma consistência homogênea. Despeje em um copo e sirva.

Purês e vitaminas **319**

VITAMINAS

Rende 1 | Sabor dos trópicos

½ xícara de suco de laranja espremido na hora
suco de 1 limão
2 mamões papaia sem sementes
2 rodelas grossas de abacaxi
1 banana
1 raminho de hortelã fresca, opcional

1. Em um liquidificador, bata o suco de laranja com o de limão, os mamões, o abacaxi, a banana e a hortelã (se desejar), até obter uma consistência homogênea. Despeje em um copo e sirva.

Rende 1 | Spa especial

¼ xícara de suco de grapefruit espremido na hora
¼ xícara de tofu macio
¼ xícara de mirtilos frescos ou congelados
3 morangos frescos ou congelados
1 colher (chá) de cardo-mariano

1. Em um liquidificador, bata o suco de grapefruit com o tofu, os mirtilos, os morangos e o cardo-mariano, até obter uma consistência homogênea. Despeje em um copo e sirva.

VITAMINAS

Rende 2

Trópicos

Dica:

Para um maior alívio da azia, adicione 1 colher (sopa) de olmo em pó.

½ xícara de leite de coco
1 mamão papaia sem sementes
1 banana
1 kiwi cortado ao meio
½ xícara de abacaxi picado

1. Em um liquidificador, bata o leite de coco com o mamão, a banana, o kiwi e o abacaxi, até obter uma consistência homogênea. Despeje em copos e sirva.

Rende 1

Vitamina B

O gérmen de trigo é rico em vitaminas do complexo B. O óleo de peixe, o óleo de prímula e o óleo de semente de linhaça são ricos em ácidos graxos básicos, muito importantes para a saúde. Use qualquer um deles nesta receita.

1 xícara de abacaxi picado fresco ou congelado
½ xícara de suco de abacaxi
¼ xícara de leite de amêndoas ou leite de soja
1 banana
1 colher (sopa) de gérmen de trigo
2 colheres (chá) de sementes de linhaça
1 colher (chá) de óleo (ver à esquerda)

1. Em um liquidificador, bata o abacaxi picado com o suco, o leite, a banana, o gérmen de trigo, a linhaça e o óleo, até obter uma consistência homogênea. Despeje em um copo e sirva.

Purês e vitaminas **321**

VITAMINAS

Rende 1

Dica:
Adicione 1 colher (sopa) de gergelim para encorpar esta bebida.

Vitamina calmante de camomila

½ xícara de leite de soja ou leite de oleaginosas

1 maçã sem casca e sementes picada

¼ melão-cantalupo picado

2 colheres (sopa) de iogurte natural

1 colher (sopa) de camomila fresca ou 1 colher (chá) de camomila seca

1. Em um liquidificador, bata o leite de soja com a maçã, o melão, o iogurte e a camomila, até obter uma consistência homogênea. Despeje em um copo e sirva.

Rende 1

Use kelp ou qualquer outra alga marinha nesta bebida rica em cálcio.

Vitamina com alga marinha

½ xícara de suco de grapefruit espremido na hora

6 morangos frescos ou congelados

3 colheres (sopa) de tâmaras picadas

1 colher (chá) de alga marinha dulse esmigalhada

1. Em um liquidificador, bata o suco de grapefruit com os morangos, as tâmaras e a alga, até obter uma consistência homogênea. Despeje em um copo e sirva.

322 O grande livro dos sucos

VITAMINAS

Rende 1 ou 2

Um bom começo para o dia.

Vitamina de ameixas secas

1 xícara de leite de soja
¼ xícara de ameixas secas sem caroço
1 banana

1. Em um liquidificador, bata o leite de soja com as ameixas e a banana, até obter uma consistência homogênea. Despeje em um copo e sirva.

Rende 1

Dica:
O cranberry seco vem adoçado. Se for usar fresco, adicione, se quiser, um pouco de melado.

Vitamina de cranberry e laranja

½ xícara de cranberries secos
¼ xícara de suco de laranja espremido na hora
¼ xícara de tofu macio
1 laranja sem sementes
1 colher (sopa) de gengibre ralado
1 colher (sopa) de melado

1. Em um liquidificador, bata os cranberries com o suco de laranja, o tofu, a laranja, o gengibre e o melado, até obter uma consistência homogênea. Despeje em um copo e sirva.

Purês e vitaminas **323**

VITAMINAS

Rende 1

Use qualquer fruta vermelha – framboesas, morangos, mirtilos ou amoras-pretas – para esta doce bebida de verão.

Vitamina de frutas vermelhas

1 xícara de frutas vermelhas frescas ou congeladas
¾ xícara de suco de abacaxi
3 colheres (sopa) de iogurte natural
1 banana

1. Em um liquidificador, bata as frutas vermelhas com o suco de abacaxi, o iogurte e a banana, até obter uma consistência homogênea. Despeje em um copo e sirva.

Rende 1

Vitamina de melancia

1 xícara de melancia picada
1 xícara de mirtilos frescos ou congelados
⅓ xícara de iogurte natural
2 colheres (sopa) de sementes de abóbora, opcional

1. Em um liquidificador, bata a melancia com os mirtilos, o iogurte e as sementes de abóbora (se desejar), até obter uma consistência homogênea. Despeje em um copo e sirva.

VITAMINAS

Rende 1

Vitamina energia verde

Um sabor "verde", não desagradável, mas com certeza bem diferente dos sabores tradicionais em vitaminas.

Dica:
Reduza a quantidade de leite de soja a ¼ xícara se for usar espinafre congelado.

2 xícaras de espinafre fresco ou congelado
½ xícara leite de soja
¼ xícara leite de damasco ou leite de soja
3 colheres (sopa) de rama de trigo picada ou erva de cevada
1 colher (sopa) de sementes de abóbora
1 colher (chá) de ginkgo biloba, opcional

1. Em um liquidificador, bata o espinafre com o leite de soja, o leite de damasco, a rama de trigo, as sementes de abóbora e o ginkgo biloba (se desejar), até obter uma consistência homogênea. Despeje em um copo e sirva.

Rende 2

Vitamina esperta

½ xícara de suco de laranja espremido na hora
¼ xícara de mirtilos frescos ou congelados
¼ xícara de uvas sem sementes
1 xícara de espinafre fresco ou congelado
1 colher (sopa) de sementes de linhaça
1 colher (chá) de ginkgo biloba, opcional
1 colher (chá) de escutelária
1 colher (chá) de lecitina

1. Em um liquidificador, bata o suco de laranja com os mirtilos, as uvas, o espinafre, a linhaça, o ginkgo biloba (se desejar), a escutelária e a lecitina, até obter uma consistência homogênea. Despeje em copos e sirva.

Purês e vitaminas **325**

Bebidas especiais

Coquetéis

Coquetel café da manhã . . . 327
Coquetel cajun 328
Coquetel cítrico 328
Coquetel cremoso
 de laranja 329
Coquetel de abacaxi
 e kiwi 329
Coquetel de couve-flor 330
Coquetel de frutas
 vermelhas e laranja 330
Coquetel de maçã
 e especiarias 331
Coquetel de melão 331
Coquetel de repolho 332
Coquetel de tomate e
 pimentão 332
Coquetel matinal de melão . 333
Coquetel suco de tomate . . 333

Sucos quentes

Bebida quente de tomate . . 334
Cranberry quente 335
Maçãs condimentadas 336
Pera picante 336
Quentão de abacaxi
 e cranberry 337
Shot flamejante 337

Ponches

Combo de frutas
 vermelhas 339
Limonada do jardineiro 340
Néctar de flores 341
Ponche de alfazema 343
Ponche de frutas 344
Ponche de maçã e laranja . . 345

Substitutos do leite

Alfarroba quente 348
Batida betacaroteno 348

Chai com oleaginosas 348
Frapê de banana 349
Frapê de frutas vermelhas . . 349
Shake de abacate 350
Shake de alfarroba
 e laranja 350
Shake de morangos 350
Shake de nozes 351
Shake de pera
 e amêndoas 351
Shake tropical 352
Torta de maçã 352

Substitutos do café

Antídoto contra ansiedade . . 355
Café de inverno 356
Café de raízes 357
Café de sementes 357
Chai indiano 358
Mistura de raízes para café . . 359
Mistura para chai indiano . . . 360

Coquetéis

Os coquetéis são uma invenção relativamente nova: surgiram no começo do século XVIII como misturas com conhaque, açúcar e champanhe. Hoje, qualquer drinque feito com bebidas alcoólicas misturadas ou chacoalhadas, servido simples, com gelo em cubos ou batido, é chamado de coquetel.

As bebidas a seguir têm todo o apelo dos coquetéis tradicionais, com uma diferença: as frutas e legumes são a bebida, não apenas sua decoração. São coquetéis da nova era, mas mantêm o nome devido à complexa mistura de ingredientes, especiarias e ervas. Com essas bebidas, a hora do coquetel começa no café da manhã e continua durante o dia inteiro!

Coquetel café da manhã

Rende 1 ou 2

Uma doce mistura de alimentos benéficos – e o tom alaranjado dá uma nota alegre à bebida.

Dica:
Reserve a polpa para usar no Molho curry (ver a receita na p. 309). Nesse caso, descasque, retire o miolo e as sementes da abóbora e das maçãs.

¼ abóbora japonesa ou abóbora manteiga cortada para passar pelo tubo
2 maçãs
1 cenoura
1 pedaço de gengibre com 2,5 cm
¼ xícara de iogurte natural

1. Em uma máquina de fazer suco, processe a abóbora com as maçãs, a cenoura e o gengibre. Despeje em copos grandes e sirva.

Bebidas especiais **327**

COQUETÉIS

Rende 2 ou 3

Coquetel cajun

Dica:

Se não conseguir encontrar pimenta-malagueta fresca, substitua por 1 ou 2 gotas de molho de pimenta forte ou molho picante jamaicano. Veja na p. 210 as instruções para usar pimentas em sucos. Programe-se para usar a polpa na Salsa cajun (ver a receita na p. 312).

Atenção: Evite a salsinha durante a gravidez e em caso de inflamação renal.

3 tomates

3 ramos de salsinha fresca (ver aviso à esquerda)

2 talos de aipo com as folhas

1 dente de alho

½ pepino

½ limão

½ colher (chá) de pasta de raiz-forte

algumas gotas de molho inglês

1 pimenta-malagueta fresca

1. Em uma máquina de fazer suco, processe os tomates com a salsinha, o aipo, o alho, o pepino e o limão. Despeje em uma jarra. Misture a raiz-forte e o molho inglês.

2. Em um recipiente separado, faça o suco da pimenta-malagueta (ver a orientação à esquerda). Misture ao coquetel, 1 colher (chá) por vez, provando antes de adicionar mais. Despeje em copos e sirva.

Rende 2

Coquetel cítrico

Dica:

Use qualquer tipo de melão nesta receita.

½ melão cortado

1 xícara de morangos frescos

1 pedaço de gengibre com 2,5 cm

1 laranja

1 grapefruit cortado

¼ xícara de iogurte natural

1 colher (sopa) de gérmen de trigo ou amêndoas moídas

1. Em uma máquina de fazer suco, processe o melão com os morangos, o gengibre, a laranja e o grapefruit. Coloque em uma jarra e misture o iogurte e o gérmen de trigo. Despeje em copos e sirva.

328 O grande livro dos sucos

COQUETÉIS

Rende 2

Dicas:

É possível substituir o sorbet de laranja por um de limão-siciliano ou limão.

Adicione 30 ml de licor de laranja para fazer um coquetel de sobremesa.

Coquetel cremoso de laranja

3 laranjas
2 rodelas grossas de abacaxi
1 limão
1 limão-siciliano
½ xícara de sorbet de laranja
2 raminhos de hortelã fresca

1. Em uma máquina de fazer suco, processe as laranjas com o abacaxi e os dois tipos de limão. Misture e despeje em copos. Divida o sorbet em duas porções e coloque uma em cada copo. Decore com os raminhos de hortelã.

Rende 4

Dica:

Esta bebida é bem doce, então se quiser equilibre-a adicionando um limão-siciliano e até 2 xícaras de água mineral.

Coquetel de abacaxi e kiwi

½ abacaxi cortado em rodelas grossas
3 kiwis
2 laranjas

1. Em uma máquina de fazer suco, processe o abacaxi com os kiwis e as laranjas. Misture, despeje em copos e sirva.

Bebidas especiais **329**

COQUETÉIS

Rende 2 ou 3

Coquetel de couve-flor

Dica:
Use qualquer alga marinha no lugar da kelp.

½ couve-flor cortada
1 talo de brócolis
3 tomates
2 cenouras
2 talos de aipo
1 maçã
1 colher (chá) de alga kelp esmigalhada

1. Em uma máquina de fazer suco, processe a couve-flor com o brócolis, os tomates, as cenouras, o aipo e a maçã. Misture e despeje nos copos. Salpique com a alga kelp e sirva.

Rende 2

Coquetel de frutas vermelhas e laranja

2 xícaras de framboesas
2 laranjas
½ xícara de cranberries inteiros frescos ou congelados
½ xícara de morangos frescos

1. Em uma máquina de fazer suco, processe as framboesas com as laranjas, os cranberries e os morangos. Misture, despeje em copos e sirva.

COQUETÉIS

Rende 2

Coquetel de maçã e especiarias

4 maçãs
1 cenoura
1 talo de aipo
1 pedaço de gengibre com 2,5 cm
¼ colher (chá) de cardamomo moído
¼ colher (chá) de noz-moscada moída

1. Em uma máquina de fazer suco, processe as maçãs com a cenoura, o aipo e o gengibre. Passe para uma jarra e misture o cardamomo e a noz-moscada. Despeje em copos e sirva.

Rende 2

Coquetel de melão

½ melão cortado
4 laranjas
1 cenoura
1 fatia de melancia de 5 cm, cortada em pedaços

1. Em uma máquina de fazer suco, processe o melão com as laranjas, a cenoura e a melancia. Misture, despeje em copos e sirva.

Bebidas especiais **331**

COQUETÉIS

Rende 2 ou 3

Coquetel de repolho

Atenção: Evite a salsinha durante a gravidez e em caso de inflamação renal.

¼ repolho cortado

2 cenouras

2 talos de aipo

1 dente de alho

3 ramos de salsinha fresca (ver aviso à esquerda)

2 pastinacas

2 raminhos de endro fresco

1 beterraba

1 maçã

½ colher (chá) de sementes de erva-doce, opcional

1. Em uma máquina de fazer suco, processe o repolho com as cenouras, o aipo, o alho, a salsinha, as pastinacas, o endro, a beterraba e a maçã. Misture e passe para uma jarra ou copos grandes. Adicione as sementes de erva-doce, se desejar.

Rende 1 ou 2

Coquetel de tomate e pimentão

Atenção: Evite a salsinha durante a gravidez e em caso de inflamação renal.

3 tomates

1 punhado de agrião

1 pimentão verde limpo

1 dente de alho

3 ramos de salsinha fresca (ver aviso à esquerda)

2 cenouras

¼ bulbo de erva-doce

½ colher (chá) pimenta-caiena

1. Em uma máquina de fazer suco, processe os tomates com o agrião, o pimentão, o alho, a salsinha, as cenouras e a erva-doce. Misture a pimenta-caiena, despeje em copos e sirva.

COQUETÉIS

Rende 2

Coquetel matinal de melão

1 fatia de melancia de 5 cm, cortada em pedaços
¼ melão-cantalupo
2 laranjas
2 rodelas grossas de abacaxi

1. Em uma máquina de fazer suco, processe a melancia com o melão, as laranjas e o abacaxi. Misture, despeje em copos e sirva.

Rende 4

Coquetel suco de tomate

O sódio do aipo fornece seu sal natural a este refresco de final de verão.

Atenção: Evite a salsinha durante a gravidez e em caso de inflamação renal.

3 tomates
1 punhado de manjericão fresco
1 abobrinha pequena
1 dente de alho
3 ramos de salsinha fresca (ver aviso à esquerda)
1 talo de aipo
1 beterraba
⅛ colher (chá) de pimenta-caiena, opcional

1. Em uma máquina de fazer suco, processe os tomates com o manjericão, a abobrinha, o alho, a salsinha, o aipo e a beterraba. Misture a pimenta-caiena, se desejar, despeje em copos e sirva.

Bebidas especiais **333**

Sucos quentes

Aquecer sucos confere a eles o calor perfeito para quando se está sofrendo com um resfriado ou quando está frio lá fora. Lembre-se de que os nutrientes sensíveis ao calor se perdem quando os sucos são aquecidos.

Use canecas ou copos preaquecidos para manter o calor dos sucos servidos. Para aquecê-los, encha com água fervente e deixe por alguns segundos. Escorra e despeje o suco quente.

Rende 4

Bebida quente de tomate

4 maçãs
1 limão-siciliano
1 colher (sopa) de curry em pó
1 colher (chá) de canela em pó
1 colher (chá) de cominho moído
4 xícaras de suco de tomate
4 talos de aipo

1. Em uma máquina de fazer suco, processe as maçãs com o limão.

2. Misture o curry, a canela e o cominho em uma panela. Toste as especiarias em fogo baixo por 2 minutos, mexendo sem parar, ou até desprenderem seu aroma. Adicione o suco de maçã com limão e o suco de tomate. Aumente o fogo e espere alcançar uma fervura leve, misturando sempre.

3. Retire do fogo, despeje em canecas aquecidas, decore com os talos de aipo e sirva.

SUCOS QUENTES

Rende 4

Cranberry quente

2 xícaras de suco de cranberry fresco

1 xícara de suco de maçã

1 xícara de suco de beterraba

½ xícara de água filtrada

1 colher (sopa) de folhas frescas de estévia ou 1 colher (chá) de estévia em pó

3 cravos-da-índia inteiros

3 grãos de pimenta-da-jamaica

1 pedaço de pau de canela com 5 cm

1. Coloque o suco de cranberry, o de maçã, o de beterraba, a água, a estévia, os cravos, a pimenta-da--jamaica e a canela em uma panela em fogo médio. Aumente o fogo e espere quase ferver. Tampe a panela, abaixe o fogo e cozinhe por 5 minutos. Coe em canecas aquecidas e sirva.

Bebidas especiais 335

SUCOS QUENTES

Rende 4

Maçãs condimentadas

2 xícaras de suco de maçã ou água
3 maçãs sem casca e sem sementes, fatiadas
2 ameixas sem caroço picadas grosseiramente
¼ xícara de uvas-passas ou tâmaras picadas
¼ xícara de aveia em flocos
1 colher (sopa) de gengibre cristalizado bem picado
¼ colher (chá) de canela em pó
¼ colher (chá) de noz-moscada moída

1. Coloque o suco de maçã em uma panela em fogo alto e espere levantar fervura. Misture as maçãs, as ameixas, as passas, a aveia e o gengibre. Passe para fogo médio e cozinhe por 10 minutos, ou até as frutas amaciarem.

2. Tire do fogo, misture a canela e a noz-moscada e deixe esfriar um pouco. Coloque em um liquidificador e bata em potência baixa, até obter uma consistência homogênea. Despeje em canecas. Se estiver muito encorpado, adicione água fervente.

Rende 2 ou 3

Pera picante

Dica:
Se conseguir encontrar, use pimenta poblano ou anaheim. Caso contrário, use pimenta-caiena e jogue fora depois de aquecer a bebida.

6 peras
2 maçãs
1 limão-siciliano
½ pimenta fresca
2 colheres (sopa) de xarope de bordo ou melado
3 grãos de pimenta-da-jamaica
1 pedaço de pau de canela com 5 cm

1. Em uma máquina de fazer suco, processe as peras com as maçãs, o limão e a pimenta. Passe para uma panela em fogo médio. Adicione o xarope de bordo, a pimenta-da-jamaica e a canela. Espere quase ferver. Tampe, abaixe o fogo e cozinhe por 5 minutos. Coe em canecas aquecidas e sirva.

SUCOS QUENTES

Rende 4

Dica:

Para um sabor de abacaxi mais intenso, adicione 2 ou 3 folhas de sálvia-ananás (*Salvia elegans*) amassadas à mistura na hora do cozimento.

Atenção: O alcaçuz deve ser evitado em caso de pressão alta.

Quentão de abacaxi e cranberry

2 xícaras de suco de abacaxi

1 xícara de suco fresco de cranberry

½ xícara de vinho de maçã ou suco de maçã

1 pedaço de alcaçuz com 5 cm (ver aviso à esquerda)

5 sementes de coentro inteiras

2 colheres (sopa) de melado

1 colher (chá) de sementes de feno-grego

1. Coloque o suco de abacaxi, o suco de cranberries, o vinho de maçã, o alcaçuz, o coentro, o melado e o feno--grego em uma panela em fogo médio. Espere quase levantar fervura. Tampe, passe para fogo baixo e cozinhe por 5 minutos. Coe e sirva em canecas aquecidas.

Rende 4

Dica:

Use qualquer combinação de legumes para este suco.

Shot flamejante

3 xícaras de caldo de carne ou de legumes

1 pimenta-malagueta fresca

1 xícara de suco de tomate ou de legumes

¼ xícara de suco de limão-siciliano espremido na hora

algumas gotas de molho inglês

1 colher (chá) de garam masala, opcional

4 talos de aipo com as folhas, opcional

1. Coloque o caldo e a pimenta em uma panela em fogo médio. Aqueça até quase ferver. Tampe, abaixe o fogo e cozinhe por 10 minutos.

2. Tire do fogo e misture o suco de tomate, o suco de limão, o molho inglês e o garam masala, se for usá-lo. Retire a pimenta do líquido e despeje-o nos copos. Corte a pimenta em quartos, no sentido do comprimento, e use como decoração, junto com os talos de aipo, se desejar.

Bebidas especiais **337**

Ponches

O *Dictionary of Gastronomy* indica que o nome "ponche" vem da palavra indiana "panch", que significa "cinco", porque eram usados cinco ingredientes – arak, limão, açúcar, especiarias e água. No "Glossário de termos culinários" do *Mrs. Beeton's Household Management* há a seguinte definição: "Punch a la Romaine (Fr). Um tipo de gelado esbranquiçado feito de suco de limão-siciliano, clara de ovo, açúcar e rum. É servido em taças e funciona como digestivo". E o *The New Larousse Gastronomique* explica da seguinte forma: "Ponche: uma bebida que se diz ter surgido entre marinheiros ingleses, e que, em torno de 1552, consistia em uma mistura simples de uma solução alcoólica de cana-de-açúcar com açúcar, aquecida".

Seja qual for a sua origem, o ponche se tornou conhecido como uma mistura de sucos de frutas servida sobre gelo, com ou sem álcool. Alguns ponches requerem um xarope (uma mistura de açúcar e água, fervida para encorpar), especialmente se o ingrediente principal for limão-siciliano. A maioria das receitas apresentadas aqui utiliza o açúcar natural das frutas como adoçante.

PONCHES

Rende 6

Perfeito para reuniões de primavera, este ponche tem uma cor vibrante, rosa, que ilumina o bufê. Se for possível, espalhe flores de cerefólio-cheiroso ou pétalas de rosa por cima da bebida.

Cranberry nativo

Pakimintzen, o líder dos índios delaware, ofereceu cranberries como um gesto de paz. Com o passar do tempo, "pakimintzen" se tornou para os delawares a palavra para designar "comedor de cranberry".

Os índios pequot, de Cape Cod, e as tribos leni-lenape, de Nova Jersey, chamam o cranberry de *ibimi*, que significa "frutinha amarga".

Combo de frutas vermelhas

4 xícaras de água
2 xícaras de amoras-pretas ou framboesas, frescas ou congeladas
1½ xícara de ruibarbo picado grosseiramente
1 xícara de cranberries picados
2 colheres (sopa) de açúcar cristal (ou a gosto)
1 colher (chá) de estévia em pó
½ abacaxi cortado em rodelas grossas
4 beterrabas
1 limão-siciliano
¼ xícara de cerefólio-cheiroso fresco picado
2 colheres (sopa) de gengibre ralado fino
gelo, opcional

1. Coloque a água, as amoras, o ruibarbo, os cranberries, o açúcar e a estévia em uma panela em fogo médio a alto, até levantar fervura. Abaixe o fogo e cozinhe por 15 minutos, mexendo de vez em quando. Coe em uma peneira, pressionando os sólidos para extrair todo o líquido. Jogue fora o que restar na peneira. Resfrie.

2. *Para servir:* Em uma máquina de fazer suco, processe o abacaxi com as beterrabas e o limão. Coloque na poncheira, junto com o suco gelado de ruibarbo e amoras. Adicione o cerefólio-cheiroso e o gengibre e sirva sobre gelo, se desejar.

Bebidas especiais **339**

PONCHES

Rende 4

Limonada do jardineiro

1 xícara de água
⅓ xícara de açúcar cristal
6 limões-sicilianos
3 xícaras de água quente
1 colher (sopa) de melissa fresca picada
1 colher (sopa) de hortelã fresca
1 colher (sopa) de bergamota fresca picada, opcional
3 flores de tília frescas, opcional
mais ervas para chá (ver p. 342), opcional

1. Misture 1 xícara de água e o açúcar em uma panela pequena em fogo médio. Aqueça, mexendo constantemente, até o açúcar dissolver por completo. Espere levantar fervura e cozinhe, sem mexer, por 1 minuto – ou até o xarope ficar transparente. Deixe esfriar.

2. Descasque 2 limões em uma tira contínua. Reserve as cascas. Corte os 6 limões ao meio.

3. Em um espremedor de frutas cítricas elétrico ou manual, extraia o suco dos limões e coe em um jarro grande. Misture o xarope frio, a água quente, a melissa, a hortelã, a bergamota e as flores de tília, se desejar, e as tiras de casca de limão reservadas. Deixe descansar no sol ou na bancada da cozinha por 1 hora ou mais. Retire as ervas e as cascas de limão e resfrie – ou sirva sobre gelo. Decore com folhas frescas de melissa, bergamota ou flores de tília e galhinhos de hortelã, a gosto.

PONCHES

Rende 6

Néctar de flores

¼ xícara de pétalas de calêndula frescas

¼ xícara de melissa fresca picada

3 colheres (sopa) de pétalas de rosa frescas

1 colher (sopa) de flores de alfazema frescas

1 colher (sopa) de casca de laranja ralada

1 colher (chá) de gengibre picado

4 xícaras de água fervente

5 colheres (sopa) de melado

3 pêssegos sem caroço

3 damascos sem caroço

3 nectarinas sem caroço

2 laranjas

2 fatias de melancia de 5 cm cada, cortada em pedaços

3 xícaras de água mineral

3 rosas (só a flor), opcional

3 flores de calêndula inteiras, opcional

1. Coloque a calêndula, a melissa, as pétalas de rosa, a alfazema, as raspas de casca de laranja e o gengibre em uma chaleira. Cubra com água fervente e deixe descansar por 5 minutos. Coe em um jarro ou outro recipiente e jogue fora os resíduos sólidos. Adicione o melado e misture até dissolver. Resfrie até a hora de servir.

2. *Para servir:* Em uma máquina de fazer suco, processe os pêssegos com os damascos, as nectarinas, as laranjas e a melancia. Misture e despeje em uma poncheira. Acrescente água mineral e o chá gelado. Decore com as flores inteiras, se desejar, e sirva sobre gelo.

Bebidas especiais **341**

PONCHES

Ervas para chá

As ervas a seguir rendem ótimas infusões. Use sozinhas ou misturadas.

Alfazema (*Lavandula*, ver p. 131). Um aroma diferente, de flores. Fica melhor misturada com outras ervas para chá.

Agastache / Hissopo-anisado (*Agastache foeniculum*, ver Hissopo, p. 148). Aroma de anis e hortelã. Fica melhor misturado com outras ervas para chá.

Bergamota (*Mondara*). A planta inteira tem um aroma delicioso de laranja, e seu sabor é levemente cítrico.

Camomila (*Matricaria recutita*, ver p. 136). Fornece um sabor que lembra flores e maçã.

Cerefólio-cheiroso (*Myrrhis odoratat*). Uma folha de sabor muito doce, lembrando anis, que costuma ser utilizada em misturas para chá.

Lúcia-lima (*Aloysia triphylla*, ver p. 150). Sabor pronunciado de limão-siciliano.

Melissa (*Melissa officinalis*, ver p. 151). O cheiro e o sabor adocicado e forte de limão-siciliano a torna uma erva de chá muito apreciada, sozinha ou em misturas.

Menta (*Mentha*, ver pp. 148-9). Muitas variedades disponíveis incluem gengibre, limão e maçã.

Pelargônio (*Pelargonium*). Use as folhas muito aromáticas de mais de 150 diferentes *Pelargoniums*.

Rosas (*Rosa*, ver p. 155). Use pétalas e frutos. Não use rosas de floricultura.

Tília (*Tilia cordata*, ver p. 159). Uma erva de efeito calmante brando e aroma suave.

Tomilho (*Thymus*, ver p. 159). Muitos sabores diferentes, incluindo noz-moscada, laranja e limão.

PONCHES

Rende 6

Ponche de alfazema

Ponche romano nº 1

"Rale a casca amarela de quatro limões-sicilianos e duas laranjas sobre duas libras de açúcar. Esprema o suco dos limões e das laranjas; tampe e deixe descansar até o dia seguinte. Coe em uma peneira e misture ao açúcar. Adicione uma garrafa de champanhe e as claras de oito ovos, batidas em neve. Pode ser congelado ou não, a gosto. Rende 8 porções.

Hugo Zieman e F.L. Gilette. *White House Cookbook*. Toronto: The Copp Clark Co. Limited, 1887.

2 xícaras de água

1 pedaço de pau de canela com 5 cm

2 anises-estrelados

3 pimentas-da-jamaica

2 cravos-da-índia inteiros

1 filamento de raiz de astrágalo, opcional

3 colheres (sopa) de flores frescas de alfazema ou 1 colher (sopa) de alfazema seca

4 laranjas

3 limões-sicilianos

3 xícaras de uvas roxas

melado a gosto, opcional

1. Em uma panela média em fogo médio, coloque a água, a canela, o anis-estrelado, a pimenta-da-jamaica, os cravos e o astrágalo, se desejar. Aumente o fogo e espere levantar fervura. Tampe a panela, abaixe o fogo e cozinhe por 5 minutos. Tire do fogão e adicione as flores de alfazema. Tampe a panela e deixe descansar por 10 minutos. Coe em um pote ou recipiente com tampa e jogue fora os resíduos sólidos. Resfrie até a hora de servir.

2. *Para servir*: Em uma máquina de fazer suco, processe as laranjas com os limões e as uvas. Misture e coloque em uma poncheira. Adicione a água de alfazema gelada e água mineral. Sirva sobre gelo e adoce com melado a gosto.

Bebidas especiais **343**

PONCHES

Rende 6

Ponche de frutas

4 laranjas
1 abacaxi cortado em rodelas
1 limão-siciliano
1 xícara de tofu macio
3 bananas
2 xícaras de morangos frescos
1 xícara de framboesas
3 xícaras de água mineral
2 xícaras de cubos de gelo

1. Em uma máquina de fazer suco, processe as laranjas com o abacaxi e o limão. Misture e despeje em um pote de vidro grande, com tampa. Resfrie até a hora de servir.

2. Pouco antes de servir, divida o tofu, as bananas, os morangos e as framboesas em duas porções iguais. Meça 2 xícaras do suco de laranja e abacaxi e reserve. Despeje o suco restante na poncheira.

3. Em um liquidificador, bata 1 xícara do suco reservado de laranja e abacaxi com uma porção de tofu, banana, morangos e framboesas. Adicione à poncheira. Bata a xícara restante de suco com o tofu e as frutas. Despeje na poncheira. Misture até uniformizar. Adicione água mineral e gelo e sirva imediatamente.

344 O grande livro dos sucos

PONCHES

Rende 1 ou 2

Ponche de maçã e laranja

Use parte das cascas de laranja e limão para decorar.

Dica:

É possível substituir a Granita de laranja e melão por sorbet de laranja, limão-siciliano ou limão.

4 beterrabas
6 maçãs
3 laranjas
1 limão
1 pedaço de gengibre com 2,5 cm
4 xícaras de sidra
6 bolas de Granita de laranja e melão (ver a receita na p. 375)

1. Em uma máquina de fazer suco, processe as beterrabas com as maçãs, as laranjas, o limão e o gengibre. Misture a sidra e resfrie.

2. *Para servir:* despeje em uma poncheira e coloque as bolas de granita (ou sorbet) por cima.

Substitutos do leite

A alergia a leite, ou um problema distinto chamado intolerância a lactose (ver p. 381), faz com que um número significativo de pessoas vivencie sintomas dolorosos, sendo necessário eliminar o leite e seus derivados da dieta. Além do leite, do creme de leite e da manteiga, outros alimentos problemáticos podem incluir produtos processados, como cereais, misturas prontas para bolos e biscoitos e guloseimas assadas que contêm leite, nata ou queijo (ou aromatizante de queijo), soro de leite, coalho e até margarina.

Laticínios fermentados, como iogurte natural, contêm bactérias vivas que ajudam a digerir a lactose e podem não causar alergias. O leite de soja e os de oleaginosas são os melhores substitutos para os laticínios.

Leite de soja

O leite de soja (e o tofu) é facilmente encontrado em supermercados e lojas de produtos naturais, mas pode ser feito em casa (ver a referência *Rodale's*, na Bibliografia, p. 389). Entretanto, o leite de soja e o tofu devem ser consumidos com certa cautela, pois há preocupações crescentes quanto ao uso de grãos de soja geneticamente modificados e cultivados com agrotóxicos na maioria dos produtos de soja comercializados.

Leite de oleaginosas

As oleaginosas produzem um líquido saboroso e encorpado, que pode ser utilizado em alguns molhos e sobremesas. Use amêndoas, pecãs, castanhas de caju ou nozes orgânicas e sem sal (outras oleaginosas ou sementes também servem), com a casca. Elas fornecem proteína, vitamina E e fibras à dieta, mas devem ser ingeridas em pequenas quantidades, pois têm um alto teor de gordura (ainda que em sua maioria insaturadas e com ácidos graxos essenciais). Os leites de oleaginosas rendem shakes e vitaminas mais encorpados que o leite de soja.

Logicamente, qualquer pessoa que seja alérgica a oleaginosas não pode usar seu leite. Entretanto, ele pode ser consumido regularmente por adolescentes saudáveis com alta demanda de energia, em qualquer das receitas de shake desta parte do livro.

Para fazer leite de oleaginosas: Misture as oleaginosas com outros ingredientes, como listado a seguir, em um pote limpo com tampa. Atenção: a água fervida não deve estar fervente quando for adicionada à mistura. Chacoalhe bem, deixe esfriar, bata em um liquidificador ou processador e use imediatamente. Ou recoloque no pote e conserve na geladeira por até 2 ou 3 dias.

Amêndoas: 1 xícara de amêndoas bem picadas, 1 colher (sopa) de tâmaras bem picadas, 1 colher (sopa) de sementes de linhaça, 1 pedaço de fava de baunilha com 2,5 cm, 2 xícaras de água recém-fervida.

SUBSTITUTOS DO LEITE

Castanhas de caju: 1 xícara de castanhas de caju bem picadas, 1 colher (sopa) de alga marinha dulse bem picada, 1 colher (sopa) de uvas-passas bem picadas, 1 pedaço de fava de baunilha com 2,5 cm, 2 xícaras de água recém-fervida.

Pecãs: 1 xícara de nozes-pecãs bem picadas, 1 colher (sopa) de uvas-passas bem picadas, 1 colher (sopa) de sementes de linhaça, 1 pedaço de fava de baunilha com 2,5 cm, 2 xícaras de água recém-fervida.

Nozes: 1 xícara de nozes bem picadas, 1 colher (sopa) de tâmaras bem picadas, 1 colher (sopa) de sementes de linhaça, 1 pedaço de fava de baunilha com 2,5 cm, 2 xícaras de água recém-fervida.

Leite de frutas

Leite de coco com alfarroba. Use coco fresco. Rale e congele o que restar, se for preciso. Se não encontrar o coco fresco, use o seco não adoçado, encontrado em algumas lojas de produtos naturais. O coco, que é naturalmente doce, misturado com a alfarroba fica ainda mais. Use leite de coco para substituir laticínios e açúcar em shakes, pudins e outras sobremesas.

Para fazer leite de coco: Misture ½ xícara de coco fresco ralado (ou ⅓ xícara do seco) com 3 colheres (sopa) de alfarroba em pó (opcional), 1 pedaço de fava de baunilha com 2,5 cm e ½ xícara de água recém-fervida em um liquidificador ou processador. Espere esfriar e bata até obter uma consistência homogênea. Adicione mais água se quiser um leite mais fino. Use imediatamente ou conserve na geladeira por até 1 semana.

Leite de tâmaras. O açúcar das tâmaras é usado em produtos industrializados como adoçante. Usar leite de tâmaras é como usar açúcar (melhor, pois ele também fornece um pouco de fibras e nutrientes), então utilize com moderação. Faça o leite com tâmaras sem caroço.

Para fazer leite de tâmaras: Misture ¼ xícara de tâmaras picadas, 1 pedaço de fava de baunilha com 2,5 cm e ½ xícara de água recém-fervida em um liquidificador ou processador. Espere esfriar e bata até obter uma consistência homogênea. Use imediatamente ou conserve na geladeira por até 1 semana.

Leite de figo. Os figos são antibacterianos, têm propriedades que combatem o câncer e rendem um leite doce, que pode ser usado com iogurte ou tofu em shakes e outras receitas. Use figos frescos, se for possível. Os secos são mais duros e devem ser picados grosseiramente antes de serem batidos no liquidificador ou processador.

Para fazer leite de figo: Misture ¼ xícara de figos picados, 1 pedaço de fava de baunilha com 2,5 cm e ½ xícara de água recém-fervida em um liquidificador ou processador. Espere esfriar e bata até obter uma consistência homogênea. Use imediatamente ou conserve na geladeira por até 1 semana.

Leite de damasco. Doce, mesmo que levemente azedo, este leite de frutas tem um sabor único. Use em qualquer shake ou vitamina de frutas deste livro. Procure damascos orgânicos, sem adição de enxofre no processo de secagem.

Para fazer leite de damasco: Misture ¼ xícara de damascos secos picados, 1 pedaço de fava de baunilha com 2,5 cm e ½ xícara de água recém-fervida em um liquidificador ou processador. Espere esfriar e bata até obter uma consistência homogênea. Use imediatamente ou conserve na geladeira por até 1 semana.

Bebidas especiais   347

SUBSTITUTOS DO LEITE

Rende 2

Alfarroba quente

Esta bebida é um ótimo grogue para antes de deitar.

2 xícaras de leite de tâmaras, de figo ou de soja
3 colheres (sopa) de alfarroba em pó
½ colher (chá) de canela em pó

1. Em uma panela em fogo médio a baixo, escalde o leite (aqueça até se formarem pequenas bolhas em torno da borda da panela). Misture a alfarroba e a canela e deixe em fogo baixo até serem incorporadas. Sirva imediatamente, em canecas aquecidas.

Rende 1 ou 2

Batida betacaroteno

Esta bebida é encorpada e tem o sabor característico do melão-cantalupo. Para uma consistência mais fina, aumente a quantidade do suco de cenoura em ¼ xícara, ou a gosto.

½ xícara de leite de damasco ou leite de soja
¼ xícara de suco de cenoura
¼ melão-cantalupo picado grosseiramente
1 colher (sopa) de amêndoas picadas
1 colher (sopa) de flocos de trigo-sarraceno

1. Em um liquidificador, bata o leite de damasco com o suco de cenoura, o melão, as amêndoas e o trigo, até obter uma consistência homogênea. Despeje em um copo grande ou dois menores e sirva.

Rende 2

Chai com oleaginosas

Use qualquer leite de oleaginosas para esta receita.

Dica:
Se quiser, adicione 1 colher (sopa) de alfarroba em pó.

2 xícaras de leite de oleaginosas
2 colheres (chá) de Mistura para chai indiano (ver a receita na p. 360)

1. Em uma panela em fogo médio-baixo, escalde o leite (aqueça até se formarem pequenas bolhas em torno da borda da panela). Adicione a Mistura para chai indiano e deixe em fogo baixo por cerca de 10 minutos. Coe em canecas aquecidas e sirva imediatamente.

SUBSTITUTOS DO LEITE

Rende 1

Dica:

Para congelar bananas:
Escolha bananas
inteiramente amarelas, sem
amassados ou manchas.
Descasque e corte cada
uma em 4 pedaços. Espalhe
em uma assadeira. Congele
por 30 minutos na parte
mais fria do freezer. Coloque
os pedaços em um saquinho
para congelados grande
ou vários pequenos. Lacre
e conserve no freezer por
quatro a seis meses. Quatro
pedaços equivalem a uma
banana inteira fresca.

Frapê de banana

1 xícara de leite de amêndoas ou leite de soja
½ xícara de tofu macio
4 pedaços de banana congelados
1 colher (sopa) de alfarroba em pó
¼ colher (chá) de extrato de amêndoas, opcional
1 pitada de noz-moscada moída

1. Em um liquidificador, bata o leite de amêndoas com
o tofu, a banana, a alfarroba e o extrato de amêndoas
(se desejar), até obter uma consistência homogênea.
Despeje em um copo, decore com a noz-moscada
e sirva.

Rende 1 ou 2

Dica:

Qualquer uma das frutas
vermelhas – mirtilos,
framboesas, groselhas-
-espinhosas, morangos,
amoras-pretas ou até
groselhas-pretas – funciona
bem neste frapê.

Frapê de frutas vermelhas

1 xícara de leite de soja ou leite de oleaginosas
½ xícara de tofu macio
½ xícara de frutas vermelhas, frescas ou congeladas
suco de ½ limão-siciliano

1. Em um liquidificador, bata o leite de soja com o tofu,
as frutas e o suco de limão, até obter uma consistência
homogênea. Despeje em um copo grande ou dois
menores e sirva.

Bebidas especiais **349**

SUBSTITUTOS DO LEITE

Rende 1

Shake de abacate

1 xícara de leite de soja ou leite de oleaginosas
1 abacate sem caroço
1 grapefruit cortado em quartos
suco de ½ limão-siciliano
1 colher (sopa) de melado

1. Em um liquidificador, bata o leite de soja com o abacate, o grapefruit, o suco de limão e o melado, até obter uma consistência homogênea. Despeje em um copo e sirva.

Rende 1

Shake de alfarroba e laranja

1 xícara de suco de laranja espremido na hora
½ xícara de iogurte natural
2 colheres (sopa) de alfarroba em pó
1 colher (chá) de casca de laranja ralada, opcional

1. Em um liquidificador, bata o suco de laranja com o iogurte, a alfarroba e as raspas de casca de laranja (se for usar), até obter uma consistência homogênea. Despeje em um copo e sirva.

Rende 1

Shake de morangos

1½ xícara de morangos frescos ou congelados
½ xícara de suco de laranja ou romã
½ xícara de tofu macio
½ colher (chá) de extrato de baunilha

1. Em um liquidificador, bata os morangos com o suco de laranja, o tofu e a baunilha, até obter uma consistência homogênea. Despeje em um copo e sirva.

SUBSTITUTOS DO LEITE

Rende 1 ou 2

Shake de nozes

1 xícara de leite de pecãs ou leite de soja
½ xícara de tofu macio
4 pedaços de banana congelados
2 colheres (sopa) de alfarroba em pó

1. Em um liquidificador, bata o leite de pecãs com o tofu, a banana e a alfarroba, até obter uma consistência homogênea. Despeje em um copo grande ou dois menores e sirva.

Rende 1 ou 2

Shake de pera e amêndoas

Dica:
Se não for usar leite de tâmaras, adicione 1 colher (sopa) de tâmaras picadas. Se quiser, encorpe a bebida com aveia ou banana.

1 xícara leite de tâmaras ou leite de soja
½ xícara de tofu macio
2 peras sem casca e sem caroço
1 colher (sopa) de amêndoas picadas

1. Em um liquidificador, bata o leite de tâmaras com o tofu, as peras e as amêndoas, até obter uma consistência homogênea. Despeje em um copo grande ou dois menores e sirva.

Bebidas especiais **351**

SUBSTITUTOS DO LEITE

Rende 2

Shake tropical

1 xícara de leite de coco, de frutas ou de soja
1 xícara de abacaxi picado
½ xícara de tofu macio
1 manga sem caroço
1 carambola
¼ colher (chá) de anis-estrelado moído

1. Em um liquidificador, bata o leite de coco com o abacaxi, o tofu, a manga, a carambola e o anis-estrelado, até obter uma consistência homogênea. Despeje em copos e sirva.

Rende 1

Torta de maçã

1 xícara de leite de soja ou leite de damasco
2 maçãs sem casca e sem sementes cortadas em quartos
2 colheres (sopa) de espelta em flocos
¼ colher (chá) de canela em pó
⅛ colher (chá) de noz-moscada moída

1. Em um liquidificador, bata o leite de soja com as maçãs, a espelta, a canela e a noz-moscada, até obter uma consistência homogênea. Despeje em um copo e sirva.

Substitutos do café

Não há nenhuma erva que imite o sabor do café ou que tenha a cafeína encontrada nele. As receitas a seguir têm aroma e sabor deliciosos, únicos, e não é preciso usar leite, embora você possa experimentar com uma gota ou duas de leite de oleaginosas (ver pp. 346-7). Quando tomados de forma constante no lugar do café, agem como tônicos e propiciam significativos benefícios curativos.

Para colher raízes de plantas que você cultivou ou vai recolher na mata, espere que as folhas delas tenham caído no outono (guarde bem a localização delas), mas cave e arranque antes que o solo fique congelado.

Para torrar raízes frescas: Preaqueça o forno a 150 °C. Esfregue bem as raízes para limpar e pique em um tamanho médio e uniforme (semelhante ao das ervilhas secas). Espalhe em uma assadeira sem untar e asse no forno preaquecido por 45 minutos, misturando depois de 20 minutos, ou até dourar. Reduza a temperatura para 100 °C; asse por 45 minutos, misturando a cada 20 minutos, até secar por completo. Espere esfriar antes de misturar com outros ingredientes ou armazenar.

Para torrar raízes secas: A maioria das lojas de produtos naturais vende as raízes de ervas listadas abaixo na forma seca, já picada. Torrá-las é opcional, mas dá um sabor mais intenso à mistura. Espalhe as raízes secas em uma assadeira sem untar e asse por 20 minutos no forno a 150 °C, misturando uma vez, até dourar levemente.

Para preparar café de raízes: Em um pilão, moedor de café ou um miniprocessador, triture pequenas quantidades por vez. Use 1 colher (sopa) de raízes moídas para cada xícara de água. Coe em uma cafeteira da mesma forma do café comum. Se quiser, adoce com estévia.

Use qualquer uma ou todas as raízes listadas abaixo para fazer sua própria mistura substituta do café. Todas as raízes são encontradas já secas em lojas de produtos naturais e a maioria pode ser colhida na natureza facilmente.

Alcaçuz (*Glycyrrhiza glabra*, ver p. 130). Confere um sabor doce, lembrando levemente anis, a todas as misturas torradas, e ajuda a ativar as propriedades curativas de outras ervas. Não use em caso de pressão alta.

Alteia (*Althaea officinalis*, ver p. 132). Uma raiz de sabor suave que oferece benefícios medicinais.

Raiz de astrágalo (*Astragalus membranaceus*, ver p. 133). Tanto a raiz inteira de astrágalo como cortada ou em pó podem ser usadas em misturas para substitutos do café.

Raiz de bardana (*Arctium lappa*, ver p. 134). Uma raiz curativa que dá um sabor de nozes a misturas de raízes de ervas torradas.

Raiz de chicória (*Cichorium intybus*). O substituto do café mais comum e de sabor mais parecido. Entretanto, diferentemente do café, a chicória não contém cafeína e tem um leve efeito fortalecedor do fígado. As grandes raízes podem ser usadas sozinhas, mas ficam melhores misturadas a outras raízes de ervas, grãos, sementes e especiarias, torrados.

Bebidas especiais

Raiz de dente-de-leão (*Taraxacum officinale*, ver p. 141). Uma raiz comum, de gosto bastante suave e melhor se misturada a outras ervas ou especiarias torradas.
Raiz de equinácea (*Echinacea angustifolia* ou *E. purpurea*, ver p. 142). Disponível nas formas seca, inteira ou cortada (ou fresca, comprada de produtores no outono). Uma raiz boa de se adicionar a misturas para café no inverno, e ajuda a estimular o sistema imunológico.
Raiz de ginseng (*Panax quinquefolius*, ver p. 147). Um excelente substituto de café que restaura as funções físicas e mentais. Se tomado regularmente, melhora a resistência a doenças e ao estresse. E, ao contrário do café, não vicia.
Raiz de labaça (*Rumex crispus*, ver p. 150). Erva de limpeza com fortes propriedades laxativas que pode ser misturada a outras raízes e usada para remédios específicos, mas não costuma ser substituta do café.

Café

Quando o café (*Coffea arábica*) foi apresentado aos europeus, no século XVII, era recomendado pelos médicos como remédio. Mas a bebida estimulante logo se tornou popular e, em 1652, foi aberto o primeiro café em Londres.

Conhecido hoje por melhorar a capacidade mental, agir como antidepressivo suave, aprimorar a capacidade física e a força, abrandar os ataques de asma, proteger os dentes de cáries e talvez ajudar a afastar o câncer, tomar café em quantidades moderadas (não mais que 2 xícaras por dia) pode realmente ser benéfico em circunstâncias específicas.

Mas a cafeína tem muitos efeitos colaterais pouco desejáveis: estimula diretamente o coração e aumenta a pressão sanguínea; parece favorecer a doença cardíaca em pessoas com tendência a ela, assim como naqueles que consomem 5 xícaras ou mais por dia. O café pode ser um agente da doença fibrocística das mamas. Ele faz o corpo perder vitaminas do complexo B, magnésio, zinco e cálcio. Seu excesso é associado à ansiedade e à depressão. A cafeína aumenta os efeitos do estresse e agrava os sintomas de ansiedade, tensão, irritabilidade e hipoglicemia. O café interfere no equilíbrio hormonal, atrapalhando o ciclo menstrual normal. Pode despertar dores de cabeça em algumas pessoas, mesmo se tomado com moderação – e isso ocorre também quando ele é retirado da dieta. O café pode prejudicar gravemente a capacidade de dormir, assim como a qualidade do sono. É contraindicado para pessoas propensas a ter úlcera, diarreia crônica, pedras nos rins, gota, ansiedade, tensão, depressão, hipoglicemia, problemas menstruais, caroços nos seios, pressão alta ou artrite, e também durante a gravidez ou para aqueles que sofrem de ataques de pânico.

De forma geral, os fitoterapeutas acreditam que os benefícios não compensam os efeitos negativos do consumo do café. Eles recomendam sucos e substitutos da bebida como uma alternativa mais saudável e nutritiva.

SUBSTITUTOS DO CAFÉ

Rende 3 xícaras de mistura de raízes

Esta mistura tem sabor bem suave. Se quiser mais intenso, adicione 1 colher (chá) de alfarroba para cada xícara que for preparar.

Dica:

É possível adicionar algumas gotas de tintura de valeriana à xícara desta bebida reconfortante, se ela for tomada antes de dormir. Mas vale lembrar que algumas pessoas têm reações adversas à valeriana.

Antídoto contra ansiedade

- **Preaqueça o forno a 150 ºC**
- **Assadeira grande sem untar**

1 xícara de raiz de chicória picada
1 xícara de raiz de alteia picada
½ xícara de amêndoas bem picadas
½ xícara de aveia em flocos
1 colher (sopa) de ginseng moído
1 colher (chá) de cravo-da-índia moído
½ colher (chá) de pimenta-da-jamaica moída, opcional
¼ colher (chá) de noz-moscada moída

1. Espalhe as raízes de chicória e alteia, as amêndoas e a aveia na assadeira. Asse no forno preaquecido por 20 minutos, misturando uma vez, ou até dourar levemente. Reserve para esfriar.

2. Misture os ingredientes tostados com o ginseng, o cravo, a pimenta-da-jamaica, se desejar, e a noz--moscada. Armazene em recipiente hermético.

3. Moa uma pequena quantidade e use 1 colher (sopa) para cada xícara de água.

Bebidas especiais

SUBSTITUTOS DO CAFÉ

Mistura para café # Café de inverno

1 porção de raiz de chicória picada
1 porção de raiz de bardana picada
¾ porção de alfarroba em pó
½ porção de raiz de equinácea picada
¼ porção de raiz de astrágalo picada
¼ porção de casca de laranja

1. Coloque as raízes de chicória e bardana, a alfarroba, a equinácea, o astrágalo e as cascas de laranja em uma tigela média. Misture muito bem. Guarde em um pote limpo, com tampa.

2. Moa uma pequena quantidade e use 1 colher (sopa) para cada xícara de água.

Cascas de frutas cítricas

Chás de ervas e misturas de raízes para café podem ser enriquecidas com o uso de cascas secas de frutas cítricas. Use apenas frutas orgânicas – a maior parte das substâncias químicas dos pesticidas fica concentrada na casca. Para secar, retire a casca, pique grosseiramente e coloque em uma grade para secar ou em uma peneira, para que o ar possa circular livremente. Mantenha em local escuro e quente por pelo menos uma semana. Quando secar por completo, passe para um pote de vidro e conserve em local fresco, escuro e seco.

SUBSTITUTOS DO CAFÉ

Café de raízes

Rende 1¼ xícara de mistura de raízes

Com a forma em pó das raízes fica mais fácil misturá-las – e vira um substituto de café "instantâneo". Para fazer 1 xícara do Café de raízes, coloque 1 colher (sopa) da mistura em uma caneca e despeje água fervente por cima. Misture e deixe os sólidos se depositarem no fundo (ou coe) antes de beber.

½ xícara de raiz de chicória em pó
¼ xícara de raiz de dente-de-leão em pó
¼ xícara de raiz de bardana em pó
¼ xícara de alfarroba em pó
1 colher (sopa) de ginseng moído

1. Misture a chicória, o dente-de-leão, a bardana, a alfarroba e o ginseng em uma vasilha. Armazene em um pote hermético.

Café de sementes

Rende 1

Torrada ou não, essa mistura rende uma bebida suave. Você pode usar raízes secas nesta receita, mas o ideal é que sejam frescas e picadas.

- **Preaqueça o forno a 150 °C**
- **Assadeira grande sem untar**

1 porção de sementes de abóbora
1 porção de sementes de girassol
½ porção de gergelim
1 porção de raiz de chicória picada
½ porção de ginkgo biloba moído
¼ porção de alfarroba em pó

1. Para uma mistura sem torrar, pule para o passo 2. Caso contrário, espalhe as sementes de abóbora e girassol, o gergelim e a chicória na assadeira. Asse no forno preaquecido por 20 minutos, misturando uma vez, ou até dourar bem. Deixe esfriar.

2. Misture muito bem as sementes, o gergelim, a chicória, o ginkgo biloba e a alfarroba. Coloque em um pote limpo com tampa.

3. Moa uma pequena quantidade e use 1 colher (sopa) para cada xícara de água.

Bebidas especiais **357**

SUBSTITUTOS DO CAFÉ

Rende 1

Chai indiano

Uma bebida que aquece, ótima para se tomar na hora de dormir, este chá pode ser preparado com qualquer um dos leites de oleaginosas ou frutas (ver pp. 346-7), coados. Se for usar um leite de frutas, misture a uma quantidade igual de leite de vaca ou de soja para completar 1 xícara. Se preferir mais doce, aumente a proporção do leite de frutas.

2 colheres (chá) de Mistura para chai indiano (ver a receita na p. 360)

¼ xícara de água

1 xícara de leite desnatado, leite de soja ou de amêndoas

1 saquinho de chá verde ou 1 colher (chá) de folhas de chá verde soltas

1 pitada de noz-moscada ralada na hora

1. Coloque a Mistura para chai indiano, a água e o leite em uma panela pequena em fogo médio. Espere ferver, abaixe o fogo e cozinhe por 10 minutos. Desligue o fogo e adicione o chá verde em saquinho ou misture as folhas. Tampe a panela, deixando-a sobre o queimador do fogão (desligado). Deixe descansar por 3 a 5 minutos e coe em uma xícara. Salpique com a noz--moscada ralada e sirva imediatamente.

Chai indiano

O chai indiano – chá preparado com especiarias e leite – está começando a borbulhar em áreas aristocráticas das cidades e nos quiosques de aeroportos de toda a América do Norte. Pouco foi escrito sobre essa nova bebida da moda, embora um livro a descreva assim:

> [Na Índia] em geral o chá é fervido em uma chaleira destampada junto com algumas sementes verdes (cruas) de cardamomo, uma pitada de sementes de erva-doce e açúcar. Adiciona-se leite ao líquido fervente, na proporção de uma parte de leite para cada quatro partes de água. Essa bebida quente, doce e aromática é servida em toda a Índia, em xícaras e copos nas metrópoles e cidades menores, e algumas vezes em rústicos "copos" de cerâmica – que parecem miniaturas de vasos de flores – nas aldeias mais isoladas. Todas as estações de trem da Índia têm pelo menos um ponto de venda de chai, e a qualquer hora do dia ou da noite, quando o trem entra devagar na plataforma, o ar se enche de gritos dos vendedores de chá: "Chay-ya! Chay-ya!".

(Joel, David e Karl Schapira. *The Book of Coffee and Tea: A Guide to the Appreciation of Fine Coffees, Teas, and Herbal Beverages*. Nova York: St. Martin's Press, 1975.)

SUBSTITUTOS DO CAFÉ

Rende 2½ xícaras de mistura de raízes

Mistura de raízes para café

Dica:

Veja na p. 353 como colher raízes frescas.

Atenção: O alcaçuz deve ser evitado em caso de pressão alta.

- **Preaqueça o forno a 150 °C**
- **Assadeira grande sem untar**

6 a 8 raízes de dente-de-leão frescas e picadas
4 a 6 raízes de bardana frescas e picadas
3 a 4 raízes de chicória frescas e picadas
1 pedaço de pau de canela com 5 cm
¼ xícara de alcaçuz fresco picado ou seco
  (ver aviso à esquerda)
1 colher (sopa) de ginseng em pó

1. Espalhe as raízes de dente-de-leão, bardana e chicória em uma assadeira. Leve a tostar no forno preaquecido por 45 minutos, misturando depois de 20 minutos, ou até dourar. Abaixe a temperatura do forno para 100 °C e torre as raízes por 45 minutos a 1 hora, até secarem por completo, misturando a cada 20 minutos. Deixe esfriar.

2. Enquanto isso, triture a canela em um pilão, um processador ou um liquidificador.

3. Misture as raízes torradas, a canela triturada, o alcaçuz e o ginseng. Armazene em um pote hermético. As raízes precisam estar completamente secas antes da estocagem.

4. Moa uma pequena quantidade da mistura e use 1 colher (sopa) para cada xícara de água.

Bebidas especiais 359

SUBSTITUTOS DO CAFÉ

Rende cerca de ⅓ de xícara de mistura

Mistura para chai indiano

Experimente esta mistura de especiarias para provar um doce gole do oriente. Se preferir mais doce do que o chai já é, use qualquer um dos leites de frutas quando for fazê-lo ou adicione ½ colher (chá) de estévia em pó para cada ⅓ de xícara da mistura.

2 colheres (sopa) de sementes de erva-doce
1 colher (sopa) de sementes de cardamomo
1 colher (sopa) de sementes de coentro
1 colher (sopa) de sementes de feno-grego
2 cravos-da-índia inteiros
2 bagas de anis-estrelado com sementes
1 pedaço de pau de canela com 5 cm, triturado ou quebrado em partes

1. Coloque a erva-doce, o cardamomo, o coentro, o feno-grego, os cravos, o anis-estrelado e a canela em uma panela pequena em fogo médio a alto. Toste por 40 segundos, ou até as sementes começarem a chiar e estourar. Deixe esfriar.

2. Em um pilão, moedor de café ou um processador pequeno, moa a mistura torrada. Conserve essa mistura em um pote limpo com tampa e etiqueta, em local fresco e seco. Use 1 colher (chá) para cada xícara de água.

Delícias geladas

Frapês

Frapê. 364
Frapê de abacaxi e
   sálvia-ananás. 364
Frapê de alfazema e
   erva-doce 365
Frapê de cenoura com
   erva-doce e laranja. 366
Frapê de frutas vermelhas
   e alecrim 367
Frapê de grapefruit 368
Frapê rápido 369

Sorbets

Sorbet de chá verde 371
Sorbet de estragão 372
Sorbet de hortelã. 372
Sorbet de limão. 373
Sorbet de morangos e
   beterraba. 373

Granitas

Granita de laranja e melão. . 375
Granita de manjericão
   e pera 376

Iogurtes frozen

Frozen de banana
   e laranja. 377
Frozen de morangos 377
Frozen de polpa de frutas . . 378
Frozen rápido 378

Picolés

Picolé de frutas vermelhas. . 379
Picolé de laranja 380

Delícias geladas

Todos os profissionais de saúde holística concordam que o açúcar é o maior responsável pela diabetes, pela hipoglicemia e pela deterioração dos dentes – e por isso ele deve ser evitado. Do mesmo modo, o melado e outros adoçantes naturais, não sendo derivados de ervas, só devem ser usados em quantidades muito pequenas, ou eliminados da dieta. A estévia (ver p. 145) é um bom substituto quando a química específica do açúcar não é essencial. Infelizmente, é preciso usar açúcar (ou melado) nas sobremesas geladas – sem ele, elas cristalizam e os líquidos congelam em um bloco sólido. Para garantir uma textura macia, de comer com colher, as sobremesas geladas precisam conter açúcar o bastante para reduzir o seu ponto de congelamento; quanto mais açúcar, mais macia a consistência.

As receitas desta parte do livro constituem um tipo de compromisso: não contêm açúcar bastante para evitar que congelem por completo, mas o suficiente para lhes dar uma textura agradável. Utilizamos apenas a quantidade de açúcar (ou melado) absolutamente necessária, então não tente reduzir mais, ou as receitas não funcionarão.

Mas se o açúcar é tão indesejável, por que fornecemos essas receitas, afinal? Porque elas permitem que você use algumas das polpas que são produzidas quando se preparam sucos. Como elas contêm bem menos açúcar e apenas ingredientes frescos e naturais, sem produtos químicos ou aditivos, essas delícias geladas certamente são preferíveis em relação aos sorvetes industrializados. E os picolés deste capítulo são uma opção melhor para crianças do que a água colorida e açucarada que encontram para comprar.

É claro que ferver e congelar suco, não importa quão fresco ele esteja, destruirá a vitamina C, as enzimas e outros fitonutrientes sensíveis ao calor. A melhor alternativa é fazer um frapê ou iogurte frozen "instantâneo" em um processador (ver p. 9). Assim se usa a fruta inteira, com polpa, e não é preciso usar adoçantes – apenas uma pequena quantidade, de acordo com o gosto individual.

Para usar polpa de receitas de suco: pode-se utilizar a polpa de qualquer suco ou coquetel de frutas para fazer granitas, sorbets, frapês, iogurtes frozen ou picolés. As polpas de alguns dos sucos de legumes mais doces, como cenoura, beterraba, pastinaca ou erva-doce também podem ser usadas, desde que misturadas a polpas de frutas. Para usar polpas em sobremesas geladas, retire o miolo e as sementes e descasque as frutas ou legumes antes de fazer o suco. Para melhores resultados, bata a polpa em um liquidificador ou um processador antes de utilizar nas delícias geladas. Meça 2 xícaras da polpa batida e resfrie se for fazer a sobremesa em no máximo um dia, ou etiquete e congele-a até a hora de usar.

Frapês

O termo frapê vem do francês *frappé*, e significa "resfriado" ou "gelado". Misturas simples feitas com água, açúcar e frutas picadas, os frapês que apresentamos aqui são congelados até uma consistência pastosa, e ficam mais espessos (com uma textura que lembra sal grosso) que qualquer outra sobremesa gelada. Para fazer frapê com polpa resfriada ou congelada, descongele o bastante para misturar aos outros ingredientes.

Para congelar raspadinhas, frapês, granitas e iogurte frozen: os tempos de congelamento fornecidos nas receitas são aproximados. Os resultados reais vão depender do freezer e da fôrma. As fôrmas de pão de metal e com laterais altas são as melhores, pois a cada mistura se incorpora ar à sobremesa e ela tende a expandir. As receitas deste capítulo dão instruções para congelar a mistura em uma fôrma de pão metálica de 2 litros, em um freezer horizontal. Entretanto, se o seu tem um compartimento "fast freeze" ou se você usar uma fôrma quadrada e rasa de metal, os tempos de congelamento podem ser menores. Todas as delícias geladas podem ser feitas em uma máquina de sorvete. Siga as instruções do fabricante quando usar esse aparelho.

Para "amadurecer" sobremesas congeladas: a menos que o tempo de freezer seja exatamente o necessário, a maioria dos congelados tende a ficar muito duro para ser servido de imediato. Para tornar mais fácil servir e para obter o melhor sabor, as sobremesas geladas precisam de "amadurecimento", ou seja, precisam amaciar. Para isso, conserve-as na geladeira por 45 minutos a 2 horas antes de servir, dependendo da fôrma (as largas e rasas descongelam mais rápido) e do grau de congelamento.

FRAPÊS

Rende 4 ou 6

Frapê

Dicas:

Fique atento para retirar toda a casca branca e as sementes das frutas cítricas antes de fazer os sucos usados nesta receita. Reserve e congele a polpa das frutas para usar em sobremesas geladas caseiras.

Qualquer suco de frutas funciona bem nesta receita.

• **Fôrma de pão metálica de 2 litros**

2 xícaras de polpa de fruta gelada ou congelada
2 xícaras de suco de laranja espremido na hora ou suco de maçã
suco de 1 limão-siciliano
¾ xícara de açúcar cristal ou melado

1. Coloque a polpa, o suco de laranja espremido na hora, o suco de limão e o açúcar no copo de um liquidificador. Bata por 10 segundos, na potência máxima. Despeje em uma fôrma de pão. Congele por 2 horas, ou até obter uma consistência pastosa.

2. Misture bem e volte a deixar no freezer por 1 hora, ou até ficar firme o bastante para comer de colher. Se congelar e endurecer, leve à geladeira (ver acima) para amaciar.

Rende 4 ou 6

Frapê de abacaxi e sálvia-ananás

Dica:

A sálvia-ananás é uma planta perenifólia macia, com um forte sabor de abacaxi. Se conseguir encontrar essa erva, use-a nesta ou em qualquer das receitas de sucos de frutas.

• **Fôrma de pão metálica de 2 litros**

2 xícaras de água
2 xícaras de polpa do suco Abacaxi cítrico (ver a receita na p. 174)
½ xícara de melado
1 colher (sopa) de sálvia-ananás fresca picada, opcional

1. Em um liquidificador, bata a água com a polpa, o melado e as folhas de sálvia-ananás, até obter uma consistência homogênea. Despeje em uma fôrma de pão. Congele por 2 horas, ou até obter uma consistência pastosa. Misture com um garfo e leve de novo ao freezer por 1 hora, ou até ficar firme. Se a consistência estiver dura demais, leve à geladeira para amaciar.

364 O grande livro dos sucos

FRAPÊS

Rende 4 ou 6

Frapê de alfazema e erva-doce

• **Fôrma de pão metálica de 2 litros**

2 xícaras de água
¼ xícara de melado
5 ou 6 hastes de flores de alfazema
½ fava de baunilha
2 xícaras de polpa de erva-doce ou uma combinação com
    erva-doce (como o suco de Pera e erva-doce, ver a receita
    na p. 188)

1. Coloque a água e o melado em uma panela. Espere ferver em fogo médio a alto e apure por 2 a 3 minutos, sem mexer. Retire do fogo e misture a alfazema e a fava de baunilha. Deixe esfriar.

2. Depois de frio, coe a calda com alfazema em uma fôrma de pão e jogue fora os resíduos sólidos. Adicione a polpa, mexa bem e congele por 2 horas, ou até obter uma consistência pastosa. Misture com um garfo e leve de novo ao freezer por 1 hora, ou até ficar firme. Se estiver duro demais, leve à geladeira para amaciar.

Delícias geladas **365**

FRAPÊS

Rende 4 ou 6

Frapê de cenoura com erva-doce e laranja

• Fôrma de pão metálica de 2 litros

2 xícaras de água
½ xícara de açúcar cristal
2 xícaras de polpa do suco de Cenoura com erva-doce
  e laranja (ver a receita na p. 177)

1. Coloque a água e o açúcar em uma panela. Espere ferver em fogo médio a alto e apure por 3 minutos, sem mexer. Retire do fogo e deixe esfriar.

2. Misture a calda de açúcar com a polpa em uma fôrma de pão. Congele por 2 horas, ou até obter uma consistência pastosa. Misture com um garfo e leve de novo ao freezer por 1 hora, ou até ficar firme. Se estiver duro demais, leve à geladeira para amaciar.

FRAPÊS

Rende 4 ou 6

O alecrim é opcional, mas proporciona um toque aromático que complementa o adocicado das frutas vermelhas.

Dica:

A polpa de qualquer suco de frutas vermelhas – como o Frutas vermelhas e melão, na p. 182 – funcionará bem nesta deliciosa sobremesa gelada.

Frapê de frutas vermelhas e alecrim

• **Fôrma de pão metálica de 2 litros**

2 xícaras de água
2 xícaras de polpa de frutas vermelhas
½ xícara de melado
2 colheres (chá) de alecrim fresco, opcional

1. Em um liquidificador, bata a água com a polpa, o melado e o alecrim (se desejar), até uniformizar.

2. Despeje em uma fôrma de pão. Congele por 2 horas, ou até obter uma consistência pastosa. Misture com um garfo e leve de novo ao freezer por 1 hora, ou até ficar firme. Se estiver duro demais, leve à geladeira para amaciar.

Delícias geladas **367**

FRAPÊS

Rende 4 ou 6

Frapê de grapefruit

• Fôrma de pão metálica de 2 litros

2 xícaras de água
¾ xícara de açúcar cristal
1 xícara de polpa do suco de Grapefruit (ver a receita na p. 182)

1. Coloque a água e o açúcar em uma panela. Espere ferver em fogo médio a alto e apure por 3 minutos, sem mexer. Retire do fogo e deixe esfriar.

2. Misture a calda de açúcar com a polpa de grapefruit em uma fôrma de pão. Congele por 2 horas, ou até obter uma consistência pastosa. Misture com um garfo e leve de novo ao freezer por 1 hora, ou até ficar firme. Se estiver duro demais, leve à geladeira para amaciar.

FRAPÊS

Rende 2

Frapê rápido

Para fazer um frapê instantaneamente, você vai precisar de um processador potente. Os benefícios desse método são que você pode usar a casca, o miolo e as sementes da maioria das frutas, e não é preciso utilizar açúcar. Para adoçar, apenas adicione ½ colher (chá) de estévia em pó, ou estévia líquida a gosto.

2 xícaras de polpa de frutas ou frutas com legumes
½ xícara de suco de frutas
1 a 2 colheres (sopa) de melado ou xarope de bordo, opcional
3 xícaras de cubos de gelo

1. Coloque a polpa, o suco, o melado, se for usar, e os cubos de gelo no recipiente do processador. Trave a tampa. Processe em velocidade variada – começando pelo mínimo e indo até a potência máxima – por 30 a 60 segundos, ou até o gelo ficar picado. Não passe desse ponto. Sirva imediatamente.

Delícias geladas   **369**

Sorbets

Feitos apenas com água, água aromatizada, sucos de frutas e calda açucarada (não se usa polpa).

Açúcar, açúcar por toda parte

A predileção (ou fraqueza) humana por açúcar é tão grande que agora ele é acrescentado em quantidades significativas a muitos produtos alimentícios industrializados, das papinhas para bebê e legumes a molhos e sucos – mesmo os salgados! Não conseguimos escapar dele. O açúcar vem da cana, do sorgo, do milho, da beterraba e do bordo. Os seus componentes – dextrose (açúcar de milho), sacarose (açúcar de cana), frutose (açúcar de frutas), glucose ou lactose (açúcar do leite) – são o que encontramos na maioria dos alimentos industrializados.

E qual o resultado de comer tanto açúcar? Além de fornecer calorias em excesso, o açúcar enfraquece o sistema imunológico, causa deterioração dos dentes e ajuda a causar diabetes e hipoglicemia. E para as crianças ele é ainda pior, pois alimentos com alto teor de açúcar podem substituir comidas nutritivas e privar o organismo jovem dos nutrientes necessários para o crescimento e uma boa saúde.

SORBETS

Rende 4 ou 6

Sorbet de chá verde

- **Fôrma de pão metálica de 2 litros**

1 saquinho de chá verde ou 1 colher (chá) de folhas de chá verde
2 colheres (chá) de Chá digestivo de sementes
   (ver a receita na p. 225) ou de sementes de erva-doce
1 anis-estrelado com as sementes
½ fava de baunilha
3 xícaras de água fervente
½ xícara de açúcar cristal
2 colheres (sopa) de suco de limão-siciliano espremido na hora

1. Misture o chá verde, o Chá digestivo de sementes, o anis e a baunilha em uma chaleira grande. Cubra com água fervente, tampe e deixe descansar por 5 minutos.

2. Coloque o açúcar em uma fôrma de pão, junte o chá quente e misture até dissolver. Reserve para esfriar.

3. Depois de frio, misture o suco de limão. Congele por 2 horas, ou até obter uma consistência pastosa. Misture com um garfo e leve de novo ao freezer por 1 hora, ou até ficar firme. Se estiver duro demais, leve à geladeira para amaciar.

Delícias geladas **371**

SORBETS

Rende 4 ou 6

Sorbet de estragão

• **Fôrma de pão metálica de 2 litros**

2 xícaras de água
½ xícara de açúcar cristal
3 colheres (sopa) de estragão fresco picado
suco de 2 limões-sicilianos

1. Misture a água, o açúcar e o estragão em uma panela. Espere ferver, em fogo médio a alto, e apure por 3 minutos, sem mexer. Retire do fogo e reserve para esfriar.

2. Adicione o suco de limão à calda de estragão fria e despeje em uma fôrma de pão. Congele por 2 horas, ou até obter uma consistência pastosa. Misture com um garfo e leve de novo ao freezer por 1 hora, ou até ficar firme. Se estiver duro demais, leve à geladeira para amaciar.

Rende 4 ou 6

Sorbet de hortelã

• **Fôrma de pão metálica de 2 litros**

2 xícaras de água
½ xícara de açúcar cristal
¼ xícara de hortelã fresca picada
suco de 1 limão

1. Misture a água, o açúcar e a hortelã em uma panela. Espere ferver, em fogo médio a alto, e apure por 3 minutos, sem mexer. Retire do fogo e reserve para esfriar.

2. Adicione o suco de limão à calda de hortelã já fria e despeje em uma fôrma de pão. Congele por 2 horas, ou até obter uma consistência pastosa. Misture com um garfo e leve de novo ao freezer por 1 hora, ou até ficar firme. Se estiver duro demais, leve à geladeira para amaciar.

SORBETS

Sorbet de limão

Rende 4 a 6

Uma sobremesa gelada maravilhosamente azedinha, de lamber os beiços.

• **Fôrma de pão metálica de 2 litros**

4 limões-sicilianos
2 xícaras de água fervente
⅓ xícara de melado
¼ xícara de melissa fresca picada

1. Rale a casca de um dos limões e reserve. Em um espremedor de laranja elétrico ou manual, extraia o suco dos limões.

2. Misture a água fervente, o suco de limão, as raspas da casca, o melado e a melissa em uma fôrma de pão. Congele por 2 horas, ou até obter uma consistência pastosa. Misture com um garfo e leve de novo ao freezer por 1 hora, ou até ficar firme. Se estiver duro demais, leve à geladeira para amaciar.

Sorbet de morangos e beterraba

Rende 4 ou 6

• **Fôrma de pão metálica de 2 litros**

2 xícaras de polpa de morangos e beterraba
2 xícaras de água
⅓ xícara de melado

1. Misture a polpa, a água e o melado em uma fôrma de pão. Congele por 2 horas, ou até obter uma consistência pastosa. Misture com um garfo e leve de novo ao freezer por 1 hora, ou até ficar firme. Se estiver duro demais, leve à geladeira para amaciar.

Delícias geladas **373**

SORBETS

Alternativas para adoçar

Açúcar de tâmaras. Uma substância grossa e escura extraída de tâmaras desidratadas. Rico em fibras, vitaminas e minerais, ele fica bom em produtos assados, mas não se dissolve em bebidas ou líquidos.

Alcaçuz (*Glycyrrhiza glabra*, ver p. 130). Suas raízes enrugadas, grossas e marrom--escuras contêm gliciricina, um componente que é 50 a 150 vezes mais doce que a cana. Idosos ou pessoas com pressão alta, problemas no coração, rins ou no fígado devem evitar alcaçuz.

Erva-doce asteca (*Phyla scaberrima*, antes conhecida como *Lippia dulcis*). Uma erva perene usada pelos astecas. O componente hernandulcina, encontrado nas folhas, hastes e raízes, é cerca de três vezes mais doce que a sacarose, mas tem um retrogosto um pouco amargo.

Estévia (*Stevia rebaudiana*, ver p. 145). Conhecida como a "erva doce" e usada no Paraguai e na América Central desde a era pré-colombiana, a estévia é 200 a 300 vezes mais doce que a sacarose, sem nenhum dos efeitos colaterais ou calorias desta. Quando usada em sucos ou sobremesas de frutas, deixa um retrogosto suave. Facilmente encontrada em lojas de produtos naturais, a estévia é a mais fácil de achar e usar dentre as ervas doces, mesmo considerando que nos Estados Unidos não é recomendada como substituto do açúcar.

Melado (ver p. 165). O melado mais escuro, cru e de sabor acentuado é melhor que os tipos mais suaves, no aspecto nutricional. O melado é um tipo de xarope concentrado, subproduto do refinamento do açúcar de cana. É rico em vitaminas do complexo B, vitamina E, ferro, cálcio, magnésio, potássio, cromo, manganês e zinco.

Taumatina (*Thaumatococcus danielli*). Uma erva perene da família da araruta, encontrada nas florestas tropicais do leste e oeste da África. A proteína doce taumatina, encontrada na fruta da planta, é até 1.600 vezes mais doce que a sacarose, mas perde a doçura quando aquecida.

Outras frutas e frutinhas vermelhas que podem ser alternativas para o açúcar incluem a *Dioscoreophyllum cumminsii* e a *Synsepalum dulcificum*, chamada de "fruta-milagrosa", ambas comuns em algumas regiões da África.

374   O grande livro dos sucos

Granitas

Sobremesa gelada feita de uma mistura de açúcar, frutas e água, muito conhecida na Itália. Apresenta uma textura mais rústica e mais grosseira que a dos sorvetes. Lembra as raspadinhas, e pode ser feita com as mais variadas frutas. Para obter um resultado mais sólido, mais parecido com um sorbet, pode-se misturar gelatina dissolvida, marshmallow amolecido ou claras de ovos batidas.

Costumam ser servidas em taças geladas grandes, mas é possível moldar porções individuais na forma de um ovo e servir em um prato de sobremesa gelado, com frutas ou ervas. Diferentemente das sobremesas geladas como mousses ou cremes moldados, as granitas não costumam ser servidas com calda.

Rende 4 a 6

Dica:
Use a polpa do Melão-melão (ver a receita na p. 219) ou de qualquer outra receita de suco de frutas que contenha melão.

Granita de laranja e melão

• **Fôrma de pão metálica de 2 litros**

2 xícaras de polpa de melão
2½ xícaras de suco de laranja espremido na hora
2 colheres (sopa) de raspas de casca de laranja
suco de 1 limão-siciliano
½ xícara de açúcar cristal
1 xícara de água
2 claras

1. Misture a polpa com o suco de laranja, as raspas de sua casca, o suco de limão, o açúcar e a água em uma fôrma de pão. Congele por 1 a 2 horas, ou até alcançar uma consistência pastosa.

2. Bata as claras em neve até firmar, mas sem secar. Retire a granita do freezer e bata com um garfo por 20 segundos. Adicione as claras, batendo. Leve de novo ao freezer por 1 hora, ou até firmar. Se estiver duro demais, leve à geladeira para amaciar.

Delícias geladas **375**

GRANITAS

Rende 4 ou 6

Granita de manjericão e pera

- Fôrma de pão metálica de 2 litros

2 xícaras de polpa do suco Refresco de outono (ver a receita na p. 188)
2 xícaras de água
½ xícara de açúcar cristal
2 colheres (sopa) de manjericão fresco picado
2 claras

1. Misture a polpa com a água, o açúcar e o manjericão em uma fôrma de pão. Congele por 1 a 2 horas, ou até alcançar uma consistência pastosa.

2. Bata as claras em neve até firmar, mas sem secar. Retire a granita do freezer e bata com um garfo por 20 segundos. Adicione as claras, batendo. Leve de novo ao freezer por 1 hora, ou até firmar. Se estiver duro demais, leve à geladeira para amaciar.

Iogurtes frozen

Nestas sobremesas o iogurte natural toma o lugar do pesado creme de leite dos sorvetes, mousses e parfaits. É possível substituir o iogurte por tofu macio. O iogurte frozen feito em casa é muito mais saudável que os gelados doces e cheios de gordura, feitos com 18 a 36% de creme de gordura de leite. É melhor que alguns frozen industrializados, que podem conter muito mais açúcar e aditivos químicos.

Rende 4 ou 6

Frozen de banana e laranja

- **Fôrma de pão metálica de 2 litros**

2 xícaras de polpa do suco C-Mix (ver a receita na p. 178)
1 xícara de iogurte natural
1 banana madura amassada
2 colheres (sopa) de melado

1. Misture a polpa com o iogurte, a banana e o melado em uma fôrma de pão. Congele por 1 a 2 horas, ou até firmar. Se a consistência ficar dura demais, leve à geladeira para amaciar.

Rende 4 ou 6

Frozen de morangos

- **Fôrma de pão metálica de 2 litros**

2 xícaras de iogurte natural
2 xícaras de morangos fatiados ou polpa de qualquer suco que contenha morangos
½ xícara de suco de beterraba
3 colheres (sopa) de melado

1. Misture o iogurte, os morangos (ou a polpa), o suco de beterraba e o melado em uma fôrma de pão. Congele por 1 a 2 horas, ou até firmar. Se a consistência ficar dura demais, leve à geladeira para amaciar.

IOGURTES FROZEN

Rende 4 a 6

Frozen de polpa de frutas

Se quiser, adicione até 2 colheres (sopa) de sálvia, tomilho, manjericão, estragão, hortelã, melissa ou hissopo, frescos e picados.

• **Fôrma de pão metálica de 2 litros**

2 xícaras de polpa de frutas ou legumes doces
1 xícara de iogurte natural
3 colheres (sopa) de melado, opcional
1 colher (sopa) de suco de limão-siciliano espremido na hora

1. Misture a polpa com o iogurte, o melado (se desejar) e o suco de limão em uma fôrma de pão. Congele por 1 a 2 horas, ou até firmar. Se a consistência ficar dura demais, leve à geladeira para amaciar.

Rende 4 a 6

Frozen rápido

Para fazer iogurte frozen instantâneo você precisará de um processador potente. O suco e a polpa do suco Abacaxi cítrico (ver a receita na p. 174) funcionam bem nesta receita e não precisam ser adoçados.

• **Fôrma de pão metálica de 2 litros**

2 xícaras de polpa de frutas ou legumes doces
1 xícara de iogurte natural
½ xícara de suco de fruta
2 colheres (sopa) de melado, opcional
3 xícaras de cubos de gelo

1. Misture a polpa com o iogurte, o suco, o melado (se desejar) e os cubos de gelo em um recipiente de processador e trave a tampa. Processe, começando na potência mínima e indo até a máxima, sem destampar. Isso levará de 30 a 60 segundos. Sirva imediatamente.

Picolés

As crianças adoram picolés. Se começarem cedo, também vão adorar sucos de frutas congelados ou uma mistura de polpa e suco sem nenhum tipo de adoçante. Para fazer crianças mais velhas se desacostumarem a ingerir picolés industrializados, faça esta receita primeiro com 2 a 3 colheres (sopa) de melado e depois vá reduzindo.

Use suco ou uma proporção de 1 para 2 de polpa e suco. Sempre bata a polpa no liquidificador antes de usar nos picolés. Os sucos de cenoura, erva-doce e beterraba podem ser misturados a sucos de frutas doces. Se há ervas recomendadas, devido a algum problema de saúde específico, pode-se fazer um chá, coar, misturar com suco de frutas e congelar, para facilitar o consumo pela criança.

Para congelar picolés: Despeje ¼ xícara de suco em copinhos de papel encerado e congele por 1 hora, ou até ficar firme o bastante para segurar o palito. Enfie um palito de madeira no meio e leve de novo ao freezer por 1 hora, ou até endurecer. Há fôrmas plásticas reutilizáveis para fazer essas delícias refrescantes em casa.

Rende 12 picolés

Picolé de frutas vermelhas

- **• 12 copinhos de papel encerado e 12 palitos de madeira**

2 xícaras de suco de framboesas, morangos ou cereja
½ xícara de suco de laranja espremido na hora
½ xícara de suco de beterraba
2 colheres (sopa) de melado, opcional

1. Misture em uma tigela média o suco de framboesas com o de laranja, o de beterraba e o melado, se desejar. Despeje ¼ xícara em cada copinho de papel. Congele por 1 hora, ou até ficar firme o bastante para segurar o palito. Enfie um palito de madeira no meio e leve de novo ao freezer por 1 hora, ou até endurecer.

Delícias geladas **379**

PICOLÉS

| Rende 12 picolés |

Picolé de laranja

• **12 copinhos de papel encerado e 12 palitos de madeira**

2 xícaras de suco de laranja espremido na hora
1 xícara de suco de cenoura
2 colheres (sopa) de melado, opcional
2 colheres (sopa) de raspas de casca de laranja

1. Misture em uma tigela média o suco de laranja, o de cenoura, o melado, se for usar, e as raspas de casca de laranja. Despeje ¼ xícara em cada copinho de papel. Congele por 1 hora, ou até ficar firme o bastante para segurar o palito. Enfie um palito de madeira no meio e leve de novo ao freezer por 1 hora, ou até endurecer.

Apêndice A
Alergias alimentares

Alguns alimentos podem despertar ou agravar problemas de saúde como asma, síndrome de fadiga crônica, depressão, problemas digestivos crônicos, eczemas, dores de cabeça, urticária, síndrome do intestino irritável, enxaqueca, artrite reumatoide e colite ulcerativa, em adultos, e infecções de ouvido e epilepsia, em crianças.

Os sintomas das alergias e intolerâncias alimentares podem incluir infecções ou inflamações crônicas, diarreia, fadiga, ansiedade, depressão, dores nas juntas, erupções na pele, círculos escuros ou inchaço sob os olhos, coceira no nariz ou na garganta, retenção de líquido e glândulas inchadas.

Na reação alérgica típica, um fator desencadeador (como oleaginosas) é identificado erroneamente como "inimigo" pelo sistema imunológico, que parte para se livrar da toxina ofensiva.

Intolerâncias ou sensibilidades alimentares diferem das alergias "clássicas" porque as reações não acontecem de imediato. O resultado disso é que os testes alérgicos frequentemente não conseguem detectar intolerâncias alimentares. Em caso de suspeita de que um alimento possa estar causando um problema crônico, o método mais eficaz de identificar o culpado é fazer uma dieta de eliminação.

As causas das alergias alimentares incluem problemas no sistema digestório e funcionamento deficiente do sistema imunológico. Assim sendo, junto com a eliminação de alimentos suspeitos da dieta, é preciso melhorar a imunidade (ver Deficiência imunológica, p. 39) e a digestão (ver Indigestão, p. 66). Um fator básico para a digestão é o funcionamento do fígado (ver Problemas no fígado, p. 87). Exercícios regulares diários e atividades que reduzam o estresse, como meditação e ioga, melhoram a imunidade.

Os alimentos que mais costumam provocar problemas crônicos de saúde são laticínios, trigo, milho, cafeína, fermento e frutas cítricas. Outros problemas comuns acontecem com alimentos processados e refinados, aditivos e conservantes, ovos, morangos, carne de porco, tomate, amendoim e chocolate. No caso da síndrome do intestino irritável, batata e cebola também são desencadeadores frequentes. Os laticínios são os maiores responsáveis por infecções de ouvido crônicas em crianças.

Alimentos especialmente úteis para reduzir reações alérgicas:
- Frutas e legumes ricos em antioxidantes;
- Iogurte com lactobacilos vivos para restabelecer as bactérias que auxiliam o sistema digestório;
- Flavonoides presentes na casca de legumes e frutas, especialmente as cítricas;
- Ácidos graxos essenciais dos peixes oleosos (arenque, salmão, sardinha, cavalinha), óleo de peixe, sementes de linhaça e óleo de prímula são anti-inflamatórios e reduzem a gravidade, das alergias;
- A vitamina C diminui as reações alérgicas. O brócolis, o suco de limão-siciliano e o chá de rosa-mosqueta são fontes dessa vitamina que não costumam causar reações alérgicas.

Apêndice B
A dieta de eliminação

Preparo
Antes de dar início a uma dieta de eliminação, é preciso consultar-se com um profissional da área médica para descartar a possibilidade de alguma doença séria estar causando os sintomas. Se não há uma doença evidente, é importante perguntar ao médico a opinião dele sobre as dietas de eliminação e seguir as recomendações.

A escolha dos alimentos a serem eliminados
As Diretrizes para uma boa alimentação (ver p. 12) são um bom começo, pois eliminam alimentos refinados e processados, gerando uma melhora na imunidade e na digestão. Os aditivos e conservantes, que são alergênicos alimentares frequentes, devem ser evitados. Quem toma café ou bebida alcoólica regularmente e vai eliminá-los pode ter dor de cabeça. Para evitar esse efeito colateral, deve-se diminuir o consumo aos poucos.

Pode-se eliminar um alimento por vez ou vários. É importante que se mantenha uma ampla variedade de tipos de alimentos na dieta, eliminando os alergênicos alimentares mais comuns, listados na p. 381. Os alimentos já conhecidos que causam alergia não devem ser adicionados à dieta.

Passos da dieta de eliminação
1. Começar a fazer um "diário da dieta", anotando todos os alimentos consumidos a cada dia e os sintomas vivenciados.
2. Eliminar um alimento da dieta por um período de 1 semana. Começar com um que comumente cause sintomas, em especial um que seja sempre consumido. Lembrar que ele deve ser eliminado por completo. Se os ovos forem eliminados da dieta, devem-se evitar também bolos, molhos de salada e outras comidas que possam conter ovos. No caso dos laticínios, é preciso verificar os ingredientes de todos os alimentos para ver se não contêm lactose, ácido lático ou soro de leite. A margarina, por exemplo, costuma conter esses ingredientes.
3. Se forem poucos os sintomas ao eliminar o alimento ou os alimentos escolhidos, deve-se passar para o passo 4, a fim de verificar cada item retirado da dieta. Se não houver melhora nos sintomas, é preciso voltar à dieta Diretrizes para uma boa saúde (ver p. 12) enquanto se escolhe outro alimento para eliminar.
4. Reintroduzir o alimento na dieta, consumindo 2 porções por dia pelos 3 dias seguintes. Se surgir algum sintoma, deve-se suspender imediatamente o consumo e evitar esse alimento por 6 meses, enquanto se tomam medidas para melhorar a imunidade, a digestão e o funcionamento do fígado.

Como reintroduzir alimentos que causam reações adversas
Depois de eliminar o alimento por um período de 6 meses, ele pode lentamente voltar à dieta sem efeitos adversos.

Apêndice C
Ervas a evitar na gravidez

Durante a gravidez, é preciso evitar doses medicinais de todas as ervas, a menos que se tenha total conhecimento sobre suas ações ou haja indicação específica de um profissional especializado. A seguir, relacionamos as ervas mais comumente evitadas durante a gravidez.

Abrótano *Artemesia arboratum*
Açafrão-do-prado *Colchicum autumnale*
Actea *Cimicifuga racemosa* (exceto se indicada)
Actea azul *Caulophyllum thalacthroides* (exceto se indicada)
Alcaçuz *Glycyrrhiza glabra*
Angélica *Angelica archangelica*
Arruda *Ruta graveolens*
Artemísia *Artemesia vulgare*
Asclépia *Asclepias tuberosa*
Babosa *Aloe vera* (apenas para uso externo)
Briônia *Bryonia dioica*
Buchu *Barosma betulina*
Café *Coffea arabia*
Cálamo aromático *Acorus calamus*
Cáscara sagrada *Rhamnus purshiana*
Catinga-de-mulata *Tanacetum vulgare*
Cervina *Rhamnus cathartica*
Confrei *Symphytum officinale*
Dong quai *Angelica sinensis*
Ênula *Inula helenium*
Erva-andorinha *Chelidonium majus*
Estramônio *Datura stramonium*
Falso-jasmim, jasmim-carolina *Gelsemium sempervirens*
Feno-grego *Trigonella foenum-graecum*
Feto-macho *Dryopteris filix-mas*
Fitolaca *Phytolacca decandra*
Frângula *Rhamnus frangula*
Genciana *Gentiana lutea*
Gengibre *Zingiber officinale* (deve ser usado com parcimônia)
Giesta-das-vassouras *Sarothamnus scoparius*
Ginkgo biloba *Ginkgo biloba*
Ginseng *Panax ginseng, Panax quinquefolius, Eleutherococcus senticosus*

Hidraste *Hydrastis canadensis*
Hissopo *Hyssopus officinalis*
Índigo selvagem *Baptisia tinctoria*
Labaça *Rumex crispus*
Lobélia *Lobelia inflata*
Lomatium *Lomatium dissectum*
Losna, absinto *Artemesia absinthum*
Lúpulo *Humulus lupulus*
Ma huang *Ephedra sinensis*
Mahonia *Berberis aquafolia*
Mandrágora americana *Podophyllum peltatum*
Marroio branco *Marrubium vulgare*
Mil-folhas *Achillea millefolium*
Noz-moscada *Myristica fragrans* (deve ser usada com parcimônia)
Óleo essencial (com exceção dos óleos florais, deve ser usado com parcimônia)
Palmeira-anã *Serenoa serrulata*
Papoula *Papiver somniferum*
Pimenta-caiena *Capsicum minimum* (deve ser usada com parcimônia)
Piscídia-da-jamaica *Piscidia erythrina*
Poejo *Mentha pulegium*
Polígala *Polygala senega*
Quina *Cinchona spp.*
Raiz de algodoeiro *Gossypium herbaceum*
Raiz-forte *Amoracia lapathifolia*
Raiz Osha *Ligusticum porterii*
Ruibarbo *Rheum palmatum*
Salsinha *Petroselinum crispum* (deve ser usada com parcimônia)
Sálvia *Salvia officinalis*
Sanguinária *Sanguinaria canadensis*
Sene *Cassia senna*
Tanaceto *Tanacetum parthenium*
Tomilho *Thymus vulgaris*
Trevo-d'água *Menyanthes trifoliata*
Trillium (todas as espécies)
Tuia *Thuja occidentalis*
Tussilagem *Tussilago farfara*
Uva-espim *Berberis vulgaris*
Verbena *Verbena officinalis*
Visco-branco *Viscum album*
Zimbro *Juniperus communis*

Glossário

Ácidos graxos essenciais. São parte essencial de uma alimentação saudável – o corpo humano usa cerca de 20 ácidos graxos para conservar suas funções normais. As gorduras são necessárias para a saúde da pele e do cabelo, condução das vitaminas lipossolúveis (A, D, E e K) e para demonstrar a saciedade depois das refeições. Os três ácidos graxos considerados mais importantes – essenciais – são o linoleico ômega-6, o linoleico ômega-3 e o ácido gama-linolênico. Existem evidências de que aumentando a proporção desses ácidos graxos na alimentação é possível melhorar a imunidade e reduzir os riscos de doenças cardíacas, pressão alta e artrite. A melhor fonte vegetal de ômega-3 na alimentação são as sementes de linhaça. Outras fontes são as sementes de cânhamo, oleaginosas, sementes, azeitonas, abacate e peixes de águas frias.

Adaptogen. Ácido elágico. Fenol vegetal natural com poderosas propriedades anticancerígenas e antienvelhecimento. Pesquisas indicam que ele evita que os receptores celulares absorvam carcinogênicos quimicamente induzidos.

Adaptógeno. Substância que aumenta a resistência ao estresse, equilibrando a função das glândulas e a resposta imunológica, e reforçando assim o sistema imunológico, o sistema nervoso e o sistema glandular. Os adaptógenos promovem a vitalidade. *Exemplos:* astrágalo e ginseng.

Adstringente. Substâncias que secam e contraem, auxiliando a reduzir secreções. *Exemplos:* canela, limão, sálvia, tomilho.

Alergia a leite. Muitos indivíduos, em especial bebês e crianças pequenas, apresentam reações alérgicas à proteína do leite. Essas reações incluem dificuldade respiratória ou chiado, eczema, erupções, acúmulo de muco e sintomas semelhantes aos de asma.

Amadurecer. Em referência a sobremesas geladas, significa deixar que fiquem macias no congelador.

Amargos. Ver p. 220.

Analgésico. Substância que alivia a dor, atuando nos nervos como antisséptica ou revulsiva. *Exemplos:* camomila, filipêndula, noz-moscada, salgueiro.

Anódino. Erva que alivia dor. *Exemplo:* cravo-da-índia.

Antibiótico. Tendo o significado de "contra a vida", os antibióticos são substâncias que destroem os agentes infecciosos, inclusive bactérias e fungos, sem ameaçar a saúde do paciente. *Exemplos:* alho, chá verde, alfazema, sálvia e tomilho.

Antiespasmódico. Aliviam espasmos musculares ou câimbras, inclusive cólicas. *Exemplos:* camomila, gengibre, alcaçuz e hortelã.

Anti-inflamatório. Controla ou diminui o inchaço, a vermelhidão, a dor e o calor, reações do organismo aos ferimentos ou infecções. *Exemplos:* camomila e erva-de-são-joão.

Antioxidante. Composto que protege as células, evitando que os ácidos graxos poli-insaturados das membranas celulares sofram oxidação ou divisão. Fazem isso neutralizando os radicais livres. As vitaminas C, E e o betacaroteno são nutrientes antioxidantes, e os alimentos ricos nesses nutrientes apresentam propriedades antioxidantes. *Exemplos:* alfafa, folhas de beterraba, folhas de dente-de-leão, salsinha, alho, tomilho e agrião.

Antisséptico. Ervas (e outros alimentos) usadas para impedir ou agir contra o crescimento de germes e combater infecções. *Exemplos:* repolho, calêndula, camomila, cravo-da-índia, alho, noz-moscada, cebola, salsinha, hortelã, alecrim, sal, tomilho, cúrcuma e vinagre.

Betacaroteno. O corante natural (carotenoide) que dá às frutas e legumes (como a cenoura) uma forte cor alaranjada. No organismo, converte-se em vitamina A. Entre os benefícios de consumir alimentos ricos em betacaroteno estão: prevenção de câncer, diminuição do risco de doenças cardíacas e melhor função mental. *Exemplos:* abóbora, cenoura, batata-doce, moranga, pimentão vermelho.

Carboidrato. Um importante grupo de vegetais é composto de carbono, hidrogênio e oxigênio. O carboidrato é um açúcar simples, ou seja, uma substância composta de combinações de açúcar simples. As principais fontes de carboidratos nas dietas integrais são os grãos, hortaliças e frutas. Outras fontes incluem os açúcares, adoçantes naturais e xaropes.

Carminativo. Ervas que acalmam os músculos do estômago e são empregadas para aliviar gases e cólicas intestinais. *Exemplos:* pimenta-da-jamaica, cravo-da-índia, alcaravia, endro, erva-doce, alho, gengibre, salsinha, hortelã, sálvia e tomilho.

Catártico. Ervas que têm função de laxante. *Exemplos:* dente-de-leão, alcaçuz e salsinha.

Chá. Em termos rígidos, o chá é definido como sendo uma solução que se faz despejando água fervente em folhas e caules secos e fermentados de uma planta de chá (chá verde ou preto). Em termos mais amplos, o chá pode ser qualquer solução feita despejando-se água fervente em folhas, pétalas ou caules.

Colagogo. Provoca a secreção biliar, auxiliando a digestão e os intestinos. *Exemplos:* raiz de dente-de-leão, alcaçuz, labaça.

Colheita silvestre. A prática de colher as ervas na natureza. Muitas plantas hoje em dia estão em extinção devido ao excesso desse tipo de colheita. Para não contribuir com esse problema, adquira ervas organicamente cultivadas.

Combinação dos alimentos. Ver p. 15.

Decocção. Solução obtida ao levar à fervura em água as partes lenhosas das plantas (raízes, sementes, casca) por 10 a 20 minutos.

Demulcente. Substâncias calmantes que, usadas internamente, protegem os tecidos prejudicados. *Exemplos:* cevada, pepino, alteia, feno-grego.

Depurativo. Ervas empregadas para limpar o sangue. *Exemplos:* bardana, raiz de dente--de-leão, cebola, urtiga e labaça.

Diaforético. Ervas usadas para induzir o suor. *Exemplos:* pimenta-caiena, camomila, canela, gengibre e raiz-forte.

Dieta macrobiótica. Consumo de alimentos integrais sazonais e regionais. Grãos integrais, hortaliças, frutas (exceto frutas tropicais), leguminosas e feijões, pequenas quantidades de peixe ou de carne orgânica, algas, oleaginosas e sementes.

Digestivo. Substâncias que auxiliam a digestão. Ver Indigestão, p. 66 e a seção sobre Aperitivos e digestivos, pp. 220-30.

Dismenorreia. Menstruação acompanhada de cólicas incapacitantes devido à sua intensidade.

Diurético. Alimentos que aumentam o fluxo de urina. Devem ser usados por um curto período de tempo. *Exemplos:* pepino, bardana, folha e raiz de dente-de-leão, semente de erva-doce, limão-siciliano, tília, salsinha e semente de abóbora.

Dose terapêutica. Quantia recomendada por um herborista para a cura de certas enfermidades, que é em geral maior e usada por períodos mais longos do que as ervas usadas na culinária (que ajudam a saúde). Trata-se de quantias padronizadas de ervas específicas.

Elixir. Tônico que fortifica ou reforça o organismo, estimulando e recuperando a saúde.

Emenagogo. Ervas que estimulam a menstruação. *Exemplos*: calêndula e camomila.

Emético. Substância usada para provocar vômito e expelir toxinas. *Exemplos*: sal, noz-moscada e mostarda.

Enzimas. Elementos presentes nos alimentos que agem como catalisadores das reações químicas do organismo, propiciando uma digestão eficiente e a absorção de nutrientes, facilitando os processos metabólicos que sustentam o desenvolvimento dos tecidos, oferecendo níveis altos de energia e promovendo uma boa saúde. As enzimas são destruídas por temperaturas muito altas, mas com sucos elas permanecem intactas.

Estimulante. Ervas que têm como efeitos maior concentração mental e aumento de atividade. *Exemplos*: manjericão, pimenta-caiena, canela, hortelã e alecrim.

Estíptico. Ervas que provocam a contração dos capilares, interrompendo sangramentos superficiais. *Exemplos*: calêndula e pimenta-caiena.

Expectorante. Ervas que auxiliam a aliviar a congestão causada pelo muco nos resfriados. *Exemplos*: tussilagem, sabugueiro, alho, gengibre, hissopo, verbasco e tomilho.

Febrifugal. Ervas que ajudam a reduzir febres. *Exemplos*: camomila, sálvia e mil-folhas.

Fibras. Carboidratos indigeríveis. As fibras auxiliam o organismo a se proteger de problemas intestinais. Melhores fontes: frutas e hortaliças cruas, sementes e grãos integrais. Entre os tipos de fibra encontram-se a pectina, que diminui o risco de doenças cardíacas (reduzindo o colesterol) e ajuda a eliminar as toxinas. É encontrada sobretudo nas frutas, como maçã, frutas vermelhas, frutas cítricas, legumes e ervilhas secas.

A celulose ajuda a combater as veias varicosas, constipação, colite e tem um papel importante contra o câncer de cólon. Como é encontrada nas camadas exteriores das frutas e hortaliças, é importante adquirir produtos orgânicos e não tirar a casca. A hemicelulose das frutas, hortaliças e grãos auxilia na perda de peso, combate a constipação, diminui o risco de câncer de cólon e ajuda a eliminar toxinas cancerígenas do trato intestinal. A lignina é uma fibra conhecida por reduzir o colesterol, combater a formação de cálculo biliar e auxiliar no tratamento da diabetes. É encontrada apenas nas frutas, hortaliças e na castanha-do-pará. Ao preparar sucos, a polpa ou fibra fica separada do suco puro e é em geral descartada. Por isso é importante incluir frutas frescas cruas e hortaliças ou bebidas preparadas com polpa para se obter uma alimentação saudável.

Fitoquímicos. Elementos químicos de origem vegetal. O prefixo grego *"phyto"* significa "planta".

Flatulência. Gases gerados pela má digestão. Ver Carminativo, p. 385.

Hepático. Ervas que reforçam, tonificam e estimulam as funções secretoras do fígado. *Exemplos*: dente-de-leão, melissa, cardo-mariano, alecrim e cúrcuma.

Hipotensivo. Ervas usadas para reduzir a pressão sanguínea. *Exemplo*: alho, espinheiro, flor de tília e mil-folhas.

Intolerância a lactose. Deficiência da enzima digestiva lactase, que quebra e decompõe a lactose, o açúcar do leite de seres humanos e animais. Sem lactase suficiente, o açúcar fermenta no intestino grosso, causando inchaço, diarreia, dores abdominais e gases.

Isoflavona. É um fitoestrogênio, a versão vegetal do hormônio estrogênio. Encontrada nas oleaginosas, soja e leguminosas, as isoflavonas auxiliam a prevenir diversos tipos de câncer, inclusive o pancreático e os cânceres de cólon, mama e próstata, ao conservar a vitamina C no organismo e agir como antioxidante.

Laxante. Ervas que estimulam os intestinos e devem ser usadas por curtos períodos. *Exemplos:* raiz de dente-de-leão, raiz de alcaçuz, ruibarbo e labaça.

Mucilagem. Substância espessa e grudenta como cola, encontrada em altas concentrações em algumas ervas, que contêm seus ingredientes ativos e ajuda a disseminá--los, ao mesmo tempo que alivia inflamações superficiais. *Exemplos:* raiz de confrei, raiz de alteia e raiz de olmo.

Nervino. Ervas usadas para acalmar a ansiedade e o estresse e nutrir os nervos, reforçando as fibras nervosas. *Exemplos:* camomila, melissa, aveia, escutelária, erva--de-são-joão, tomilho, valeriana e verbena.

Óleos voláteis. Componentes essenciais encontrados nas partes aéreas das ervas. Costumam ser extraídos para a obtenção dos óleos essenciais e são antissépticos, facilmente absorvidos e bastante eficazes para estimular as partes do corpo onde são aplicados.

Organosulfetos. Ficou demonstrado que esses compostos reduzem a pressão sanguínea, o nível de colesterol e a coagulação sanguínea. *Exemplos:* alho e cebola.

Proteína. "Tijolo" fundamental para a estrutura do organismo. A proteína é necessária para um desenvolvimento saudável e recuperação das células, para a reprodução e para combater infecções. Consiste de 22 aminoácidos diferentes (denominados de "aminoácidos essenciais"), 8 dos quais são especialmente importantes, pois não podem ser produzidos pelo organismo. Um alimento que contenha esses 8 aminoácidos é considerado uma proteína completa. A proteína de origem animal – da carne, peixe, aves e laticínios – é completa. As únicas fontes vegetais de proteína completa são a soja e os produtos à base dela, mas novas pesquisas têm indicado que o conteúdo proteico dos legumes pode ser suficiente para substituir a proteína animal. O alimento que contenha alguns, mas não todos os 8 aminoácidos essenciais, é denominado fonte de proteína incompleta. Oleaginosas, sementes, leguminosas, cereais e grãos são vegetais que nos oferecem a proteína incompleta. Se a refeição incluir alimentos de duas fontes de proteína incompleta complementares, o organismo irá combinar a proteína incompleta na proporção adequada para obter uma proteína completa. Por exemplo, muitas culturas têm como tradição pratos com legumes e cereais integrais. Cientificamente, essa combinação oferece um bom equilíbrio de aminoácidos (proteína completa) para a dieta, pois os legumes são pobres em metionina e ricos em lisina, enquanto os cereais integrais são ricos em metionina e pobres em lisina. Quando consumidos juntos, o organismo os combina para formar uma proteína completa. Oleaginosas e sementes devem ser combinadas com laticínios ou proteína de soja a fim de se obter proteína completa.

Purgante. Substâncias que estimulam os movimentos intestinais e aumentam a peristalse intestinal. *Exemplo:* labaça.

Radicais livres. Compostos bastante instáveis que atacam as membranas celulares, causando a quebra das células, o envelhecimento e a predisposição a algumas doenças. Têm origem em causas ambientais, como a exposição à radiação, raios ultravioleta, tabagismo, ozônio e alguns medicamentos. Os radicais livres também são formados por enzimas e durante o metabolismo de energia. Ver também Antioxidante, p. 384.

Rizoma. Caule subterrâneo, em geral grosso e carnudo. *Exemplos:* gengibre e cúrcuma.

Rubefaciente. Ervas que, aplicadas na pele, estimulam a circulação sanguínea da região, levando mais sangue até a pele e aumentando o calor dos tecidos. *Exemplos:* pimenta-caiena, alho, gengibre, raiz-forte, mostarda, sementes, óleos de alecrim, hortelã, tomilho e gualteria.

Glossário 387

Sedativo. Ervas que têm um forte efeito calmante sobre o sistema nervoso, aliviando tensões e provocando sono. *Exemplos:* camomila, alface, tília, alfazema, valeriana.

Tanino. Componente químico encontrado em ervas, que provoca adstringência (ver Adstringente, p. 384) e ajuda a estancar sangramentos internos. *Exemplos:* café, chá, verbena, hamamélis.

Tintura. Extrato de ervas líquido feito a partir do embebimento das ervas em solventes (em geral, álcool), cujo propósito é extrair os componentes medicinais das plantas. Alguns herboristas afirmam que as tinturas são a maneira mais eficaz de consumir as ervas, pois elas contêm uma ampla gama dos elementos químicos e são de fácil absorção.

Tisana. Termo "oficial" para designar a infusão feita de ervas frescas e secas em água fervente. O termo "chá" é também empregado quando se trata de ervas.

Tônico. Ver p. 282.

Utensílios de cozinha não reagentes. Os ácidos dos alimentos podem reagir com certos materiais, gerando a oxidação de alguns ingredientes, além de descorar o próprio material. Os materiais não reagentes adequados para o preparo de chás incluem o vidro, ferro fundido esmaltado ou aço inoxidável esmaltado. Embora as panelas de ferro fundido sejam recomendadas para a culinária (uma refeição preparada em panela de ferro fundido oferece 20% da quantidade diária recomendada de ferro) e os utensílios de aço inoxidável não sejam reagentes, nenhum deles é recomendável para o preparo de chás ou infusões.

Vasodilator. Erva que dilata os vasos sanguíneos, melhorando a circulação em braços, mãos, pernas, pés e no cérebro. *Exemplos:* hortelã e sálvia.

Vulnerário. Medicamento à base de ervas que auxilia a cicatrizar feridas e reduz inflamações. *Exemplos:* aloe vera, calêndula, confrei, raiz de alteia e olmo em pó.

Bibliografia

Bartram's Encyclopedia of Herbal Medicine. Thomas Bartram. Dorset: Grace Publishers, 1995.

The Complete Book of Ayurvedic Home Remedies. Vasant Lad. Nova York: Three Rivers Press, 1998.

The Complete Woman's Herbal. Anne McIntyre. Nova York: Henry Holt and Company, 1995.

Encyclopedia of Natural Medicine. Michael Murray, N.D. e Joseph Pizzorno, N.D. Rocklin, CA: Prima Publishing, 1991.

A Field Guide to Medicinal Plants. Stephen Foster and James A. Duke. Nova York: Houghton-Mifflin Company, 1990.

Food: Your Miracle Medicine. Jean Carper. Nova York: Harper Collins Publishers, Inc., 1993.

The Green Pharmacy. James Duke, Ph.D. Emmaus, PA: Rodale Press, 1997.

The Healing Herbs Cookbook. Pat Crocker. Toronto: Robert Rose, 1996.

Healing Plants: A Medicinal Guide to Native North American Plants and Herbs. Ana Nez Heatherley. Toronto: HarperCollins Publishers, 1998.

Healing Wise. Susun Weed. Woodstock, NY: Ash Tree Publishing, 1989.

Healing with Herbal Juices. Siegfried Gursche. Vancouver: Alive Books, 1993.

Healing with Whole Foods: Oriental Traditions and Modern Nutrition. Paul Pitchford. Berkeley: North Atlantic Books, 1993.

Herbal Remedies for Women. Amanda McQuade Crawford. Rocklin, CA: Prima Publishing, 1997.

Herbal Tonics. Daniel B. Mowrey, Ph.D. New Canaan, CT: Keats Publishing, 1993.

Identifying and Harvesting Edible and Medicinal Plants. Steve Brill with Evelyn Dean. Nova York: Hearst Books, 1994.

The Lactose-Free Family Cookbook. Jan Main. Toronto: Macmillan Canada, 1996.

Meals That Heal. Lisa Turner. Rochester, VT: Healing Arts Press, 1996.

The Multiple Sclerosis Diet Book. Dr. Roy Swank. Nova York: Bantam Doubleday Dell Publishing Group, 1977.

The Natural Pregnancy Book. Aviva Jill Romm. Freedom, CA: The Crossing Press, 1997.

The New Holistic Herbal. David Hoffman. Rockport, MA: Element Books, 1992.

Nutritional Healing. Denise Mortimer. Boston: Element Books, 1998.

Nutritional Influences on Illness. Melvyn Werbach, M.D. Tarzana, CA: Third Line Press, 1996.

Rodale's Basic Natural Foods Cookbook. Charles Gerras, Editor. Emmaus, PA: Rodale Press, 1984.

The Vegetarian Cook's Bible. Pat Crocker. Toronto: Robert Rose, 2007.

Fontes

Associações de ervas e orgânicos/ Organizações/Informações

American Botanical Council
P.O. Box 144345, Austin Texas, 78714-4345
Telefone: (512)926-4900
www.herbalgram.org

Canadian Herb Society
5251 Oak Street
Vancouver BC Canada V6M 4H1
Uma rede de entusiastas das ervas.

Canadian Organic Growers (COG)
Box 6408, Station J
Ottawa, ON Canada K2A 3Y6
Telefone: (613)231-9047
www.cog.ca
Rede nacional canadense de informação para fazendeiros, jardineiros e consumidores de alimentos orgânicos.

Herb Society of America
9019 Chardon Road, Kirtland, OH 44094
Telefone: (440)256-0514 Fax (440)256-0541
www.herbsociety.org
Grupo bem organizado de entusiastas das ervas, com 6 distritos e muitas unidades locais ativas.

International Herb Association
910 Charles Street
Fredericksburg, VA 22401
Telefone: (540)368-0590 Fax (540)370-0015
www.iherb.org
Organização profissional de cultivadores de ervas e donos de comércios relacionados.

Ontarbio
RR#1 Durham, Ontario N0G 1R0
Telefone: (519)369-5316
www.ontarbio.com
Cooperativa de fazendeiros que produzem alimentos orgânicos.

Organic Consumers' Association
6101 Cliff Estate Road
Little Marais MN 55614
Telefone: (218)226-4164 Fax (218)226-4157
www.organicconsumers.org
Excelentes dicas e informações sobre uma ampla gama de questões relacionadas a alimentos.

Organic Trade Association (OTA)
P.O. Box 547 Greenfield, MA 01302-0547
Telefone: (413)774-7511 Fax (413)774-6432
www.ota.com
Busca conscientização e maior entendimento da produção de orgânicos, e também serve como porta-voz do ramo.

Ervas orgânicas: plantas, ervas secas, tinturas

www.chineseherbsdirect.com
Ervas chinesas a granel.

www.wisewomanherbals.com
Fórmulas e tinturas.

www.gaiagarden.com
Ervas secas, chás, óleos essenciais, tinturas.

Four Elements Herbals
E. 8984 Weinke Road
North Freedom, WI, 53951
Telefone: (608)522-4492
natures@chorus.net
www.fourelementsherbals.com
Fazenda certificada de ervas orgânicas. Tinturas (incluindo Immune Blend, Chi Charge, Sleep Support, Nerve Support e Liver-Kidney Blend), essências florais, chás e cosméticos. Fazem vendas por atacado ou aceitam encomendas por e-mail.

Frontier Natural Products Co-operative
2990 Wilderness Place, Suite 200
Boulder, CO 80301
Telefone: (303)449-8137 Fax: (303)449-8139
www.frontiercoop.com
Fornecedor de ervas a granel.

Richters Herbs
357 Highway 47
Goodwood, ON Canada L0C 1A0
Telefone: (905)640-6677 Fax: (905)640-6641
orderdesk@richters.com
www.richters.com
Especialistas em ervas com mais de 800 variedades, e experiência desde 1969. É possível encomendar sementes, plantas e livros por e-mail. Catálogo gratuito, em cores. Seminários e eventos gratuitos.

Índice remissivo

Observação: As referências a páginas em negrito indicam uma entrada na seção Alimentos saudáveis.

A

abacate, **102**
  Abacate com abacaxi, 313
  Ferro gelado, 260
  Gazpacho de abacate, 308
  Shake de abacate, 350
  Vitamina de gengibre, 273
abacaxi, 67, **102-3**, 230
  Abacaxi avermelhado, 174
  Abacaxi C, 314
  Abacaxi cítrico, 174
  Abacate com abacaxi, 313
  Abacaxi cremoso, 221
  Abacaxi e frutas
    vermelhas, 174
  Abacaxi e pimentão, 175
  Ameixas com alcaçuz, 314
  Antigripal, 291
  Batida tropical, 221
  Carambola no copo, 177
  Combo de frutas
    vermelhas, 339
  Condimentado, 294
  Coquetel cremoso de
    laranja, 329
  Coquetel de abacaxi
    e kiwi, 329
  Coquetel matinal de
    melão, 333
  Coquetel pós-jantar, 226
  Cranberry, 179
  Festa das cerejas, 316
  Folhas sublimes, 260
  Frapê de abacaxi e sálvia-
    -ananás, 364
  Kiwi picante, 222
  Marinada de mamão, 308
  Mingau de figo, 317
  Ouro líquido, 318
  Pera e abacaxi, 187
  Piña colada diferente,
    268
  Ponche de frutas, 344

  Quentão de abacaxi
    e cranberry, 337
  Reconfortador, o, 260
  Sabor dos trópicos, 320
  Shake tropical, 352
  Suco saladinha, 207
  Trópicos, 321
  Uvas do bem, 229
  Vitamina B, 321
  Vitamina de frutas
    vermelhas, 324
Abacaxi cremoso, 221
Abacaxi e pimentão, 175
abóbora
  Coração de abóbora, 216
  Magia verde, 203
  Pão de abóbora e tomilho,
    310
Abóbora especial, 192
abobrinha, **117**
  Coquetel suco de tomate,
    333
  Refrescante, o, 204
açaí, **103**
  Ataque das frutas
    vermelhas, 242
  Batida de iogurte e frutas
    vermelhas, 256
  Combo de açaí, 271
  Cranberry e açaí, 246
  Fruta da vida, 249
  Relaxante de
    framboesa, 281
  Vitamina de açaí, 254
  Vitamina gelada de laranja,
    273
acelga. *Ver também* verduras
  Algacelga, 263
  Folhas sublimes, 260
  Green peace, 280
acelga chinesa
  Refresco crucífero, 238
acne, 84-5
Acorde e brilhe, 214
açúcar, 362, 370
  alternativas ao, 145, 374
  natural, 7
açúcar de tâmaras, 374

açúcar no sangue, 64-5, 102
adaptógeno, 283
agrião, **117-8**, 232
  Agrião, 192
  Coquetel de tomate
    e pimentão, 332
  C-Verde, 199
  Festa da primavera, 201
  Solvente de cálculos, 206
  Tônico dente-de-leão, 208
agripalma, **129-30**
  Para lactantes, 302
Água digestiva, 223
AIDS (Síndrome de
imunodeficiência adquirida),
  24-5
aipo, **118**. *Ver também*
    semente de aipo
  Agrião, 192
  Aipo, 193
  Alcachofra oito, 193
  Antioxidante de alho, 241
  Beterrabas ardentes, 195
  Cenoura e maçã, 197
  Cesta da horta, 276
  Construtor ósseo, 259
  Coquetel cajun, 328
  Coquetel de couve-flor,
    330
  Coquetel de repolho, 332
  Coquetel digestivo, 226
  Coração de beterraba, 216
  Couve-repolho, 198
  Destruidor de gota, 200
  Espiral, a, 255
  Gazpacho de abacate, 308
  Green peace, 280
  Hora de dormir, 280
  Imunidade, 202
  Lanche líquido, 203
  Magia verde, 203
  Melhor da colheita, o, 272
  Molho curry, 309
  Pepino e pêssego, 204
  Refrescante, o, 204
  Saúde hormonal, 239
  Shot flamejante, 337
  Solvente de cálculos, 206

Suco calmante de
camomila, 281
Suco saladinha, 207
Surpresa de algas marinhas,
207
Verduras, 211
Verduras amargas, 233
Aipo, 193
albízia, flor, 274
alcachofra-de-jerusalém, **118**
Alcachofra e cenoura, 193
Alcachofra oito, 193
Brócolis e alcachofra, 196
Alcachofra e cenoura, 193
Alcachofra oito, 190
alcaçuz, 67, **130**, 282, 287,
354, 374
Adaptógeno, 283
Alimento para os nervos, 264
Ameixas com alcaçuz, 314
Chá carminativo de James
Duke, 224
Chá de auxílio aos
pulmões, 270
Chá de camomila com
alcaçuz e gengibre, 277
Chá de limpeza, 288
Chá digestivo e
antiestresse, 278
Chá imunorregulador, 245
Chá misto para os ossos, 258
Chá para a suprarrenal, 234
Contra gota, 295
Contra gripe e resfriado, 245
Decocção de raízes, 288
Limões e laranja, 184
Mistura de raízes para
café, 359
Mix para chá imunizante,
252
Para lactantes, 302
Pera e erva-doce, 188
Purê de maçã (dica), 311
Quentão de abacaxi e
cranberry, 337
alecrim, **130**
Alimento para os nervos, 264
Antioxidante de tomilho,
242
Chá levanta-moral, 266
Chá para a circulação, 267
Energizante, 297

Equilíbrio hormonal, 235
Frapê de frutas vermelhas
e alecrim, 367
Para boa memória, 301
Repolho e alecrim, 205
Uvas poderosas, 191
alergias, 25-6, 381
alface. *Ver* verduras
alface-brava, **131**
alfafa, 131, 282
Adaptógeno, 283
Chá da mamãe, 293
Suco para as células, 289
Tônico geral, 284
Tônico T, 254
Vagem, 261
alfarroba, **163**
Alfarroba quente, 348
Antídoto contra ansiedade
(dica), 355
Batida betacaroteno, 348
Café de inverno, 356
Café de raízes, 357
Café de sementes, 357
Chai com oleaginosas
(dica), 348
Frapê de banana, 349
Leite de coco com
alfarroba, 347
Shake de nozes, 351
Alfarroba quente, 348
alfazema, **131-2**, 342
Chá calmante, 276
Chá levanta-moral, 266
Chá relaxante, 279
Cura-ressaca (chá), 296
Cura-ressaca (suco), 180
Frapê de alfazema e erva-
-doce, 365
Lavanda, 300
Néctar de flores, 341
Ponche de alfazema, 343
algas marinhas, **163**. *Ver*
também dulse; kelp
Beterraba verde, 195
Construtor ósseo, 259
Coquetel de couve-flor, 330
Surpresa de algas
marinhas, 207
Vitamina com alga
marinha, 322
Vitaminas do mar, 269

algas verdes, **163**. *Ver*
também spirulina
Acorde e brilhe, 214
Vitamina poder mineral, 262
alho, **119**, **132**, 240
Antibiótico ardente, 194
Antioxidante de alho, 241
Beterraba com olmo, 194
Beterrabas ardentes, 195
Brócolis com gengibre, 196
Cenoura allium, 197
Contra gripe e resfriado, 245
Coquetel cajun, 328
Coquetel de repolho, 332
Coquetel de tomate e
pimentão, 332
Coquetel digestivo, 226
Coquetel suco de tomate,
333
Coração de abóbora, 216
Destruidor de gota, 200
Gazpacho de abacate, 308
Imunidade, 202
Repolho com pimentões,
228
Salada de repolho, 311
Salsa cajun, 312
Suco quente de tomate, 312
alho-poró, **119**
Alcachofra oito, 193
Suculento, 207
Alimento para os nervos, 264
alimentos, 15, 101
alergias a, 381
para suco, 100-67
alopecia, 27
alteia, **132-3**, 354
Antídoto contra ansiedade,
355
Chá de auxílio aos
pulmões, 270
Chá digestivo e
antiestresse, 278
Fluir, 298
amamentação, 27-8
Amanhecer supremo, 176
amaranto, 163
ameixa, **103-4**. *Ver*
também ameixas secas
Abacaxi e pimentão, 175
Ameixa para imunidade,
241

392   O grande livro dos sucos

Ameixas com alcaçuz, 314
Chá verde e mirtilos, 245
Coração roxo, 217
Coração vermelho, 217
Estrela azul, 248
Horizonte vermelho, 183
Maçãs condimentadas, 336
Mais romã, 218
Morangos e framboesas, 252
Néctar de verão, 187
Poder roxo, 261
Roma romã, 189
ameixas secas. *Ver também* ameixas
Ameixa para imunidade, 241
Mexerica e linhaça, 251
Vitamina de ameixas secas, 323
amêndoas. *Ver também* leite de amêndoas
Antídoto contra ansiedade, 355
Batida betacaroteno, 348
Batida de iogurte e frutas vermelhas, 256
Bomba de energia, 257
Clássico, o, 318
Coquetel cítrico, 328
Shake de pera e amêndoas, 351
Vitamina poder mineral, 262
amenorreia, 86-7
amora, **99**
Abacaxi avermelhado, 174
Azedinho, 215
Carambola e frutas vermelhas, 176
Chá verde e mirtilos, 245
Combo de frutas vermelhas, 339
Estrela azul, 248
Frutas vermelhas e limão, 227
Frutinhas da juventude, 249
Groselha mista, 182
Mexerica e laranja, 236
Poder roxo, 261
anemia, 28-9
anis-estrelado
Mistura para chai indiano, 360
Ponche de alfazema, 343

Shake tropical, 352
Sorbet de chá verde, 371
ansiedade, 21, 29-30
Antibiótico ardente, 194
Antídoto contra ansiedade, 355
Antigripal, 291
Antioxidante de alho, 241
Antioxidante de tomilho, 242
antioxidantes, 7, 52, 116, 128
aperitivos, 220-2
arame, 163. *Ver também* algas marinhas
arnica, **158**
Fluir, 298
arroz
Arroz-doce com maçã, 307
Arroz-doce com limão--siciliano, 307
arteriosclerose, 14
articulações, 18. *Ver também* artrite; sistema músculo--esquelético
artrite, 19, 30-2
artrite reumatoide, 19, 30-2
asma, 22, 25-6
asparago, **119**
Festa da primavera, 201
Fólico extra, 202
Remédio de repolho, 219
Suco ABC, 206
Auxílio para os nervos, 265
aveia, **133**, 163-4. *Ver também* palha de aveia
Antídoto contra ansiedade, 355
Laranja com aveia, 271
Maçãs condimentadas, 336
Mix para chá imunizante, 252
Vitamina de cereja com creme, 269
azedinha, 232
Verduras amargas, 233
Azedinho, 215
azia, 16, 33

B
bagas de sabugueiro, **104**, **156**, 287
Antigripal, 291
Grogue antibiótico, 250
banana, **104-5**

Bomba de energia, 257
Cereja azul, 315
Clássico, o, 318
congelar bananas, 349
Coquetel dos trópicos, 315
Festa das cerejas, 316
Frapê de banana, 349
Frozen de banana e laranja, 377
Leite de amêndoas com banana, 316
Mania de manga, 317
Ouro líquido, 318
Ponche de frutas, 344
Raspadinha de frutas congeladas, 319
Reconfortador, o, 260
Sabor dos trópicos, 320
Shake de nozes, 351
Trópicos, 321
Vitamina B, 321
Vitamina de açaí, 254
Vitamina de ameixas secas, 323
Vitamina de frutas vermelhas, 324
batata-doce
Abóbora especial, 192
Escudo antiferrugem 1, 247
Batida betacaroteno, 348
Batida tropical, 221
Bebida quente de tomate, 334
bergamota, 342
Limonada do jardineiro, 340
Betacaroteno, 176
beterraba, 119-20. *Ver também* suco de beterraba
Beterraba, 194
Beterraba calmante, 275
Beterraba com olmo, 194
Beterraba verde, 195
Beterrabas ardentes, 195
Combo de frutas vermelhas, 339
Coquetel de repolho, 332
Coquetel digestivo, 226
Coquetel suco de tomate, 333
Coração de beterraba, 216
Diabo vermelho, 201
Festa da primavera, 201
Força do Popeye, a, 256

Índice remissivo **393**

Hora de dormir, 280
Maçã com beterraba e
    pera, 185
Mix de tubérculos, 204
Ponche de maçã e laranja,
    345
Respire bem, 272
Saúde da hipófise, 239
Sorbet de morangos e
    beterraba, 373
Suco de limpeza vermelho,
    289
Tomate azedinho, 208
Verduras, 211
Vitamina de gengibre, 273
Beterraba verde, 195
Beterrabas ardentes, 195
bitters, 231-3
Bomba de energia, 257
borragem, **135**
    Chá para a suprarrenal, 234
    Framboesas com melissa,
        267
    Refresco de pepino, 205
    Sopro de outono, 273
brócolis, **120**
    Antioxidante de alho, 241
    Brócolis com gengibre, 196
    Brócolis e alcachofra, 196
    Brócolis e cenoura, 196
    Cenoura picante, 198
    Construtor ósseo, 259
    Coquetel de couve-flor, 330
    Crucíferos, 199
    Deusa verde, 200
    Escudo antiferrugem 1, 247
    Fonte da juventude, 248
    Melhor da colheita, o, 272
    Pimentão vermelho, 253
    Presente verde, 253
    Refresco crucífero, 238
    Saúde da hipófise, 239
    Suco ABC, 206
    Vitamina cremosa de
        brócolis, 262
bronquite, 35
brotos, **163**
    Suco saladinha, 207
buchu, **135**

C
café, 354

substitutos para, 353-60
Café de inverno, 356
Café de raízes, 357
Café de sementes, 357
cafeína, 354
câimbras, 19
cálculo renal, 79-80
cálculos biliares, 35-6
calêndula, 67, **135-6**, 230
    Chá anti-herpes, 243
    Néctar de flores, 341
camomila, 67, **136**, 230, 274,
    342. *Ver também* chá de
    camomila
    Alimento para os nervos, 264
    Auxílio para os nervos, 265
    Cereja da aurora, 177
    Chá carminativo de James
        Duke, 224
    Chá de camomila com
        alcaçuz e gengibre, 277
    Chá digestivo e
        antiestresse, 278
    Chá imunorregulador, 245
    Chá sonífero, 279
    Cura-ressaca (chá), 296
    Delícia de dente-de-leão,
        232
    Equilíbrio hormonal, 235
    Lavanda, 300
    Maçã e camomila, 268
    Verde gigante, 303
    Vitamina calmante de
        camomila, 322
    Xô, enxaqueca, 304
câncer, 16, 22, 80-1
câncer de cólon, 16
candidíase, 37-8
canela, 67, **136**, 230
    Cenoura condimentada,
        275
    Cenoura picante, 198
    Chá contra alergias, 244
    Chá para a circulação, 267
    Condimentado, 294
    Delícia de laranja, 180
    Energizante, 297
    Fluir, 298
    Grogue antibiótico, 250
    Maçã e pera, 186
    Mistura de raízes para
        café, 359

Mistura para chai indiano,
    360
cânhamo, **166**
carambola, **105**
    Alivia-ressaca, 175
    Carambola e frutas
        vermelhas, 176
    Carambola no copo, 177
    Estrela azul, 248
    Estrela dourada, 259
    Laranja e carambola, 183
    Shake tropical, 352
Carambola no copo, 177
carboidratos, 15
cardamomo, **137**
    Cenoura condimentada, 275
    Chá para a circulação, 267
    Mistura para chai indiano,
        360
cardo-mariano, **137**, 287
    Spa especial, 320
casca de olmo vermelho, **153**
    Beterraba com olmo, 194
    Chá de papaia
        condimentado, 224
    Chá digestivo e
        antiestresse, 278
    Framboesas e gengibre, 298
    Trópicos (dica), 321
cascas de frutas cítricas, 356
    Café de inverno, 356
    El diablo verde, 247
castanha. *Ver oleaginosas*
castanheiro-da-índia, **137-8**
catarata, 88-9
cavalinha
    Chá misto para os ossos, 258
cebolas, **120-1**
    Antioxidante de alho, 241
    Azedinho, 215
    Coração de beterraba, 216
    Couve-repolho, 198
    Ervilhas e cenoura, 201
    Melhor da colheita, o, 272
    Molho curry, 309
    Refresco crucífero, 238
    Vigor, 229
cenoura, **121**. *Ver também*
    suco de cenoura
    Aipo, 193
    Alcachofra e cenoura, 193
    Alcachofra oito, 193

Antibiótico ardente, 194
Azedinho, 215
Bardana e melão, 243
Betacaroteno, 176
Beterraba, 194
Beterraba calmante, 275
Brócolis e cenoura, 196
Cabeça de repolho, 223
Cenoura allium, 197
Cenoura com erva-doce e
  laranja, 177
Cenoura condimentada, 275
Cenoura e maçã, 197
Cenoura na cabeça, 197
Cenoura picante, 198
Cesta da horta, 276
Coquetel de couve-flor, 330
Coquetel de repolho, 332
Coquetel de tomate e
  pimentão, 332
Coquetel digestivo, 226
Coração de abóbora, 216
Coração de beterraba, 216
Couve-repolho, 198
Delícia de ervilhas, 199
Delícia de laranja, 180
Dente-de-leão amargo, 233
Despertador, 181
Destruidor de gota, 200
Ervilhas e cenoura, 201
Escudo antiferrugem 1, 247
Escudo antiferrugem 2, 248
Explosão beta, 181
Ferro gelado, 260
Fonte da juventude, 248
Frapê de cenoura com
  erva-doce e laranja, 365
Gole amargo, 233
Imunidade, 202
Kelp, 203
Lanche líquido, 203
Laranja com aveia, 271
Laranja picante, 184
Maçã e cranberries, 185
Melhor da colheita, o, 272
Mix de tubérculos, 204
Pimentão vermelho, 253
Reforço verde, 247
Repolho e alecrim, 205
Respire bem, 272
Salada de repolho, 311
Saúde da hipófise, 239

Saúde hormonal, 239
Solvente de cálculos, 206
Sopro de outono, 273
Suco ABC, 206
Suculento, 207
Surpresa de algas marinhas,
  207
Tomate azedinho, 208
Urtiga com frutas, 268
Cenoura condimentada, 275
Cenoura picante, 198
centeio, 164
centella asiática, **138**
  Chá para a suprarrenal, 234
cereais, **163-4**. *Ver também
  tipos específicos de cereais*
cerefólio-cheiroso, 342
  Chá formador de ferro, 257
  Chá sonífero, 279
  Combo de frutas
    vermelhas, 339
  Criador de ferro, 284
  Verde gigante, 303
cereja, **105**
  Abacaxi e frutas
    vermelhas, 174
  Ameixas com alcaçuz, 314
  Bomba de energia, 257
  Cereja azul, 315
  Cereja da aurora, 177
  Combo de açaí, 271
  Coração roxo, 217
  Festa das cerejas, 316
  Frutas vermelhas e melão,
    182
  Frutinhas da serenidade, 280
  Mais romã, 218
  Mirtilos, 187
  Picolé de frutas
    vermelhas, 379
  Romã e frutas vermelhas,
    228
  Roma romã, 189
  Suco de cereja, 189
  Vitamina de cereja com
    creme, 269
Cesta da horta, 276
cevada. *Ver também* rama de
  cevada
  Água de cevada, 283
  Mix para chá imunizante,
    252

chá. *Ver* chá verde; misturas
  para chá
Chá anti-herpes, 243
Chá calmante, 276
Chá carminativo de James
  Duke, 224
Chá contra alergias, 244
Chá da mamãe, 293
Chá de auxílio aos pulmões, 270
chá de camomila (como
  ingrediente)
  Beterraba calmante (dica),
    275
  Suco calmante de
    camomila, 281
Chá de limpeza, 288
Chá de papaia condimentado,
  224
Chá digestivo de sementes, 225
Chá digestivo e antiestresse, 278
Chá formador de ferro, 257
Chá imunorregulador, 245
Chá levanta-moral, 266
Chá misto para os ossos, 258
Chá para a circulação, 267
Chá para a suprarrenal, 234
Chá relaxante, 279
Chá sonífero, 279
chá verde, **138-9**
  Bagas de sabal, 292
  Chá verde e mirtilos, 245
  Chai indiano, 358
  Combo de açaí (dica), 271
  Condimentado, 294
  El diablo verde, 247
  Laranja com aveia (dica),
    271
  Presente verde, 253
  Respire bem (dica), 272
  Sopro de outono (dica), 273
  Sorbet de chá verde, 371
  Verde gigante, 303
Chai com oleaginosas, 348
Chai indiano, 358
chicória, 232, 353
  Antídoto contra ansiedade,
    355
  Café de inverno, 356
  Café de raízes, 357
  Café de sementes, 357
  Mistura de raízes para
    café, 359

Índice remissivo **395**

ciclo menstrual, 70-1, 86-7
   cólicas, 237
cimicífuga, **139**
Clássico, o, 318
clorofila, 7
C-Mix, 178
coentro em grão, **139**
   Chá de papaia
     condimentado, 224
   Mistura para chai indiano,
     360
   Quentão de abacaxi e
     cranberry, 337
colesterol, 83-4
cólicas menstruais, 237
colite ulcerativa, 16, 49
cominho, **139-40**
como fazer sucos. *Ver também*
   benefícios das polpas, 6-8
   máquinas para, 8-10
   normas básicas, 170-1
Condimentado, 294
constipação, 16, 81-2
Construtor ósseo, 259
Contra gripe e resfriado, 245
Contra varicose, 296
Coquetéis, 327-33
Coquetel café da manhã, 327
Coquetel cajun, 328
Coquetel de verão, 179
Coquetel digestivo, 226
Coquetel dos trópicos, 315
Coquetel pós-jantar, 226
Coração alaranjado, 215
Coração de beterraba, 216
Coração roxo, 217
Coração verde, 217
Coração vermelho, 217
couve. *Ver também* verduras
   Construtor ósseo, 259
   Crucíferos, 199
   Destruidor de gota, 200
   Espiral, a, 255
   Ferro gelado, 260
   Folhas sublimes, 260
   Fólico extra, 202
   Fonte da juventude, 248
   Força do Popeye, a, 256
   Hora de dormir, 280
   Kelp, 203
   Presente verde, 253
   Refresco crucífero, 238

Saúde hormonal, 239
Suculento, 207
Verduras, 211
Couve-de-bruxelas. *Ver*
   repolho
couve-flor, **122**
   Cenoura na cabeça, 197
   Coquetel de couve-flor,
     330
   Couve-repolho, 198
   Crucíferos, 199
   Melhor da colheita, o, 272
   Refresco crucífero, 238
   Vitamina cremosa de
     brócolis, 262
couve-chinesa
   Suco saladinha, 207
couve-nabiça, 232
cranberries, **105-6**, 166. *Ver*
   também suco de cranberry
   Água azul, 175
   Ataque das frutas
     vermelhas, 242
   C-Mix, 178
   Combo de frutas vermelhas,
     339
   Coquetel de frutas
     vermelhas e laranja, 330
   Cranberry, 179
   Delícia de laranja, 180
   Endo-cran, 235
   Grogue antibiótico, 250
   Maçã e cranberries, 185
   rosa-de-gueldres, 237
   Suco de cranberry, 190
   Tomate azedinho, 208
   Vitamina de cranberry e
     laranja, 323
Cranberry e açaí, 246
Cranberry quente, 335
cravo-da-índia, **140**
   Grogue antibiótico, 250
   Mistura para chai indiano,
     360
Criador de ferro, 284
crises de pânico, 29-30
Crucíferos, 199
C-Total, 179
cúrcuma, 67, **140-1**, 230
   Coquetel digestivo, 226
   Escudo antiferrugem 2
     (dica), 247

Estrela dourada, 259
Reforço verde, 261
curry em pó. *Ver também*
   garam masala
   Bebida quente de tomate,
     334
   Escudo antiferrugem 2
     (dica), 248
   Molho curry, 309
C-Verde, 199

D

damasco, **106**. *Ver também*
   leite de damasco
   Bardana e melão, 243
   Betacaroteno, 176
   Coquetel de verão, 179
   Coração alaranjado, 215
   Damasco e pêssego, 180
   Explosão beta, 181
   Iogurte de laranja, 236
   Morango e cítricos, 237
   Néctar de flores, 341
   Néctar de verão, 187
   Ouro líquido, 318
   Reforço beta, 319
   Vitamina gelada de laranja,
     273
DDA (Distúrbio de Déficit de
   Atenção), 38-9
degeneração macular, 88-9
delícias geladas 361-80
demência, 45-6
depressão, 21, 41-2
depressão sazonal, 21
derivados de soja, **164**. *Ver*
   também leite de soja; tofu
desintoxicação, 286-7
desmame, 27
Despertador, 181
Deusa verde, 200
diabetes, 42-3
Diabo vermelho, 201
diarreia, 44
dieta, 12-3
   combinação de alimentos, 15
   da eliminação, 382
   sucos como parte da, 13
digestivos, 220, 223-30
dismenorreia, 86-7
doença de Crohn, 16, 49
doença de Alzheimer, 45-6

doença de Parkinson, 46-7
doença diverticular, 48
doença inflamatória
    intestinal, 16, 49
dores de cabeça, 50-1. *Ver*
    também enxaqueca
dores nas costas, 19
dulse, 163. *Ver também* algas
    marinhas
    Algacelga, 263
    Gazpacho de abacate, 308
    leite de castanhas de caju,
    347
    Saúde hormonal, 239
    Surpresa de algas
    marinhas, 207
    Vitamina com alga
    marinha, 322
    Vitamina poder mineral, 262
    Vitaminas do mar, 269

E
eczema, 25-6
edema, 92-3
El diablo verde, 247
endívia, 232
    Gole amargo, 233
    Verduras amargas, 233
Endo-cran, 235
endometriose, 51-2
endro
    Abóbora especial, 192
    Coquetel de repolho, 332
    Coquetel digestivo, 226
    Lanche líquido, 203
Energizante, 297
enjoo, 90
envelhecimento, 52-3
enxaqueca, 53-4
Equilíbrio hormonal, 235
equinácea, **142**, 282, 287, 353
    Antigripal, 291
    Café de inverno, 356
    Chá anti-herpes, 243
    Contra gripe e resfriado,
    245
    Grogue antibiótico, 250
erva-de-gato, **142-3**
erva-de-são-joão, 143, 274
    Alimento para os nervos,
    264
    Auxílio para os nervos, 265

Chá anti-herpes, 243
Chá levanta-moral, 266
    erva-doce, 67, **122**, 230.
    Ver também sementes de
    erva-doce
Aipo, 193
Brócolis e alcachofra, 196
Cenoura com erva-doce e
    laranja, 177
Cenoura na cabeça, 197
Coquetel de tomate e
    pimentão, 332
Coquetel digestivo, 226
Damasco e pêssego, 180
Ervilhas e cenoura, 201
Fantasia de erva-doce, 221
Frapê de alfazema e erva-
    -doce, 365
Frapê de cenoura com
    erva-doce e laranja, 365
Gole divino, 202
Kelp, 203
Pera e erva-doce, 188
Refresco de melancia, 188
Repolho picante, 228
Suco de cereja, 189
Vigor, 229
Vitamina de gengibre, 273
erva-doce asteca, 374
ervas, 129-62. *Ver também*
    ervas específicas
amargas, 232
de limpeza, 287
Frozen de polpa de frutas,
    378
gravidez e, 383
para aliviar estresse, 274
para gases, 229
para o coração, 214
para o sistema digestório,
    220
para o sistema endócrino,
    234
para o sistema
    imunológico, 240
para o sistema músculo-
    -esquelético, 255
para o sistema nervoso, 263
para o sistema respiratório,
    270
tônicas, 282
usos em chás, 342

ervilhas. *Ver também*
    leguminosas
    Delícia de ervilhas, 199
    Ervilhas e cenoura, 201
esclerose múltipla, 54-5
Escudo antiferrugem 1, 247
Escudo antiferrugem 2, 248
escutelária, **144**, 274
    Alimento para os nervos, 264
    Chá calmante, 276
    Chá relaxante, 279
    Maçã e camomila, 268
    Vitamina esperta, 325
espelta, 163-4
    Água de cevada, 283
    Torta de maçã, 352
espinafre, **122-3**
    Alcachofra oito, 193
    Beterraba verde, 195
    C-Verde, 199
    Cenoura allium, 197
    Cenoura condimentada, 275
    Cenoura picante, 198
    Ferro gelado, 260
    Festa da primavera, 201
    Fólico extra, 202
    Força do Popeye, a, 256
    Gole amargo, 233
    Green peace, 280
    Magia verde, 203
    Reforço verde, 261
    Refresco crucífero, 238
    Repolho e alecrim, 205
    Saúde hormonal, 239
    Vagem, 261
    Verduras, 211
    Vitamina cremosa de
brócolis, 262
    Vitamina energia verde, 325
    Vitamina esperta, 325
    Vitaminas do mar, 269
espinheiro, **144-6**
    Contra varicose, 296
    Pera com espinheiro, 205
Espiral, a, 255
estévia, **145**, 374
    Água digestiva, 223
Estrela dourada, 259
estresse, 29-30
    sucos para, 274-81
excesso de peso, 55-6
Explosão beta, 181

Índice remissivo   **397**

F

fadiga, 57-8. *Ver também* síndrome da fadiga crônica

febre do feno, 25-6

feno-grego, **145**
Mistura para chai indiano, 360
Quentão de abacaxi e cranberry, 337

Ferro gelado, 260

Festa da primavera, 201

fibras, 8, 67, 230

fibromialgia, 58-9. *Ver também* síndrome da fadiga crônica

fígado, problemas no, 88

figo, **107**. *Ver também* leite de figo

filipêndula, **145-6**
Cura-ressaca (chá), 296

flatulência. *Ver* gases

flores de sabugueiro, **156**
Chá contra alergias, 244

Fluir, 298

folhas de bardana, **134**
Chá anti-herpes, 243
Chá formador de ferro, 257
Criador de ferro, 284

folha de dente-de-leão, **141**, 232, 282. *Ver também* verduras
Contra varicose, 296
Dente-de-leão duplo, 227
Festa da primavera, 201
Suco de limpeza vermelho, 289
Tônico dente-de-leão, 208
Urtiga, 303

folhas de framboeseira, **146**
Chá anti-herpes, 243
Chá da mamãe, 293
Chá de framboesa, 277
Equilíbrio hormonal, 235
Framboesas e gengibre, 298

folhas de mostarda. *Ver* verduras

Folhas sublimes, 260

Fólico extra, 202

Fonte da juventude, 248

Força do Popeye, a, 256

framboesa, 107. *Ver também* folhas de framboeseira

Abacate com abacaxi, 313

Abacaxi avermelhado, 174

Ataque das frutas vermelhas, 242

Azedinho, 215

Carambola e frutas vermelhas, 176

Chá de framboesa, 277

Combo de açaí, 271

Combo de frutas vermelhas, 339

Coquetel de frutas vermelhas e laranja, 330

Coração vermelho, 217

Cranberry e açaí, 246

Espuma de morangos, 218

Framboesas com melissa, 267

Frutas vermelhas e iogurte, 181

Frutinhas da juventude, 249

Frutinhas da serenidade, 280

Groselha mista, 182

Horizonte vermelho, 183

Laranja com uvas, 251

Melancia com morangos, 186

Mexerica e linhaça, 251

Mirtilos, 187

Morangos e framboesas, 252

Picolé de frutas vermelhas, 379

Ponche de frutas, 344

Relaxante de framboesa, 281

Romã e frutas vermelhas, 228

Suco de framboesas, 191

Framboesas com melissa, 267

Frapê, 364

Frapê rápido, 369

frapês, 349, 363-9

frozen. *Ver* iogurte frozen

Frozen de morangos, 377

Frozen rápido, 378

Fruta da vida, 249

frutas, 15, 102-16. *Ver também tipos específicos de frutas*; sucos de frutas; leites de frutas; polpa de frutas

antioxidantes, 116
para a saúde do coração, 214
para o sistema digestório, 220
para o sistema endócrino, 234
para o sistema imunológico, 240
para o sistema músculo--esquelético, 255
para o sistema respiratório, 270

Frutas apimentadas, 227

frutas cítricas, 107-8. *Ver também as frutas específicas;* cascas de frutas cítricas
Coquetel cítrico, 328
espremedor, 10
Frapê de abacaxi e sálvia--ananás, 364
Frozen de banana e laranja, 377

Frutas divinas, 218

frutas vermelhas. *Ver também os tipos específicos de frutas vermelhas*
Batida de iogurte e frutas vermelhas, 256
Combo de frutas vermelhas, 339
Coquetel de frutas vermelhas e laranja, 330
Frapê de frutas vermelhas, 349
Frapê de frutas vermelhas e alecrim, 367
Frutas vermelhas e limão, 227
Frutas vermelhas e melão, 182
Frutinhas da juventude, 249
Picolé de frutas vermelhas, 379
Vitamina de frutas vermelhas, 324

Frutas vermelhas e iogurte, 181

Frutinhas da serenidade, 280

fungos, infecções. *Ver* candidíase

398   O grande livro dos sucos

G

garam masala. *Ver também*
  curry em pó
  Molho curry, 309
  Shot flamejante, 337
garganta irritada, 90
gargarejos, 290
garra-do-diabo, 282
gases, 59-60, 229. *Ver também*
  indigestão
gengibre, 67, **146-7**,
  230, 287
  Alivia-ressaca, 175
  Antigripal, 291
  Arroz-doce com maçã, 307
  Bagas de sabal, 292
  Beterrabas ardentes, 195
  Brócolis com gengibre, 196
  Cenoura condimentada,
  275
  Cenoura picante, 198
  Chá contra alergias, 244
  Chá de camomila com
  alcaçuz e gengibre, 277
  Chá de limpeza, 288
  Chá imunorregulador, 245
  Chá para a circulação, 267
  Chá para a suprarrenal,
  234
  Combo de frutas
  vermelhas, 339
  Contra varicose, 296
  Coquetel café da manhã,
  327
  Coquetel cítrico, 328
  Coquetel de maçã e
  especiarias, 331
  Coquetel pós-jantar, 226
  Cura-ressaca (chá), 296
  Cura-ressaca (suco), 180
  Destruidor de gota, 200
  Energizante, 297
  Equilíbrio hormonal, 235
  Espuma de morangos, 218
  Framboesas e gengibre, 298
  Gengibre, 299
  Ginseng, 299
  Imunidade, 292
  Laranja picante, 184
  Maçã com beterraba e
  pera, 185
  Maçã e pera, 186

Maçãs condimentadas,
  336
Papaia com gengibre, 222
Para boa memória, 301
Ponche de maçã e laranja,
  345
Repolho picante, 228
Respire bem, 272
Ruibarbo, 189
Tomate energético, 208
Tônico dente-de-leão, 208
Vitamina de cranberry e
  laranja, 323
Vitamina de gengibre, 273
gergelim, **166**
  Café de sementes, 357
  Vitamina calmante de
  camomila (dica), 322
gérmen de trigo, **164**
  Clássico, o, 318
  Coquetel cítrico, 238
  Vitamina B, 321
ginkgo biloba, **147**
  Café de sementes, 357
  Chá para a circulação, 267
  Clássico, o (dica), 318
  Magia verde, 203
  Para boa memória, 301
  Suculento, 207
  Verde gigante, 303
  Vitamina esperta, 325
  Xô, enxaqueca, 304
ginseng, **147-8**, 282, 354
  Adaptógeno, 283
  Antídoto contra ansiedade,
  355
  Café de raízes, 357
  Decocção de raízes, 288
  Ginseng, 299
  Grogue antibiótico, 250
  Maçã refrescante, 186
  Mistura de raízes para
  café, 359
  Mix para chá imunizante,
  252
  Para lactantes, 302
  Saúde da hipófise, 239
  Tônico primaveril, 285
glaucoma, 88-9
Gole amargo, 233
Gole divino, 202
gota, 60-1

Contra gota, 295
Destruidor de gota, 200
granitas, 375-376. *Ver*
  também sorbet
grãos de soja, 164
grapefruit, 107-8. *Ver também*
  suco de grapefruit
  Acorde e brilhe, 214
  Ameixas com alcaçuz, 314
  C-Mix, 178
  C-Total, 179
  Cereja da aurora, 177
  Coquetel cítrico, 328
  Coração de uva, 216
  Endo-cran, 235
  Frapê de grapefruit, 368
  Grapefruit, 182
  Iogurte de laranja, 236
  Kiwi com sementes, 236
  Mexerica e laranja, 236
  Para diabéticos, 237
  Shake de abacate, 350
gravidez, 61-2, 383
Green peace, 280
gripe, 62-3
Grogue antibiótico, 250
groselha, **108**
  Groselha mista, 182
groselha-preta, **108-9**
  Abacaxi e frutas
  vermelhas, 174

H

hemorroidas, 98-9
herpes genital, 63-4
herpes labial, 63-4
herpes simples, 63-4
hipoglicemia, 64-5
hissopo, **148**, 342
  Chá de auxílio aos
  pulmões, 270
hissopo-anisado, 342
HIV (vírus da imunodeficiência
  humana), 24-5
Hora de dormir, 280
Horizonte vermelho, 183
hormônios. *Ver* sistema
  endócrino
hortaliças, 117-27. *Ver*
  também hortaliças
  específicas
  antioxidantes, 128

Índice remissivo **399**

hortelã, **148-9**, 342. *Ver*
também hortelã-pimenta
Coquetel de hortelã, 178
Limonada do jardineiro, 340
Refresco de pepino, 205
Sorbet de hortelã, 372
hortelã-pimenta, 67, **149**,
230. *Ver também* hortelã
Antioxidante de tomilho,
242
Batida tropical, 221
Chá anti-herpes, 243
Chá carminativo de James
Duke, 224
Chá contra alergias, 244
Chá de rosa e hortelã, 225
Chá formador de ferro,
257
Criador de ferro, 284
Escudo antiferrugem 1, 247
Hortelã pré-jantar, 222
Para a garganta, 300
Hortelã pré-jantar, 222

I

impotência, 65-6
Imunidade, 202
indigestão, 66-8
infarto, 83-4
infecções, 18
do trato urinário, 69
respiratórias, 22
infertilidade, 70-2
insônia, 72
iogurte, **164**. *Ver também*
iogurte frozen
Abacaxi cremoso, 221
Ameixas com alcaçuz, 314
Arroz-doce com maçã, 307
Batida betacaroteno, 348
Batida de iogurte e frutas
vermelhas, 256
Coquetel café da manhã,
327
Coquetel cítrico, 328
Coquetel dos trópicos, 315
Coquetel pós-jantar, 226
Frozen de banana e
laranja, 377
Frozen de morangos, 377
Frozen de polpa de frutas,
378

Frozen rápido, 378
Frutas vermelhas e
iogurte, 181
Iogurte de laranja, 236
Melhor da colheita, o, 272
Romã e frutas vermelhas,
228
Vitamina calmante de
camomila, 322
Vitamina cremosa de
brócolis, 262
Vitamina de frutas
vermelhas, 324
Vitamina de melancia, 324
Vitamina gelada de laranja,
273
iogurte frozen, 377-8

J
jejum, 286

K
kava kava, **149-50**
kelp, 163. *Ver também* algas
marinhas
Algacelga, 263
Beterraba verde, 195
Construtor ósseo, 259
Coquetel de couve-flor, 330
Kelp, 203
Surpresa de algas
marinhas (dica), 207
Vitamina com alga
marinha, 322
Vitamina poder mineral,
262
Vitaminas do mar, 269
kiwi, 67, **109**, 230
Aurora alaranjada, 215
Azedinho, 215
C-Total, 179
Chá de rosa e hortelã,
225
Coquetel de abacaxi e
kiwi, 329
Hortelã pré-jantar, 222
Kiwi com sementes, 236
Kiwi picante, 222
Marinada de mamão, 308
Papaia com gengibre, 222
Trópicos, 321
Kiwi com sementes, 236

L

labaça, 150, 232, 287, 354
Chá de limpeza, 288
Chá formador de ferro, 257
Criador de ferro, 284
Verduras amargas, 233
lactobacilos acidófilos, 68, 230
Lanche líquido, 203
laranja, 107-8. *Ver também*
suco de laranja
Abacaxi cítrico, 174
Abacaxi e pimentão, 175
Acorde e brilhe, 214
Amanhecer supremo, 176
Aurora alaranjada, 215
Azedinho, 215
C-Mix, 178
C-Total, 179
Cenoura com erva-doce e
laranja, 177
Coquetel cítrico, 328
Coquetel cremoso de
laranja, 329
Coquetel de abacaxi e
kiwi, 329
Coquetel de frutas
vermelhas e laranja, 330
Coquetel de hortelã, 178
Coquetel de melão, 331
Coquetel matinal de melão,
333
Coração alaranjado, 215
Delícia de laranja, 180
Despertador, 181
Endo-cran, 235
Estrela dourada, 259
Fólico extra, 202
Frapê de cenoura com
erva-doce e laranja, 365
Frozen de banana e
laranja, 377
Iogurte de laranja, 236
Kiwi com sementes, 236
Laranja com aveia, 271
Laranja com uvas, 251
Laranja e carambola, 183
Laranja e romã, 183
Laranja picante, 184
Limões e laranja, 184
Limonada com morango e
laranja, 185
Melão-melão, 219

Mexerica e laranja, 236
Mexerica e linhaça, 251
Morango e cítricos, 237
Néctar de flores, 341
Para diabéticos, 237
Pera e romã, 238
Ponche de alfazema, 343
Ponche de frutas, 344
Ponche de maçã e laranja, 345
Suco de framboesas, 191
Vitamina de cranberries e laranja, 323
Vitamina gelada de laranja, 273
laringite, 73
lecitina, **165**
Vitamina esperta, 325
legumes. *Ver também* hortaliças; sucos de legumes; polpa de legumes
digestivos, 220
para a saúde do coração, 214
para o sistema endócrino, 234
para o sistema imunológico, 240
para o sistema músculo--esquelético, 255
para o sistema respiratório, 270
leguminosas, **123**, 164, 229. *Ver também* ervilhas; brotos
Vagem, 261
leite de amêndoas, 346
Arroz-doce com limão--siciliano, 307
Chai indiano, 358
Frapê de banana, 349
Leite de amêndoas com banana, 316
Vitamina B, 321
leite de castanhas de caju, 347
leite de coco com alfarroba, 347
Piña colada diferente, 268
Shake tropical, 352
Trópicos, 321
Vitamina cremosa de brócolis, 262

leite de damasco, 347
Batida betacaroteno, 348
Coquetel dos trópicos, 315
Torta de maçã, 352
Vitamina energia verde, 325
leite de figo, 347
Alfarroba quente, 348
Mingau de figo (dica), 317
leite de frutas, 347. *Ver também frutas específicas*
Arroz-doce com maçã (dica), 307
Shake tropical, 352
leite de nozes, 347
leite de oleaginosas, 346-7
Arroz-doce com maçã (dica), 307
Bomba de energia, 257
Cereja azul, 315
Chai com oleaginosas, 348
Frapê de frutas vermelhas, 349
Leite de amêndoas com banana, 316
Molho curry, 309
Shake de abacate, 350
Vitamina calmante de camomila, 322
leite de pecãs, 347
Shake de nozes, 351
leite de soja, 346
Alfarroba quente, 348
Arroz-doce com maçã, 307
Batida betacaroteno, 348
Bomba de energia, 257
Cereja azul, 315
Chai indiano, 358
Coquetel dos trópicos, 315
Festa das cerejas, 316
Frapê de banana, 349
Frapê de frutas vermelhas, 349
Leite de amêndoas com banana, 316
Molho curry, 309
Shake de abacate, 350
Shake de nozes, 351
Shake de pera e amêndoas, 351
Shake tropical, 352
Torta de maçã, 352
Vitamina B, 321

Vitamina calmante de camomila, 322
Vitamina cremosa de brócolis, 262
Vitamina de ameixas secas, 323
Vitamina de cereja com creme, 269
Vitamina energia verde, 325
Vitamina poder mineral, 262
leite de tâmaras, 347
Alfarroba quente, 348
Shake de pera e amêndoas, 351
libido, 34
limão, 107-8
Abacaxi C, 314
Abacaxi cítrico, 174
C-Mix, 178
Coquetel cajun, 328
Coquetel cremoso de laranja, 329
Kiwi com sementes, 236
Limões e laranja, 184
Para diabéticos, 237
Ponche de maçã e laranja, 345
Sabor dos trópicos, 320
Salsa líquida, 206
Sorbet de hortelã, 372
limão-siciliano, 107-8
Calda de limão, 307
Limão restaurador, 184
Limões e laranja, 184
Limonada com morango e laranja, 185
Limonada do jardineiro, 340
Ouro líquido, 318
Ponche de alfazema, 343
Sorbet de estragão, 372
Sorbet de limão, 373
Suco de limão para limpeza, 289
Limonada do jardineiro, 340
limpeza, 7, 8, 286-7
sucos para, 286-9
liquidificador, 9-10
lúcia-lima, **150**, 342
Chá calmante, 276
Chá da mamãe, 293
Chá levanta-moral, 266
Chá relaxante, 279

lúpulo, 274
lúpus, 73-4

M

maçã, **109-10**. *Ver também*
    suco/vinho de maçã
    Alivia-ressaca, 175
    Antibiótico ardente, 194
    Arroz-doce com maçã, 307
    Bebida quente de tomate,
      334
    Beterraba, 194
    Beterrabas ardentes, 195
    Brócolis e cenoura, 196
    Cenoura e maçã, 197
    Coquetel de maçã e
      especiarias, 331
    Coquetel de repolho, 332
    Coração verde, 217
    Couve-repolho, 198
    Crucíferos, 199
    Cura-ressaca (suco), 180
    C-Verde, 199
    Dente-de-leão duplo, 227
    Fantasia de erva-doce, 221
    Frutas apimentadas, 227
    Hortelã pré-jantar, 222
    Imunidade, 202
    Lanche líquido, 203
    Maçã com beterraba e
      pera, 185
    Maçã e camomila, 268
    Maçã e cranberries, 185
    Maçã e pera, 186
    Maçã refrescante, 186
    Maçãs condimentadas, 336
    Molho curry, 309
    Pão de abóbora e tomilho,
      310
    Pera e erva-doce, 188
    Pera picante, 336
    Ponche de maçã e laranja,
      345
    Purê de maçã, 311
    Refresco de pepino, 205
    Remédio de repolho, 219
    Repolho e alecrim, 205
    Salada de repolho,311
    Sopro de outono, 273
    Suco calmante de
      camomila, 281
    Suco para as células, 289

    Suculento, 207
    Torta de maçã, 352
    Uvas do bem, 229
    Verduras, 211
Maçãs condimentadas,
    336
Magia verde, 203
mahonia, **150-1**
manga, **110-1**
    Abacaxi cremoso, 221
    Antigripal (dica), 291
    Condimentado, 294
    Coquetel dos trópicos,
      315
    Coração alaranjado, 215
    Estrela dourada, 259
    Laranja com aveia, 271
    Mania de manga, 317
    Ouro líquido, 318
    Shake tropical, 352
    Vitamina de açaí, 254
manjericão, **151**
    Agrião, 192
    Cabeça de repolho, 223
    Chá para a suprarrenal,
      234
    Coquetel digestivo, 226
    Coquetel suco de tomate,
      333
    Energizante, 297
    Gazpacho de abacate, 308
    Granita de manjericão e
      pera, 376
melado, **165**, 374
    Força do Popeye, a, 256
    Frapê, 364
    Frapê de abacaxi e sálvia-
      -ananás, 364
    Frapê de alfazema e erva-
      -doce, 365
    Frapê de frutas vermelhas
      e alecrim, 367
    Néctar de flores, 341
    Pera picante, 336
    Shake de abacate, 350
    Sorbet de limão, 373
    Sorbet de morangos e
      beterraba, 373
melancia, **111**
    Água azul, 175
    Coquetel de melão, 331
    Coquetel de verão, 179

    Coquetel matinal de
      melão, 333
    Limão restaurador, 184
    Melancia com morangos,
      186
    Melão-melão, 219
    Néctar de flores, 341
    Refresco de melancia, 188
    Sonífero de melão, 281
    Vitamina de melancia, 324
melão, **111**. *Ver também* melão-
    -cantalupo; melancia
    Coquetel cítrico, 328
    Coquetel de melão, 331
    Coquetel matinal de melão,
      333
    Frutas divinas, 218
    Granita de laranja e melão,
      375
    Melão-melão, 219
    Sonífero de melão, 281
melão-cantalupo. *Ver também*
    melão
    Bardana e melão, 243
    Batida betacaroteno, 348
    Carambola no copo, 177
    Coquetel dos trópicos, 315
    Coquetel matinal de
      melão, 333
    Coração alaranjado, 215
    Explosão beta, 181
    Frutas vermelhas e melão,
      182
    Laranja e carambola, 183
    Melão-melão, 219
    Reforço beta, 319
    Sonífero de melão, 281
    Urtiga com frutas, 268
    Vitamina calmante de
      camomila, 322
Melhor da colheita, o, 272
melissa, **151**, 274, 342
    Alimento para os nervos,
      264
    Auxílio para os nervos, 265
    Chá anti-herpes, 243
    Chá calmante, 276
    Chá carminativo de James
      Duke, 224
    Chá da mamãe, 293
    Chá de framboesa, 277
    Chá imunorregulador, 245

Chá relaxante, 279
Contra gripe e resfriado, 245
Coquetel de hortelã, 178
Equilíbrio hormonal, 235
Framboesas com melissa, 267
Gengibre, 299
Lavanda, 300
Limonada do jardineiro, 340
Néctar de flores, 341
Piña colada diferente, 268
Reconfortador, o, 260
Sorbet de limão, 373
Xô, enxaqueca, 304
menopausa, 75-6
menta. *Ver* hortelã
Mexerica e laranja, 236
mil-folhas, **152**
Chá para a circulação, 267
Contra varicose, 296
Equilíbrio hormonal, 235
Fluir, 298
Urtiga, 303
Mingau de figo, 317
miomas, 76-7
mirtilo, **112**
Abacaxi avermelhado, 174
Abacaxi cremoso, 221
Abacaxi e frutas vermelhas, 174
Água azul, 175
Ameixa para imunidade, 241
Batida de iogurte e frutas vermelhas, 256
Bomba de energia, 257
Carambola e frutas vermelhas, 176
Cereja azul, 315
Chá verde e mirtilos, 245
Combo de açaí, 271
Coração roxo, 217
Estrela azul, 248
Fruta da vida, 249
Frutas vermelhas e iogurte, 181
Frutas vermelhas e limão, 227
Frutas vermelhas e melão, 182
Frutinhas da juventude, 249

Mexerica e linhaça, 251
Mirtilos, 187
Néctar de verão, 187
Romã e frutas vermelhas, 228
Spa especial, 320
Vitamina de melancia, 324
Vitamina esperta, 325
Mistura para chai indiano, 360
misturas para chá, 258, 270, 288
alívio do estresse, 276-9
como fazer, 290, 291, 342
de cura, 290-304
para o sistema digestório, 255, 224
para o sistema endócrino, 234, 235
para o sistema nervoso, 264-7
reforço para a imunidade, 242-5, 252-4
tônicos, 283, 284
Mix para chá imunizante, 252
moranga, **117**. *Ver também* abóbora, abobrinha
Abóbora especial, 192
Coquetel café da manhã, 327
Coração de abóbora, 216
Pão de abóbora e tomilho, 310
Surpresa de algas marinhas, 207
morango, **112-3**
Abacaxi C, 314
Acorde e brilhe, 214
Amanhecer supremo, 176
Ataque das frutas vermelhas, 242
Clássico, o, 318
Coquetel cítrico, 328
Coquetel de frutas vermelhas e laranja, 330
Coração vermelho, 217
Despertador, 181
Espuma de morangos, 218
Frozen de morangos, 377
Frutas divinas, 218
Frutas vermelhas e iogurte, 181
Frutinhas da juventude, 249

Limonada com morango e laranja, 185
Mais romã, 218
Melancia com morangos, 186
Morango e cítricos, 237
Morangos e framboesas, 252
Picolé de frutas vermelhas, 379
Ponche de frutas, 344
Raspadinha de frutas congeladas, 319
Refresco de melancia, 188
Remédio de repolho, 219
Ruibarbo, 189
Shake de morangos, 350
Sonífero de melão, 281
Sorbet de morangos e beterraba, 373
Spa especial, 320
Vitamina com alga marinha, 322
Vitamina gelada de laranja, 273
morugem, **152**

N
nabo, **124**
Gole divino, 202
Néctar de flores, 341
Néctar de verão, 187
nectarina, **113**
Néctar de flores, 341
Néctar de verão, 187
Sonífero de melão, 281
nori, 163. *Ver também* algas marinhas
Surpresa de algas marinhas (dica), 207
noveleiro, 237
Chá relaxante, 279
noz-moscada, **152-3**

O
obesidade, 55-6
oleaginosas, **165**. *Ver também* leite de oleaginosas
óleo de prímula, **154**
Clássico, o (dica), 318
Sopro de outono, 273
óleo de sementes de linhaça

Índice remissivo **403**

Mexerica e linhaça, 251
Piña colada diferente, 268
Urtiga com frutas, 268
órgãos de reprodução, 17
ossos, 18
osteoartrite, 19, 30-2
osteoporose, 19, 77-9
Ouro líquido, 318

P
palha de aveia
Alimento para os nervos, 264
Chá misto para os ossos, 258
Chá para a suprarrenal, 234
pâncreas, 16-7
papaia, mamão 68, **110**, 230
Antigripal (dica), 291
Aurora alaranjada, 215
Batida tropical, 221
Chá de papaia
condimentado, 224
Condimentado, 294
Coquetel dos trópicos, 315
Coquetel pós-jantar, 226
Marinada de mamão, 308
Papaia com gengibre, 222
Sabor dos trópicos, 320
Trópicos, 321
Para a garganta, 300
Para boa memória, 301
Para diabéticos, 237
Para lactantes, 302
passiflora, **153-4**, 274
Chá calmante, 276
Chá relaxante, 279
Hora de dormir, 280
Lavanda, 300
pastinaca, **124**
Agrião, 192
Alcachofra oito, 193
Coquetel de repolho, 332
Ervilhas e cenoura, 201
Gole divino, 202
Mix de tubérculos, 204
pedras nos rins, 79-80
pelargônio, 342
pepino, **124-5**
Antibiótico ardente, 194
Beterraba calmante, 275
Cesta da horta, 276
Coquetel cajun, 328
Delícia de pimentões, 200

Deusa verde, 200
Gazpacho de abacate, 308
Lanche líquido, 203
Limão restaurador, 184
Pepino e pêssego, 204
Pera com espinheiro, 205
Refrescante, o, 204
Refresco de pepino, 205
pera, **113**
Cenoura na cabeça, 197
Granita de manjericão e pera, 376
Maçã com beterraba e pera, 185
Maçã e pera, 186
Pera com espinheiro, 205
Pera e abacaxi, 187
Pera e erva-doce, 188
Pera e romã, 238
Pera picante, 336
Refresco de outono, 188
Shake de pera e amêndoas, 351
Sopro de outono, 273
Pera com espinheiro, 205
Pera picante, 336
perda de cabelo, 27
pêssego, **113-4**
Betacaroteno, 176
Coquetel de verão, 179
Damasco e pêssego, 180
Granita de manjericão e pera, 376
Néctar de flores, 341
Néctar de verão, 187
Ouro líquido, 318
Pepino e pêssego, 204
Refresco de outono, 188
pétalas de rosas, **155**, 342
Chá de rosa e hortelã, 225
Néctar de flores, 341
picolés, 379-80
pimenta jalapeño, 210
Salsa líquida, 206
pimenta-caiena, **154**, 210, 287
Abóbora especial, 192
Antigripal, 291
Azedinho, 215
Cenoura allium, 197
Cenoura picante, 198
Coquetel de tomate e

pimentão, 332
Diabo vermelho, 201
El diablo verde, 247
Frutas apimentadas, 227
Kiwi picante, 222
Pimentão vermelho, 253
pimentão. *Ver também* pimentão verde; pimentão vermelho; pimenta jalapeño
Coquetel de tomate e pimentão, 332
Delícia de pimentões, 200
Repolho com pimentões, 228
pimentão verde, **125-6**
Abacaxi e pimentão, 175
Agrião, 192
Cesta da horta, 276
Construtor ósseo, 259
Coquetel de tomate e pimentão, 332
Delícia de pimentões, 200
Deusa verde, 200
Diabo vermelho, 201
Framboesas com melissa, 267
Frutas apimentadas, 227
Pera com espinheiro, 205
Pimentão vermelho, 253
Refrescante, o, 204
Repolho com pimentões, 228
Saúde hormonal, 239
Uvas poderosas, 191
Vigor, 229
pimentão vermelho, 253
pimentas, **125**, 209, 210
Antibiótico ardente, 194
Beterrabas ardentes, 195
Coquetel cajun, 328
Pera picante, 336
Salsa líquida, 206
Shot flamejante, 337
Poder roxo, 261
polpa
benefícios, 7-8
máquinas para, 9-10
usar, 171, 362
polpa de frutas (como ingrediente)
Frapê, 364

Frapê rápido, 369
Frozen de polpa de frutas, 378
Frozen rápido, 378
polpa de legumes (como ingrediente)
Frapê rápido, 369
Frozen de polpa de frutas, 378
Gazpacho de abacate, 308
Ponche de frutas, 344
ponches, 338-45
Presente verde, 253
pressão alta, 83-4
prímula. *Ver óleo de prímula*
problemas cardiovasculares, 14, 83-4
problemas de pele, 84-5
problemas de peso, 55-6
problemas oftalmológicos, 88-9
problemas sexuais, 34, 65-6
próstata, 89-90
proteína em pó, **165**
Bomba de energia, 257
Lanche líquido, 203
psoríase, 84-5
psyllium, **155**
purês, 306-12

Q
quinoa, 163-4

R
rabanete, **126**
Diabo vermelho, 201
Solvente de cálculos, 206
Tônico dente-de-leão, 208
radicchio, 232
raiz de astrágalo, **133**, 282, 287, 353
Adaptógeno, 283
Café de inverno, 356
Contra gripe e resfriado, 245
Mix para chá imunizante, 252
Ponche de alfazema, 343
Suco de cranberry, 190
Tônico geral, 284
Tônico T, 254
raiz de bardana, **134**, 287, 353
Café de inverno, 356

Café de raízes, 357
Chá anti-herpes, 243
Chá de limpeza, 288
Mistura de raízes para café, 359
Mix para chá imunizante, 252
Tônico primaveril, 285
raiz de dente-de-leão, 68, **141**, 230, 282, 287, 353
Café de raízes, 357
Chá de limpeza, 288
Decocção de raízes, 288
Delícia de dente-de-leão, 232
Dente-de-leão amargo, 233
Força do Popeye, a, 256
Mistura de raízes para café, 359
Para boa memória, 301
Tônico dente-de-leão, 208
Tônico primaveril, 285
raízes. *Ver também tipos específicos de raízes*
Decocção de raízes, 288
Mistura de raízes para café, 359
Mix de tubérculos, 204
torrar, 353
rama de cevada, 165-6
Vitamina energia verde, 325
rama de trigo, 165-6
Vitamina energia verde, 325
ramas, **165-6**
Raspadinha de frutas congeladas, 319
Reconfortador, o, 260
Reforço beta, 319
Refrescante, o, 204
Refresco crucífero, 238
Refresco de outono, 188
repolho, **126**
Alcachofra oito, 193
Brócolis com gengibre, 196
Cabeça de repolho, 223
Cenoura na cabeça, 197
Coquetel de repolho, 332
Couve-repolho, 198
Crucíferos, 199
Dente-de-leão duplo, 227
Magia verde, 203

Remédio de repolho, 219
Repolho com pimentões, 228
Repolho e alecrim, 205
Repolho picante, 228
Salada de repolho, 311
Vagem, 261
Vigor, 229
Repolho picante, 228
resfriado, 90-1
Respire bem, 272
ressaca, 91
Alivia-ressaca, 175
Cura-ressaca (chá), 296
Cura-ressaca (suco), 180
retenção de líquidos, 92-3
romã, **114**
Acorde e brilhe, 214
Espuma de morangos, 218
Fruta da vida, 249
Horizonte vermelho, 183
Laranja e romã, 183
Mais romã, 218
Pera e romã, 238
Romã e frutas vermelhas, 228
Roma romã, 189
Shake de morangos, 350
Romã e frutas vermelhas, 228
rosa, **155**, 342
Chá contra alergias, 244
Chá da mamãe, 293
Chá imunorregulador, 245
rosácea, 84-5
ruibarbo, **114**
Combo de frutas vermelhas, 339
Frutas vermelhas e iogurte, 181
Ruibarbo, 189

S
sabal, **156**
Bagas de sabal, 292
Sabor dos trópicos, 320
Salsa cajun, 312
Salsa líquida, 206
salsinha, **156-7**, 282
Abacaxi avermelhado, 174
Adaptógeno, 283
Brócolis e alcachofra, 196

Índice remissivo **405**

C-Total, 179
C-Verde, 199
Cenoura e maçã, 197
Construtor ósseo, 259
Coquetel de tomate e
pimentão, 332
Delícia de ervilhas, 199
Destruidor de gota, 200
El diablo verde, 247
Escudo antiferrugem 2, 248
Espiral, a, 255
Ferro gelado, 260
Green peace, 280
Presente verde, 253
Suco para as células, 289
Tomate energético, 208
Tônico geral, 284
Tônico T, 254
Uvas poderosas, 191
sálvia, **157**. *Ver também*
sálvia-ananás
Antioxidante de tomilho, 242
Chá misto para os ossos, 258
Energizante, 297
Para a garganta, 300
Para boa memória, 301
Verde gigante, 303
sálvia-ananás
Frapê de abacaxi e sálvia-
-ananás, 364
Quentão de abacaxi e
cranberry (dica), 337
Saúde da hipófise, 239
Saúde hormonal, 239
semente de aipo, **157-8**
Contra gota, 295
semente de anis. *Ver também*
anis-estrelado
Chá digestivo de
sementes, 225
Condimentado, 294
semente de bardana, **134**
Bardana e melão, 243
Contra gota, 295
sementes de abóbora, **166**
Café de sementes, 357
Vitamina de melancia, 324
Vitamina energia verde, 325
Vitamina gelada de laranja,
273
sementes de coentro. *Ver*
também coentro em grão

sementes de endro, **141-2**
Abóbora especial, 192
Cabeça de repolho, 223
Chá carminativo de James
Duke, 224
Chá digestivo de
sementes, 225
Coquetel digestivo, 226
Lanche líquido, 203
sementes de erva-doce, **143-4**
Água digestiva, 223
Chá carminativo de James
Duke, 224
Chá da mamãe, 293
Chá de limpeza, 288
Chá digestivo de
sementes, 225
Chá digestivo e
antiestresse, 278
Delícia de dente-de-leão,
232
Gengibre, 299
Ginseng, 299
Mistura para chai indiano,
360
Para lactantes, 302
Sorbet de chá verde, 371
sementes de girassol, **166**
Café de sementes, 357
Salada de repolho, 311
sementes de linhaça, **166**
Ver também óleo de
sementes de linhaça
Festa das cerejas, 316
Kiwi com sementes, 236
leite de amêndoas, 346
leite de oleaginosas, 346-7
leite de pecãs, 347
Mingau de figo, 317
Para diabéticos, 237
Salada de repolho, 311
Vitamina B, 321
Vitamina esperta, 325
Shake de nozes, 351
Shake tropical, 352
Shot flamejante, 337
síndrome da fadiga crônica,
93-4. *Ver também*
fibromialgia
síndrome do intestino
irritável, 16, 94-5
sinusite, 95-6

sistema cardiovascular, 14,
83-4
tônicos para, 214-9
sistema digestório, 14-6
ajuda para o, 67-8,
229-30
sistema endócrino, 16-7
sucos para, 234-9
sistema imunológico, 17-8,
39-41. *Ver também* HIV
sucos para, 240-54
sistema músculo-esquelético,
18-9
sucos para, 255-62
sistema nervoso, 20-1
sucos para, 263-9
sistema respiratório, 21-2
sucos para, 270-3
soja. *Ver* derivados de soja;
grãos de soja
Solvente de cálculos, 206
Sopro de outono, 273
sorbet, 348-51. *Ver também*
granitas
Sorbet de estragão, 372
Spa especial, 320
spirulina, 163
Algacelga, 263
Green peace, 280
Saúde da hipófise, 239
Vitaminas do mar, 269
substitutos do leite. *Ver*
leite de frutas; leite de
oleaginosas; leite de soja
Suco ABC, 206
Suco calmante de camomila,
281
suco de beterraba
Cranberry quente, 335
Frozen de morangos, 377
Picolé de frutas
vermelhas, 379
Purê de maçã (dica), 311
suco de cenoura
Batida betacaroteno, 348
Picolé de laranja, 380
Purê de maçã (dica), 311
Reconfortador, o, 260
Reforço beta, 319
suco de cranberry
Ameixa para imunidade, 241
Azedinho, 215

Batida de iogurte e frutas
vermelhas, 256
Cereja azul, 315
Coração roxo, 217
Coração vermelho, 217
Cranberry e açaí, 246
Cranberry quente, 335
Espuma de morangos, 218
Quentão de abacaxi e
cranberry, 337
suco de grapefruit
Spa especial, 320
Vitamina com alga
marinha, 322
suco de laranja
Abacaxi C, 314
Batida betacaroteno, 348
Clássico, o, 318
Frapê, 364
Granita de laranja e
melão, 375
Grogue antibiótico, 250
Marinada de mamão, 308
Ouro líquido, 318
Picolé de frutas
vermelhas, 379
Picolé de laranja, 380
Raspadinha de frutas
congeladas, 319
Reforço beta, 319
Shake de morangos, 350
Vitamina de açaí, 254
Vitamina esperta, 325
Suco de limpeza vermelho, 289
Suco para as células, 289
Suco saladinha, 207
suco/vinho de maçã
Cranberry quente, 335
Frapê, 364
Grogue antibiótico, 250
Ponche de maçã e laranja,
345
Quentão de abacaxi e
cranberry, 337
Suco de Cranberry, 192
sucos. *Ver também* como
fazer sucos
conservação, 171
coquetel, 327-33
de frutas, 174-91
de legumes, 192-211
na dieta, 12-3

quentes, 334-7
sabor de, 170
sucos prontos, 166
sucos de frutas, 174-91. *Ver
também frutas específicas*
Frapê rápido, 369
Frozen rápido, 378
sucos de legumes, 179-97. *Ver
também legumes
específicos*
Shot flamejante, 337
Vitamina poder mineral, 262
Suculento, 207

T
tabagismo, 96-7
tâmara, **115**. *Ver também* leite
de tâmaras
leite de amêndoas, 346
leite de oleaginosas,
346-7
Maçãs condimentadas, 336
Shake de pera e amêndoas
(dica), 351
Vitamina com alga
marinha, 322
tanaceto, **158**
Xô, enxaqueca, 304
tanchagem, **159**
Chá de limpeza, 288
Fluir, 298
taumatina, 374
tempeh, 164
tília, **159**, 274, 342
Auxílio para os nervos, 265
Cesta da horta, 276
Chá calmante, 276
Chá levanta-moral, 266
Chá relaxante, 279
Contra varicose, 296
Coração de uva, 216
Limonada do jardineiro, 340
tinturas, 129
tireoide, 16
tofu, 164, 346
Frapê de banana, 349
Frapê de frutas vermelhas,
349
Ponche de frutas, 344
Reforço beta, 319
Shake de morangos, 350
Shake de nozes, 351

Shake de pera e
amêndoas, 351
Shake tropical, 352
Spa especial, 320
Vitamina de cranberries e
laranja, 323
tomate, **126-7**
Azedinho, 215
Bebida quente de tomate,
334
Cesta da horta, 276
Coquetel cajun, 328
Coquetel de couve-flor, 330
Coquetel de tomate e
pimentão, 332
Coquetel digestivo, 226
Coquetel suco de tomate,
333
Diabo vermelho, 201
Escudo antiferrugem 2, 248
Frutas divinas, 218
Reforço verde, 261
Salsa cajun, 312
Salsa líquida, 206
Shot flamejante, 337
Solvente de cálculos, 206
Suco quente de tomate, 312
Tomate azedinho, 208
Tomate energético, 208
Tomate energético, 208
tomilho, **160**, 342
Alcachofra e cenoura, 193
Antibiótico ardente, 194
Antioxidante de tomilho,
242
Chá contra alergias, 244
Chá de auxílio aos
pulmões, 270
Chá levanta-moral, 266
Chá imunorregulador, 245
Combo de açaí, 271
Contra gripe e resfriado, 245
Coquetel digestivo, 226
Energizante, 297
Escudo antiferrugem 2, 248
Melhor da colheita, o, 272
Pão de abóbora e tomilho,
310
Para a garganta, 300
Tônico geral, 284
Tônico primaveril, 285
Tônico T, 254

Índice remissivo   **407**

tônicos, 208, 254, 282-5
    para a saúde do coração,
        214-9
tosse, 90
TPM (tensão pré-menstrual),
    86-7
trevo vermelho, **160**
    Chá de limpeza, 288
    Chá imunorregulador, 245
    Chá misto para os ossos, 258
    Equilíbrio hormonal, 235
    Para lactantes, 302
trigo, 165. *Ver também* rama
    de trigo
trigo-sarraceno, 163-4
    Batida betacaroteno, 348
Trópicos, 321

U
úlcera, 97-8
úlcera duodenal, 97-8
úlcera gástrica, 97-8
úlcera péptica, 97-8
urtiga, **160-1**
    Bagas de sabal, 292
    Chá contra alergias, 244
    Chá da mamãe, 293
    Chá de limpeza, 288
    Chá formador de ferro, 257
    Chá misto para os ossos, 258
    Chá para a circulação, 267
    Chá para a suprarrenal, 234
    Contra gota, 295
    Criador de ferro, 284
    Endo-cran, 235
    Equilíbrio hormonal, 235
    Fluir, 298
    Folhas sublimes, 260
    Ginseng, 299
    Tônico primaveril, 285
    Urtiga, 303
    Urtiga com frutas, 268
uva-de-oregon. *Ver* mahonia
uvas, **115**. *Ver também*
    mahonia
    Algacelga, 263
    Amanhecer supremo, 176
    Coquetel de hortelã, 178
    Coquetel de verão, 179

Coração de uva, 216
Coração roxo, 217
Cranberry, 179
Damasco e pêssego, 180
Fantasia de erva-doce, 221
Frutas apimentadas, 227
Frutas vermelhas e limão,
    227
Frutas vermelhas e melão,
    182
Laranja com uvas, 251
Maçã e camomila, 268
Maçã e pera, 186
Maçã refrescante, 186
Mania de manga, 317
Mirtilos, 187
Morangos e framboesas, 252
Pera e abacaxi, 187
Poder roxo, 261
Ponche de alfazema, 343
Presente verde, 253
Refresco de pepino, 205
Suco de cereja, 189
Urtiga com frutas, 268
Uvas do bem, 229
Uvas poderosas, 191
Vitamina esperta, 325
    uvas-passas
Laranja com uvas, 251
leite de castanhas de caju,
    347
Leite de pecãs, 347
Maçãs condimentadas, 336
Mexerica e linhaça, 251
Salada de repolho, 311

V
Vagem, 261
valeriana, **161**, 274
    Antídoto contra ansiedade
        (dica), 355
    Chá sonífero, 279
varizes, 94-9
verbena
    Alimento para os nervos, 264
    Chá levanta-moral, 266
Verde gigante, 303
verduras, 127. *Ver também*
    endívia; couve; acelga

Coração verde, 217
Suco saladinha, 207
Vitamina poder mineral, 262
Verduras, 211
Verduras amargas, 233
Vigor, 229
vinagre de maçã, **167**
Vitamina B, 321
Vitamina calmante de
    camomila, 322
Vitamina cremosa de brócolis,
    262
Vitamina de açaí, 254
Vitamina energia verde, 325
Vitamina esperta, 325
Vitamina poder mineral, 262
vitaminas
    de frutas, 226, 254, 269,
        313-25
    de legumes, 262, 273, 325
vitex, **161-2**
    Equilíbrio hormonal, 235
    Para lactantes, 302

W
wakame, 163. *Ver também*
    algas marinhas
    Surpresa de algas marinhas
        (dica), 207

X
xarope de bordo
    (maple syrup), **167**
    Festa da primavera, 201
    Pera picante, 336
    Suco de limão para
        limpeza, 289
    Suco de limpeza vermelho,
        289
    Tônico primaveril, 285
Xô, enxaqueca, 304

Y
yuan zhi, 274